The Data Management Association
The Premier Organization for Data Professionals Worldwide

La guía DAMA de los fundamentos para la gestión de datos

(Guía DAMA-DMBOK)

Primera Edición

Mark Mosley, Editor de desarrollo

Michael Brackett, Editor de producción

Susan Earley, Asistente de editor

Deborah Henderson, Patrocinador de proyecto

Publicado por:

Technics Publications, LLC

Post Office Box 161

Bradley Beach, NJ 07720 U.S.A.

www.technicspub.com/books.htm

ISBN, Edición impresa.   9781634620093

Primer impresión 2009

Impreso en los estados unidos de America

Número de Control de la Biblioteca del Congreso: 2008912034

Dedicado a todos los profesionales que contribuyen al desarrollo de la profesión de la gestión de datos.

Contenido

Figuras

Tablas

Prólogo

¡Este libro es verdaderamente una obra de arte!

El libro es una recopilación exhaustiva de todos los temas y casos posibles que merecen consideración para iniciar y ejecutar u responsabilidades de gestión de datos en una empresa moderna. Es impresionante en su integralidad. No sólo identifica las metas y los objetivos de todos los temas de gestión de datos y las responsabilidades sino también sugiere de manera natural los participantes en la organización y los resultados finales que se deben esperar.

Habiendo dicho eso yo no lo llamaría el libro de "cómo hacer", aunque hay considerables consejos de qué hacer y qué no hacer en relación a muchas prácticas que rodean la Gestión de Datos y particularmente, del Desarrollo de Datos. Aun así, no es un tratado técnico. Tiene una gran cantidad de referencias técnicas, como un libro de "como hacer" que ocupa literalente la biblioteca de aquellos quienes estén interesado los detalles técnicos de la gestión de datos.

!He estado asociado a DAMA desde su concepción y he visto como ha evolucionado este conjunto de fundamentos, asi como este libro a lo largo de los años a casi de cumplir 50 años! La publicación comenzó como una recopilación trascendente muy necesaria de artículos y hechos sustantivos acerca del poco entendimiento del tema de la gestión de datos organizada por algunas personas de la sección Chicago de DAMA. Este material fue único en su momento por la carencia de información relacionada a este tema. Ha progresado hasta convertirse en un manual facultativo que merece un lugar en cualquier anaquel de gestión de datos. Hay una gran cantidad de información para el principiante de datos, pero también es de gran valor para el experto utilizándolo como una lista de comprobación y validación de sus conocimientos y responsabilidades para asegurar que nada se le ha olvidado. Es impresionante su amplitud y exhaustividad.

Los objetivos declarados del libro en resumen son:

Construir consensos …

Proporcionar definiciones estandarizadas …

Identificar principios rectores …

Una visión general de buenas prácticas aceptadas. …

Identificar brevemente los problemas comunes …

Para aclarar el alcance y los límites …

Para guiar a los lectores a recursos adicionales para una mayor comprensión.

Se podría decir generosamente que ha cumplido satisfactoriamente sus metas.

La guía DAMA-DMBOK merece un lugar en cada estantería de libros de profesionales de gestión de datos y para un gerente general servirá como guía para establecer expectativas y para asignar responsabilidades para la gestión y la práctica de lo que se ha convertido en el recurso más crítico de la empresa que ha progresado en la era de la información: DATOS!

Gracias a todos los colaboradores y especialmente a los editores de esta empresa monumental.

Gracias a todos los gestores de datos actuales y futuros que están abriendo senderos en las complejidades de la Era de la Información. Este trabajo será para usted, una guía valiosa.

John A. Zachman

Glendale, California

Noviembre, 2008

Prefacio

Es bien sabido que la verdad y buen consejo varía con el contexto. Debido a este fenómeno, puede parecer audaz intentar capturar un conjunto de fundamentos, mejores prácticas o principios. En última instancia, sin embargo, es la variedad de opiniones y la dependencia de contexto que hace que los temas sean ricos y profundos.

Nosotros en DAMA Internacional hemos estado trabajando en una Guía DAMA de los fundamentos para la gestión de datos (Guía DAMA-DMBOK) en diversas formas durante muchos años en nuestras Directrices para la Gestión de Recursos de datos de aplicación (versiones 1 a 4) y ahora en nuestra Guía más formal estructurada. Ha sido un proyecto complejo concebido, patrocinado y dirigido por Deborah Henderson, VP de Educación e Investigación de DAMA Internacional. El asesor Consejo Editorial DAMA-DMBOK apoyó el proceso y abogó por el producto terminado.

La Guía DAMA-DMBOK en su forma ha estado en desarrollo durante más de cuatro años y es una revisión completa de las directrices mencionadas anteriormente. Empezó a partir de una tormenta de invierno en 2004, Deborah Henderson viajó a la reunión de la división de DAMA Chicago y presentó el primer marco estructurado para un "conjunto de conocimientos" para la gestión de datos. Ella pidió el apoyo y voluntarios para llevar esta gran visión a la realidad. Marcos Mosley se unió como editor de desarrollo y comenzó con un marco de un libro blanco publicado como una descarga gratuita en nuestro sitio web DAMA. Ese libro blanco pasó por tres revisiones importantes hasta la fecha. Información actualizada sobre los avances se han dado en intervalos regulares a la Junta DAMA y el número de miembros en las reuniones y conferencias. El interés y los comentarios en las revisiones del marco inicial son verdaderamente globales, con más de 3.500 descargas en tres idiomas de más de 78 países y sigue subiendo.

Rápidamente nos dimos cuenta de que la comprensión de nuestro propio lenguaje era un pre-requisito muy importante. El desarrollo de un Glosario de la Guía se inició en 2007 y pronto se convirtió en un importante trabajo en sí mismo; de hecho, podría sostenerse por sí mismo. DAMA responde fuertemente a definiciones limitadas y con fecha de términos centrados en datos que hayan sido reproducidos desde los años 1960 y 1970. La Gestión de datos no es "utilizar una aplicación", o un sinónimo de 'administración de base de datos ". El Diccionario DAMA-DMBOK, publicado por separado en 2008, es el glosario de la Guía y ahora es un complemento de la Guía DAMA-DMBOK. El diccionario ha sido recibido con entusiasmo. Hemos recibido noticias de muchos usuarios del Diccionario, algunos de los cuales han decidido aprovechar través de sus empresas por su integridad y dominio.

La Guía DAMA-DMBOK fue escrita basado en el marco del documento y se desarrolló con un espíritu de colaboración que involucra muchos contribuyentes primarios y secundarios y muchas sesiones de revisión de pares del proyecto, así como su propio sitio web de desarrollo. Más de 40 revisores participaron en las sesiones de revisión de los borradores. La asistente de Edición Susan Earley tenazmente dio seguimiento, incorporando los comentarios a los borradores de segundo nivel. Estos borradores se transformaron, capítulo por capítulo, en la edición y el desarrollo de textos originales.

La Guía DAMA-DMBOK actual es una edición de línea base. DAMA Internacional tiene la intención de madurar a la Guía con ediciones regulares futuras. Se desarrolla como una "guía" y los lectores deben esperar que cubra las funciones de gestión de datos a una cierta profundidad aumentada con importante bibliografía de lectura adicional centrada en cada capítulo.

Nuestro trabajo en DAMA Internacional es paralelo al desarrollo propio de la gestión de datos. La madurez de la profesión se refleja en el programa de certificación DAMA surgido y el programa de educación continua DAMA. También se refleja en la participación de DAMA con otras organizaciones y organismos gubernamentales para influir y ser socio de sus actividades como el desarrollo curricular para la educación profesional de la gestión de datos y las normas internacionales de gestión de datos. El DAMA-DMBOK es parte de este empuje global integrado para representar a la profesión de gestión de datos en todo el mundo.

La publicación de la Guía DAMA-DMBOK ha sido el tema más urgente de nuestra comunidad de datos. Esperamos que no defraude a esa comunidad. Vamos a corregir los errores por omisión o comisión en futuras ediciones. De cara al futuro, DAMA tiene la intención de actualizar la Guía DAMA-DMBOK mediante la publicación de las revisiones regulares. A medida que evolucione uniremos más estaremos más bien acoplar nuestra certificación, educación y programas de investigación y la industria.

La Guía DAMA-DMBOK es verdaderamente un camino que no debe ser representado en una sola edición. A medida que se desarrollen nuevas perspectivas en la gestión de datos estaremos ahí, actualizando y desafiando las mejores prácticas en nuestra profesión. Sus comentarios, inquietudes y aportes son bienvenidos, así como ya estamos planeando nuestra próxima edición. Por favor, póngase en contacto con los editores en info@dama.org.

La misión de la Fundación DAMA (una organización no lucrativa 501 (c) 3, # 602-388-362 Estado de Washington, 2004) es fomentar la conciencia y la educación dentro de la industria y la profesión de gestión de datos. Se necesitan donaciones para apoyar esta misión para seguir creciendo en esta comunidad enfocada y valorada. Todos los fondos serán utilizados para los programas de desarrollo y recaudación de fondos, así como las operaciones generales. Regalos deducibles de impuestos Monetario pueden ser enviados a la Fundación DAMA, 19239 N. Dale Mabry Highway #122, Lutz, Florida 33584 U.S.A.

Deborah Henderson
Patrocinador de la guía DAMA-DMBOK
VP Educación e Investigación de DAMA Internacional
Presidente de la fundación DAMA
Toronto, Canada

John Schley
Presidente DAMA Internacional
Des Moines, Iowa, USA

Agradecimientos

Queremos agradecer a nuestro Comité de Planificación de la Guía DAMA-DMBOK y por las reuniones casi semanales durante meses en la logística y la revisión y coordinación del progreso. El comité central de Deborah Henderson, Mark Mosley, Michael Brackett, Eva Smith, Susan Earley e Ingrid Hunt, con el apoyo de DAMA Administración Kathy Hadzibajric, realmente trajo a la Guía un buen aporte a través de muchas, muchas, cometidos, horas de trabajo voluntario de carácter personal.

Gracias también, a los principales contribuyentes que tomaron la visión del Marco y por medio del formato fuertemente definido y de manera voluntaria, fueron capaces de entregar el material del capítulo maravilloso en tiempo y en el plazo fijado, por lo cual estamos muy agradecidos.

En particular queremos agradecer a Mark Mosley por su teoría de sonido, la fortaleza personal, e interminables horas y Michael Brackett por sus consejos sanos, la producción y el milagro manuscrito. Un agradecimiento especial por su entusiasmo a John Zachman, Len Silverston y Ben Hu y nuestros asesores DAMA.

Finalmente, queremos reconocer a las familias de todos los voluntarios en este proyecto, que sacrificaron su tiempo personal con los seres queridos que participan en este segundo trabajo que no paga.

Deborah Henderson
Patrocinador de la guía DAMA-DMBOK
VP Educación e Investigación de DAMA Internacional
Presidente de la fundación DAMA
Toronto, Canada

John Schley
Presidente DAMA Internacional
Des Moines, Iowa, USA

La Guía DAMA-DMBOK es el resultado de las contribuciones de muchos miembros de DAMA. Sin la contribución de estas personas, la Guía DAMA-DMBOK no habría sido posible. La profesión tiene una gran deuda de gratitud con estos miembros de DAMA por su participación en una pieza monumental de trabajo.

DAMA Internacional, la Fundación Internacional DAMA y el Capítulo Consejo de Presidentes DAMA patrocinaron el proyecto de la Guía DAMA-DMBOK. Su visión, visión, paciencia y apoyo continuo profundo para el establecimiento y la continuación de este proyecto.

Deborah Henderson, presidente de la Fundación DAMA y VP de Servicios Educativos para DAMA Internacional, es el promotor del proyecto de la Guía DAMA-DMBOK. Fue su idea desde el principio y ha sido uno de los patrocinadores de proyecto dedicado a través de todo el proyecto. La publicación de este documento es el resultado de su inquebrantable visión, entusiasmo, confianza y apoyo.

Cuatro personas han contribuido mucho tiempo y esfuerzo tirando de todos los aspectos del desarrollo, revisión y elaboración de la Guía DAMA-DMBOK juntos.

Deborah Henderson, Líder de proyecto   Mark Mosley, Editor de Desarrollo
Michael Brackett, Editor de producción   Susan Earley, Asistente de Editor

El Consejo Editorial de la Guía DAMA-DMBOK formuló observaciones sobre la dirección de la Guía DAMA-DMBOK, se revisaron capítulos y proporcionó información valiosa, ediciones y mejoras al manuscrito. Representaban la primera línea de profesionales que contribuyan al desarrollo de una profesión de gestión de datos. Los miembros del Consejo Editorial se enumeran a continuación en orden alfabético con su papel y afiliación.

Michael Brackett, Editor de Producción (Puget Sound)
Larry Burns (Puget Sound)
Patricia Cupoli (Philadelphia)
Mike Connor (Wisconsin)
Alex Friedgan (Chicago)
Dagna Gaythorpe (UK)
Mahesh Haryu (New York)
Cynthia Hauer (GEIA)
Deborah Henderson, Chair (Toronto)
Steve Hoberman (New Jersey)
Ben Hu (China)
Ingrid Hunt, Mercadotecnia (San Francisco)
Gil Laware (Chicago)
Wayne Little (Portland)
Tom McCullough (NCR)
Jim McQuade (Pittsburg)
Mark Mosley, Editor de desarrollo (Chicago)
Catherine Nolan (Chicago)
John Schley (DAMA I)
Anne Marie Smith (Philadelphia)
Eva Smith, Infraestructura (Puget Sound)
Loretta Mahon Smith (NCR)
Glenn Thomas (Kentucky)
James Viveralli (IDMA)

El Comité de Planificación de la Guía DAMA-DMBOK manejó la vasta multitud de detalles necesarios para llevar el manuscrito a la publicación. Muchos de estos detalles estaban detrás de las escenas, pero fueron críticos para la producción de la Guía DAMA-DMBOK. Sin su constante, diaria, participación, la Guía DAMA-DMBOK no existiría hoy.

Michael Brackett   Kathy Hadzibajric   Deborah Henderson
Ingrid Hunt   Mark Mosley   Eva Smith

Los autores que han contribuido, escribieron los borradores iniciales de cada capítulo. Estos proyectos de capítulos se distribuyeron para su revisión y devueltos a los autores y el editor adjunto de mejora. Los autores que contribuyen son los profesionales que contribuyen al desarrollo de una profesión de gestión de datos.

Larry Burns	Mike Connor	Patricia Cupoli
Mahesh Haryu	Deborah Henderson	Steve Hoberman
Michael Jennings	Wayne Little	David Loshin
Michael G. Miller	Mark Mosley	Erik Neilson
Mehmet Orun	Anne Marie Smith	Gwen Thomas
John Zachman		

Muchos miembros de DAMA revisaron los borradores de los capítulos y proporcionaron comentarios significativos que dio lugar a la mejora de esos capítulos. Estos revisores son otra ola de profesionales que contribuyan al desarrollo de una profesión de gestión de datos.

Michael Brackett	Larry Burns	Kris Catton
John Cheffy	Deborah Coleman	Mike Connor
Charmane Corcoran	Patricia Cupoli	Neena Dakua
Satyajeet Dhumme	Susan Earley	Cynthia Edge
Gary Flaye	Marty Frappolli	Alex Friedgan
Dagna Gaythorpe	Wafa Handley	Mahesh Haryu
David Hay	Deborah Henderson	Bill Hoke
Steve Hoberman	Rich Howery	Ben Hu
Chris Jones	David Jones	Gary Knoble
Gil Laware	Jeff Lawyer	Wayne Little
Shahidul Mannan	Pete Marotta	Danette McGilvray
Ray McGlew	Jim McQuade	Mark Mosley
Catherine Nolan	Annette Pence	Terence Pfaff
Michelle Poolet	Ghada Richani	John Schley
Anne Marie Smith	Eva Smith	Loretta Mahon Smith
Stan Taylor	Glenn Thomas	Gwen Thomas
Jim Viveralli	Jim White	Gwen Yung

Muchos miembros de DAMA iniciaron sesión en el sitio web de la Guía DAMA-DMBOK, pero no presentó ninguna observación como parte del proceso de revisión.

Sid Adelman	Davida Berger	Maureen Bock
Robert Cathey	Jamie Deseda	Gordon Everest
Lowell Fryman	Jim Goetsch	Deborah Gouin
Jean Hillel	Jeff Ilseman	Emiel Janssens
Mattie Keaton	Beverly King	Josef Martin
Tom McCullough	Dennis Miller	Prashant Natarajan
Cynthia Nie	Brand Niemann	Mehmet Orun
Andres Perez	David Plotkin	Fabio Prando
Jie Shi	Kimberly Singleton	Fran Suwarman Sjam
William Tucker	Karen Vitone	Robert Weisman
Manfred Wennekes		

Los coeditores agradecen sinceramente a todos aquellos miembros de DAMA involucrados en el proyecto de la Guía DAMA-DMBOK. Sus contribuciones fueron de gran valor en la creación de la Guía DAMA-DMBOK y para promover el desarrollo de una profesión de gestión de datos. Le pedimos disculpas por la omisión no intencional de cualquier persona que proporcionó apoyo a la Guía DAMA-DMBOK.

Mark Mosley, Editor de Desarrollo
Chicago, Illinois
Enero, 2009

Michael Brackett, Editor de Producción
Lilliwaup, Washington
Enero, 2009

1 Introducción

El Capítulo 1 introduce la importancia de los activos de datos en la era de la información, la función de la gestión de datos, la profesión de gestión de datos y los objetivos de la Guía DAMA-DMBOK. Se prepara el escenario para una presentación general de Gestión de Datos en el siguiente capítulo.

1.1 Datos: Un Activo empresarial

Los datos y la información son la sangre vital de la economía del siglo 21. En la era de la información, los datos se reconocen como un activo empresarial vital.

"Las organizaciones que no entienden la gran importancia de la gestión de datos e información como activos tangibles en la nueva economía no van a sobrevivir."

Tom Peters, 2001

El dinero y la gente durante mucho tiempo han sido considerados como activos de la empresa. Los activos son los recursos con valor reconocido bajo el control de un individuo u organización. Los activos de la empresa permiten alcanzar los objetivos de la empresa y por lo tanto necesitan ser manejados cuidadosamente. La captura y el uso de dichos activos se controlan cuidadosamente y las inversiones en estos activos se aprovechan eficazmente para alcanzar los objetivos empresariales.

Los datos y la información generada a partir de datos, son ampliamente reconocidos como activos de la empresa.

Ninguna empresa puede ser eficaz sin datos de alta calidad. Las organizaciones de hoy dependen de sus activos de datos para tomar decisiones más informadas y más eficaces. Los líderes del mercado están aprovechando sus activos de datos mediante la creación de ventajas competitivas a través de un mayor conocimiento de sus clientes, los usos innovadores de la información y la eficiencia operativa. Las empresas están utilizando datos para ofrecer mejores productos y servicios, reducir los costos y los riesgos de control. Las agencias gubernamentales, instituciones educativas y organizaciones sin fines de lucro también necesitan datos de alta calidad para guiar sus actividades operacionales, tácticas y estratégicas. Como las organizaciones necesitan datos y cada vez más dependen de ellos, el valor comercial de los activos de datos se puede establecer con mayor claridad.

La cantidad de datos disponibles en el mundo está creciendo a una velocidad asombrosa. Investigadores de la Universidad de California en Berkeley estiman que el mundo produce entre 1 y 2 mil millones de bytes de datos anualmente. A menudo parece que estamos ahogados en información.

Sin embargo, para muchas decisiones importantes, experimentamos vacíos de información - la diferencia entre lo que sabemos y lo que necesitamos saber para tomar una decisión eficaz. La falta de información representa pasivos empresariales con impactos potencialmente profundos en la eficacia operativa y la rentabilidad.

Toda empresa necesita gestionar eficazmentesus importantes recursos de datos y de información. A través de una asociación de liderazgo empresarial y la experiencia técnica, la función de gestión de datos puede proporcionar y controlar con eficacia los activods de datos e información.

1.2 Datos, Información, Conocimiento

Los datos son la representación de hechos como texto, números, gráficos, imágenes, sonido o vídeo. Técnicamente, datos es el plural de la palabra proveniente del latín datum, que significa "un hecho". Sin embargo, la gente comúnmente utilizan el término como una cosa singular. Los hechos son capturados, almacenados y se expresan como datos.

La información son datos en un contexto. Sin contexto, los datos no tiene

1. El significado que tienen los elementos de datos para el negocio y términos relacionados.

   2. El formato en que se presentan los datos.

   3. El periodo de tiempo representado por los datos.

   4. La importancia de los datos para un uso determinado.

Los datos son la materia prima que interpretamos como consumidores de datos para crear continuamente la información, como se muestra en la Figura 1.1. La información resultante guía nuestras decisiones.

Figura 1.1 Datos, Información y conocimiento

Los significados formales o ampliamente aceptados de términos comúnmente utilizados también representan un valioso recurso de la empresa, contribuyendo a un entendimiento compartido de información relevante. Las definiciones de datos son sólo algunos de los muchos tipos diferentes de "datos sobre datos", conocido como metadatos. Los metadatos, incluyendo las definiciones de datos empresariales, ayuda a establecer el contexto de los datos y así la gestión de metadatos contribuye directamente a mejorar la calidad de la información. La gestión de los activos de información incluye la gestión de datos y sus metadatos.

La información contribuye al conocimiento. El conocimiento es la comprensión, conciencia, conocimiento y el reconocimiento de una situación y su familiaridad con su complejidad. El conocimiento es información en perspectiva, integrado desde un punto de vista basado en el reconocimiento y la interpretación de los patrones, como las tendencias, formado con otra información y experiencia. También puede incluir hipótesis y teorías sobre las causas. El conocimiento puede ser explícito, lo que una empresa o comunidad acepta como verdadero o tácita-dentro de las cabezas de las personas. Ganamos en conocimiento cuando entendemos la importancia de la información.

Al igual que los datos y la información, el conocimiento también es un recurso de empresa. Los trabajadores del conocimiento buscan ganar experiencia a través de la comprensión de la información, y luego aplicar esa experiencia tomando decisiones y acciones informadas y conscientes. Los trabajadores del conocimiento pueden ser expertos funcionarios, gerentes o ejecutivos. Una organización que aprende es aquella que busca en forma proactiva aumentar el conocimiento colectivo y la sabiduría de sus trabajadores del conocimiento.

La gestión del conocimiento es la disciplina que fomenta el aprendizaje organizacional y la gestión del capital intelectual como un recurso de empresa. Tanto la gestión del conocimiento y gestión de datos dependen de los datos e información de alta calidad. La gestión del conocimiento es una disciplina estrechamente relacionada, aunque en este documento, la gestión del conocimiento se considera fuera del ámbito de gestión de datos.

Los datos son la base de la información, del conocimiento y en última instancia, de la sabiduría y de la acción informada. ¿Son los datos verdaderos? No necesariamente! Los datos pueden ser inexactos, incompletos, desactualizados e incomprendidos. Durante siglos, los filósofos se han preguntado: "¿Qué es la verdad?" y la respuesta sigue siendo difícil de alcanzar. A nivel práctico, la verdad es, en cierta medida, la información de más alta calidad - los datos que están disponibles, son relevantes, completos, precisos, consistentes, oportuns, útilesyimportantes y entendidos. Las organizaciones que reconocen el valor de los datos pueden tomar, medidas proactivas concretas para aumentar la calidad de los datos y la información.

1.3 El ciclo de vida de los datos

Al igual que cualquier activo, los datos tienen un ciclo de vida y para gestionar los activos de datos, las organizaciones gestionan el ciclo de vida de los datos. Los datos son creados o se adquidos, son almacenados y mantenidos, son utilizados ya veces destruidos. En el curso de su vida, los datos pueden ser extraidos, exportados, importados, migrados, validados, editados, actualizados, limpiados, transformados, convertidos, integradoss, segregados, agregados, referenciados, revisados, informados, analizados, minados, resguardados, restaurados, archivados y recuperados antes de ser eventualmente eliminados.

Los datos son fluidos. Los datos fluyen dentro y fuera de los almacenes de datos y se empaquetan para su entrega en productos de información. Se almacena en formatos estructurados - en bases de datos, archivos planos ydocumentos electrónicos - y en formatos menos estructurados - correo electrónico y otros documentos electrónicos, documentos de papel, hojas de cálculo, informes, gráficos, archivos de imágenes electrónicas y grabaciones de audio y vídeo Por lo general, el 80% de los activos de datos de una organización reside en formatos relativamente no estructurados.

Los datos sólo tienen valor cuando se utilizan realmente, o puede ser útiles en el futuro. Todas las etapas del ciclo de vida de datos tienen costos y riesgos asociados, pero sólo la etapa de "utilización" agrega valor al negocio.

Cuando se gestiona con eficacia, el ciclo de vida de datos comienza incluso antes de la adquisición de datos, con la planificación de la empresa para los datos, la especificación de los datos y la habilitación de la captura de datos, entrega, almacenamiento y controles.

Los proyectos logran la especificación y la habilitación de los datos y algunos la planificación para los datos. El Ciclo de Vida de Desarrollo de Sistemas (SDLC), que se muestra en la Figura 1.2, no es el mismo que el ciclo de vida de datos. El SDLC describe las etapas de un proyecto, mientras que el ciclo de vida de los datos describe los procesos realizados para gestionar los activos de datos.

Figura 1.2 El ciclo de vida de los datos y el Ciclo de Vida de Desarrollo de Sistemas

Sin embargo, los dos ciclos de vida están estrechamente relacionados porque las actividades de planificación de datos, especificación y de habilitación son partes integrales de la SDLC. Otras actividades SDLC son operativas o de supervisión por naturaleza.

1.4 La función de gestión de datos

Gestión de datos (DM) es la función de planificación de negocio, controlar y entregar datos y activos de información. Esta función incluye

- Las disciplinas de desarrollo, ejecución y supervisión

- Planes, políticas, programas, proyectos, procesos, prácticas y procedimientos

- Controlar, proteger, entregar y mejorar

- El valor de los datos y activos de información.

La gestión de datos es conocido por muchos otros términos, incluyendo:

- Gestión de la Información (IM).

- Gestión de la Información Empresarial (EIM).

- Gestión de datos empresariales (EDM).

- Gestión de los Recursos de datos (DRM).

- Gestión de recursos de información (IRM).

- Gestión de activos de información. (IAM).

Todos estos términos son generalmente sinónimo, pero este documento se refiere constantemente a la Gestión de Datos.

A menudo la palabra "empresa" está incluida en el nombre de la función para enfatizar el enfoque de toda la empresa de los esfuerzos de gestión de datos, es decir, Gestión de la Información Empresarial o gestión de datos empresariales. La gestión de datos en toda la empresa es una práctica recomendada. Sin embargo, la gestión de datos también se puede realizar de manera efectiva en un contexto local sin un mandato de toda la empresa, aunque con menor beneficio empresarial.

La función de gestión de datos incluye lo que se conoce comúnmente como el diseño de la base de datos de administración de base de datos, implementación y soporte, como la producción, así como "la administración de datos". El término "administración de datos" que una vez fue una forma popular para referirse vagamente a todas las funciones de gestión de datos, excepto la administración de base de datos. Sin embargo, como la función de gestión de datos madura, sus funciones componentes específicos son mejor comprendidos. La función de gestión de datos es importante para las empresas, independientemente de su tamaño y propósito.

El alcance de la función de gestión de datos y la escala de su aplicación varían ampliamente con el tamaño, medios y la experiencia de las organizaciones. La naturaleza de la gestión de datos sigue siendo la misma en todas las organizaciones, así como los detalles de implementación difieren ampliamente.

1.5 Una responsabilidad compartida

La Gestión de Datos es una responsabilidad compartida entre los profesionales de la Gestión de Datos dentro de las organizaciones de la Tecnología de la Información (TI) y los custodios de datos del negocio que representan los intereses colectivos de los productores de datos y los consumidores de información. Los custodios de los datos actúan como consejeros designados de los activos de datos. Los profesionales de la gestión de datos actúan como curadores y custodios técnicos de dichos activos de datos.

La custodia de los datos es la responsabilidad empresarial designada para la gestión de datos. Los custodios de los datos son reconocidos expertos en la materia y son líderes empresariales designados para representar los intereses de los datos de sus organizaciones, asumiendo la responsabilidad por la calidad y el uso de los datos. En general, los buenos custodios guardan celosamente, invierten y aprovechan los recursos que se les encomienda. Los custodios de los datos garantizan los recursos de datos y cumplen con las necesidades del negocio, asegurando la calidad de los datos y su metadatos. Los custodios de los datos colaboran con los profesionales de gestión de datos para ejecutar las actividades y responsabilidades de gestión de datos.

Los profesionales de la gestión de datos operan como custodios técnicos expertos de los activos de datos, al igual que los empleados del banco y administradores de dinero sirven como custodios profesionales de recursos financieros para sus propietarios y administradores. Así como los administradores de datos supervisan los activos de datos, los profesionales de la gestión de datos realizan funciones técnicas para salvaguardar y facilitar el uso efectivo de los activos de datos empresariales. Los profesionales de la gestión de datos trabajan en las organizaciones de Servicios de Gestión de Datos dentro del Departamento de Tecnología de la Información (TI).

Los datos son el contenido que se mueve a través de la infraestructura de tecnología de la información y los sistemas de aplicación. La infraestructura de TI captura, almacena, procesa y proporciona datos. Los sistemas de infraestructura de TI y de aplicación son la "cañería" a través de la cual fluyen datos. Dado que el cambio tecnológico se ha disparado en los últimos cincuenta años, las organizaciones de TI se han centrado tradicionalmente y por sobre todo en el mantenimiento de una moderna y efectiva infraestructura de hardware y software, y en una cartera de sistemas de aplicación robusta basada en esa infraestructura. La mayoría de las organizaciones de TI se han enfocado menos en la estructura, el significado y la calidad del contenido de los datos que fluye a través de la infraestructura y los sistemas. Sin embargo, un creciente número de ejecutivos de TI y líderes empresariales de hoy reconocen la importancia de la gestión de datos y la necesidad de las organizaciones de servicios eficaces de gestión de datos.

1.6 Un amplio alcance

La función de gestión global de datos, que se muestra en la Figura 1.3, abarca las diez principales funciones componentes:

- Gobierno de Datos: planificación, supervisión y control de la gestión y el uso de datos.

- Gestión de Arquitectura de Datos: definición del modelo para la gestión de los activos de datos.

- Desarrollo de datos: análisis, diseño, implementación, prueba, despliegue y mantenimiento.

- Gestión de Operaciones de Datos: proporcionar apoyo desde la adquisición de datos hasta su depuración.

- Gestión de la Seguridad de datos: garantizar la privacidad, confidencialidad y el acceso adecuado.

- Gestión de la Calidad de Datos: definición, seguimiento y mejora de la calidad de datos.

- Gestión de Datos maestros y de referencia: gestión de versiones originales y réplicas.

- Gestión de inteligencia de negocios y almacenamiento de datos: habilitación de informes y análisis.

- Gestión de contenidos y Documentación: gestión de los datos que se encuentran fuera de las bases de datos.

- Gestión de metadatos: integrar, controlar y proporcionar metadatos.

Figura 1.3 Funciones de la gestión de datos

1.7 Una profesión emergente

Las prácticas de gestión de activos establecidas como el dinero y la gente han evolucionado a lo largo de muchos años. La gestión de datos es una función relativamente nueva y sus conceptos y prácticas están evolucionando rápidamente.

Dentro de la comunidad de TI, la gestión de datos es una profesión y una vocación ocupacional emergente que requiere conocimientos y habilidades especializados. Los roles especializados de gestión de datos requieren habilidades únicas y juicios experimentados. Los profesionales de gestión de datos de hoy demuestran un sentido de vocación y compromiso excepcional para con la gestión de los activos de datos.

La creación de una profesión formal, certificada, reconocida y respetada de gestión de datos es un proceso desafiante. El entorno actual es una mezcla confusa de términos, métodos, herramientas y opiniones. Para evolucionar y convertirse en una profesión establecida, la comunidad de gestión de datos necesita estándares profesionales: términos comunes y definiciones, procesos y prácticas, roles y responsabilidades, entregables y métricas.

Las normas y las mejores prácticas reconocidas pueden mejorar la eficiencia de los administradores de datos y profesionales de la gestión de datos. Además, las normas nos ayudan a comunicarnos con nuestros compañeros de equipo, gerentes y ejecutivos. Los ejecutivos necesitan entender completamente y comprender con profundidad los conceptos fundamentales de gestión de datos con el fin de financiar de manera efectiva, proveer el personal y apoyar la función de gestión de datos.

1.8 Un creciente cuerpo de conocimientos

Una de las características principales de una profesión emergente es la publicación de una guía para un reconocido y consensuado cuerpo de conocimientos. Un "cuerpo de conocimientos" es lo que generalmente se acepta como verdadero en un campo profesional. Mientras que todo el cuerpo de conocimientos puede ser bastante grande y en constante crecimiento, una guía para el cuerpo de conocimientos introduce términos comunes y las mejores prácticas.

1.9 DAMA–La asociación de Gestión de datos

La Asociación de Gestión de Datos (DAMA International) es la organización Premier para los profesionales de datos en todo el mundo. DAMA International es una organización internacional sin fines de lucro, con más de 7.500 miembros en 40 divisiones en todo el mundo. Su propósito es promover la comprensión, el desarrollo y la práctica de la gestión de datos e información para apoyar las estrategias de negocio.

La Fundación DAMA es la investigación y la enseñanza de afiliados de DAMA International, dedicada al desarrollo de la profesión de gestión de datos y promover el avance de los conceptos y prácticas para la gestión de datos e información como activos de la empresa.

La misión conjunta de DAMA Internacional y la Fundación DAMA, conocidas colectivamente como DAMA, es liderar la profesión de gestión de datos hacia la madurez. DAMA promueve la comprensión, desarrollo y práctica de la gestión de los datos, la información y el conocimiento como activos clave de la empresa, independientemente de cualquier proveedor, tecnología y método específico.

DAMA Internacional persigue la madurez de la profesión de gestión de datos de varias maneras. Algunos de estos esfuerzos incluyen:

- DAMA Internacional lleva a cabo el Simposio Internacional anual DAMA, ahora el Enterprise Data World, la mayor conferencia de gestión de datos profesional en el mundo, en colaboración con las Conferencias Wilshire. Los talleres, tutoriales y sesiones de la conferencia en el Simposio proporcionan educación continua para los profesionales de gestión de datos.

- DAMA Internacional realiza anualmente la DAMA International Conference Europe, la mayor conferencia de gestión de datos profesional en Europa, en colaboración con IRMUK. Los talleres, tutoriales y sesiones de conferencia en la Conferencia proporcionan educación continua para los profesionales de la gestión de datos.

- DAMA International ofrece un programa de certificación profesional, el reconocimiento de los profesionales de gestión de datos certificada (CDMP), en colaboración con el Instituto para la Certificación de Profesionales de Informática (CIPC). Los exámenes de certificación de CDMP también son utilizados por el Instituto Tecnológico de Datawarehouse (TDWI) en el programa Certified Business Intelligence Professional (CBIP).

- El marco Curricular de Gestión de Datos de la Comisión de Educación Internacional DAMA ofrece orientación a los Estados Unidos y los colegios en Canadá y universidades con respecto a cómo enseñar Gestión de Datos como parte de cualquier plan de estudios de TI y MIS en el modelo de educación superior de América del Norte.

1.10 Propósito de la Guía DAMA-DMBOK

DAMA Internacional produjo este documento, La Guía del Cuerpo de Conocimientos de la Gestión de Datos (la Guía DAMA-DMBOK), para promover la profesión de gestión de datos. La Guía DAMA-DMBOK pretende ser una introducción definitiva para la gestión de datos.

Ningún libro puede describir todo el cuerpo de conocimientos. La Guía DAMA-DMBOK no pretende ser una enciclopedia de la gestión de datos o el discurso de pleno derecho en todas las cosas relacionadas con la gestión de datos. En su lugar, esta guía presenta brevemente los conceptos e identifica los objetivos de gestión de datos, funciones y actividades, entregables primarios, roles, principios, tecnología y cuestiones de organización y cultura. Se describen brevemente las buenas prácticas comunmente aceptadas junto a los enfoques alternativos significativos.

1.11 Objetivos de la Guía DAMA-DMBOK

Como introducción definitiva, los objetivos de la Guía DAMA-DMBOK son:

1. Construir un consenso para una visión general de aplicación de las funciones de gestión de datos.

2. Proporcionar definiciones estándar para funciones de uso común de gestión de datos, entregables, roles y otras terminologías.

3. Identificar principios básicos para la gestión de datos.

4. Mantener a la vista las buenas prácticas comúnmente aceptadas, métodos y técnicas ampliamente adoptadas y enfoques alternativos significativos, sin referencia a proveedores de tecnología específicos o sus productos.

5. Identificar brevemente cuestiones comunues de organización y cultura.

6. Aclarar el alcance y los límites de la gestión de datos.

7. Guiar a los lectores a recursos adicionales para una mayor comprensión.

1.12 El público de la Guía DAMA-DMBOK

La audiencia de la Guía DAMA-DMBOK incluye:

- Profesionales certificados y aspirantes de gestión de datos.

- Otros profesionales de TI que trabajan con profesionales de gestión de datos.

- Los custodios de datos de todo tipo.

- Los ejecutivos con interés en la gestión de los datos como un activo de la empresa.

- Los trabajadores del conocimiento en desarrollo de una apreciación de los datos como un activo de la empresa.

- Consultores evaluando y ayudando a mejorar las funciones de gestión de datos de los clientes.

- Los educadores responsables de desarrollar y entregar un plan de estudios de gestión de datos.

- Los investigadores en el campo de la gestión de datos.

1.13 Utilización de la Guía de DAMA-DMBOK

DAMA Internacional prevé varios usos potenciales de la Guía DAMA-DMBOK, incluyendo:

- Informar a una audiencia diversa acerca de la naturaleza y la importancia de la gestión de datos.

- Ayudar a normalizar términos y su significado dentro de la comunidad de gestión de datos.

- Ayudar a los custodios de datos y profesionales de la gestión de datos a comprender sus funciones y responsabilidades.

- Proporcionar las bases para la evaluación de la efectividad y madurez de la gestión de datos.

- Guiar los esfuerzos para implementar y mejorar su función de gestión de datos.

- Orientar a los lectores hacia fuentes adicionales de conocimientos sobre la gestión de datos.

- Guiar el desarrollo y la entrega de contenidor curricular de gestión de datos para la educación superior.

- Sugerir áreas de mayor investigación en el campo de la gestión de datos.

- Ayudar a los profesionales de gestión de datos a preparase para los exámenes CDMP y CBIP.

1.14 Otras Guías de Cuerpo de Conocimientos (BOK)

Muchas otras profesiones han publicado un documento de Cuerpo de Conocimientos. De hecho, la existencia de un documento de Cuerpo de Conocimientos es una de las características principales de una profesión madura (véase el Capítulo 13).

El modelo principal para la Guía DAMA-DMBOK es La Guía para el Cuerpo de Conocimientos de la Gestión de Proyectos (Guía PMBOK®), publicada por el Instituto de Gestión de Proyectos (PMI®). El PMI® conduce el programa de certificación Project Management Professional (PMP), o Profesional de Gestión de Proyectos.

Otros documentos de Cuerpo de Conocimientos incluyen:

- Una Guía para el Cuerpo de Conocimientos de Ingeniería de Software (SWEBOK), publicado por el Instituto de Ingenieros Eléctricos y Electrónicos (IEEE). El IEEE ha comenzado a ofrecer un programa de certificación para ingenieros de software.

- El Cuerpo de Conocimientos de Análisis de Negocios (BABOK), publicado por el Instituto Internacional de Análisis de Negocios.

- El Cuerpo Común de Conocimientos (CBK), publicado por el Consorcio Internacional de Certificación de Seguridad de Sistemas de Información (ISC). El CBK es la documentación necesaria para alcanzar la designación Certified Information Systems Security Professional (CISSP).

- El Cuerpo de Conocimientos Canadiense de Tecnología de la Información (CITBOK) es un proyecto llevado a cabo por la Sociedad Canadiense de Procesamiento de la Información (CIPS) que establece cuáles son los conocimientos requeridos para obtener el título de Canadian Information Technology Professional.

1.15 El Diccionario DAMA de la Gestión de Datos

El Diccionario DAMA de Gestión de Datos es un volumen que acompaña a la Guía DAMA-DMBOK. Originalmente desarrollado como un extenso Glosario de la Guía DAMA-DMBOK, DAMA Internacional lo publicó por separado debido a su tamaño y el valor de negocio. Las definiciones de términos que se encuentran en el Diccionario son consistentes con su uso en la Guía DAMA-DMBOK. El diccionario se encuentra disponible para su compra en CD-ROM.

1.16 El Marco Funcional DAMA-DMBOK

En la planificación de la Guía DAMA-DMBOK, DAMA Internacional reconoció la necesidad de:

- Un modelo de proceso comprensible y comunmente aceptado para la función de gestión de datos, difiniendo una visión de actividades estándar. Este modelo de procesos se presenta en el Capítulo 2 y se explica más adelante en los Capítulos 3 al 12.

- Un entorno organizacional, que incluya objetivos, principios, actividades, roles, entregables primarios, tecnología, habilidades, métricas, y estructuras organizativas.

- Un marco de discusión común para tratar cada aspecto de la gestión de datos dentro de una cultura organizacional.

El Marco Funcional DAMA-DMBOK es una estrutura de organización que promueve la coherencia dentro de la Guía DAMA-DMBOK para satisfacer las necesidades anteriores. La versión 3 del Marco Funcional, que se muestra en la Fig. 1.4, identifica 10 funciones de gestión de datos y los alcances de cada función.

Además de identificar las 10 funciones de gestión de datos, el Marco Funcional también identifica 7 Elmentos Ambientales, Fig. 1.5. El alcance de cada uno de estos elementos se muestra en la Fig. 1.6.

Los Elementos Ambientales básicos son:

- Objetivos y Principios: los objetivos direccionales de negocio de cada función y los principios fundamentales que guían el desempeño de cada función.

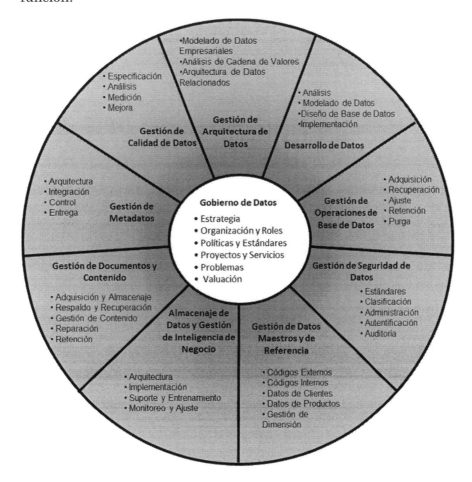

Figura 1.4 Funciones de la Gestión de Datos – Resumen del alcance

- Actividades: cada función se compone de actividades de menor nivel. Algunas actividades están agrupadas en sub-actividades. Las actividades se descompnen luego en tareas y pasos.

- Entregables primarios: la información, bases de datos físicas y los documentos creados como salidas intermedias y finales de cada función. Algunos entregables son esenciales, algunos son generalmente recomendados, y otros son opcionales dependiendo de las circunstancias.

- Roles y Responsabilidades: los roles de negocios y TI envueltos en el desempeño y supervisión de la función, y las responsabilidades específicas de cada role en dicha función. Muchos roles participarán de múltiples funciones.

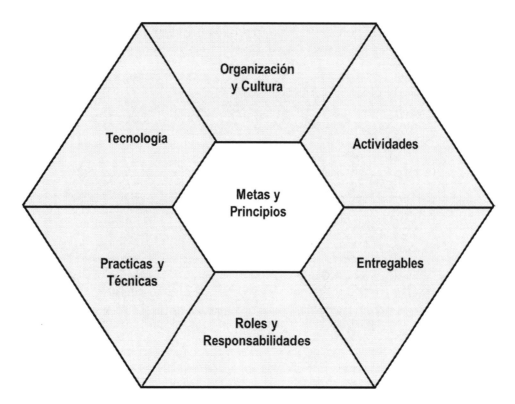

Figura 1.5 Elementos Ambientales

Los Elementos Ambientales de apoyo son:

- Prácticas y Técnicas: métodos y procedimientos que son comunes y populares, utilizados para llevar a cabo los procesos y producir los entregables. Las Prácticas y Técnicas también pueden incluir convenciones comunes, recomendaciones de mejores prácticas, y enfoques alternativos sin elaboración.

- Tecnología: las categorías de tecnología de apoyo (principalmente herramientas de aplicaciones), estándares y protocolos, producen criterios de selección y curvas de aprendizaje comunes. De acuerdo a las políticas de DAMA Internacional, los proveedores y los productos específicos no se mencionan.

Organización y Cultura: estos aspectos podrían incluir:

- Métricas de Gestión de: tamaño, esfuerzo, tiempo, costo, calidad, efectividad, productividad, éxito y valor de negocio.

- Factores Críticos de Éxito.

- Estructuras de Reporte.

- Estrategias de Contratación.

- Aspectos de Presupuesto y Asignación de Recursos Relacionados.

o Dinámicas de Grupo y de Trabajo en Equipo.

o Autoridad y Fortalecimiento.

o Valores Compartidos y Creencias.

o Expectativas y Actitudes.

o Estilo Personal y Diferencias de Preferencia.

o Ritos Culturales, Rituales y Símbolos.

o Patrimonio Cultural de la Organización.

o Recomendaciones de Gestión de Cambios.

Figura 1.6 Elementos Ambientales – Resumen del alcance

El Marco Funcional DAMA-DMBOK es conceptualmente una matrix bi-dimencional, Fig. 1.7, en la que se muestra una descomposición de la función de gesión de datos en su eje vertical y el conjunto de elementos ambientales en su eje horizontal.

1.17 Estructura de la guía DAMA-DMBOK

Capítulo 1 Introducción:

- La importancia de los activos de datos en la Era de la Información.

- La función de gestión de datos.

- La profesión de gestión de datos.

- Los objetivos de la Guía DAMA-DMBOK.

Funciones de la gestión de datos	Metas y principios	Actividades	Entregas Primarias	Roles y Responsabilidades	Tecnología	Prácticas y Técnicas	Organización y cultura
Gobierno de datos							
Gestión de Arquitectura de Datos							
Desarrollo de datos							
Gestión de operaciones de datos							
Gestión de seguridad de datos							
Gestión de datos maestros y de referencia							
Gestión de almacenamiento de datos e inteligencia de negocios							
Gestión de contenidos y documentación							
Gestión de metadatos							
Gestión de la calidad de datos							

Figura 1.7 El Marco Funcional DAMA-DMBOK, Versión 3

El capítulo 2 presenta una visión general de la gestión de datos, incluyendo:

- La misión en general, objetivos y beneficios de la gestión de datos.

- Las actividades componentes de cada una de las diez funciones de gestión de datos.

- Los entregables primarios de la gesión de datos de cada función de gestión de datos.

- Los roles de la gestión de datos.

- Las clases de tecnología de la gesión de datos.

En cada uno de los Capítulos 3 al 12 se trata una de las diez funciones de gestión de datos. Uno más expertos en la materia ha contribuido en cada capítulo. Cada capítulo incluye:

- Una breve Introducción a la función, con definiciones de téminos clave, un diagrama de contexto de la función, y una lista de los objetivos de negocio de la función.

- Una descripción de Conceptos y Actividades, incluyendo los entregables asociados, roles responsables y organizaciones, mejores prácticas, procedimientos y técnicas comunes, y tecnología de soporte.

- Un Resumen que incluye una lista que reafirma los principios guía, una tabla que menciona las actividades, entregables y responsabilidads de la función, y una breve discusión acerca de asuntos organizacionales y culturales.

- Una rigurosa lista de bibliografía y artículos sugeridos como Lectura Recomendada.

El Capítulo 13 trata la profesión de gestión de datos y describe prácticas de desarrollo personal y profesional para profesionales de gestión de datos individuales.

1.18 Temas recurrentes

La Guía DAMA-DMBOK se refiere a varios temas recurrentes:

- Custodia de Datos: una asociación compartida para la gestión de datos requiere la participación contínua de custodios de los datos de negocio en cada función.Calidad de Datos: cada función de gestión de datos contribuye en parte a mejorar la calidad de los activos de datos.

- Integración de Datos: cada función de gestión de datos contribuye a y se beneficia de las técnicas de integración de datos, gestionando activos de datos mediante la minimización de redundancias, consolidando datos de múltiples fuentes, y asegurando la consistencia a lo largo de los datos redundantes y controlados con su versión original.

- Perspectiva de la Empresa: siempre que sea posible, gestionar los activos de datos consitentemente a lo largo de la empresa. La Gestión de Información Empresarial (EIM) es una de las "mejores prácticas" para la gestión de datos.

- Liderazgo del Cambio Cultural: adoptar los principios y prácticas de la gestión de datos dentro de una organización requiere del liderazgo de los agentes de cambio en todos los nivele.

2 Introducción a la Gestión de Datos

El capítulo 1 presenta el concepto de Gestión de Datos dentro del concepto global de la Tecnología de Información en las Organizaciones. El capítulo 2 proporciona una visión detallada de la Gestión de Datos que incluye:

- Introducción a la misión, los objetivos y beneficios organizacionales de gestión de datos.

- Un modelo de proceso para la gestión de datos, la identificación de diez funciones y las actividades componentes de cada función.

- Una visión general del formato utilizado en los diagramas de contexto que describen cada función.

- Una visión general de los roles involucrados en las actividades de las diez funciones de gestión de datos.

- Una visión general de las clases generales de la tecnología que soportan la gestión de datos.

Los capítulos del 3 al 12 exploran cada una de las diez funciones de gestión de datos y sus actividades componentes con más detalle. Cada capítulo comienza con una introducción que incluye diagrama de contexto de esa función. El resto de cada capítulo explica los conceptos clave y las actividades del diagrama en profundidad. Al final de cada capítulo se incluye algunos principios básicos, debates organizativos y culturales, seguida de una bibliografía.

Por último, el capítulo 13 trata temas relacionados con el desarrollo profesional de los profesionales de la gestión de datos. Todos estos capítulos juntos proporcionan un cuerpo básico de conocimientos sobre la profesión de gestión de datos y las funciones y actividades de gestión de datos.

Este capítulo cubrirá proceso, las personas y la tecnología y su relación con la gestión general de los datos. Los capítulos del 3 al 12 se concentran en el proceso de cada función de gestión de datos.

2.1 Introducción

La gestión de datos es una función que también se conoce como un proceso de negocio de alto nivel. Consiste en:

- La planificación y ejecución de

- las políticas, prácticas y proyectos que

- adquieren, controlan, protegen, entregan y mejoran el valor de

- los activos de datos e información.

La gestión de datos también puede ser el nombre de un programa, el cual es una iniciativa continua que incluye varios proyectos relacionados. El término "programa de gestión de datos" puede ser sustituido por "la función de gestión de datos". Los principales elementos de la gestión de datos se resumen en el diagrama de contexto que se muestra en la Figura 2.1.

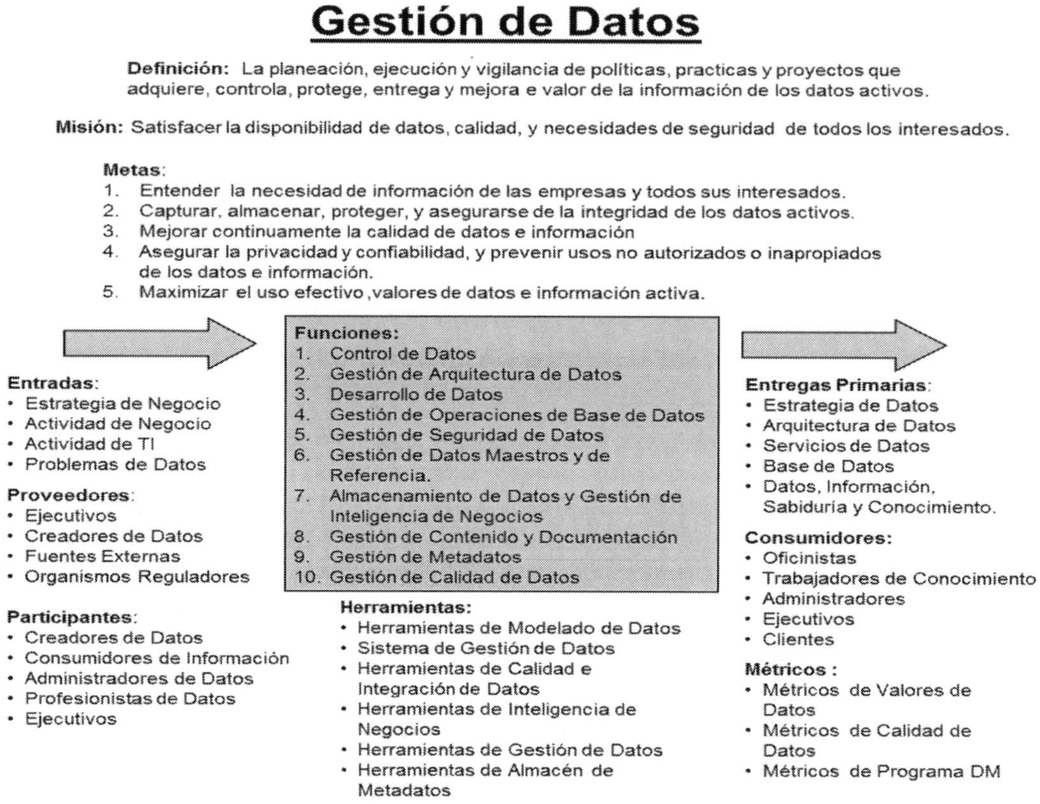

Gestión de Datos

Definición: La planeación, ejecución y vigilancia de políticas, practicas y proyectos que adquiere, controla, protege, entrega y mejora e valor de la información de los datos activos.

Misión: Satisfacer la disponibilidad de datos, calidad, y necesidades de seguridad de todos los interesados.

Metas:
1. Entender la necesidad de información de las empresas y todos sus interesados.
2. Capturar, almacenar, proteger, y asegurarse de la integridad de los datos activos.
3. Mejorar continuamente la calidad de datos e información
4. Asegurar la privacidad y confiabilidad, y prevenir usos no autorizados o inapropiados de los datos e información.
5. Maximizar el uso efectivo ,valores de datos e información activa.

Entradas:
• Estrategia de Negocio
• Actividad de Negocio
• Actividad de TI
• Problemas de Datos

Proveedores:
• Ejecutivos
• Creadores de Datos
• Fuentes Externas
• Organismos Reguladores

Participantes:
• Creadores de Datos
• Consumidores de Información
• Administradores de Datos
• Profesionistas de Datos
• Ejecutivos

Funciones:
1. Control de Datos
2. Gestión de Arquitectura de Datos
3. Desarrollo de Datos
4. Gestión de Operaciones de Base de Datos
5. Gestión de Seguridad de Datos
6. Gestión de Datos Maestros y de Referencia.
7. Almacenamiento de Datos y Gestión de Inteligencia de Negocios
8. Gestión de Contenido y Documentación
9. Gestión de Metadatos
10. Gestión de Calidad de Datos

Herramientas:
• Herramientas de Modelado de Datos
• Sistema de Gestión de Datos
• Herramientas de Calidad e Integración de Datos
• Herramientas de Inteligencia de Negocios
• Herramientas de Gestión de Datos
• Herramientas de Almacén de Metadatos

Entregas Primarias:
• Estrategia de Datos
• Arquitectura de Datos
• Servicios de Datos
• Base de Datos
• Datos, Información, Sabiduría y Conocimiento.

Consumidores:
• Oficinistas
• Trabajadores de Conocimiento
• Administradores
• Ejecutivos
• Clientes

Métricos :
• Métricos de Valores de Datos
• Métricos de Calidad de Datos
• Métricos de Programa DM

Figura 2.1 Diagrama de contexto de Gestión de datos

2.2 Misión y objetivos

La misión de la función de gestión de datos es satisfacer y superar las necesidades de información de todas las partes interesadas en la organización en términos de disponibilidad, seguridad y calidad de la información.

Los objetivos estratégicos de la función de gestión de datos son:

1. Comprender las necesidades de información de la organización y todos sus grupos de interesados.

2. Capturar, almacenar, proteger y garantizar la integridad de los activos de datos.

3. Mejorar continuamente la calidad de los datos y la información, incluyendo:

o   exactitud de los datos.

o   integridad de los datos.

o   integración de los datos.

o   oportunidad de la captura de datos y su presentación.

o   relevancia y la utilidad de los datos.

o   claridad y aceptación común de definiciones de datos.

4. Garantizar la privacidad y confidencialidad, evitando el uso no autorizado o inadecuado de los datos y la información.

5. Maximizar el uso y el valor efectivo de los datos y activos de información.

Otros objetivos no estratégicos de la gestión de datos incluyen:

6. Controlar el costo de gestión de datos.

7. Promover una comprensión más amplia y profunda del valor de los activos de datos.

8. Administrar la información coherente en toda la organización.

9. Alinear los esfuerzos de gestión de datos y tecnología con las necesidades del negocio.

Mientras que los objetivos de la gestión de datos son constantes y consistentes a través de las organizaciones, los objetivos de gestión de datos en cualquier empresa varían de año en año. Los objetivos deben seguir la regla "SMART" – específicos, medibles, alcanzables (o ejecutables), realistas y oportunos, con un plazo de tiempo especificado.

2.3 Principios rectores

Los principios universales y generales de gestión de datos incluyen:

1. Los datos y la información son activos valiosos de la organización.

2. Manejar los datos e información cuidadosamente, como cualquier otro activo, asegurando la calidad adecuada, la seguridad, la integridad, la protección, la disponibilidad, la comprensión y el uso efectivo.

3. Compartir la responsabilidad de la gestión de datos entre los administradores de datos de negocios (custodios de los activos de datos) y profesionales de la gestión de datos (custodios de expertos de los activos de datos).

4. La gestión de datos es una función de negocios y un conjunto de disciplinas relacionadas.

5. La gestión de datos es también una profesión emergente y en maduración dentro del campo de las Tecnologías de la Información.

2.4 Funciones y Actividades

El proceso de gestión de datos es capturado en funciones y actividades. Las diez funciones componentes de la gestión de datos son:

1. Gobierno de Datos: El ejercicio de la autoridad y el control (planificación, el seguimiento y la aplicación) a través de la gestión de los activos de datos. Gobierno de Datos es la planificación y control de gestión de datos de alto nivel.

2. Gestión de Arquitectura de Datos: La definición de las necesidades de datos de la organización y el diseño de los planos maestros para satisfacer esas necesidades. Esta función incluye el desarrollo y mantenimiento de la arquitectura de datos empresariales, en el contexto de toda la arquitectura de la empresa y su conexión con las soluciones de sistemas de aplicaciones y proyectos que implementan la arquitectura empresarial.

3. Desarrollo de datos: Diseñar, implementar y mantener soluciones para satisfacer las necesidades de datos de la organización. Las actividades de datos centrada en el Ciclo de Vida de Desarrollo de Sistemas (SDLC), incluyendo el modelado de datos, el análisis de las necesidades de datos y diseño, implementación y mantenimiento de los componentes de la solución relacionadas con los datos de bases de datos.

4. Gestión de Operaciones de Datos: Planificación, control y soporte a los activos de datos estructurados en todo el ciclo de vida de los datos, desde la creación y adquisición hasta el archivo y purga.

5. Gestión de la Seguridad de los Datos: La planificación, desarrollo y ejecución de las políticas y procedimientos de seguridad para proporcionar la debida autenticación, autorización, acceso y auditoría de los datos y la información.

6. Gestión de Datos maestros y de referencia: Planificación, implementación y actividades de control para garantizar la coherencia con una "Golden version " de los valores de datos contextuales.

7. Gestión de Business Intelligence y Data Warehouse: Planificación, implementación y control de procesos para proporcionar datos de apoyo a la toma de decisiones y el soporte a los trabajadores del conocimiento que participan en la presentación de informes, consultas y análisis.

8. Gestión de contenidos y Documentación: Planificación, implementación y actividades de control para almacenar, proteger y acceder a los datos que se encuentran dentro de los archivos electrónicos y registros físicos (incluyendo textos, gráficos, imágenes, audio y vídeo).

9. Gestión de metadatos: Planificación, implementación y actividades de control para permitir el fácil acceso a la alta calidad, los metadatos integrados.

10. Gestión de la Calidad de Datos: las actividades de planificación, ejecución y control que se aplican las técnicas de gestión de calidad para medir, evaluar, mejorar y asegurar la idoneidad de los datos para su uso.

Muchas de las actividades de gestión de datos se superponen en su alcance con otras funciones reconocidas, dentro y fuera de ella. La Guía DAMA-DMBOK no trata de identificar qué procesos son exclusivos de una función de gestión de datos. El único objetivo es describir el alcance y el contexto de la gestión de datos.

Muchas de las actividades de gestión de datos que se describen aquí no se llevan a cabo en cada organización. De hecho, pocas organizaciones tienen planes, políticas y programas en cada una de las diez funciones. En una empresa dada, ciertas funciones serán más relevantes, al menos en un punto en el tiempo y recibirán mayor prioridad que otras funciones. La empresa va a invertir más acertadamente la atención, tiempo y esfuerzo en algunas funciones y menos en otros.

La forma en que cada empresa implementa estas actividades varía ampliamente. Cada organización debe determinar un enfoque de aplicación de acuerdo con su tamaño, objetivos, recursos y complejidad. Sin embargo, la naturaleza esencial y los principios fundamentales de la gestión de datos son los mismos en todo el espectro de las empresas.

2.4.1 Actividades de la Gestión de Datos

Cada una de estas funciones se descompone en actividades. En algunos casos, las actividades se descomponen en sub-actividades. Las funciones son descriptas por sustantivos, las actividades y sub-actividades por frases verbales.

1. **Gobierno de datos**
   1.1.   Planificación de la Gestión de Datos
       1.1.1. Comprender las necesidades estratégicas de datos empresariales
       1.1.2. Desarrollar y mantener la estrategia de datos
       1.1.3. Establecer organizaciones y roles de profesionales de datos
       1.1.4. Identificar y nombrar al administrador de datos
       1.1.5. Establecer el gobierno de datos y organizaciones administradoras
       1.1.6. Desarrollar y aprobar las políticas de datos, Normas y Procedimientos
       1.1.7. Examinar y aprobar la Arquitectura de Datos
       1.1.8. Planificar y Patrocinador los Proyectos y Servicios de gestión de datos
       1.1.9. Estimar los valores de activos de datos y sus costos asociados
   1.2.   Control de Gestión de Datos
       1.2.1. Supervisar las organizaciones de profesionales de datos y sus miembros
       1.2.2. Coordinar las actividades de gobierno de datos
       1.2.3. Gestionar y resolver problemas relacionados a los datos
       1.2.4. Controlar y garantizar el cumplimiento de normativas
       1.2.5. Monitorear y hacer cumplir la conformidad con las políticas de datos, normas y Arquitectura
       1.2.6. Supervisar los proyectos y servicios de gestión de datos
       1.2.7. Comunicar y promover el valor de activos de datos

4.2.1.	Entender los requisitos de tecnología de datos
4.2.2.	Definir la Arquitectura de la tecnología de datos (igual a 2.4)
4.2.3.	Evaluar la Tecnología de datos
4.2.4.	Instalar y Administrar la Tecnología Datos
4.2.5.	Inventario y seguimiento de las Licencias de Tecnología
4.2.6.	Soporte al uso y problemas de tecnología de datos

5. **Gestión de Seguridad de Datos**
5.1.	Comprender las necesidades de seguridad de datos y los requisitos reglamentarios
5.2.	Definición de la Política de Seguridad de Datos
5.3.	Definir Estándares de Seguridad de Datos
5.4.	Definir los Controles y Procedimientos de Seguridad de Datos
5.5.	Administrar Usuarios, Contraseñas y membresía de Grupos
5.6.	Gestionar las vistas y permisos a los datos
5.7.	Monitorear la autenticación de usuario y el comportamiento de acceso
5.8.	Clasificar la confidencialidad de la información
5.9.	Auditar la seguridad de los datos

6. **Gestión de datos maestros y de referencia**
6.1.	Comprender las necesidades de datos maestros y de referencia
6.2.	Identificar Fuentes y Colaboradores de datos Maestro y de referencia
6.3.	Definir y mantener la arquitectura de integración de datos (igual a 2.5)
6.4.	Implementar soluciones de gestión de datos maestros y de referencia
6.5.	Definir y mantener normas de enlace
6.6.	Establecer "Golden" Records
6.7.	Definir y mantener las jerarquías y afiliaciones
6.8.	Planificar e implementar la integración de nuevas fuentes de datos
6.9.	Replicar y distribuir datos maestros y de referencia
6.10.	Gestión de Cambios de datos maestros y de referencia

7. **Gestión de Data Warehousing y Business Intelligence** [1*]
7.1.	Entender las necesidades de información de Business Intelligence (BI)
7.2.	Definir y mantener la Arquitectura BI / DW (igual a 2.6)
7.3.	Implementar Data Warehouse y Data Marts
7.4.	Implementar herramientas de BI y de interfaces de usuario
7.5.	Procesamiento de datos para la Inteligencia de Negocios
7.6.	Supervisar y ajustar los procesos de almacenamiento de datos
7.7.	Monitorear y ajustar la actividad de BI y rendimiento

8. **Gestión de contenidos y documentos**

1* Estas actividades no incluyen las actividades de inteligencia de negocios reales por trabajadores del conocimiento.

- Realizar consultas Ad-Hoc e informes
- Realizar análisis multidimensional
- Realizar el Análisis Estadístico
- Realizar Búsqueda de datos
- Modelar escenarios "qué pasa si"
- Monitorear y analizar el desempeño de negocios

8.1.　　　Gestión de Documentos / Registros
　　8.1.1.　Plan para la gestión de documentos / registros
　　8.1.2.　Implementar sistemas de gestión de Documentos / Registros para la adquisición, almacenamiento, acceso y control de seguridad
　　8.1.3.　Copia de seguridad y recuperación de documentos / registros
　　8.1.4.　Conservar y eliminar Documentos / Registros
　　8.1.5.　Auditar la gestión de Documentos / Registros
8.2.　　　Gestión de Contenido
　　8.2.1.　Definir y mantener la taxonomía empresarial (igual a 2.7)
　　8.2.2.　Documentar / Indexar Metadata del Contenido de Información
　　8.2.3.　Proporcionar acceso al contenido y Recuperación
　　8.2.4.　Gobierno de calidad del contenido

9. **Gestión de Metadatos**
　9.1. Entender los Requisitos de Metadatos
　9.2. Definir la Arquitectura de Metadatos (igual a 2.8)
　9.3. Desarrollar y mantener los estándares de Metadatos
　9.4. Implementar un entorno de Metadatos Gestionado
　9.5. Crear y Mantener Metadatos
　9.6. Integrar Metadatos
　9.7. Administrar repositorios de Metadatos
　9.8. Distribuir y entregar Metadatos
　9.9. Consulta, reportar y analizar Metadatos

10. **Gestión de la calidad de datos**
　10.1.　　Desarrollar y promover la conciencia de Calidad de los Datos
　10.2.　　Definir Requisitos de Calidad de Datos
　10.3.　　Perfilar, analizar y evaluar la calidad de datos
　10.4.　　Definir Indicadores de Calidad de los Datos
　10.5.　　Definir las reglas del negocio de la calidad de los datos
　10.6.　　Probar y validar requerimientos de la calidad de los datos
　10.7.　　Establecer y evaluar los niveles de servicio de Calidad de los Datos
　10.8.　　Medir y monitorear la calidad de datos de forma continua
　10.9.　　Resolver los problemas de calidad de datos
　10.10.　　Limpiar y corregir defectos de calidad de datos
　10.11.　　Diseñar e implementar procedimientos operacionales DQM
　10.12.　　Monitorear Procedimientos y rendimiento Operacionales DQM

2.4.2 Actividades grupales

Cada actividad pertenece a uno de los cuatro grupos de actividades:

- Actividades de planificación (P): Las actividades que definen el rumbo estratégico y táctico para otras actividades de gestión de datos. Las actividades de planificación se pueden ser ejecutadas de manera recurrente.

- Actividades de desarrollo (D): Las actividades realizadas dentro de proyectos de implementación y reconocidas como parte del ciclo de vida de desarrollo de sistemas (SDLC), la creación de entregables de datos a través de análisis, diseño, construcción, pruebas, preparación y despliegue.

- Actividades de control (C): Las actividades de supervisión realizadas de forma continua.

- Actividades Operacionales (S): actividades de apoyo de servicio y realizan de forma continua.

Cada actividad de gestión de datos se ajusta a uno o más grupos de actividades de gestión de datos, como se muestra en la Tabla 2.1.

Funciones	Actividades de Planificació n (P)	Actividades de Control (C)	Actividades de desarrollo (D)	Actividades Operacionales (O)
1. Gobierno de Datos	1.1 Planificación de la Gestión de Datos	1.2 Control de Gestión de Datos		
2. Gestión de Arquitectura de Datos	2. Gestión de Arquitectura de Datos (todos)			
3. Desarrollo de datos	3.3 Modelo de Datos y Diseño de Gestión de Calidad	3.3 Modelo de Datos y Diseño de Gestión de Calidad	3.1 Modelado de datos, análisis y diseño de soluciones 3.2 Diseño de datos detallado 3.4 Implementación de datos	
4. Gestión de operaciones de datos	4.1 Soporte de base de datos 4.2 Gestión de la tecnología de datos	4.1 Soporte de base de datos 4.2 Gestión de la tecnología de datos		4.1 Soporte de base de datos 4.2 Gestión de la tecnología de datos

5. Gestión de la seguridad de datos	5.1 Entender las necesidades de seguridad de datos y los requisitos reglamentarios 5.2 Definir la política de seguridad de datos 5.3 Definir estándares de seguridad de datos	5.5 Administrar usuarios, contraseñas y membresía a grupos 5.6 Administrar el acceso de a Vistas de datos y Permisos 5.7 Monitorear la autenticación del usuario y comportamiento de acceso 5.8 Clasifique Información Confidencialidad 5.9 Seguridad de los datos de auditoría	5.4 Definir los controles y procedimientos de seguridad de datos	
6. Gestión de datos maestros y de referencia	6.1 Entender las necesidades de integración de los datos maestros y de referencia 6.2 Entender las fuentes y los proveedores de datos de referencia y maestros 6.3 Definir la Arquitectura de Integración de Datos	6.5 Definir y mantener normas de enlace 6.6 Establecer componentes críticos 6.7 Definir y mantener las jerarquías y afiliaciones	6.4 Implementar soluciones de gestión de datos de referencia y maestros 6.8 Planificar e implementar la integración de fuentes de datos nuevos 6.10 Gestión de Cambios de datos maestros y referencia	6.9 Replicar y distribuir datos maestros y de referencia

7. Gestión de Data Warehousing y Business Intelligence	7.1 Entender las necesidades de Business Intelligence 7.2 Definir y mantener la Arquitectura BI/DW	7.6 Supervisar y ajustar los procesos de Data Warehousing 7.7 Supervisar la actividad de Business Intelligence y su rendimiento	7.3 Implementar Data Warehouses y Data Marts 7.4 Implementar herramientas de BI y de interfaces de usuario	7.5 Procesamiento de datos para la Business Intelligence
8. Gestión de contenidos y documentación	8.1 Gestión de Documentos / Registros 8.2 Gestión de Contenidos	8.1 Gestión de Documentos / Registros 8.2 Gestión de Contenidos		8.1 Gestión de Documentos / Registros 8.2 Gestión de Contenidos
9. Gestión de Metadatos	9.1 Comprender Requisitos de Metadatos 9.2 Definir la Arquitectura de Metadatos 9.3 Desarrollar y mantener los estándares de metadatos	9.6 Integrar Metadatos 9.7 Administrar repositorios de Metadatos 9.8. Entrega y distribución de Metadatos	9.4 Implementar un entorno de Metadatos gestionado	9.5 Crear y Mantener Metadatos 9.9 Consulta, reportar y analizar Metadatos

10. Gestión de la calidad de datos	10.4 Definir indicadores de calidad de los datos 10.5 Definir las reglas del negocio de la calidad de los datos 10.7 Establecer y evaluar los niveles de servicio de Calidad de los Datos	10.8 Medir y monitorear la calidad de datos en forma continua 10.9 Resolver los problemas de calidad de datos 10.12 Monitorear Procedimientos y rendimiento Operacionales DQM	10.2 Definir los requisitos de calidad de datos 10.3 Perfil, analizar y evaluar la calidad de datos 10.6 Probar y validar requerimientos de la calidad de los datos 10.11 Diseñar e implementar procedimientos operacionales DQM	10.1 Desarrollar y promover la conciencia de Calidad de los Datos 10.10 Limpiar y corregir defectos de calidad de datos

Tabla 2.1 Actividad por actividad en grupo

2.5 Diagrama de contexto general

Cada diagrama de contexto en esta guía contiene una definición y una lista de objetivos en la parte superior del diagrama. En el centro de cada diagrama es un cuadro azul que contiene la lista de las actividades de esa función y en algunos casos, sub-actividades. Cada capítulo describe estas actividades y sub-actividades en profundidad.

Alrededor de cada cuadro central de actividades se encuentra varias listas. La lista en el lado izquierdo (que fluye en las actividades) son las entradas, proveedores y participantes. La lista debajo de la caja corresponde a las Herramientas utilizadas por las Actividades. La lista en el lado derecho (que sale de las actividades) son entregables primarias, consumidores y a veces métricas.

Estas listas contienen elementos que se aplican al tema de la lista. De ninguna manera son exhaustivos y algunos de los artículos no se aplicarán a todas las organizaciones. Estas listas se describen como marco contextual y crecerán con el tiempo como la profesión de gestión de datos crezca y evolucione.

Por conveniencia de comparación, todos los contenidos de cada lista de funciones están incluidos en los apéndices.

2.5.1 Proveedores

Los proveedores son las entidades responsables de la provisión de insumos para las actividades. Varios proveedores se refieren a múltiples funciones de gestión de datos. Proveedores para la gestión de datos en general incluyen ejecutivos, creadores de datos, de fuentes externas y los organismos reguladores. Los proveedores para cada función de gestión de datos se enumeran en el Apéndice A1.

2.5.2 Entradas

Las entradas son las cosas tangibles que cada función necesita para iniciar sus actividades. Varias entradas son utilizadas por múltiples funciones. Insumos para la gestión de datos en general incluyen Estrategia de Negocios, Actividad de negocio, Actividades de TI y problemas de Datos. Las entradas para cada función de gestión de datos se enumeran en el Apéndice A2.

2.5.3 Los participantes

Los participantes están involucrados en el proceso de gestión de datos, aunque no necesariamente directamente o con la rendición de cuentas. Múltiples participantes pueden estar involucrados en múltiples funciones. Los participantes en la gestión de datos en general incluyen Creadores de datos, consumidores de información, administradores de datos, profesionales de datos y Ejecutivos. Los participantes en cada función de gestión de datos se enumeran en el Apéndice A3.

2.5.4 Herramientas

Los profesionales de la gestión de datos utilizan las herramientas para llevar a cabo las actividades en las funciones. Varias herramientas son utilizadas por múltiples funciones. Herramientas para la gestión de datos en general incluyen herramientas de modelado de datos, Sistemas de Gestión de bases de datos, Herramientas de calidad, herramientas de inteligencia empresarial, herramientas de gestión de documentos y herramientas de almacén de Metadatos. Las herramientas utilizadas por cada función de gestión de datos se enumeran en el Apéndice A4.

2.5.5 Entregables primarios

Los entregables primarios son las cosas tangibles que cada función es responsable por su creación. Varios entregables primarios son creados por múltiples funciones. Los entregables primarios para Gestión de datos en general incluyen Estrategia de Datos, Arquitectura de datos, servicios de datos, bases de datos y Datos, Información, Conocimiento y Sabiduría. Obviamente, diez funciones tendrían que cooperar para proporcionar sólo ocho entregables. Los entregables primarios de cada función de gestión de datos se enumeran en el Apéndice A5.

2.5.6 Los consumidores

Los consumidores son aquellos que se benefician por los entregables primarios creados por las actividades de gestión de datos. Varios consumidores se benefician de múltiples funciones. Los consumidores de los entregables de gestión de datos pueden ser trabajadores de oficina, trabajdores de conocimiento, gerentes, ejecutivos y clientes. Los consumidores de cada función de gestión de datos se enumeran en el Apéndice A6.

2.5.7 Métricas

Las métricas son las cosas medibles que cada función es responsable de crear. Varias métricas miden múltiples funciones y algunas funciones no lo hacen (en esta edición) se han definido las métricas. Métricas para la gestión de datos incluyen métricas de valor de datos, métricas de calidad de los datos, métricas del programa de gestión de datos. Las métricas para cada función de gestión de datos se enumeran en el Apéndice A7.

2.6 Roles

La gente que forma parte de la gestión de datos involucra a las organizaciones y roles. Muchas organizaciones e individuos están involucrados en la gestión de datos. Cada empresa tiene diferentes necesidades y prioridades. Por lo tanto, cada empresa tiene un enfoque diferente para las organizaciones y los roles y responsabilidades individuales, para las funciones y actividades de gestión de datos. A continuación se ofrece una visión general de algunas de las categorías de organización más comunes y los roles individual.

Los proveedores, participantes y los consumidores, tal como se menciona en los diagramas de contexto, pueden estar involucrados en una o más organizaciones de gestión de datos, y pueden participar en uno o más roles. Sería más allá del alcance de este trabajo identificar y definir todos los posibles proveedores, participantes y consumidores y todos los roles y organizaciones que se aplicarían. Sin embargo, es posible describir los tipos de alto nivel de las organizaciones y los roles individuales.

2.6.1 Tipos de Organizaciones

Tabla 2.2 Incluye descripciones de los tipos más comunes de las organizaciones de gestión de datos.

Tipos de organizaciones de gestión de datos	Descripción
Organización (es) de Servicios de Gestión de Datos	Una o más unidades de profesionales de la gestión de datos responsables de la gestión de datos dentro de la organización de TI. Una organización centralizada es conocida a veces como Centro de Excelencia (CdE) de Gestión de Información Empresarial (GIE) . Este equipo incluye al Ejecutivo DM, otros gerentes DM, los arquitectos de datos, analistas de datos, analistas de la calidad de datos, administradores de bases de datos, administradores de seguridad de datos, especialistas de metadatos, administradores de modelo de datos, arquitectos de data warehouse, arquitectos de integración de datos y analistas de Business Intelligence. También puede incluir los administradores de bases de datos (DBA), aunque los administradores de bases se encuentran dentro de las dos organizaciones de desarrollo de software y las organizaciones de gestión de infraestructuras. También puede incluir desarrolladores de integración de datos y desarrolladores de reportes y analíticas, aunque a menudo se encuentran en las organizaciones de desarrollo de software

	junto al resto de los desarrolladores.
Consejo del Gobierno de Datos	La organización principal y la más alta autoridad para el Gobierno de Datos en una organización. Incluye los altos directivos que actúa como ejecutivos administradores de datos, junto con el Líder del DM y el CIO. Un ejecutivo de negocios (Jefe de administración de datos) podrá formalmente presidir el Consejo, en colaboración con el Ejecutivo de DM y Administrador de datos responsables por la participación al consejo, comunicación, preparación de las reuniones, agenda de reuniones, problemas, etc.
Comité(s) directivo de administración de datos	Uno o más grupos de funciones cruzadas coordinan los administradores de datos responsables de apoyo y supervisión de una iniciativa de gestión de datos en particular lanzada por el Gobierno de Datos Consejo, como la arquitectura de datos empresariales, gestión de datos maestros, o Meta- Gestión de datos. El Consejo de Gobierno Datos podrá delegar competencias en uno o más Comités de Manejo de Datos.
Equipos de administración de datos	Uno o más grupos temporales o permanentes enfocados en colaborar con los administrador de los datos para soportar y evaluar alguna iniciativa particular de gestión de datos solicitada por el Consejo de Gobierno de datos, como la arquitectura de datos empresarial, la gestión de datos maestros, gestión de Metadata. El Consejo de Gobierno de datos puede delegar una o más responsabilidades a los comités directivos de Administración de Datos.
Oficina de Gobierno de datos (DGO)	Una organización de personal en las grandes empresas que apoyan los esfuerzos del Consejo de Gobierno de Datos, Comités Directivos de manejo de datos y Equipos de Manejo de Datos. El DGO puede estar dentro o fuera de la organización de TI. El personal del DGO incluyen facilitadores de Administración de datos quienes permiten que las actividades de administración sean ejecutadas por los administradores del negocio.

Tabla 2.2 Tipos de organizaciones de gestión de datos

2.6.2 Tipos de Roles individuales

Tabla 2.3 contiene un Resumen de muchos roles individuales que pueden participar en las actividades de gestión de datos.

2.7 Tecnología

La sección de Tecnología identifica y define las categorías de tecnología relacionados con la gestión de datos. La tecnología está cubierta en cada capítulo, donde las herramientas son mencionadas específicamente.

2.7.1 Clases de productos de software

Los métricas son las cosas medibles que cada función es responsable por crear. Varias métricas miden múltiples funciones y algunas funciones no han definidos métricas (en esta edición).Las métricas para la gestión de datos incluyen métricas para el valor de datos, métricas de calidad de datos, y métricas del programa DM. Las métricas para cada función de gestión de datos se enumeran en el Apéndice A7.

Tipos de Roles individuales de Gestión de Datos	Descripción
Administración de datos de negocios	Un trabajador del conocimiento y líder de negocios reconocido como un experto en la materia que se le asigna la responsabilidad por las especificaciones de datos y calidad de los datos de las entidades empresariales asignados específicamente, áreas temáticas o bases de datos, que podrá: 1. Participar en uno o más equipos de Administración de Datos. 2. Identificar y definir las necesidades de información local y empresarial. 3. Proponer, generar un borrador, revisar y refinar los nombres del negocio, las definiciones y otras especificaciones del modelo de datos para las entidades asignadas y atributos de datos. 4. Asegurar la validez y relevancia de los modelos de datos asignados. 5. Definir y mantener los requisitos de calidad de datos y de Reglas de Negocio para los atributos de datos asignados. 6. Mantener los valores de datos de referencias y sus significados. 7. Asistir en la planificación y el diseño de las pruebas de calidad de datos, la creación de datos de prueba y verificación de los requisitos de datos. 8. Identificar y ayudar a resolver problemas de datos. 9. Colaborar en el análisis de calidad de datos y sus mejoras. 10. Proporcionar entradas para las políticas de datos, normas y procedimientos.
Coordinador de administración de datos	Un administrador de datos de negocios con responsabilidades adicionales, quien: 1. Proporcionan liderazgo empresarial para una administración de equipo de datos. 2. Participar en un Comité de Dirección de Administración de Datos. 3. Identificar candidatos de administración de datos.

	4. Revisar y aprobar cambios a los valores de datos de referencia y sus significados. 5. Revisar y aprobar los modelos de datos lógicos. 6. Asegurarse que los requisitos de los datos de aplicación se cumplan. 7. Revisar los análisis de calidad de datos y auditorias.
Ejecutivos de Administración de datos	El rol ejercido por un gerente senior del consejo del gobierno de datos , quien hará: 1. Servir como miembro activo en el Consejo de Gobierno de Datos. 2. Representar los intereses de datos departamentales y empresariales. 3. Nombrar coordinadores y administradores de datos. 4. Revisar y aprobar las políticas de datos, normas, medidas y procedimientos. 5. Revisar y aprobar la arquitectura de datos, modelos de datos y especificaciones. 6. Resolver problemas de datos. 7. Promover y supervisar los proyectos y servicios de gestión de datos. 8. Revisar y aprobar las estimaciones del valor de los activos de datos. 9. Comunicar y promover el valor de la información. 10. Controlar y fortalecer el cumplimiento de las políticas y de los datos dentro de un departamento.
Facilitador de administración de datos	Un analista de negocios responsable de coordinar las actividades del Gobierno de Datos y de la Administración de Datos, que realizara: 1. Ayudar a los ejecutivos a identificar y nombrar a los administradores de datos de negocios 2. Programar y anunciar las reuniones del consejo de Datos Gobierno, comités directivos de custodia de datos. y los equipos de administración de datos. 3. Planificar y publicar programas de las reuniones. 4. Preparar y distribuir las actas de reuniones. 5. Preparar el cumplimiento de materiales de discusión y distribuir para su revisión previa. 6. Dirigir y coordinar la resolución de problemas de datos. 7. Asistir en la definición y formulación de problemas de datos y las alternativas de solución. 8. Ayudar en la definición de las políticas y normas de

	gestión de datos.
	9. Ayudar en la comprensión de las necesidades de información de negocios.
	10. Asegurar la participación empresarial en el modelado de datos y arquitectura de datos.
	11. Asistir en la elaboración de los nombres de datos de negocio, definiciones y requisitos de calidad.
Ejecutivo de gestión de datos	El gerente de más alto nivel de las organizaciones de servicios de gestión de datos en un departamento de TI. Los Ejecutivos DM reportan al CIO y es el director directamente responsable de la gestión de datos, incluyendo la coordinación de Gobierno de Datos y actividades de gestión de datos, la supervisión de la gestión de datos proyectos y supervisión de profesionales de la gestión de datos. Puede ser un gerente, director, AVP o VP.
Arquitecto de datos	Un analista responsable de la arquitectura de datos y la integración de datos de datos de alto nivel.
Arquitecto de datos empresariales	El arquitecto de datos de alto nivel responsable de desarrollar, mantener y aprovechar el modelo de datos empresariales.
Arquitecto de Data Warehouse	Un arquitecto de datos responsables de data warehouse, data marts y los procesos de integración de datos asociados.
Analista de datos/Modelador de datos	Un profesional de TI responsable de la captura y el modelado de los requisitos de datos, definiciones de datos, de Negocio, los requisitos de calidad de datos y modelos de datos lógicos y físicos reglas.
Administrador de modelo de datos	Responsable del control de versiones del modelo de datos y control de cambios.
Especialista de Metadatos	Responsable de la integración, control y entrega de metadatos, incluyendo la administración de repositorios de metadatos.
Analista de calidad de datos	Responsable de determinar la idoneidad de los datos para su uso.
Administrador de base de datos	Responsable del diseño, implementación y soporte de los activos de datos estructurados.
Administrador de Seguridad de Datos	Responsable de asegurar el acceso controlado a los datos clasificados.
Arquitecto de Integración de Datos	Un desarrollador senior de integración de datos responsable del diseño de la tecnología para integrar y mejorar la calidad de los activos de datos empresariales.
Especialista de integración de datos	Un diseñador de software y desarrollador responsable de la implementación de sistemas para integrar (replicar, extraer, transformar y cargar) los activos de datos en lotes o tiempo real.
Arquitecto de Business	Un analista senior de inteligencia de negocios responsable del

Intelligence	diseño del entorno de usuario de BI.
Analista/Administrador de Business Intelligence	Responsable de apoyar el uso eficaz de los datos de inteligencia de negocios por los profesionales de negocios.
Gerente del Programa de Business Intelligence	Coordina los requisitos e iniciativas de BI a través de la corporación y los integra en un programa priorizado y cohesivo.
Desarrollador Analítico/Informes	Un desarrollador de software responsable por la creación de soluciones de reportes y aplicaciones analíticas.
Analista de Procesos de Negocio	Responsable de la comprensión y la optimización de procesos de negocio.
Arquitecto de procesos empresariales	Responsable senior de la calidad general del modelo de proceso empresarial y de modelo de negocios empresarial.
Arquitecto de aplicaciones	Desarrollador senior responsable de integrar los sistemas de aplicación.
Arquitecto Técnico	Ingeniero senior técnico responsable de la coordinación y la integración de la infraestructura de TI y la cartera de tecnología de TI.
Ingeniero Técnico	Analista técnico senior responsable de investigar, implementar, administrar y soportar una parte de la infraestructura de tecnología de la información.
Administrador del soporte técnico	Responsable para la tramitación, seguimiento y resolución de problemas relacionados con el uso de la información, sistemas de información, o la infraestructura de TI.
Auditor TI	Un auditor con responsabilidades de TI, incluyendo calidad de datos y/o seguridad de datos.
Jefe de Gestión del Conocimiento (CKO)	El ejecutivo con la responsabilidad general de la gestión del conocimiento, incluida la protección y el control de la propiedad intelectual, la habilitación de desarrollo profesional, la colaboración, la tutoría y el aprendizaje organizacional.
Colaboradores	Proveedores o participantes del consorcio de una organización. Estos pueden participar en los acuerdos de intercambio de datos.
Corredores de datos	Proveedores de datos y metadatos a menudo por suscripción para su uso en una organización.
Gobierno y organismos reguladores	Normas de gestión de datos de participación en el mercado se especifican y aplicadas por diferentes organismos gubernamentales y regulatorias. Privacidad, confidencialidad, los datos de propiedad y la información son áreas clave.
Trabajadores del conocimiento	Consumidores y analistas de datos y la información que aportan valor a los datos de la organización.

Tabla 2.3 Tipos de roles individuales

2.7.2 Especialista Hardware

Mientras que la mayor tecnología para datos es software que se ejecuta en hardware de propósito general, ocasionalmente hardware especializado es utilizado para soportar requerimientos únicos de gestión de datos. Los tipos de hardware especializados incluyen:

Equipos de procesamiento paralelo: A menudo se utiliza para apoyar las bases de datos muy grandes (VLDB). Existen dos arquitecturas de procesamiento paralelo comunes, SMP (multiprocesamiento simétrico) y MPP (procesamiento paralelo masivo).

Las soluciones de datos: servidores construidos específicamente para la transformación y la distribución de datos. Estos servidores se integran con la infraestructura existente ya sea directamente como un conector o periféricamente como una conexión de red.

2.8 Lectura recomendada

Adelman, Sid, Larissa Moss, and Majid Abai. Estrategia de datos. Addison-Wesley, 2005. ISBN 0-321-24099-5. 384 paginas.

Boddie, John. La información de activos: La financiación DP Racional y otras nociones radicales. Prentice-Hall (Series Yourdon de serie), 1993. ISBN 0-134-57326-9. 174 paginas.

Bryce, Milt and Tim Bryce. La Revolución IRM: Proyecto para el siglo 21. M. Bryce Associates Inc., 1988. ISBN 0-962-11890-7. 255 paginas.

Comité Chicago de normas de capítulo estándar, editores,

DAMA Chicago Chapter Standards Committee, editors. Directrices para la Gestión de Recursos de datos de aplicación, cuarta edición. Bellevue, WA: La Asociación de Gestión de Datos (DAMA Internacional), 2002. ISBN 0-9676674-1-0. 359 páginas.

Durell, William R. Administración de datos: Guía práctica para la gestión de datos exitosa. Nueva York: McGraw-Hill, 1985. ISBN 0-070-18391-0. 202 páginas.

Horrocks, Brian and Judy Miss. Administración de Datos prácticos. Prentice-Hall Internacional, 1993. ISBN 0-13-689696-0.

Kent, William. Datos y realidad: Supuestos básicos de Procesamiento de Datos reconsiderado. Authorhouse, 2000. ISBN 1-585-00970-9. 276 paginas.

Kerr, James M. La IRM imperativo. John Wiley & Sons, 1991. ISBN 0-471-52434-4.

Newton, Judith J. and Daniel Wahl, editores. Manual para la administración de datos. DC: GPO, NIST Publicaciones Especiales 500-208, Publicaciones Diane Co., 1993. ISBN 1-568-06362-8.

Purba, Sanjiv, editor. Manual de Gestión de Datos, tercera edición. Auerbach, 1999. ISBN 0-849-39832-0. 1048 paginas.

3 Gobierno de datos

Gobierno de Datos es la función principal del Marco de gestión de datos que se muestra en las figuras 1.3. y 1.4. Interactúa e influye en cada una de las diez funciones de gestión de datos. Capítulo 3 define la función de Datos Gobierno y explica los conceptos y Actividades involucradas en Gobierno de Datos.

3.1 Introducción

Gobierno de Datos es el ejercicio de la autoridad y el control (planificación, el seguimiento y la aplicación) a través de la gestión de los activos de datos. La función de Gobierno de Datos guía de cómo se llevan a cabo todas las demás funciones de gestión de datos. Gobierno de Datos es de alto nivel, la administración ejecutiva de los datos.

El diagrama de contexto para la función de Datos Gobierno se muestra en la Figura 3.1.

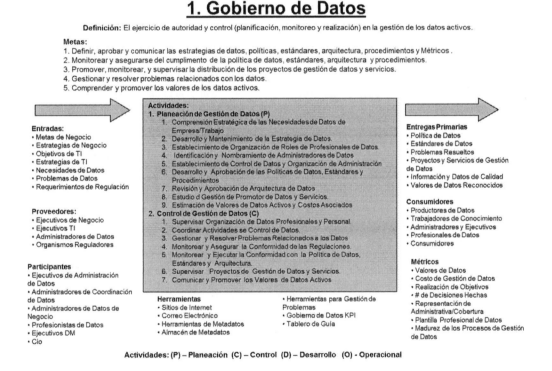

Figura 3.1 Diagrama de contexto de Gobierno de datos

3.2 Actividades y conceptos

Capítulos 1 y 2 establecen que la gestión de los datos es una responsabilidad compartida entre los data stewardsdata stewardsBusiness Data Steward, lo que representa partes interesadas de la organización y profesionales de datos profesionales, que trabajan en su nombre. Data stewards Data stewards de negocios son los guardianes de los activos de datos de la empresa; profesionales de la gestión de datos son los expertos custodios de estos activos. Gestión de datos eficaz depende de una colaboración efectiva entre los data stewardsBusiness Data Steward y los profesionales profesionales de la gestión de datos, especialmente en Gobierno de Datos.

La toma de decisiones compartida es el sello distintivo de Gobierno de Datos, como se muestra en la Figura 3.2. Gestión de datos eficaz requiere trabajar a través de los límites organizativos y de sistema. Gobierno de Datos permite a los responsables de las decisiones seleccionadas compartidas, cruzar estas fronteras y apoyar una visión integrada de datos. Algunas decisiones son principalmente decisiones empresariales tomadas con el aporte y la orientación de IT , otras son decisiones técnicas hechas principalmente con el aporte y la orientación de los data stewards de negocio a todos los niveles.

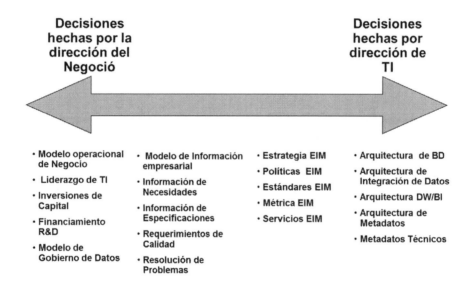

Figura 3.2 Gobierno de datos de decisión Spectrum

3.2.1 Gobierno de datos

Gobierno de Datos se logra más eficazmente como un programa en curso y un proceso de mejora continua.

Cada programa de Gobierno de Datos es único, teniendo en cuenta cuestiones de organización y de cultura distintivas así como los retos y oportunidades de gestión de datos. Gobierno de Datos es un término relativamente nuevo y muchas organizaciones continúan siendo pioneros en nuevos enfoques. Sin embargo, programas eficaces de gobierno de datos comparten muchas características comunes, sobre la base de los conceptos y principios básicos.

Gobierno de Datos no es lo mismo que el gobierno de IT. El gobierno de IT toma las decisiones sobre las inversiones en IT, la cartera de aplicaciones de IT y la cartera de proyectos de IT. El gobierno de IT se alinea con las estrategias de IT y las inversiones y estrategias empresariales. COBIT (Objetivos de Control para la Información y Tecnologías Relacionadas) proporciona normas para el gobierno de IT, pero sólo una pequeña parte del del marco de COBIT frameworkgestióna la información. Algunos temas críticos, como el cumplimiento de Sarbanes-Oxley, son abordadospor el gobierno corporativo, gobierno de IT y Gobierno de Datos. Gobierno de Datos se centra exclusivamente en la gestión de los activos de datos.

Gobierno de Datos está en el corazón de la gestión de los activos de datos. En la representación circular de las funciones de gestión de datos, de diez introducidos en el capítulo uno, Gobierno de Datos se muestra en el centro.

Otra forma de representar la posición de control del Gobierno de Datos es como "el techo de gestión" sobre otras funciones de gestión de datos, como se muestra en la Figura 3.3.

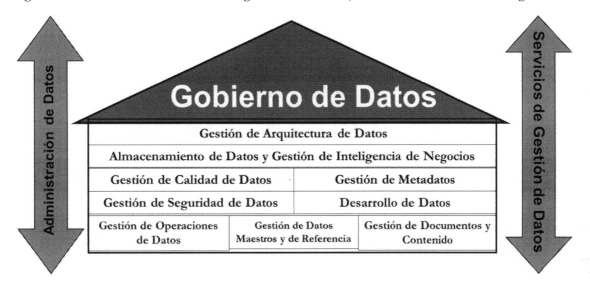

Figura 3.3 Gobierno de datos, Administración y servicios

3.2.2 Administración de datos

Administración de datos es la responsabilidad formal de responsabilidades empresariales que garanticen el control y uso de datos de manera eficaz. Algunas de estas responsabilidades son responsabilidad de Gobierno de Datos, pero también hay importantes responsabilidades de gestión de datos dentro de cada una de las otras funciones principales de gestión de datos.

Un data steward es un líder de negocios y / o reconocido experto en la materia designados como responsables de estas funciones. Al igual que en otras actividades, un buen administrador protege cuidadosamente, gestiona y aprovecha los recursos para la que ella se confía.

Los mejores data stewards se encuentran, no se hacen. Muchas de estas actividades se llevan a cabo por profesionales de la empresa, incluso antes de que se implementase un programa de administración de datos formal. En esa medida, responsabilidades de gestión de datos no son nuevas sino adicionales responsabilidades de estas personas.

Siempre que sea posible, es conveniente designar a la gente que estén interesados e involucrados. Su cita para una función de custodia de datos es un reconocimiento y confirmación de los trabajos que ya se están realizando. El nombramiento de los *data steward* data stewards formaliza su rendición de cuentas.

Los *data steward* data stewardsgestionan los activos de datos en nombre de los demás. Los data stewards son designados para representar los intereses de datos de todas las partes interesadas, incluyendo, pero no limitado a los intereses de sus propios departamentos y divisiones. Los data stewards*Data steward* deben tener una perspectiva empresarial para asegurar la calidad y el uso eficaz de los datos empresariales.

Las organizaciones a menudo distinguen entre ejecutivo, coordinación y data stewardsdata steward de negocios,

- Data stewards Data stewards son los altos ejecutivos que se desempeñan en un Gobierno de Datos Consejo.

- La coordinación de los data stewards data stewards conducen y representan equipos de data stewardsBusiness Data Steward en las discusiones entre los equipos y con los data stewards data stewards ejecutivos. La coordinación de los data stewards son particularmente importantes en las grandes organizaciones.

- Data stewardsBusiness Data StewardBusiness Data Stewards son reconocidos expertos en la materia que trabajan con profesionales de la gestión de datos en forma permanente para definir y controlar datos.

Gobierno de Datos es de alto nivel, la data steward ejecutivo. En otras palabras, Gobierno de Datos es la toma de decisiones de data steward de alto nivel, principalmente por el ejecutivo y la coordinación de los data steward data stewards.

Existen responsabilidades de gestión de datos en las funciones de gestión de datos más allá de Gobierno de Datos:

- Gestión de Arquitectura de Datos: Los data stewarddata stewards revisan , validan, aprueban y perfeccionan la arquitectura de datos. Los business data steward data stewardsBusiness Data Steward definen especificaciones de datos para que los arquitectos de datos organizen de acuerdo a la arquitectura de datos de la empresa. La coordinación de los data streward data stewards ayudan a los arquitectos de datos a que se integren estas especificaciones, la resolución de las diferencias en los nombres y significados. Data stewardsLos Data Steward Ejecutivos revisan y aprobar la arquitectura de datos empresariales. Los data stewardsdata steward de todos los niveles y los arquitectos de datos colaboran para mantener la arquitectura de datos.

- Desarrollo de los datos: los Business data steward data stewards definen los requisitos de datos y las especificaciones para que los analistas y arquitectos de datos organizen en modelos de datos lógicos. Los data steward data stewards también validan los modelos de datos y diseños de bases de datos físicos, participan en las pruebas de base de datos y conversión y aseguran el uso constante en términos de documentación del usuario y los entrenamientos. Los data stewarddata stewards identifican problemas de datos a medida que surgen y se escalan cuando sea necesario.

- Gestión de Operaciones de Datos: los Business data stewarddata stewards definen los requisitos para la recuperación de datos, la retención y el rendimiento y ayudar a negociar los niveles de servicio en estas áreas. EllosData stewardsBusiness Data Steward también ayudan a identificar, adquirir y controlar los datos de origen externo.

- Gestión de la Seguridad de los datos: los data stewardsBusiness Data Steward proporcionan los requisitos de seguridad, privacidad y confidencialidad, identificar y resolver los problemas de seguridad de datos, ayudar en las auditorías de seguridad de los datos y clasificar la confidencialidad de la información de los documentos y otros productos informativos.

- Gestión de Datos maestros y de referencia: los data stewardsBusiness Data Steward controlan la creación, actualización y retiro de valores de código y otros datos de referencia, definen los requisitos de gestión de datos maestros, identifican y ayudan a resolver cuestiones de gestión de datos maestros

- Almacenamiento de datos y Gestión de inteligencia de negocios: los data stewardsBusiness Data Steward proporcionan los requerimientos de inteligencia de negocios y métricas de gestión que se identifican y ayudan a resolver cuestiones de inteligencia de negocios.

- Gestión de contenidos y Documentación: los data stewardsBusiness Data Steward ayudan a definir taxonomías empresariales y resolver los problemas de gestión de contenido.

- Gestión de metadatos: Los data stewarddata stewardsen todos los niveles crean y mantienen metadatos de negocios (nombres, significados, Reglas de Negocio), definen el acceso de metadatos y necesidades de integración y el uso de metadatos para tomar decisiones efectivas de administración de datos s y de gobierno. Definir y mantener metadatos de negociosse encuentra en el corazón de la administración de datos.

- Gestión de la Calidad de Datos: La mejora de la calidad de datos es una parte esencial de la administración de datos. Data stewardsBusiness Data Steward definen los requisitos de calidad de datos y de Reglas de Negocio, las ediciones de la aplicación de pruebas y validaciones, ayudan en el análisis, certificación y auditoría de calidad de los datos, conducen a los esfuerzos de limpieza de datos, identifican formas proactivas para resolver las causas profundas de la mala calidad de los datos, promueven el conocimiento de la calidad de datos y aseguran que los datos cumplan los requisitos de calidad. Los data stewards activamente analizan y clasifican la calidad de datos en colaboración con profesionales de datos.

3.2.3 Gobierno de Datos y Administración de Organizaciones

Gobierno de Datos guía a cada una de las otras funciones de gestión de datos. Cada programa de Datos Gobierno tiene un alcance ligeramente diferente, pero éste alcance puede incluir:

- Estrategia de Datos y Políticas: La definición, la comunicación, la supervisión.

- Estándares de Datos y Arquitectura: revisión, aprobación, supervisión.

- Cumplimiento de la normativa: Comunicación, vigilancia, cumplimiento.

- Gestión de Problemas: Identificar, definir, escalr, resolver.

- Proyectos de gestión de datos: Patrocinio, supervisión.

- Valoración de Activos de datos: Estimación, aprobación, supervisión.

- Comunicación: La promoción, la creación de conciencia y aprecio.

Gobierno de Datos es esencialmente "el gobierno de los datos" dentro de la empresa. Al igual que otros gobiernos, hay muchos modelos diferentes de Gobierno de datos - la anarquía, la dictadura y todo lo demás. Algunas decisiones se pueden hacer sin riesgo por los administradores individuales. Pero la necesidad de la toma de decisiones compartida y de riesgo de control conduce a la mayoría de las organizaciones a una forma representativa de Gobierno de Datos, de manera que todas las partes interesadas y grupos pueden ser oídas.

Profesionales de la gestión de datos tienen la responsabilidad de administrar las políticas de datos, normas y procedimientos, para la gestión y ejecución de arquitectura de datos, para la protección de los activos de datos y los intereses de las partes interesadas y para proporcionar servicios de gestión de datos.

En particular, tres principios se pueden extraer de la analogía gobierno representativo:

1. Gobierno de Datos incluye la responsabilidad de las funciones legislativas (políticas y normas), funciones judiciales (gestión de problemas) y funciones ejecutivas (administración, servicios y cumplimiento).

- o La administración de datos y organizaciones de gobierno tienen la responsabilidad de establecer las políticas, normas, la arquitectura y los procedimientos para resolver problemas relacionados con los datos.

- o Las organizaciones profesionales de gestión de datos tienen la responsabilidad de administrar las políticas de datos, normas y procedimientos, para la gestión y ejecución de arquitectura de datos, para la protección de los activos de datos y los intereses de las partes interesadas y para proporcionar servicios de gestión de datos.

2. Gobierno de Datos típicamente opera tanto en la empresa y a nivel local. En organizaciones grandes, Gobierno de Datos también se podrá exigir a los niveles en el medio, dependiendo del tamaño de la empresa.

3. Separación de funciones entre Data Stewardship (Legislativo y Judicial) y los Servicios de Gestión de Datos (Ejecutivo) proporciona un grado de equilibrio de poderes para la gestión de datos.

Por lo general, tres entidades de custodia de datos y de gobernanza multi-funcionales tienen responsabilidades legislativas y judiciales:

- El Consejo de Gobierno de Datos tiene la autoridad de toda la empresa a través de la gestión de datos. Data stewards Ejecutivos que se sientan en el consejo son los altos directivos que representan a ambas perspectivas departamentales y empresariales.

- Los Comités de Dirección del Programa de Manejo de Datos apoyan el Gobierno de Datos Consejo, al igual que las comisiones del Congreso, la elaboración de políticas y normas para la revisión y aprobación por parte del Gobierno de Datos Consejo sobre iniciativas concretas y la supervisión de estas iniciativas patrocinadas.

- Los equipos de custodia de datos son grupos focalizados de los data stewards empresariales que colaboran en actividades de gestión de datos dentro de un área temática definida. Equipos de custodia de datos reunirá a expertos en la materia de toda la empresa para determinar qué nombres de datos, definiciones, requisitos de calidad de datos y Reglas de Negocio debe ser coherente y lo que debe seguir siendo localmente único. Equipos de Data Stewardship deben ser grupos permanentes que se reúnen regularmente, en estrecha colaboración con los arquitectos de datos.

Las reglas definidas por Gobierno de Datos organizaciones incluyen la estrategia global de datos, políticas de datos, estándares de datos, los procedimientos de gestión de datos, los parámetros de gestión de datos, los nombres de datos de negocio, las definiciones de negocio y Reglas de Negocio que se encuentra en el modelo de datos de la empresa, especificaciones de datos adicionales y calidad de los datos de acuerdo a las reglas del Negocio.

Las cuestiones adjudicadas por las organizaciones de Gobierno de Datos incluyen problemas de datos de seguridad, problemas de acceso a datos, los problemas de calidad de datos, cuestiones de cumplimiento normativo, la política y los temas estándares de conformidad, nombre y definición conflictos y cuestiones de procedimiento de gobierno de datos.Profesionales de la gestión de datos desempeñan responsabilidades del poder ejecutivo al igual que los departamentos y organismos gubernamentales. Administran, supervisan y hacen cumplir las políticas de datos, normas y procedimientos. Coordinan, mantienen e implementan la arquitectura de datos. Profesionales de la gestión de datos y se reúnen los requisitos de revisión, facilitan el modelado de datos para servir a los intereses de las partes interesadas y permitir la entrega de datos mediante la implementación de bases de datos y aplicaciones. Adquieren y proteger los activos de datos, calidad del monitoreo de datos y calidad de los datos de auditoría y seguridad.

Además de sus restantes obligaciones profesionales, algunos profesionales de la gestión de datos proporcionan apoyo personal para organizaciones de GOBIERNO DE DATOS. Los data stewardsBusiness Data Steward son profesionales de negocios y directivos con responsabilidades de gestión a tiempo parcial. Los profesionales de la gestión de datos deben respetar su tiempo y coordinar las actividades del Gobierno de Datos-programación de reuniones, planificación y publicación, la presentación de documentos para su revisión antes de cada reunión, lo que facilita las reuniones, seguimiento de problemas, seguimiento de las decisiones y actas de las reuniones de publicación. Los arquitectos de datos facilitan cada equipo de gestión datos. El Ejecutivo de Gestión de Datos y / o el arquitecto de datos empresariales podrán personal Comités de Dirección del Programa de Manejo de Datos. El Ejecutivo de Datos de Gestión y el Jefe de Información (CIO) guían al consejo de Gobierno de Datos, a menudo con la ayuda de un Gobierno de Datos Office (ver 3.2.6 abajo).

Al mismo tiempo, cada organización debe estar presidida por un representante de negocios. Coordinan quien ocupa la de silla de Data steward data stewards en sus equipos de custodia de datos. Un administrador de datos ejecutivo del Gobierno de Datos Consejo debe presidir cada Comité Coordinador de Manejo de Datos. Un Jefe de data stewardss, seleccionado de entre los data steward data stewards ejecutivas, preside el Gobierno de Datos Consejo.

Las grandes organizaciones pueden tener divisiones departamentales de gobierno de datos o departamentos que trabajan bajo los auspicios del consejo empresarial de Gobierno de Datos . Las organizaciones más pequeñas deben tratar de evitar tal complejidad.

3.2.4 Organizaciones de servicios de gestión de datos

Los profesionales de la gestión de datos junto con el departamento de IT informan a uno o más organizaciones de servicios de gestión de datos (DMS). En muchas empresas, puede haber una organización centralizada DMS, mientras que en otros hay varios grupos descentralizados. Algunas empresas tienen ambas organizaciones locales DMS, así como una organización centralizada. Una organización centralizada DMS se conoce a veces como un Centro de Gestión de Datos de Excelencia (COE).

Profesionales de la gestión de datos dentro de las organizaciones de DMS pueden incluir arquitectos de datos, analistas de datos, los modeladores de datos, analistas de calidad de datos, administradores de bases de datos, administradores de seguridad de datos, administradores de metadatos, administradores de modelos de datos, arquitectos de almacenamiento de datos, arquitectos de integración de datos y analistas de inteligencia de negocios. Estas organizaciones también pueden incluir a los desarrolladores de integración de datos y análisis / desarrolladores de informes, aunque a menudo se quedan en la organización de desarrollo de aplicaciones con otros desarrolladores. Las organizaciones descentralizadas pueden incluir sólo algunas de estas funciones. Los profesionales de gestión de datos a través de todas las organizaciones constituyen una comunidad profesional de gestión de datos y junto con los data stewards, se unen en una Comunidad de Gestión de Datos de Interés (COI).

3.2.5 El Ejecutivo de Gestión de Datos

No hay sustituto para el liderazgo de un CIO y un dedicado Ejecutivo de Gestión de Datos, guiando la función de gestión de datos y promoviendo el programa de gestión de datos. El liderazgo visionario y activo es un factor crítico de éxito para la gestión de datos eficaz.

El Ejecutivo de Gestión de Datos dirige la función de gestión de datos, que actúa como la mano derecha del CIO para obtener información. El Ejecutivo de Gestión de Datos debe reportar directamente al CIO, responsable de la coordinación de la gestión de datos, gestión de datos y el Gobierno de Datos. Dado el amplio alcance de las responsabilidades del CIO, el CIO necesita una persona responsable en la gestión de activos de datos e información.

Las organizaciones de servicios de gestión de datos y su personal deben informar al Ejecutivo de Gestión de Datos, directa o indirectamente. El Ejecutivo de Gestión de Datos es responsable de la gestión de datos de personal profesional, el desarrollo de competencias, gestión de contratistas, el plan del presupuesto y la asignación de recursos, los parámetros de gestión, contratación de administración de datos, la colaboración entre las empresas y las organizaciones de IT y la gestión de los cambios organizativos y culturales necesarios para apoyar la gestión de datos. El Ejecutivo de Gestión de Datos trabaja en estrecha colaboración con los líderes de grupo de Desarrollo de Aplicaciones, Infraestructura / Operaciones y otras funciones de IT.

El Ejecutivo de Gestión de Datos es responsable de aplicar las decisiones del Consejo de Gobierno Datos. Él o ella se desempeñan como coordinador de las operaciones para el Consejo de Gobierno de Datos, trabajando en estrecha colaboración con el jefe administrador de datos, manteniendo la estrategia de datos y la supervisión de los proyectos de gestión de datos.

3.2.6 La Oficina de Datos de Gobierno

En las grandes empresas, la oficina de gobierno de datos es una organización personal de los data stewards facilitadores que apoyan las actividades y toma de decisiones de los data stewards business data steward a todos los niveles. El propósito de la Oficina de Datos Gobierno es proporcionar apoyo a tiempo completo para una gestión responsable de datos de negocios a tiempo parcial.

Por más que un comité del Congreso cuente con el apoyo de profesionales de personal, los data steward facilitadores realizan el trabajo de campo necesario para obtener la información que permite a los Business data stewardsdata stewards tomar decisiones informadas y efectivas. En las grandes empresas, la adición de las responsabilidades de staff a las responsabilidades de gestión de datos puede ser abrumadora. Los ejecutivos de Gestión de Datos, analistas de la calidad, y los arquitectos de datos pueden no ser capaces de encontrar el tiempo necesario para coordinar eficazmente la comunicación, la recopilación de información y la toma de decisiones necesarias para el Gobierno de

Datos y administración de datos. Cuando esto ocurre, las organizaciones deben considerar la creación de un Gobierno de Datos de la Oficina.

Es fundamental que los data steward facilitadores de tiempo completo no asuman la responsabilidad de la administración de datos. Su papel es apoyar al Consejo de Gobierno Datos, Comités de Manejo de Datos y Equipos de Manejo de Datos. El Gobierno de Datos Oficina podrá informar al Ejecutivo de Gestión de Datos, o puede reportar fuera de ella por completo. El diagrama de la Figura 3.4 representa estas organizaciones y sus relaciones.

3.3 Actividades de Gobierno de datos

Las actividades que integran el Gobierno función de Datos se explican a continuación. Cada una de las actividades es importante para la plena aplicación de la función de Datos Gobierno dentro de una organización.

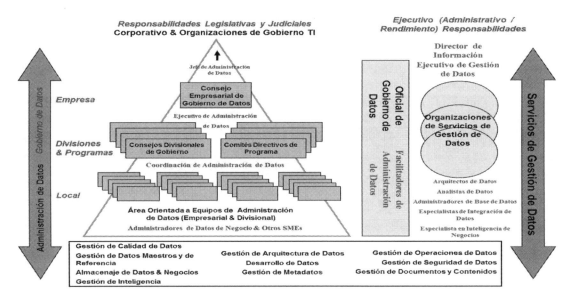

Figura 3.4 Organizaciones de gobierno Gestión de Datos, administración, Servicios

3.3.1 Estrategia de datos

Una estrategia es un conjunto de opciones y decisiones que juntos trazan un curso de alto nivel de acción para alcanzar los objetivos de alto nivel. En el juego de ajedrez, una estrategia es un conjunto secuenciado de movimientos para ganar por jaque mate o sobrevivir por estancamiento. Un plan estratégico es un curso de alto nivel de acción para alcanzar los objetivos de alto nivel.

Por lo general, una estrategia de datos es un programa de gestión de datos de estrategia en un plan para mantener y mejorar la calidad de los datos, la integridad, la seguridad y el acceso. Sin embargo, una estrategia de datos también puede incluir los planes de negocio a utilizar para su propia ventaja competitiva y apoyar las metas de la empresa. Estrategia de datos deben provenir de una comprensión de las necesidades de datos inherentes a las estrategias de negocio. Estas necesidades de datos impulsan la estrategia de datos.

Estrategia de datos no es la misma cosa que la arquitectura de datos. La decisión de definir la arquitectura de datos puede ser parte de una estrategia y las decisiones para implementar los componentes de la arquitectura de datos son decisiones estratégicas. La estrategia puede influir en la arquitectura que, a su vez, apoya la estrategia guiando otras decisiones.

En muchas organizaciones, la estrategia de datos es propiedad y está mantenida por el Consejo de Gobierno de Datos, con la orientación del Director General de Información (CIO) y el Director Ejecutivo de Gestión de Datos. En otras organizaciones, estos ejecutivos pueden conservar la propiedad y el control de la estrategia de datos; sin embargo, compartir la propiedad construye una asociación de gestión de datos con el negocio. A menudo, el Ejecutivo de Gestión de Datos elaborará una estrategia inicial de datos, incluso antes de que se forme un Consejo de Gobierno de Datos, con el fin de lograr el compromiso de la alta dirección para el establecimiento de la administración de datos y la gobernanza.

Los componentes de una estrategia de datos pueden incluir:

- Una visión convincente para la gestión de datos.

- Un caso de negocio de gestión de datos, con ejemplos seleccionados.

- Principios básicos, valores y perspectivas de gestión.

- La misión y los objetivos de dirección a largo plazo de la gestión de datos.

- Medidas de gestión de éxito de gestión de datos.

- A corto plazo (12-24 meses) SMART (tiempo con plazos concretos / cuantificables / recurribles / realistas) objetivos de gestión de datos del programa.

- Descripciones de las funciones y organizaciones de gestión de datos, junto con un Resumen de sus responsabilidades y derechos de decisión.

- Descripciones de los componentes y las iniciativas del programa de gestión de datos.

- Un resumen de la hoja de ruta de la aplicación de gestión de datos (proyectos y puntos de acción).

- Alcance de los límites y decisiones para posponer inversiones y algunas cuestiones.

La estrategia de datos a menudo se compone de tres entregas separadas, incluyendo:

- Un acta del programa de gestión de datos: visión general, caso de negocio, objetivos, principios básicos, medidas de éxito, factores críticos de éxito, riesgos reconocidos, etc.

- Una declaración del alcance de Gestión de Datos: Metas y objetivos de acuerdo a un horizonte de planificación, generalmente 3 años, así como los roles, organizaciones y líderes individuales responsables de la consecución de estos objetivos.

- Plan de trabajo de implementación de Gestión de Datos: Identificación de programas específicos, proyectos, asignación de tareas y los hitos de entrega.

Estas prestaciones se publican a menudo como parte de un sitio web intranet del Programa de Gestión de Datos.

La estrategia de datos debe abarcar todas las funciones de gestión de datos relevantes para la organización. Por ejemplo, la estrategia de datos debe incluir la estrategia de gestión de metadatos. Vea la Figura 2.1 para la lista completa de las funciones de gestión de datos.

3.3.2 Política de datos

Las políticas de datos son breves declaraciones de la administración y las normas fundamentales que rigen la creación, adquisición, la integridad, la seguridad, la calidad y el uso de datos e información. Políticas de datos son más necesarias , globales y críticas para el negocio que los detallados estándares de datos . Políticas de datos varían ampliamente entre organizaciones. Las políticas de datos describen "qué" hacer y qué no hacer, mientras que las normas y procedimientos describen "cómo" hacer algo. Debería ser relativamente pocas políticas de datos y que deben explicarse brevemente y directamente.

Las políticas de datos son típicamente redactados por profesionales de la gestión de datos. , Los data stewards siguientes y examen de la gestión y perfeccionar las políticas. El Gobierno de Datos Consejo lleva a cabo el último examen, revisión y aprobación de las políticas de datos. El Gobierno de Datos Consejo podrá delegar esta facultad en el Comité de Manejo de Datos o la Organización de Servicios de Gestión de Datos.

Las políticas de datos deben ser comunicados de manera efectiva, monitoreados, puestas en vigor y periódicamente reevaluados. Las políticas de datos pueden cubrir temas tales como:

- Actividades de desarrollo de datos dentro del SDLC y otras que tienen que ver con el modelado de datos.

- El desarrollo y uso de la arquitectura de datos.

- Las expectativas de calidad de datos, roles y responsabilidades (incluyendo la calidad de metadatos).

- Seguridad de los datos, incluidas las políticas de confidencialidad de clasificación, las políticas de propiedad intelectual, políticas de privacidad de datos personales, el acceso de datos generales y las políticas de uso y acceso a los datos por partes externas.

- La recuperación de base de datos y retención de datos.

- Acceso y uso de los datos de origen externo.

- El intercambio de datos interna y externamente.

- El almacenamiento de datos y las políticas de inteligencia de negocios.

- Las políticas no estructuradas de datos (archivos electrónicos y registros físicos).

3.3.3 Arquitectura de Datos

Los patrocinadores del Consejo Gobierno de Datos aprueban el modelo de datos de la empresa y otros aspectos relacionados con la arquitectura de datos. El Consejo de Gobierno Datos podrá designar un Comité de Dirección de Arquitectura de datos empresariales para supervisar el programa de sus proyectos repetitivos . El modelo de datos de la empresa debe ser desarrollado y mantenido conjuntamente por los arquitectos de datos y data stewards que trabajan juntos en equipo de custodia de datos orientados por materia y coordinado por el arquitecto de datos empresariales.

Mientras los equipos de administración de datos proponen cambios y desarrollan extensiones al modelo de datos de la empresa, el Comité Directivo Arquitectura de Datos supervisa el proyecto y revisa los cambios. El modelo de datos de la empresa en última instancia, debe ser revisado, aprobado y adoptado formalmente por el Consejo de Gobierno de Datos. Data stewards Ejecutivos en el Consejo deben prestar especial atención a la alineación del modelo de datos de la empresa con las estrategias clave de negocio, procesos, organizaciones y sistemas.

Del mismo modo, el enfoque general, caso de negocio y los aspectos menos técnicos de arquitectura de datos relacionados también deben ser revisados, aprobados y adoptados por el Consejo de Gobierno de Datos. Esto incluye la arquitectura de la tecnología de datos, la arquitectura de integración de datos, la arquitectura de almacenamiento de datos e inteligencia de negocios y la arquitectura de metadatos. También puede incluir contenido de información arquitectura de gestión y taxonomías empresariales. El Consejo podrá delegar esta responsabilidad al Comité de Dirección de Arquitectura de Datos.

3.3.4 Datos Estandarizados y Procedimientos

Normas y directrices de datos incluyen estándares de nomenclatura, normas de especificación de requisitos, estándares de modelado de datos, normas de diseño de base de datos, estándares de arquitectura y las normas de procedimiento para cada función de gestión de datos. Normas y directrices varían ampliamente dentro y fuera de las organizaciones. Los estándares de datos suelen ser redactados por los profesionales de la gestión de datos. Los estándares de datos deben ser revisados, aprobados y adoptados por el Consejo de Gobierno de Datos, a menos que esta autoridad lo delegue en un comité directivo de Estándares de Datos. Normas y directrices de datos deben ser comunicados de manera efectiva, monitoreados, puestas en vigor y periódicamente reevaluados.

Los procedimientos de gestión de datos son los métodos documentados, técnicas y los pasos seguidos para llevar a cabo una actividad o tarea específica. Al igual que las políticas y normas, los procedimientos varían ampliamente a través de las organizaciones. La documentación de procedimiento es generalmente elaborada por profesionales de la gestión de datos y puede ser revisado por un Comité Directivode Datos estándares

Normas de datos y normas de procedimiento pueden incluir:

- El modelado de datos y estándares de arquitectura, incluyendo las convenciones de nombres de datos, normas de definición, dominios estándar y abreviaturas estándar.

- Los Metadatos técnicos, estándares de negocio deben ser capturados, mantenidos e integrados.

- Directrices y procedimientos de gestión de modelo de datos.

- Integración de Metadatos y procedimientos de uso.

- Normas para la recuperación de base de datos y la continuidad del negocio, el rendimiento de base de datos, la retención de datos y la adquisición de datos externo.

- Las normas y procedimientos de seguridad de datos.

- Procedimientos de control de la gestión de datos de referencia.

- Coincidencias/ fusión; y normas y procedimientos para limpieza de datos.

- Las normas y procedimientos de inteligencia de negocios.

- Normas de gestión de contenidos empresariales y procedimientos, incluyendo el uso de taxonomías empresariales, el apoyo para el descubrimiento legal y documentos y retención de e-mail, la firma electrónica, las normas de formato de informe y reporte de los enfoques de distribución.

3.3.5 Cumplimiento Normativo

Cada empresa se ve afectada por las regulaciones gubernamentales y de la industria. Muchas de estas regulaciones dictan cómo los datos y la información se va a gestionar. En general, el cumplimiento de estas normas no es opcional. Parte de la función de Datos Gobierno es vigilar y garantizar el cumplimiento normativo. De hecho, el cumplimiento normativo es a menudo la razón principal para la implementación de Gobierno de Datos. El Gobierno de Datos guía la implementación de controles adecuados para garantizar, documentar y controlar el cumplimiento de las regulaciones relacionadas con los datos.

Para las empresas que cotizan en bolsa en los Estados Unidos, la Ley Sarbanes-Oxley de 2002 estableció presentación de informes y estrictos requisitos de auditoría financieros. Fue diseñado para que los ejecutivos se hagan más responsables y transparentes de la supervisión de sus empresas. Hay varias otras normas con implicaciones significativas sobre cómo se gestionan los activos de información. Por ejemplo:

- HIPPA: La protección de la salud de la Información y la Ley de Portabilidad (HIPAA) es una ley federal de los Estados Unidos, promulgada en 1996 que exige a los empleadores, proveedores médicos y compañías de seguros, respetar la privacidad y seguridad de la información de salud del paciente. Título II de HIPPA también estableció estándares nacionales para las transacciones electrónicas de atención de salud y los identificadores nacionales para los proveedores, planes de seguro de salud y los empleadores, intercambio electrónico de datos en salud de Estados Unidos.

- Nuevo Acuerdo de Basilea II: Desde el año 2006, se requiere que las instituciones financieras que hacen negocios en países de la Unión Europea deben reportar información estándar que demuestre liquidez.

- Solvencia II: La Unión Europea tiene normas similares para la industria de seguros.

- PCI-DSS: Las normas de seguridad de la industria de tarjetas de pago (PCI-DSS).

- La Junta de Gobierno de Normas de Contabilidad (GASB) y el Consejo de Normas de Contabilidad Financiera (FASB) normas contables también tienen implicaciones importantes sobre cómo se gestionan los activos de información.

Gobierno de Datos organizaciones trabajan con otros negocios y liderazgo técnico para encontrar las mejores respuestas a las siguientes preguntas de cumplimiento normativo:

- ¿Qué tan relevante es un reglamento? ¿Por qué es importante para nosotros?

- ¿Cómo lo interpretamos? ¿Qué políticas y procedimientos requiere?

- ¿Nos conformamos ahora? ¿Cómo nos conformamos ahora?

- ¿Cómo debemos cumplir en el futuro? ¿Qué se necesita? ¿Cuándo vamos a cumplir?

- ¿Cómo podemos demostrar y probar el cumplimiento?

- ¿Cómo controlamos el cumplimiento? ¿Con qué frecuencia se revisa el cumplimiento?

- ¿Cómo podemos identificar y denunciar el incumplimiento?

- ¿Cómo gestionamos y rectificamos incumplimiento?

3.3.6 Gestión de problemas

El Gobierno de Datos es el vehículo para identificar, gestionar y resolver los diferentes tipos de asuntos relacionados con datos , incluyendo:

- Problemas de calidad de datos.

- Nombramiento de datos y los conflictos de definición.

- Los conflictos de reglas de negocios y aclaraciones.

- Seguridad de los datos, la privacidad y confidencialidad.

- Problemas de incumplimiento regulatorio Cuestiones de no conformidad (políticas, estándares, arquitectura y procedimientos).

- Conflicto de políticas, estándares, arquitectura y procedimientos.

- Conflicto de intereses en los datos y la información de los *stakeholders*

- Cuestiones de gestión de cambios organizacionales y culturales.

- Las cuestiones relativas a los procedimientos de Gobierno de Datos y los derechos de decisión.

- Negociación y revisión de los acuerdos de intercambio de datos.

La mayoría de los problemas se pueden resolver a nivel local en los equipos de Manejo de Datos. Cuestiones que requieren la comunicación y / o escalada deberán estar registrados. Los temas pueden ser escalados al Comité de Manejo de Datos, o de una manera superior al Consejo de Administración de datos, como se muestra en la Figura 3.5. Las cuestiones que no pueden ser resueltos por el Consejo de Gobierno de Datos deben escalarse a la gestión y / o el gobierno corporativo.

Figura 3.5 Ruta de escalamiento de problemas de datos

Gobierno de Datos requiere mecanismos de control y procedimientos para:

- La identificación, captura, registro y actualización de temas.
- Seguimiento de la situación de las cuestiones.
- Puntos de vista de las partes interesadas, la documentación y las alternativas de solución.
- Objetivo, discusiones neutras que se atienden todos los puntos de vista.
- La escalada de los problemas con los niveles más altos de autoridad.
- Determinar, documentar y comunicar resoluciones a problemas.

No hay que subestimar la importancia y el valor de la gerencia de la edición de datos; y la necesidad de estos mecanismos y procedimientos de control no se debe subestimar, tampoco. El poder judicial, que tiene la responsabilidad de gestión de problemas, es un tercer socio de igualdad con el Poder Legislativo, que tiene la responsabilidad de definir las políticas, normas y la arquitectura de datos empresariales y con el Poder Ejecutivo, que tiene la responsabilidad de proteger y asumir responsabilidades administrativas

3.3.7 Proyectos de gestión de datos

Las iniciativas de gestión de datos suelen proporcionar beneficios para toda la empresa que requieren patrocinio de funciones cruzadas del consejo de Gobierno de datos. Algunos de estos proyectos y programas están diseñados para implementar o mejorar la función general de gestión de datos. Otros proyectos y programas se centran en una función de gestión de datos en particular, como por ejemplo:

- Gestión de Arquitectura de Datos.
- Gestión de Almacenamiento de Datos e Inteligencia de Negocios.
- Gestión de Datos maestros y de Referencia.
- Gestión de metadatos.

- Gestión de la Calidad de Datos.

El Cambio organizacional significativo es a menudo necesario para poner en práctica una gestión de datos más eficaz. La implementación de una estrategia de datos por lo general requiere hacer algunos cambios organizativos y culturales para apoyar esa estrategia. Una hoja de ruta de gestión de datos se establece un curso de acción para iniciar y / o mejora de las funciones de gestión de datos. La hoja de ruta consiste típicamente en una evaluación de las actuales funciones, definición de un entorno de destino y los objetivos de destino y un plan de transición que describe los pasos necesarios para alcanzar estos objetivos, incluyendo un enfoque de la gestión del cambio organizacional.

Cada proyecto de gestión de datos debe seguir las normas de gestión de proyectos de la organización. Como mínimo, cada proyecto debe comenzar con una carta del proyecto claramente definido y documentado, delineando la misión, los objetivos, el alcance, los recursos y las expectativas de entrega de los patrocinadores, que en estos casos, es el Consejo de Gobierno de Datos. El Consejo ayuda a definir el modelo de negocio para proyectos de gestión de datos y supervisa el estado del proyecto y el progreso. El Consejo coordina sus esfuerzos con una Oficina de Gestión de Proyectos (PMO), si los hubiere. Los proyectos de gestión de datos pueden ser considerados parte de la cartera total de proyectos de IT.

El Consejo de Gobierno de Datos también podrá coordinar los esfuerzos de gestión de datos con los patrocinadores de los proyectos conexos, en particular los grandes programas con alcance en toda la empresa. Estos incluyen la planificación de recursos empresariales (ERP) y proyectos (CRM) de gestión de relaciones con clientes, o en el sector público, los proyectos de gestión de relaciones con los ciudadanos. Tales programas grandes se benefician de la gestión de datos formal, debido a que:

1. Calidad de la información es esencial para el éxito de estos proyectos.

2. Uno de los objetivos clave del proyecto es la integración de la información en toda la empresa.

Gestión de datos proporciona estos proyectos con:

- Un plan maestro para la integración de la información de toda la empresa (una arquitectura de datos).

- Los enfoques para la gestión de calidad de los datos y la gestión de datos maestros.

- Estrategias, herramientas, estructuras y apoyo para permitir la inteligencia de negocios.

- Un enfoque probado para trabajar con los líderes de negocios en el gobierno de integración empresarial.

3.3.8 Servicios de gestión de datos

Como los custodios expertos y protectores de datos y activos de información, los profesionales de datos proporcionan muchos servicios diferentes para la empresa. Las organizaciones de servicios de gestión de datos pueden formalizar la definición y prestación de estos servicios, con el fin de estar más centrado en satisfacer las necesidades de la empresa. Estos servicios van desde la coordinación de alto nivel de gobierno, definición arquitectónica de la empresa y la coordinación, el análisis de las necesidades de información, facilitación de modelado de datos y el análisis de calidad de los datos de diseño tradicional de base de datos, implementación y servicios de apoyo a la producción.

Al ofrecer la gama completa de las actividades de gestión de datos como los servicios, la gestión de TI puede implicar que el consejo de Gobierno de Datos en la estimación de las necesidades de la empresa para estos servicios y la justificación de la dotación de personal y financiación para proporcionar estos servicios. Como patrocinadores de estos servicios en curso, el consejo de Gobierno de Datos puede supervisar su efectividad desde una perspectiva empresarial, dar fe de los parámetros de valoración de datos y confirmar la evaluación del valor de los datos y la contribución de valor de la gestión de datos para el negocio

3.3.9 Valoración de activos

Los datos y la información son realmente activos porque tienen valor para el negocio, tangible o intangible. Prácticas contables de hoy consideran que los datos e información como activos intangibles, al igual que el software, documentación, conocimiento experto, secretos comerciales y otra propiedad intelectual. El fondo de comercio es el término contable referente a la cantidad adicional de dinero que una empresa vale más allá del valor de sus activos tangibles y otros activos intangibles específicamente referenciados.

Las organizaciones utilizan muchos enfoques diferentes para estimar el valor de sus activos de datos. Una forma es identificar los beneficios directos e indirectos al negocio derivados del uso de los datos. Otra forma es identificar el costo de su pérdida, la identificación de los impactos de no contar con la cantidad y la calidad del nivel actual de los datos:

- ¿Qué porcentaje de cambio a los ingresos que ocurriría?

- ¿Qué porcentaje de cambio a los costos que ocurriría?

- ¿Qué podría ocurrir la exposición al riesgo y cuál sería el impacto financiero potencial?

Visto de esta manera, los impactos se estiman a menudo a ser bastante grande, pero debido a que hay muchos otros factores que contribuyen, de las cuales la pérdida de cualquiera podría resultar en impactos negativos similares, estos efectos se entiende que son un tanto desproporcionados. Por lo general, los líderes empresariales negocian y acuerdan un porcentaje conservador del impacto potencial total, que podría considerarse como la contribución a los ingresos (por ejemplo) hecha por los activos de datos en proporción con relación a otros recursos y factores que contribuyen..

Otra forma de determinar el valor de los activos de datos es estimar lo que los competidores podrían pagar por estos activos, si se ofrece exclusividad de cualquier otro activo. Hacer estas estimaciones y ganar su aceptación requiere un diálogo significativo y permanente con los contadores y ejecutivos financieros. Estas conversaciones son típicamente nuevas y un tanto extrañas para la mayoría de los administradores de IT:

A veces, a los administradores de negocios, les es más fácil estimar el valor de las pérdidas de negocios debido a la falta de información. Brechas de información representan pasivos de negocio (diferencia entre información necesaria o cualquier información confiabledisponible en ese momento).. La clausura y la prevención de estas brechas representan oportunidades para que los programas de gestión de datos proporcionen una estimación de valor de negocio.

3.3.10 Comunicación y Promoción

Los data stewards *data stewards* en todos los niveles y profesionales de la gestión de datos deben comunicarse continuamente, educar y promover la importancia y el valor de los datos y activos de información y la contribución del negocio de las funciones de gestión de datos. La sensibilización de los interesados y la apreciación de los problemas de gestión de datos y sus beneficios es una continua responsabilidad de todos en la comunidad de gestión de datos.

Todos los productores de datos y los usuarios de la información deben entender las políticas de datos y el compromiso de su organización a la calidad de los datos, seguridad de datos, protección de datos, la entrega de datos y soporte de datos. Todas las partes interesadas deben ser conscientes de los programas de gestión de datos y de gobierno, organizaciones, roles y responsabilidades. Todas las partes interesadas deben ser conscientes también de las inversiones en proyectos de organización de gestión de datos, así como los objetivos y las expectativas para estos proyectos. Todos los interesados deben entender las responsabilidades que tienen que cumplir con los estándares de datos y cumplir con las regulaciones externas.

Cada función de gestión de datos individual y la organización es responsable de comunicar estos mensajes clave. Sin embargo, las organizaciones deben asignar específicamente la responsabilidad de planificación de la comunicación para una o dos personas.

Organizaciones suelen utilizar varios métodos para comunicar estos mensajes clave. Estos enfoques incluyen:

- El mantenimiento de un sitio web de intranet para un programa de gestión de datos.

- Anuncios para publicar en otros sitios web dentro de la empresa.

- Publicar anuncios impresos en los tablones de anuncios en los lugares reales.

- La publicación en un boletín distribuido en forma impresa o vía e-mail.

- Aprovechar las oportunidades para divulgar la información   promoviendo los anuncios en las reuniones de departamento.

- La presentación de temas de interés para el público apropiado.

- Promoción de la participación en una comunidad de Gestión de Datos de interés.

- Elaboración de los mensajes clave con anticipación, que se pueden decir sucintamente siempre que se presente la oportunidad, ayudar a las personas se comunican estos mensajes clave de manera consistente.

Un sitio web de la intranet de gestión de datos es un vehículo particularmente eficaz para la comunicación:

- Los mensajes de Ejecutivos sobre temas de gestión de datos significativos.

- La estrategia de gestión de datos y cronograma, incluyendo la visión, los beneficios, los objetivos y principios.

- La implementación hoja de ruta de gestión de datos.

- Las políticas de datos y normas de datos.

- Descripciones de las funciones y responsabilidades de gestión de datos.

- Procedimientos para la identificación de problemas y formas de escalar.

- Los documentos y presentaciones que describen conceptos clave, disponible para su descarga.

- Gobierno de Datos descripciones organización, miembros y datos de contacto.

- Servicios de Gestión de Datos listas de organización e información de contacto.

- Los perfiles individuales de los data stewardsdata steward y profesionales de la gestión de datos.

- Anuncios sobre actualizaciones de Programa.

- Las descripciones y enlaces a recursos en línea relacionados.

- Los puntos de entrada para solicitar servicios o capturar cuestiones.

3.3.11 Marco de gobernanza relacionados

En el momento de escribir este artículo, no hay marcos estándar o de uso común para Gobierno de Datos, aunque algunos marcos patentados han sido desarrollados por unas pocas empresas de consultoría. Existen varios marcos para temas de gobernabilidad relacionados, incluyendo:

- Gobierno Corporativo (COSO ERM).

- Gobierno de IT (COBIT).

- Arquitectura Empresarial (Zachman Framework, TOGAF).

- Desarrollo de Sistemas de Ciclo de Vida (Proceso racional unificado, por ejemplo).

- Mejora de Procesos de Desarrollo de Sistemas (SEI CMMI).

- Gestión de proyectos (PRINCE II, PMI PMBOK).

- Gestión de Servicios TI (ITIL, ISO 2000).

3.4 Resumen

Los Principios básicos para la implementación de Gobierno de Datos en una organización, una tabla resumen de los roles de cada actividad Gobierno de Datos y Cuestiones de organización y cultura que pueda surgir durante la ejecución de un Gobierno de Datos función se resumen a continuación.

3.4.1 Principios rectores

La implementación de Gobierno de Datos en una organización sigue once Principios básicos:

1. La gestión de datos es una responsabilidad compartida entre los data stewards empresariales (fideicomisarios) y profesionales de la gestión de datos (custodios de expertos).

2. Los data stewards tienen responsabilidades en todas las diez funciones de gestión de datos.

3. Cada programa de Gobierno de Datos / gestión de datos es único, teniendo en cuenta las características únicas de la organización y su cultura.

4. Los mejores data stewards se encuentran, no se hacen. Siempre que sea posible, se recomienda designar a gente que estén interesados e involucrados.

5. Toma de decisiones compartida es el sello distintivo de Gobierno de Datos.

6. Los consejeros de gobierno de datos, comités y equipos de custodia de datos desempeñan responsabilidades "legislativas" y "judiciales", mientras que las organizaciones de servicios de gestión de datos desempeñan responsabilidades "rama ejecutiva" (administrar, coordinar, servir, proteger).

7. Gobierno de Datos se produce tanto a nivel de empresas como locales y a menudo en niveles intermedios.

8. No hay sustituto para el liderazgo visionario de IT y una activa gestión de datos. El Ejecutivo de Gestión de Datos es la mano derecha del CIO para la gestión de datos e información.

9. Una cierta forma de organización centralizada de profesionales de la gestión de datos es esencial para la integración de datos en toda la empresa.

10. Las organizaciones deben definir una carta formal para el Consejo Gobierno de Datos, aprobado por el Consejo de Administración o el Comité Ejecutivo, con las autoridades específicas otorgadas a ese grupo.

11. Toda empresa debe tener una estrategia de datos, impulsado por la estrategia de negocio de la empresa y se utiliza para guiar todas las actividades de gestión de datos.

3.4.2 Resumen del proceso

El Resumen del Proceso para el Gobierno de Datos función se muestra en la Tabla 3.1. Los entregables, roles responsables, roles que se aprueba y roles que contribuyen se muestran para cada actividad en la función de Gobierno Datos. La tabla también se muestra en el Apéndice A9.

Actividades	Entregables	Roles Responsables	Aprobación de roles	Contribuyendo Roles
1.1.1 Entender las necesidades de datos de la empresa (P)	Necesidades estratégicas de datos	Executivo de DM	Consejo de Gobierno de datos, CIO	Profesionales de la gestión de datos
1.1.2 Desarrollar y mantener la estrategia de datos (P)	Estrategia de datos - Visión, Misión, autobús. Casos, metas, Objetivos, Principios, Componentes, Métricos, Implementación Hoja de ruta	Executivo DM	Consejo de Gobierno de datos, CIO	Profesionales de la gestión de datos
1.1.3 Establecer las funciones de gestión de datos de profesionales y organizaciones (P)	Organizaciones y personal de Servicios de Gestión de Datos	CIO	Consejo de Gobierno de datos	Ejecutivo DM

Actividades	Entregables	Roles Responsables	Aprobación de roles	Contribuyendo Roles
1.1.4 Establecer Organizaciones y administración de Gobierno de Datos (P)	Consejo Gobierno de datos, Comité de administración de datos Equipos de administración de datos	Ejecutivo DM, CIO, Consejo Gobierno de datos	Gerencia Senior	Administración de datos, Profesionales de administración de datos
1.1.5 Identificar y nombrar a los data stewards (P)	Data stewardsBusiness Data Steward, Administrador de datos coordinados, Data stewards ejecutivos	Ejecutivos DM, Data stewards ejecutivos	Consejo de Gobierno de datos	Coordinando data stewards, Profesionales de gestión de datos
1.1.6 Desarrollar, revisar y aprobar las políticas de datos y procedimientos (P)	Políticas de datos, Estándares de Datos, Procedimientos de gestión de datos	Ejecutivos DM	Consejo de Gobierno de datos, CIO	Comité de administración de datos, Equipos de Administración de datos, Profesionales de la gestión de datos.
1.1.7 Revisión y Aprobación de Arquitectura de Datos (P)	Modelo de datos empresariales adoptados, Arquitectura de datos de enlace	Consejo de gobierno de datos	Consejo de Gobierno de datos, CIO	Arquitecto de datos empresariales, Comité de administración de datos, Administración de datos, Arquitecto de datos, Ejecutivo DM
1.1.8 Planificar y promover proyectos de gestión de datos y servicios (P)	Proyectos de gestión de datos, Servicios de gestión de datos	Consejo de Gobierno de datos	Consejo de Gobierno de datos, CIO, Comité Directivo TI	Ejecutivo DM, Profesionales de gestión de datos, Administración de datos

Actividades	Entregables	Roles Responsables	Aprobación de roles	Contribuyendo Roles
1.1.9 Estimación de datos de valor de activos y costos asociados (P)	Las estimaciones de datos de valor de activos, Estimaciones de costos de gestión de datos	Administración de datos	Consejo de Gobierno de datos	Ejecutivo DM, Profesionales de gestión de datos
1.2.1 Supervisar las Organizaciones Profesionales de datos y el personal (C)	Servicios de organizaciones y personal de gestión de datos	Ejecutivos DM	CIO	Profesionales de gestión de datos
1.2.2 Actividades de Coordinar Gobierno de Datos	Gobierno de Datos Horarios de Organización, reuniones, agendas, documentos, minutas	Ejecutivos DM, Arquitecto de datos empresariales, Arquitecto de datos	Consejo de Gobierno de datos, Comité de administración de datos Equipos de administración de datos, CIO	Profesionales de gestión de datos
1.2.3 Administrar y resolver problemas relacionados con datos (C)	Emisión de registro, emitir resoluciones de Datos	Equipos de Administración de datos, Comité de administración de datos Consejo de gobierno de datos	Equipos de Administración de Datos, Comité de Manejo de Datos, Consejo de Gobierno de datos	Ejecutivo DM, Profesionales de gestión de datos
1.2.4 Supervisar y garantizar el cumplimiento normativo (C)	Informes de cumplimiento, el incumplimiento de problemas	Profesionales de la gestión de datos	Consejo de Gobierno de datos	Ejecutivo DM, CIO

Actividades	Entregables	Roles Responsables	Aprobación de roles	Contribuyendo Roles
1.2.5 Comunicar, vigilar y hacer cumplir de conformidad con las políticas de datos, normas, procedimientos y Arquitectura (C)	Políticas / Normas / Arco / Procedimiento de Comunicación, Incumplimiento de problemas	Profesionales de la gestión de datos, Administración de datos	Consejo de Gobierno de datos, Comité de administración de datos	Ejecutivo DM
1.2.6 Supervisar proyectos y servicios de gestión de datos(C)		Ejecutivo DM	Consejo de Gobierno de datos	Profesionales de gestión de datos
1.2.7 Comunicar y promover el valor de y gestión de datos (C)	Sitio Web de Gestión de Datos, Boletín de Gestión de Datos, La comprensión y reconocimiento	Ejecutivo DM, Profesionales de la gestión de datos, data stewards, CIO	Consejo de Gobierno de datos	Administración de datos

Tabla 3.1 Tabla de resumen de proceso de gobierno de datos

3.4.3 Cuestiones de organización y cultura

Las preguntas pueden surgir cuando una organización tiene previsto ejecutar la función de Gobierno de datos. Algunas de las preguntas más comunes se enumeran a continuación con una respuesta general.

P1: ¿Por qué todos los programas de gobierno son únicos?

R1: Cada organización es única en la estructura, la cultura y las circunstancias. Cada programa Gobierno de datos debe ser única para abordar las necesidades de la organización, mientras que al mismo tiempo compartiendo algunas características comunes y principios básicos. Cada programa de Gobierno de Datos cuenta con individuos diferentes patrocinadores, los impulsores del negocio, los límites de alcance, las organizaciones regionales y departamentales, los enfoques de negocio y de IT de enlace, las relaciones con otros programas de gobierno y los grandes proyectos, colaboración y trabajo en desafíos en equipo, el patrimonio de la organización, los valores compartidos y creencias, expectativas comunes y actitudes y significado único a los ritos de la organización, los rituales y símbolos. A medida que la organización cambia, los desafíos planteados por Gobierno de Datos también cambian. Buenos programas de GOBIERNO DE DATOS abordan estos desafíos y aprovechan las oportunidades que presentan.

P2: ¿Debería la administración de datos ser una responsabilidad de tiempo completo o tiempo parcial?

R2: Generalmente, los expertos recomiendan que los data stewardsdata stewards deben tener la responsabilidad a tiempo parcial para la administración de datos. Administración de datos es una función, no un trabajo. Los data stewardsdata stewards necesitan estar involucrados con la empresa para mantener el conocimiento del negocio, el respeto de compañeros y credibilidad como expertos en la materia y los líderes prácticos.

Q3: ¿Puede un coordinador TI de tiempo completo ser data stewards?

R3: Sí y sus funciones varían ampliamente entre organizaciones. Sin embargo, los verdaderos líderes empresariales también deben participar como data stewards, a menos que el alcance y el enfoque sean técnicos. Los problemas se producen cuando los enlaces representan el negocio o de TI exclusivamente, con exclusión de cualquiera de sus clientes internos. Corresponsabilidad y gobernanza son mecanismos de enlace para ser más eficaz al traer a todas las partes a la mesa.

P4: ¿Qué cualidades y habilidades se requieren en los candidatos a administrador de datos?

Se requiere primero y más importante, el conocimiento del negocio y la comprensión de los datos: R4. La gente se les puede enseñar conceptos y técnicas de gestión de datos, por ejemplo, cómo leer un modelo de datos. Las habilidades sociales son también muy importantes en la administración de datos, incluyendo:

- Importante experiencia-información, procesos y normas.

- Conocimiento Organizacional / cultural y perspectiva de la industria.

- Fuertes habilidades de comunicación verbal y escrita.

- Claridad y precisión en el pensamiento y la comunicación.

- Las habilidades de trabajo en equipo, la diplomacia y la negociación.

- Adaptabilidad, la objetividad, la creatividad, el sentido práctico y apertura al cambio.

- Capacidad para equilibrar las necesidades locales y funcionales con las necesidades empresariales.

P5: ¿Cómo son facultados los data stewards individuales y las organizaciones de Gobierno de Datos? ¿Cómo se ganan el respeto los administradores?

R5: Mantener la importancia de Gobierno de Datos y la administración de datos de la organización se puede demostrar de varias maneras:

- Asegurarse de que existe un fuerte y continuado patrocinio ejecutivo y apoyo y que todo el mundo lo sabe. Dónde conducen, otros seguirán.

- Cuando hay conflicto, permanecer objetivo. Aún mejor, realmente entender y apreciar ambos puntos de vista. A continuación, busque un objetivo común y replantear el tema de conducir logro de ese objetivo.

- ¡Asegúrese de que hay algo en él para ellos! Mostrar cómo se van a beneficiar, en lo personal y / o en los ojos de su jefe. Que sea fácil de decir que sí por la elaboración de soluciones que beneficien a todos.

- La información es más poderosa que la fuerza. Impresionar a la gente con hechos y razonamientos presentados de manera eficaz, en lugar de de decir: "Porque tienes que!"

- Ganar no sólo respeto, sino también confianza. La confianza es esencial para el éxito de colaboración. Gane confianza con el tiempo demostrando sincero muestre interés en los demás y ser abierto con la información.

3.5 Lectura recomendada

Las referencias que figuran a continuación proporcionan lectura adicional que soporta el material que se presenta en el capítulo 3. Estas lecturas recomendadas también se incluyen en la bibliografía al final de la Guía.

3.5.1 Sitios Web

El Boletín de Administración de Datos (TDAN)–*http://www.TDAN.com*

Revista Opinión DM –www.dmreview.com. Note: www.dmreview.com esta ahora en www.information-management.com.

EIM Insight, publicado por El Instituto de Gestión de la Información Empresarial – *http://eiminstitute.org*

SearchDataManagement.com biblioteca de papel blanco – *http://go.techtarget.com/r/3762877/5626178*

3.5.2 Libros prominentes

Hay muy pocos libros dedicados específicamente al Gobierno de Datos. Tal vez el libro más relevante publicado hasta la fecha es:

Thomas, Gwen. Alpha Males and Data Disasters: The Case for data governance. Brass Cannon Press, 2006. ISBN-10: 0-978-6579-0-X. 221 Páginas.

3.5.3 Libros reglamentarios y de cumplimiento

El cumplimiento es un problema importante en el gobierno de datos. El siguiente libro se refiere en cuestiones de cumplimiento regulatorios:

Bloem, Jaap, Menno van Doorn, and Piyush Mittal. Making IT Governance Work in a Sarbanes-Oxley World. John Wiley & Sons, 2005. ISBN 0-471-74359-3. 304 paginas.

3.5.4 Libros Generales

Los libros y otros materiales relacionados a continuación describen al gobierno de TI en general, como se señaló anteriormente, no es en absoluto lo mismo que Gobierno de Datos. Sin embargo, son conceptos estrechamente relacionados y estas publicaciones pueden ser útiles:

Benson, Robert J., Tom Bugnitz, and Bill Walton. From Business Strategy to IT Action: Right Decisions for a Better Bottom Line. John Wiley & Sons, 2004. ISBN 0-471-49191-8. 309 paginas.

IT Governance Institute. Control Objectives for Information and related Technology (CobiT©). www.isaca.org/cobit

Lutchen, Mark. Managing IT as a Business: A Survival Guide for CEOs. John Wiley & Sons, 2003. ISBN 0-471-47104-6. 256 paginas.

Maizlish, Bryan and Robert Handler. IT Portfolio Management Step-By-Step: Unlocking the Business Value of Technology. John Wiley & Sons, 2005. ISBN 0-471-64984-8. 400 paginas.

Van Grembergen, Wim and Steven Dehaes. Enterprise Governance of Information Technology: Achieving Strategic Alignment and Value. Springer, 2009. ISBN 0-387-84881-5, 360 paginas.

Van Grembergen, Wim and Steven Dehaes. Implementing Information Technology Governance: Models, Practices and Cases. IGI Publishing, 2007. ISBN 1-599-04924-3, 255 paginas.

Van Grembergen, Wim and Steven Dehaes. Strategies for Information Technology Governance. IGI Publishing, 2003. ISBN 1-591-40284-0. 406 paginas.

Weill, Peter and Jeanne Ross. IT Governance: How Top Performers Manage IT Decision Rights for Superior Results. Harvard Business School Press, 2004. ISBN 1-291-39253-5. 288 paginas.

4 Gestión de Arquitectura de Datos

Dentro del marco, gestión de la Arquitectura de Datos es la primera función que interactúa con y está influenciada por la función de gobierno de datos. El Capítulo 4 define y explica los conceptos y actividades involucradas en gestión de La Arquitectura de Datos.

4.1 Introducción

La gestión de la Arquitectura de Datos es el proceso de definir y mantener especificaciones que:

- Proporcionan un vocabulario común de estándares de negocios;

- Expresan requisitos de datos estratégicos;

- Delinean diseños integrados en un nivel alto para cumplir con estos requisitos; y

- Alinean con la estrategia empresarial y arquitectura de negocios relacionada.

La arquitectura de datos es un conjunto integrado de artefactos de especificación utilizados para definir requisitos de datos, guiar integración y control de los activos de datos, y alinear inversiones de datos con la estrategia empresarial. También, es una colección integrada de planos magistrales en diferentes niveles de abstracción. La arquitectura de Datos incluye nombres de datos formales, definiciones de datos completas, estructuras de datos eficaces, reglas de integridad de datos precisas, y documentación de datos robusta.

La Arquitectura de Datos es más valiosa cuando apoya las necesidades de información de la empresa entera y permite estandarización e integración de datos en través de la empresa. Aunque este capítulo se centra en la arquitectura de datos empresarial, las mismas técnicas pueden reducir para su uso en una función o departamento específico de la organización.

La Arquitectura de Datos es parte de la arquitectura más grande, y se integra con arquitecturas de tecnología y negocios. La Arquitectura empresarial integra datos, procesos, organizaciones, aplicaciones, y arquitectura de tecnología. Ésta ayuda a las organizaciones gestionar cambio y mejorar eficacia, agilidad, y rendición de cuentas.

Contexto para esta función se muestra en la Figura 4.1.

2. Gestión de Arquitectura de Datos

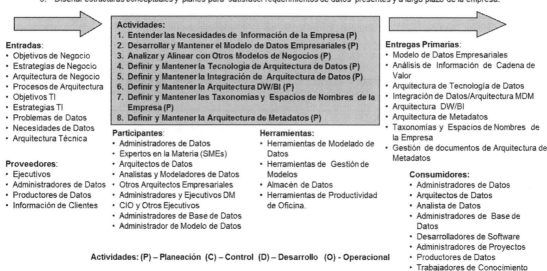

Definición: Definir las necesidades de la empresa y diseñar los planos maestros para satisfacer estas necesidades.

Metas:
1. Planear con visión y previsión para proveer datos de alta calidad.
2. Identificar y definir los requerimientos comunes de datos.
3. Diseñar estructuras conceptuales y planes para satisfacer requerimientos de datos presentes y a largo plazo de la empresa.

Entradas:
- Objetivos de Negocio
- Estrategias de Negocio
- Arquitectura de Negocio
- Procesos de Arquitectura
- Objetivos TI
- Estrategias TI
- Problemas de Datos
- Necesidades de Datos
- Arquitectura Técnica

Proveedores:
- Ejecutivos
- Administradores de Datos
- Productores de Datos
- Información de Clientes

Actividades:
1. Entender las Necesidades de Información de la Empresa (P)
2. Desarrollar y Mantener el Modelo de Datos Empresariales (P)
3. Analizar y Alinear con Otros Modelos de Negocios (P)
4. Definir y Mantener la Tecnología de Arquitectura de Datos (P)
5. Definir y Mantener la Integración de Arquitectura de Datos (P)
6. Definir y Mantener la Arquitectura DW/BI (P)
7. Definir y Mantener las Taxonomías y Espacios de Nombres de la Empresa (P)
8. Definir y Mantener la Arquitectura de Metadatos (P)

Participantes:
- Administradores de Datos
- Expertos en la Materia (SMEs)
- Arquitectos de Datos
- Analistas y Modeladores de Datos
- Otros Arquitectos Empresariales
- Administradores y Ejecutivos DM
- CIO y Otros Ejecutivos
- Administradores de Base de Datos
- Administrador de Modelo de Datos

Herramientas:
- Herramientas de Modelado de Datos
- Herramientas de Gestión de Modelos
- Almacén de Datos
- Herramientas de Productividad de Oficina.

Entregas Primarias:
- Modelo de Datos Empresariales
- Análisis de Información de Cadena de Valor
- Arquitectura de Tecnología de Datos
- Integración de Datos/Arquitectura MDM
- Arquitectura DW/BI
- Arquitectura de Metadatos
- Taxonomías y Espacios de Nombres de la Empresa
- Gestión de documentos de Arquitectura de Metadatos

Consumidores:
- Administradores de Datos
- Arquitectos de Datos
- Analista de Datos
- Administradores de Base de Datos
- Desarrolladores de Software
- Administradores de Proyectos
- Productores de Datos
- Trabajadores de Conocimiento
- Administradores y Ejecutivos

Actividades: (P) – Planeación (C) – Control (D) – Desarrollo (O) - Operacional

Figura 4.1 Diagrama de Gestión de La Arquitectura de Datos

La Arquitectura de Datos empresarial es un conjunto integrado de artefactos que incluye tres grandes categorías de especificaciones:

1. Modelo de datos de la empresa: Es el componente central de la arquitectura de datos empresarial

2. Análisis de la cadena de valor de información: Se alinean datos con procesos de negocios y otros componentes de la arquitectura empresarial y

3. Arquitectura de datos de entrega relacionados : Esto incluye arquitecturas de base de datos, integración de datos, almacenamiento de datos, inteligencia de negocios, contenidos de documentos, y metadatos.

La Arquitectura de Datos empresarial es un nombre inapropiado. La arquitectura captura los datos y terminología que definen las cosas importantes y necesarias para operar el negocio. Entidades y atributos de datos, i.e., características, describen estas cosas. Además, la arquitectura de datos empresariales establece un vocabulario común de entidades y atributos de datos, y ofrece una base semántica para entender los activos de datos empresariales.

4.2 Conceptos y Actividades

El Capítulo 1 indica que la gestión de arquitectura de datos es la función de definir el modelo para activos de datos. Arquitectos de datos juegan un papel importante en esta función crítica. Actividades y conceptos relacionados con gestión de arquitectura de datos y el papel de los arquitectos de datos se presentan en esta sección.

4.2.1 Descripción de la Arquitectura

La arquitectura es un acuerdo organizado de elementos q que optimiza la función, rendimiento, viabilidad, costo, y la estética de estructura o sistema en general. La palabra "arquitectura" se usa con frecuencia en el campo de tecnología de información. Es útil para introducir y discutir conceptos de diseño de sistemas. La arquitectura presenta visitas integradas que reflejan los problemas y perspectivas de diferentes grupos de interés. La comprensión de la arquitectura subyacente permite a entender de sistemas complejos y estructuras.

La arquitectura puede existir en diferentes niveles de la empresa. En cada nivel, estándares y protocolos ayudan a garantizar que componentes trabajan juntos como un todo. La arquitectura incluye normas y su aplicación a necesidades de diseño específicas.

En el contexto de sistemas de información, arquitectura es "el diseño de cualquier objeto técnico complejo o sistema".

El campo de tecnología de información se beneficia enormemente de diseños de arquitectura que ayudan a manejar complejidad de productos de hardware y software. La arquitectura de tecnología incluye estándares "cerrados" y "abiertos" de diseño. Estándares "cerrados" están específicos para un proveedor de tecnología en particular, mientras que estándares "abiertos" están disponibles para cualquier proveedor.

La integración de las partes distintas de una organización para cumplir con objetivos estratégicos de la empresa a menudo requiere una arquitectura de negocios general. La arquitectura debe incluir diseños comunes y estándares para procesos de negocios, objetivos, estructuras de organización, y papales de la organización. La arquitectura tiene que definir una visión para la integración. De hecho, organizaciones que crecen por la adquisición se enfrentan retos de integración significativos y así se benefician enormemente de una arquitectura eficaz.

La incorporación de aplicaciones aisladas, acceso de datos, y actividades de migración de datos entre aplicaciones añaden complejidad a la cartera de aplicaciones empresariales. El costo de mantener y comprender esta complejidad que crece, y los beneficios de las aplicaciones de reestructuración y bases de datos con una arquitectura global se hace cada vez más atractivo

4.2.1.1 Arquitectura Empresarial

La arquitectura empresarial es un conjunto integrado de modelos de negocios, especificaciones de tecnología de información, artefactos que reflejan la integración empresarial, y requisitos de normalización de datos. La define el contexto para integración de datos de negocios, procesos, organizaciones, tecnología, y la alineación de recursos de negocios con los objetivos empresariales. La Arquitectura empresarial abarca las arquitecturas de negocio y sistemas de información.

La arquitectura empresarial proporciona un enfoque sistemático para la gestión de información y activos de sistemas; frente requisitos de negocios estratégicos; y permite gestión informada de la cartera de proyecto empresarial. La arquitectura empresarial apoya la toma de decisiones estratégicas cuando los impactos de cambios a sistemas y la empresa son manejados.

La Arquitectura empresarial incluye muchos modelos y artefactos relacionados:

- La arquitectura de Información: Entidades empresariales, relaciones, atributos, definiciones, y datos de referencia.

- La arquitectura de Proceso: Funciones, actividades, flujos de trabajo, eventos, ciclos, productos, y procedimientos.

- La arquitectura de Negocios: Metas, estrategias, papeles, estructuras de organización, y ubicaciones.

- La arquitectura de Sistemas: Aplicaciones, componentes de software, interfaces, y proyectos.

- La arquitectura de Tecnología: Redes, hardware, plataformas de software, estándares, y protocolos.

- El análisis de la Cadena de Valor de Información: Artefactos como asignaciones de las relaciones entre datos, procesos de negocios, sistemas, y tecnología.

Los modelos empresariales generan muchos artefactos relacionados de especificaciones integrados, incluyendo diagramas gráficos, tablas, matrices de análisis, y documentos textuales. Estos describen cómo la organización funciona y consume recursos en diferentes grados de detalle. Las especificaciones deben alinear con metas y objetivos que apoyan y cumplen los estándares empresariales de contenido y presentación. Pocas organizaciones tienen una arquitectura empresarial que incluye cada componente potencial y artefacto.

La arquitectura empresarial a menudo distingue entre el estado actual de "tal cual" y el estado objetivo de "ser". A veces, incluye las etapas intermedias y planes de migración. Algunas arquitecturas empresariales intentan identificar un estado ideal como modelo de referencia. El modelo de destino se define como un paso pragmático, alcanzable hacia el estado ideal. Para garantizar que la arquitectura empresarial se queda relevante y útil, especificaciones para los estados de actual y futuros se requieren actualizaciones frecuentes. Ninguna organización está hecha completamente mantener y enriquecer su arquitectura empresarial.

Cada organización invierte en el desarrollo y mantenimiento de la arquitectura empresarial según su comprensión de las necesidades y riesgos de la empresa. Algunas organizaciones eligen para definir la arquitectura empresarial en detalle para gestionar mejor los riesgos.

La arquitectura empresarial es un importante activo de conocimiento que proporciona varios beneficios. Es una herramienta para planificación, gobierno de tecnología de información, y gestión de cartera lo que puede:

- Habilitar integración de datos, procesos, tecnologías, y esfuerzos.

- Alinear sistemas de información con estrategia de negocios.

- Activar coordinación y uso eficaz de recursos.

- Mejorar comunicación y entendimiento a través de la organización.

- Reducir el costo de gestión de infraestructura de tecnología de información.

- Guiar la mejora de procesos de negocios.

- Habilitar organizaciones para responder eficazmente a oportunidades del mercado cambiante, retos de industria, y avances tecnológicos. La arquitectura empresarial ayuda a evaluar riesgo de negocios, gestionar cambio y mejorar eficacia de negocios, agilidad, y rendición de cuentas.

Algos métodos para definir la arquitectura empresarial incluyen "Planificación de Sistemas de Negocios" (BSP) por IBM. El método de ingeniería de información creado por James Martin es "Planificación de Sistemas de Información" (ISP).

4.2.1.2 Marcos de la arquitectura

Marcos de la arquitectura proporcionan una manera de pensar y entender como negocios identifican, ordenar, y gestionar los recursos de la empresa.

Hay dos tipos diferentes de marcos de arquitecturas:

- Marcos de clasificación organizan la estructura y vistas que abarcan la arquitectura empresarial. Los definen y estandarizan el lenguaje utilizado para describir y relacionar diferentes puntos de vista dentro de la organización. Algos artefactos de estos marcos incluyen diagramas, tablas, y matrices.

- Marcos de proceso especifican métodos para negocios y la planificación de sistemas, análisis, y procesos de diseño. Ciclos de vida para algunos métodos de planificación de tecnología de información y desarrollo de software (SDLC) incluyen sus propias clasificaciones compuestas. No todos los marcos de procesos especifican el mismo conjunto de cosas y algunos son altamente especializados.

El ámbito de marcos de la arquitectura no se limita a la arquitectura de sistemas de información. Marcos de la arquitectura ayudan a definir los artefactos lógicos, físicos y técnicos producidos en el análisis y diseño de software, y guían diseño de soluciones para sistemas de información específicos. Las organizaciones deben adoptar marcos de arquitectura para el gobierno de tecnología de información y control de calidad de la arquitectura. Las organizaciones pueden exigir entrega de ciertos artefactos antes de la aprobación de un diseño de sistema.

Muchos marcos están en existencia, tales como:

- TOGAF: El Marco de Arquitectura es un marco de proceso y estándar ciclo de vida de desarrollo de software (SDLC) desarrollado por El Grupo Abierto. El Grupo es un consorcio que define y promueve estándares abiertos entre proveedores de tecnología para facilitar interoperabilidad global. Versión 8 del marco es el edición empresarial. "TOGAF 8" puede ser licenciado por cualquier organización.

- ANSI / IEEE 1471-2000: Una especificación de la práctica recomendada para la descripción de la arquitectura de sistemas de software-intensivos. Este método probablemente se convertirá el estándar de ISO / IEC 25961 para definir los artefactos de diseño de solución.

Algunas empresas de consultoría han desarrollado marcos de arquitectura útiles, propios. Varios gobiernos y departamentos de defensa también han desarrollado marcos de la arquitectura, incluyendo:

- La arquitectura Empresarial Federal (FEA): Producido por la Oficina de Gerencia y Presupuesto para su uso dentro del gobierno de los Estados Unidos.

- Arquitectura de la Empresa Pública (GEA): Este marco fue legislada para su uso de los departamentos de la Queensland (Australia) del gobierno provincial.

- DODAF: Marco de la arquitectura del Departamento de Defensa de los Estados Unidos.

- MODAF: Marco de la arquitectura del Ministerio de Defensa del Reino Unido.

- ÁGATA: Marco de La arquitectura de Francia DGA.

4.2.1.3 El Marco de Zachman para la arquitectura Empresarial

El Marco Empresarial de Zachman[2] TM es el marco de arquitectura más conocido y adoptado. Arquitectos de datos empresariales, en particular, han aceptado y utilizado este marco desde fue publicada en 1987 por el "IBM Diario de Sistemas".

El Marco Empresarial de Zachman[2] TM se muestra en la Figura 4.2, ha orientado la terminología hacia la gestión de negocios, mientras que se conserva las elaboraciones utilizados por las comunidades de datos y sistemas de información. Los tipos de contribuyentes en perspectiva (en la última columna), afirmación del contenido en perspectiva (en la primera columna) e identificación de respuestas genéricas para las preguntas (en la primera fila) llevar un nivel de aclaración y comprensión para cada clasificación simple.

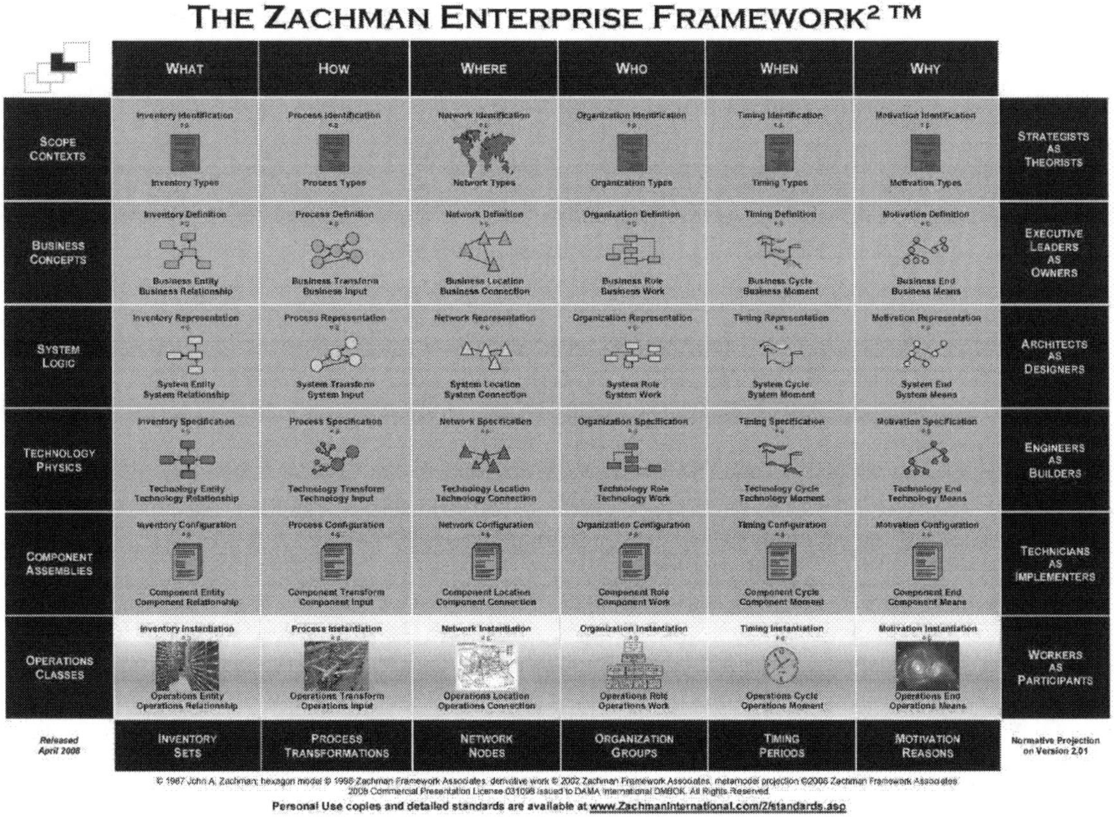

Figura 4.2 Marco Empresarial de Zachman² ™
(Con licencia para su uso por DAMA Internacional en la Guía DAMA-DMBOK)

El modelado de la arquitectura empresarial es una práctica común en el Gobierno Federal de los Estados Unidos para informar a su proceso de Planificación de Capital y Control de Inversiones (CPIC). La ley de Clinger-Cohen conocida como "Acta para Reforma de la Gestión de Tecnología de la Información de 1996" exige que todas las agencias federales estadounidenses deban tener y usar una arquitectura empresarial formal.

El acceso a los estándares nuevos y gráficos del Marco Empresarial de Zachman² TM está disponible sin costo alguno en www.ZachmanInternational.com. Una definición concisa del marco, escrito por John Zachman, también está disponible en el sitio web.

Según su creador, John Zachman, el marco es una estructura lógica para identificar y organizar representaciones descriptivas (i.e., modelos) se utilizan para gestionar empresas y desarrollar sistemas. De hecho, el Marco de Zachman es un esquema de clasificación genérica de artefactos de diseño para cualquier sistema complejo. No es un método que define cómo crear las representaciones de cualquier célula. Es una estructura para describir las empresas y modelos de la arquitectura.

Para entender la arquitectura de sistemas, Zachman estudió cómo los campos de construcción e ingeniería aeroespacial definen sistemas complejos, y asignó artefactos de sistemas de información contra estos ejemplos. El Marco de Zachman es una matriz 6 por 6 que representa la intersección de dos esquemas de clasificación, i.e., dos dimensiones de la arquitectura de sistemas.

En la primera dimensión, Zachman reconoce que en la creación de edificios, aviones, o sistemas, hay muchos grupos de interés y cada uno tiene perspectivas diferentes sobre la "arquitectura". El planificador, propietario, diseñador, constructor, implementador y participante cada uno tiene problemas diferentes para identificar, comprender, y resolver. Zachman presenta estas perspectivas como filas.

- La perspectiva de planificador (Contextos de Alcance): Listas de elementos de negocios que definen el alcance identificado por los Estrategas como Teóricos.

- La perspectiva de propietario (Conceptos de Negocios): Modelos semánticos de las relaciones entre los elementos de negocios definidas por los Líderes Ejecutivos como Propietarios.

- La perspectiva de diseñador (Lógico de Sistema): Modelos lógicos que detallan requisitos del sistema y diseño sin restricciones representados por los Arquitectos como Diseñadores.

- La perspectiva de constructor (Física de la Tecnología): Modelos físicos que optimizan el diseño para implementación y su uso, limitados por tecnología específica, personas, costos, y plazos requeridos por los Ingenieros como Constructores.

- La perspectiva de implementador (Conjuntos de Componentes): Una vista que es específica para la tecnología, y está afuera del contexto de cómo los componentes están configurados y operan por los Técnicos como Ejecutores.

- La perspectiva de participante (Clases de Operaciones): Instancias reales del sistema de funcionamiento utilizados por los Trabajadores como Participantes.

Para la segunda dimensión, las cuestiones de cada perspectiva requieren diferentes formas de responder a preguntas fundamentales: quién, qué, por qué, cuándo, dónde y cómo. Zachman representa cada pregunta fundamental como una columna.

Las etiquetas revisadas para cada columna están entre paréntesis:

• ¿Qué? (columna de datos): Materiales utilizados para construir el sistema (Conjunto de Inventario).

• ¿Cómo? (columna de función): Actividades realizadas (Transformaciones de Proceso).

• ¿Dónde? (columna de red): Lugares, topografía, y tecnología de distribución (Nodos de Red).

• ¿Quién? (columna de personas): Funciones y organizaciones (Grupos de Organización).

• ¿Cuando? (columna de tiempo): Eventos, ciclos, y horarios (Periodos de Tiempo).

• ¿Por qué? (columna de meta): Objetivos, estrategias e iniciativas (Razones de Motivación).

Cada célula en el Marco de Zachman representa un tipo único de artefacto de diseño, definido por la intersección de fila y columna.

Mientras que las columnas en el marco no están ordenadas por importancia, el orden de las filas es significativo. El contenido y orden para celdas en cada columna imponen una jerarquía de información. La transformación entre perspectivas asegura alineación entre las intenciones de los propietarios de la empresa y las decisiones subsiguientes.

Cada célula describe un modelo primitivo a un nivel apropiado de detalle limitado en enfoque por la perspectiva única de la columna. Dependiendo de la modelo, cada célula debe contener detalle suficiente para la comprensión y eliminar la ambigüedad.

No hay un marco de la arquitectura intrínsecamente correcto o completo. También, la adopción de un marco de arquitectura no garantiza el éxito. Algunas organizaciones adoptan el Marco de Zachman como una "herramienta de pensamiento". Otros lo utilizan como seguro de calidad para el diseño e implementación de soluciones.

Hay razones varias porque el Marco de Zachman ha sido adoptado tan ampliamente:

- Es relativamente sencillo para entender ya que sólo tiene dos dimensiones.

- Dirige la empresa de una manera integral, y gestiona la arquitectura para las divisiones y departamentos individuales.

- Utiliza lenguaje no técnico para ayudar a las personas se piensan y se comunican con mayor precisión.

- Es útil para enmarcar y ayudar a comprender una amplia variedad de temas.

- Ayuda a resolver problemas de diseño, enfocando en los detalles sin perder de vista del conjunto.

- Facilita transferencia de conocimiento sobre diversos temas de los sistemas de información.

- Es una herramienta de planificación útil que proporciona el contexto para guiar decisiones mejores.

- Es independiente de herramientas o métodos específicos. Cualquier herramienta de diseño o método puede asignar al marco para determinar el grado de compatibilidad de la herramienta o método.

4.2.1.4 El Marco de Zachman y la arquitectura de Datos Empresarial

La Arquitectura de Datos es una parte importante de la arquitectura empresarial más grande que incluye procesos de negocios, sistemas, y arquitectura de tecnología. Arquitectos de datos colaboran con otros arquitectos dentro de la empresa para integrar las arquitecturas.

La consiste típicamente en tres conjuntos grandes de componentes de diseño:

1. Un modelo de datos de la empresa, áreas temáticas identificables, entidades de negocios, reglas de negocios que rigen las relaciones entre entidades, y los atributos de datos esenciales de la empresa.

2. El análisis de la cadena de valor de información que alinea componentes del modelo de datos, ej., áreas temáticas y entidades de negocios, con procesos de negocios y otros componentes de la arquitectura empresarial. Estos pueden incluir organizaciones, papeles, aplicaciones, metas, estrategias, proyectos, y plataformas tecnológicas.

3. La arquitectura de entrega de datos que incluye la arquitectura de tecnología de datos, arquitectura de integración de datos, almacenamiento de datos, la arquitectura de inteligencia de negocios, taxonomías empresariales para gestión de contenidos, y arquitectura de metadatos.

Las celdas de la columna "Conjuntos de Inventario", representan artefactos familiares como modelados de datos y diseños de bases de datos. [Consulte el Capítulo 5 para más detalles.]

- Vista del Planeador (Contextos de Alcance): Una lista de áreas temáticas y entidades empresariales.

- Vista del Propietario (Conceptos de Negocios): Modelos de datos conceptuales que se muestran las relaciones entre entidades.

- Vista del Diseñador (Lógico de Sistema): Modelos de datos lógicos, normalizados totalmente y atribuidos.

- Vista del Generador (Física de Tecnología): Modelos de datos físicos optimizados para limitar la tecnología.

- Vista del Implementador (Asambleas de Componente): Representaciones detalladas de estructuras de datos definidas normalmente en "SQL" Lenguaje de Definición de Datos (DDL).

- Empresa Funcionamiento: Casos implementados operan dentro de la empresa.

El Marco de Zachman permite a los diseñadores ver ambos detalles y el contexto global para construir incrementalmente el vista "cuadro grande" de la empresa.

4.2.2 Actividades

La función de gestión de la arquitectura de datos contiene varias actividades relacionadas con la definición del modelo para la gestión de activos de datos. Una visión general de estas actividades se presenta en las siguientes secciones.

4.2.2.1 Comprender las Necesidades de Información Empresarial

Con el fin de crear la arquitectura de datos de la empresa   , el negocio tiene que definir primero sus necesidades de información. Un modelo de datos empresarial es una forma de captar y definir necesidades de información y requisitos de datos. Representa un plan maestro para la integración de datos en toda la empresa. El modelo de datos empresarial es un insumo fundamental para proyectos futuros de desarrollo de sistemas, análisis de los requisitos de datos, y modelado de datos.

Los modelos de datos conceptuales y lógicos para proyectos específicos se basan en las partes aplicables del modelo de datos empresarial. En función de la alcance, algunos proyectos pueden beneficiar de la integración del modelo de datos empresarial para diseño de solución. Virtualmente cada proyecto importante tiene potencial afectar al modelo de datos empresarial.

Los diseñadores pueden determinar las necesidades de información de la empresa por evaluar entradas, salidas, fuentes de datos internos y externos, documentación del sistema actual, informes, entrevistas con participantes de sistemas, y otros artefactos requeridos por la organización. Estos materiales, organizados y clasificados por unidad de negocios y área temática, se proporcionan entidades importantes, datos, atributos de datos, y cálculos. La lista se convierte en los requisitos básicos del modelo de datos empresarial.

4.2.2.2 Desarrollar y Mantener el Modelo de Datos Empresarial

Las entidades de negocios son las clases de cosas reales y conceptos que describen la empresa. Los datos son los hechos que únicamente describen las entidades de negocios. Modelos de datos mantener entidades de negocios, y tipos de datos, i.e., atributos de datos, necesarios para operar y guiar el negocio. El modelado de datos es un método de análisis y diseño se utiliza para:

1. Definir y analizar requisitos de datos.

2. Diseñar las estructuras de datos lógicos y físicos que respaldan estos requisitos.

Un modelo de datos es un conjunto de especificaciones de datos y diagramas relacionados que reflejan los requisitos de datos y diseños. El modelo de datos empresarial (EDM) ofrece una visión integrada, orientada por tema, de datos esenciales producidos y consumidos por la organización.

- *Integrado* significa que todos los datos y reglas de una organización se representan una vez y se encajan a la perfección. Una meta importante del modelo es ofrecer una visión de la empresa como un todo, que también reflejan las vistas funcionales y departamentales. Cada entidad de negocios como un "Cliente" o "Orden" debe ser identificable singularmente. Los atributos de datos que definen una entidad de negocios deben ser completas, exactas, y proporcionar definiciones claras. Además, el modelo de datos puede identificar sinónimos comunes y distinciones importantes entre diferentes subtipos de las mismas entidades de negocios comunes.

- *Asunto orientado* significa que el modelo se divide en áreas temáticas comúnmente reconocidas que abarcan a través de múltiples funciones de negocios y sistemas de aplicación. Áreas temáticas se centran en las entidades de negocios más esenciales.

- *Esencial* significa los datos críticos para el funcionamiento eficaz y la toma de decisiones de la organización. Pocos modelos de datos empresariales definen todos los datos dentro de la empresa. Requisitos de datos esenciales generalmente no son comunes a varias aplicaciones y proyectos. Múltiples sistemas pueden compartir algunos datos definidos en los modelos de datos empresariales. Otros datos pueden ser de importancia crítica, todavía se crean y se utilizan en algunos sistemas. Con el tiempo, el modelo de datos empresarial debe definir todos los datos de importancia para la empresa. La definición de los datos esenciales cambia con los cambios en la empresa. El modelo de datos empresarial debe mantenerse al día con esos cambios.

El modelado de datos es una técnica importante utilizada en gestión de la arquitectura de datos y desarrollo de datos. El desarrollo de datos implementa arquitectura de datos de manera que prórroga y adapta modelos de datos empresariales para satisfacer las necesidades de aplicaciones de negocios específicas y requisitos del proyecto.

4.2.2.2.1 El Modelo de Datos Empresarial

El modelo de datos empresarial es un conjunto integrado de entregables estrechamente relacionados. Muchas entregas se generan usando una herramienta de modelado de datos. El depósito central del modelo de datos puede ser en forma de un archivo o depósito creado y mantenido por una herramienta de modelado de datos. Este artefacto provee metadatos para los activos de datos empresariales. [Consulte el Capítulo 11 para más detalles.]

Un modelo de datos empresarial representa una inversión en definir y documentar vocabulario, reglas de negocios, y conocimiento de negocios. Crear, mantener, y enriquecer el modelo requiere inversiones continuas de tiempo y esfuerzo, aun cuando los arquitectos comienzan el proceso de diseño con un modelo de industria estándar. Los resultados de actividades de modelado de datos incluyen una visión común, comprensión de entidades, datos, atributos de datos, y sus relaciones través de la empresa.

Las organizaciones pueden adquirir un modelo de datos empresarial, o construirlo. Varios proveedores proporcionan modelos de datos lógicos estándar por industria. Ambas opciones requieren algún tipo de personalización.

Los modelos de datos empresariales difieren ampliamente en términos de niveles de detalle. Cuando un negocio se reconoce por primera vez la necesidad de un modelo de datos, debe tomar decisiones sobre el tiempo y esfuerzo que se puede dedicar para la construcción del modelo. Como las necesidades de la empresa exigen, el alcance y nivel de detalle capturado dentro del modelo de datos empresarial normalmente se expanden. Elmodelo de datos empresariales exitosas son construidos gradualmente e incrementalmente.

Un modelo de datos empresarial se construye en capas de información organizadas como una jerarquía, como se muestra en la Figura 4.3. Con respecto, un modelo de datos empresarial se construye en capas de arriba hacia abajo. El contenido en el más alto nivel de la jerarquía es fundamental y amplio, mientras que los niveles más bajos definen los detalles y dependencias entre los datos. Los insumos en modelo son resultados del análisis y síntesis de perspectivas y detalles de los modelos de datos lógicos y físicos existentes. Integrando perspectivas de la empresa, e influencias de los modelos existentes pueden mejorar el desarrollo de una visión empresarial.

4.2.2.2.2 El Modelo de Área Temática

La capa más alta de un modelo de datos empresarial es el modelo de área temática (SAM). Este modelo es una lista de las áreas temáticas principales que juntos se expresan el ámbito esencial de la empresa. La lista representa un "alcance" vista de datos, se presenta en el Marco de Zachman. A un nivel más detallado, las entidades de negocios y clases de objetos también se muestran como listas.

Hay dos formas principales para comunicar un modelo de área temática:

• Un esquema que organiza las materias desde alto a bajo en orden de prioridad.

• Un diagrama que presenta y organiza áreas temáticas visualmente para fácil referencia.

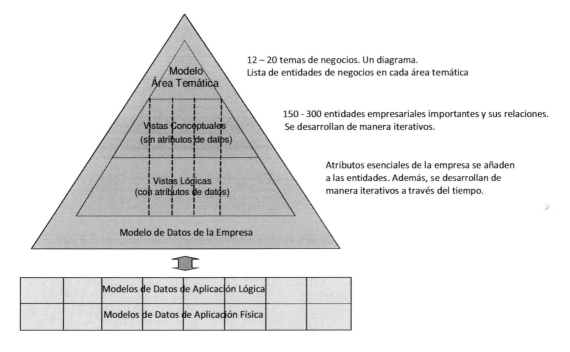

Figura 4.3 Capas de Modelo de Datos Empresariales

La designación de las áreas temáticas esenciales de la empresa es importante para el éxito del modelo de datos empresarial entero. La lista de temas es esencial para el desarrollo de taxonomías críticas, y permite adicional refinamente de entidades y datos en el modelo empresarial. El modelo de áreas temáticas es óptimo cuando es aceptado por todos los participantes y mandantes de la empresa. Además, el modelo de áreas temáticas debe ser útil como un constructo organizando para gobierno de datos, administración de datos, y modelado de datos empresarial.

Las areas temáticas típicamente comparten el mismo nombre con una entidad de negocios central. Algunas áreas temáticas se alinean estrechamente con las funciones de negocios principales. Otras áreas temáticas abarcan una entidad de negocios de súper-tipo y su familia de subtipos.

También, áreas temáticas son importantes para la administración de datos y gobierno. Definen el alcance de responsabilidades para los equipos de administración de datos asignados a áreas temáticas específicas.

4.2.2.2.3 El Modelo de Datos Conceptual

El siguiente nivel más bajo en la jerarquía de modelo de datos empresarial dirige el modelo de datos conceptual, sus áreas temáticas y relaciones de sus entidades de negocios.

Las entidades de negocios son las estructuras básicas de organización en un modelo de datos conceptual. Representan los conceptos y clases de cosas, personas, y lugares que son importantes para la empresa. Las entidades de negocios se denominan utilizando términos de negocios. Por ejemplo, para la entidad de negocios se llama "Cuenta", la cuenta del Señor representa una instancia.

Los límites de alcance de las áreas temáticas generalmente se superponen con algunas entidades de negocios incluidos en otras áreas temáticas. Con los fines de gobierno y administración, cada entidad de negocios debe tener un área temática principal que "posee" la versión maestra de esa entidad.

Los diagramas de modelos de datos conceptuales no representan los atributos de datos de entidades de negocios. Los modelos pueden incluir relaciones de muchos-a-muchas y otros tipos de relaciones entre entidades esenciales. Los modelos de datos conceptuales típicamente representan relaciones entre entidades esenciales, sin datos normalizados.

El modelo de datos conceptual debe incluir un glosario con definiciones de negocios y otros metadatos asociados con todas las entidades de negocios, y sus relaciones. Otros metadatos pueden incluir sinónimos de entidades, ejemplos de instancias, y clasificaciones de seguridad.

Un modelo conceptual de datos puede fomentar una comprensión mejorado de negocios y reconciliación semántica. Puede servir como marco para desarrollo de sistemas de información integrados que apoyar tanto procesamiento transaccional y inteligencia de negocios. [Consulte el Capítulo 5 para más detalles].

4.2.2.2.4 Modelos de Datos Lógicos Empresariales

Algunos modelos de datos empresariales incluyen diagramas de los modelos de datos lógicos para cada área temática. Este nivel de detalle abajo del modelo de datos conceptual dirige los atributos de datos esenciales para cada instancia de la entidad de negocios. Atributos de datos esenciales consisten de requisitos de datos comunes y definiciones estandarizadas que son necesarios para la empresa. La determinación de atributos de datos para incluir en el modelo de datos empresarial es una decisión muy subjetiva.

Los diagramas de modelo de datos lógico reflejan la perspectiva cambiante de la empresa. Son neutrales e independientes de cualquier necesidad, uso, o contexto de aplicación en particular. Otros modelos lógicos más tradicionales reflejan uso específico y requisitas de aplicaciones.

Los modelos de datos lógicos empresariales están sólo parcialmente atribuidos. Los pueden ser normalizados en cierta medida, pero no tienen qué ser tan normalizados como modelos de datos lógicos siendo diseñados para soluciones.

Los Modelos de datos lógicos empresariales deben incluir un glosario de todos los términos de negocios, otros tipos de metadatos sobre las entidades, sus atributos de datos, y los dominios de datos para los atributos. [Consulte el Capítulo 5 para más detalles.]

4.2.2.2.5 Otros Componentes del Modelo de Datos Empresariales

Algunos modelos de datos empresariales incluyen otros componentes opcionales como:

• Las asignaciones de responsabilidad para metadatos distribuidas por áreas temáticas, entidades, conjuntos de atributos, o datos de referencia. [Consulte el Capítulo 3 para más detalles.]

• La gestión de datos de referencia: Mantener conjuntos de valores controlados por códigos, etiquetas y su significado de negocios. Estos conjuntos de valores empresariales a veces se utilizan para hacer referencia cruzada con datos equivalentes en otros departamentos, divisiones, o regionales. [Consulte el Capítulo 8 para más detalles.]

• Las especificaciones de calidad de datos adicionales y reglas para atributos de datos esenciales, como exactitud, requisitos de precisión, oportunidad (de datos), reglas de integridad, anulabilidad, formato, acuerdo de datos / reglas de fusionar, y requisitos de auditoría. [Consulte el Capítulo 12 para más detalles.]

• Los ciclos de vida de entidad son diagramas de transición de estados que representan los estados diferentes de las entidades más importantes y los eventos que provocar cambios en los estados. Ciclos de vida son muy útiles para determinar un conjunto racional de valores de estado ej., códigos o etiquetas, para una entidad de negocios. [Consulte la Sección 4.2.2.5 para más detalles.]

4.2.2.3 Analizar y Alinear con Otros Modelos de Negocios

El análisis de cadenas de valor asigna las relaciones entre elementos del modelo de empresa y otros modelos de negocios. El término deriva del concepto de la cadena de valor de negocios, presentado por Michael Porter, en varios libros y artículos sobre estrategia de negocios. El análisis identifica las funciones de organización que contribuyen directamente e indirectamente al propósito final de la organización, tales como ganancia comercial o educación. Las funciones que contribuyen directamente se ordenan de izquierda a derecha en un esquema basado en sus dependencias y secuencia de eventos. Las funciones que proporcionan apoyo indirecto aparecen debajo de este arreglo. El diagrama en la Figura 4.4 muestra la cadena de valor de negocios para una compañía de seguros.

Las matrices de cadena de valor de información son modelos compuestos. Aunque el análisis es una producción de la arquitectura de datos, cada matriz también es parte de uno proceso de negocios, organización, o arquitectura de aplicación. En este sentido, análisis de cadena de valor de información consolida las formas diversas de "modelos primitivos" en la arquitectura empresarial. Los arquitectos de datos, administradores de datos, otros arquitectos de la empresa, y los expertos en la materia comparten responsabilidad del contenido de cada matriz.

4.2.2.4 Definir y Mantener la Arquitectura Tecnológica de Datos

La arquitectura tecnológica de datos guía la selección e integración de datos relacionados con tecnología. La es parte de las arquitecturas de tecnología y datos de la empresa. La arquitectura de tecnología de datos define categorías estándar de herramientas, herramientas preferidas en cada categoría, estándares de tecnología, y protocolos para integración de tecnología.

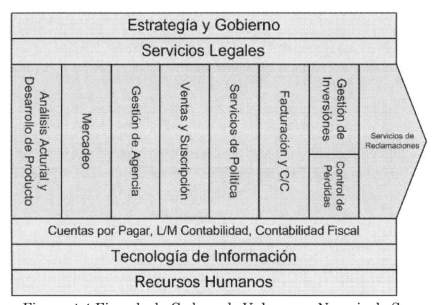

Figura 4.4 Ejemplo de Cadena de Valor para Negocio de Segura

Categorías de tecnología en la arquitectura de tecnología de datos incluyen:

- Sistemas de gestión de base de datos (DBMS).

- Utilidades de gestión de bases de datos.

- Modelado de datos y herramientas de gestión de modelo.

- Software de inteligencia de negocios para la presentación de informes y análisis.

- Extracción, transformación y carga (ETL), captura de datos cambiados (CDC) y otras herramientas de integración de datos.

- Análisis de calidad de datos y herramientas de limpieza de datos.

- Software de gestión de metadatos, incluyendo depósitos de metadatos.

Categorías de componentes en la arquitectura de tecnología incluyen:

- Actual: Productos que son compatibles actualmente y utilizados.

- Período de Despliegue: Productos que han desplegados para su uso en los próximos 1-2 años.

- Período Estratégico: Productos esperan estén disponibles para su uso en los próximos 2+ años.

- Retirado: Productos que han sido retirados o esperan estén retirados este año.

- Preferida: Productos que son preferidos para su uso por la mayoría de las aplicaciones.

- Contención: Productos que son limitados a utilizar por ciertas aplicaciones.

- Emergente: Productos siendo investigados y probados para su posible despliegue en la futura.

[Consulte el Capítulo 6 para más detalles.]

4.2.2.5 Definir y Mantener la Arquitectura de Integración de Datos

La arquitectura de integración de datos define cómo fluyen datos a través de todos los sistemas de punto a punto. La requiere ambas las arquitecturas de datos y aplicación. Juntos, las bases de datos y aplicaciones controlan el flujo de datos entre sistemas. Linaje de datos y flujo de datos también son útiles para describir estos conceptos.

Las relaciones entre los elementos dentro de cada modelo son tan importantes como las relaciones entre los propios elementos. Una serie de matrices de dos dimensiones puede mapear y documentar las relaciones entre diferentes tipos de elementos del modelo empresarial. Las matrices pueden definir las relaciones con otros aspectos de la arquitectura empresarial, afuera de procesos de negocios, tales como:

- Datos relacionados con los papeles de negocios que tienen la responsabilidad de crear, actualizar, eliminar y usar datos para las entidades de negocios específicas (CRUD).

- Datos relacionados con las organizaciones empresariales específicas que tienen estas responsabilidades.

- Datos relacionados con las aplicaciones que pudieran cruzar funciones de negocios.

- Datos relacionados con los lugares donde se producen las diferencias locales.

La construcción de estas matrices es una práctica a largo plazo en modelado empresarial. IBM, en su método, "Planificación de Sistemas de Negocios" (BSP), primero introdujo esta práctica. James Martin popularizó esta práctica más tarde en su método, "Planificación de Sistemas de Información" (PSI). La práctica es todavía hoy válida y útil.

El concepto de la fábrica de información de corporativa (CIF) es ejemplo de arquitectura de integración de datos. La arquitectura define el entorno para la producción and mantenimiento de datos utilizados para apoyar las decisiones de la empresa. La arquitectura de integración de datos se organiza de torno herramientas, tecnología, procesos, y capacidades de distribución que permiten a la empresa usar datos para una ventaja competitiva. [Consulte el Capítulo 8 para más detalles.]

Las matrices que muestran la relación de proceso y datos pueden tener diferentes niveles de detalle. Las áreas temáticas, entidades de negocios, o incluso atributos de datos esenciales todos pueden representar datos en diferentes niveles. Las funciones de nivel alto, actividades de nivel medio, y tareas de nivel bajo todos representan procesos de negocios.

4.2.2.6 Definir y Mantener la Arquitectura

La arquitectura de almacenamiento de datos se centra en cómo se almacena cambios en datos e instantáneas en sistemas de almacenamiento de datos para obtener la máxima utilidad y rendimiento. La arquitectura de integración de datos muestra cómo se mueve los datos desde sistemas de origen a través de bases de datos provisionales en almacenes de datos y martes de datos. La arquitectura de inteligencia de negocios define disponibilidad de datos, procesos de negocios, y herramientas que habilitar capacidades de apoye de decisión a través de la empresa. [Consulte el Capítulo 9 para más detalles].

4.2.2.7 Definir y Mantener las Taxonomías de la Empresa y Espacios de Nombres

La taxonomía es una estructura de jerárquica utilizada para delinear temas. El ejemplo más conocido de las taxonomías clasifica a todos los seres vivos. Este sistema fue desarrollado originalmente por el biólogo Linneo. El sistema decimal, creado por Dewey, es ejemplo de taxonomía diseñado para organización y búsqueda de libros en bibliotecas. Las taxonomías formales son jerarquías de clase, mientras que taxonomías informales son esquemas de tema que pueden no implicar herencia de las características de súper-tipos.

Las organizaciones desarrollan sus propias taxonomías para organizar pensamiento colectivo sobre temas. Lastaxonomías han demostrado ser particularmente importante en presentación y búsquedas de información en los sitios web. En general, la arquitectura de datos empresarial incluye taxonomías organizacionales. La definición de términos utilizados en tales taxonomías debe ser coherente con el modelo de datos empresarial, modelos relacionados y ontologías.

4.2.2.8 Definir y Mantener la Arquitectura de Metadatos

Así como la arquitectura de integración de datos define cómo fluyen los datos entre aplicaciones, la arquitectura de metadatos define el flujo ordenado de los metadatos. La arquitectura de metadatos define cómo metadatos es creado, integrado, controlado y accedido. El repositorio de metadatos es el núcleo de cualquier la arquitectura de metadatos. La arquitectura de metadatos es el diseño para la integración de metadatos a través de herramientas de software, depósitos, directorios, glosarios y diccionarios de datos. El enfoque de arquitectura de integración de datos es garantizar calidad, integración, y el uso efectivo de datos referencia, datos maestros, y datos de inteligencia de negocios. El enfoque de arquitectura de metadatos es garantizar calidad, integración, y el uso eficaz de metadatos. [Consulte el Capítulo 11 para más detalles]

4.3 Resumen

Definir y mantener arquitectura de datos es un esfuerzo de colaboración que requiere participación activa de administradores de datos y otros expertos en la materia, facilitación, y apoyada de arquitectos de datos y otros analistas de datos. Los arquitectos y analistas de datos deben trabajar para optimizar la experiencia valiosa aportado por los administradores de datos. El ejecutivo de Gestión de Datos debe comunicar con frecuencia del caso de negocios para definir y mantener la arquitectura de datos. Además, el ejecutivo debe asegurarse que recursos críticos están disponibles y comprometidos con metas de proyecto.

La arquitectura de datos se guiado por cambios en el negocio. El mantener arquitectura de datos requiere los exámenes periódicos por administradores de datos. Las actualizaciones de rutina de la arquitectura de datos existente, como datos de referencia, puede resolver muchos problemas rápidamente. Los problemas más significativos a menudo requieren autorizaciones de proyecto.

El valor de arquitectura de datos es limitado hasta que los administradores de datos gestionan activamente la arquitectura de datos, o la gestión designar arquitectura de datos como una mejor práctica para implementación de sistemas. El consejo de gobierno de datos u otro cuerpo que puede aprobar la arquitectura de datos empresarial es crítico para coordinar arquitecturas de datos, procesos de negocios, sistemas, y de tecnológica.

La arquitectura de datos es sólo una parte de la arquitectura empresarial general. Sirve como una guía para integración. Es útil consultar la arquitectura de datos durante:

- La definición y evaluación de nuevos proyectos de sistemas de información: La arquitectura de datos empresarial sirve como un plan de zonificación para la integración a largo plazo de sistemas de información. Afecta a las metas y objetivos de proyectos, e influye en la prioridad de los proyectos de la cartera de proyectos. La arquitectura de datos empresarial también influye en los límites de alcance de proyectos y versiones de sistema.

- La definición de requisitos de datos de proyecto: La arquitectura de datos empresarial proporciona datos requeridos para proyectos individuales, lo que acelera la identificación y definición de estos requisitos.

- La revisión de diseños de datos de proyecto: Revisiones de diseño garantizan que modelos de datos conceptuales, lógicos, y físicos se ajusten y contribuyan a la aplicación a largo plazo de la arquitectura de datos empresarial.

4.3.1 Principios Rectores

La aplicación de la función de gestión de la arquitectura de datos en organizaciones sigue ocho principios básicos:

1. La arquitectura de datos es un conjunto integrado de artefactos de especificación (i.e., planes maestros) utilizado para definir requisitos de datos, guiar integración de datos, controlar activos de datos, y alinear inversiones de datos con estrategia de negocios.

2. La arquitectura de datos empresarial forma parte de la estructura empresarial general, junto con arquitectura de procesos, arquitectura de negocios, la arquitectura de sistemas, y la de tecnología.

3. La arquitectura de datos empresarial incluye tres grandes categorías de especificaciones: modelo de datos empresarial, análisis de cadena de valor de información, y la arquitectura de entrega de datos.

4. La arquitectura de datos empresarial abarca más datos. Ayuda a establecer una base semántica de la empresa, utilizando vocabulario de negocios común.

5. Un modelo de datos empresarial es integrado y orientado al sujeto. Define datos esenciales que se utilizan por la organización entera. Modelo de empresa de datos es construido en capas: vista de áreas temáticas general, vistas conceptuales de entidades y sus relaciones con áreas temáticas, y vistas más detalladas, parcialmente atribuidas de estas áreas temáticas.

6. La información de análisis de cadena de valor define las relaciones críticas entre datos, procesos, funciones, organizaciones, y otros elementos de la empresa.

7. La arquitectura de entrega de datos define el plan maestro para cómo fluyen los datos a través de bases de datos y aplicaciones. Esto garantiza la calidad y la integridad de datos que apoya procesos de negocios transaccionales, informes de inteligencia de negocios, y análisis.

8. Los marcos de arquitecturas como TOGAF y el Marco de Zachman ayudan a organizar el pensamiento colectivo acerca de la arquitectura. Esto permite a los grupos con diferentes objetivos y perspectivas trabajar juntos para satisfacer intereses comunes.

4.3.2 Resumen de Proceso

El resumen de proceso para la función de gestión de arquitectura de datos se muestra en la Tabla 4.1. Entregables, funciones de responsabilidad, y papeles de aprobadores y contribuyentes se muestran para cada actividad de la función de gestión de arquitectura. La tabla también se muestra en el Apéndice A9.

Actividades	Entregables	Papeles Responsables	Papeles de Aprobadores	Papeles de Contribuyentes
2.1 Comprender las Necesidades de Información Empresarial (P)	Listas de Requisitos de Información Esenciales	Arquitecto de Datos Empresarial, Expertos en Materia de Negocios	Consejo de Gobierno de Datos, Comité de Dirección de Arquitectura de Datos, Ejecutivo de Gestión de Datos, Director de Información	
2.2 Desarrollar y Mantener el Modelo de Datos Empresarial (P)	Modelo de Datos Empresarial • Materia Modelo • Modelo Conceptual • Modelo Lógico • Glosario	Arquitecto de Datos Empresarial	Consejo de Gobierno de Datos, Comité de Dirección de Arquitectura de Datos, Ejecutivo de Gestión de Datos, Director de Información	Arquitectos de Datos, Administradores de Datos/Equipos
2.3 Analizar y Alinear con Otros Modelos de Negocios (P)	Matrices de Análisis de Cadena de Valor de Información • Entidad/Función • Entidad/Organizaciones y Papeles • Entidad/Aplicación	Arquitecto de Datos Empresarial	Consejo de Gobierno de Datos, Comité de Dirección de Arquitectura de Datos, Ejecutivo de Gestión de Datos, Director de Información	Arquitectos de Datos, Administradores de Datos/Equipos, Arquitectos Empresariales
2.4 Definir y Mantener la arquitectura Tecnológica de Datos (P)	Arquitecto de Tecnología de Datos (Tecnología, Distribución, Uso)	Arquitecto de Datos Empresarial	Consejo de Gobierno de Datos, Comité de Dirección de Arquitectura de Datos, Ejecutivo de Gestión de Datos, Director de Información	Administradores de Bases de Datos, Otros Profesionales de Gestión de Datos

Actividades	Entregables	Papeles Responsables	Papeles de Aprobadores	Papeles de Contribuyentes
2.5 Definir y Mantener la Arquitectura de Integración de Datos (P)	Arquitectura de Integración de Datos • Linaje Datos / Flujos • Ciclos de Vida de Entidades	Arquitecto de Datos Empresarial	Consejo de Gobierno de Datos, Comité de Dirección de Arquitectura de Datos, Ejecutivo de Gestión de Datos, Director de Información	Administradores de Bases de Datos, Especialistas de Integración de Datos Otros Profesionales de Gestión de Datos
2.6 Definir y Mantener la Arquitectura Inteligencia de Negocios/Almacenamiento de Datos (P)	Almacén de Datos/Arquitectura de Inteligencia de Negocios	Arquitecto de Almacén de Datos	Arquitecto de Datos Empresarial, Consejo de Gobierno de Datos, Comité de Dirección de Arquitectura de Datos, Ejecutivo de Gestión de Datos, Director de Información	Especialistas de Inteligencia de Negocios, Especialistas de Integración de Datos, Administradores de Bases de Datos, Otros Profesionaless de Gestión de Datos
2.7 Definir y Mantener Taxonomías y Espacios de Nombres de la Empresa (P)	Taxonomías Empresariales, Espacios de Nombres XML, Estándares de Gestión de Contenidos	Arquitecto de Datos Empresarial	Consejo de Gobierno de Datos, Comité de Dirección de Arquitectura de Datos, Ejecutivo de Gestión de Datos, Director de Información	Otros Arquitectos de Datos, Otros Profesionales de Gestión de Datos
2.8 Definir y Mantener la Arquitectura de Metadatos (P)	Arquitectura de Metadatos	Arquitecto de Metadatos	Arquitecto de Datos Empresarial, Consejo de Gobierno de Datos, Comité de Dirección de Arquitectura de Datos, Ejecutivo de Gestión de Datos, Director de Información	Especialistas de Metadatos, Otros Profesionales de Gestión de Datos

Tabla 4.1 Resumen de Proceso de Gestión de Arquitectura de Datos

4.3.3 Cuestiones de Organización y Cultura

Q1: ¿Hay ramificaciones para la implementación de una arquitectura de datos de la empresa?

R1: La implementación de la arquitectura de datos empresarial puede tener muchas ramificaciones a una organización. Los miembros de la organización afectada tienen que ver valor de la arquitectura de datos global. Habrá un poco de descubrimiento de sistemas redundantes y procesos que pueden requerir cambios en los papeles y responsabilidades de alguna plantilla de la organización. Por esta razón dirección debe desalentar el temor de reducción de plantilla. Personas que han estado trabajando en sistemas redundantes estén disponibles para hacer trabajo en otros sistemas. Miembros de organización tiene que estar comprometidos a asegurarse de que la arquitectura de datos sigue siendo actual, cuando cambian las necesidades del negocio o paisaje de tecnología.

La implementación de una arquitectura de datos empresarial puede tener muchas ramificaciones para la cultura de una organización. Departamentos de tecnología de información centrados en las aplicaciones tendrán que hacer cambios en su cultura. Deben crecer conciencia de los datos y cómo datos se mueve a través de sus aplicaciones. Conciencia de datos es una forma de crecer conocimiento de las necesidades y prácticas del negocio. Como resultado, el departamento de tecnología de información se convierte a un socio con el negocio, en lugar de sólo un proveedor de servicios.

4.4 Lectura Recomendada

Las referencias que figuran a continuación proporcionan lectura adicional que soporta el material presentado en el Capítulo 4. Estas lecturas recomendadas también se incluyen en la bibliografía al final de la Guía.

4.4.1 Libros

Bernard, Scott A. An Introduction to Enterprise Architecture, 2nd Edition. Authorhouse, 2005. ISBN 1-420-88050-0. 351 Paginas.

Brackett, Michael. Data Sharing Using a Common Data Architecture. New York: John Wiley & Sons, 1994. ISBN 0-471-30993-1. 478 Paginas.

Carbone, Jane. IT Architecture Toolkit. Prentice Hall, 2004. ISBN 0-131-47379-4. 256 Paginas.

Cook, Melissa. Building Enterprise Information Architectures: Re-Engineering Information Systems. Prentice Hall, 1996. ISBN 0-134-40256-1. 224 Paginas.

Hagan, Paula J., ed. EABOK: Guide to the (Evolving) Enterprise Architecture Body of Knowledge. MITRE Corporation, 2004. 141 Paginas. Una guía estadounidense para la arquitectura empresarial federal financiados en el marco de los requisitos legislativos y estratégicos. Disponible para descarga gratuita en:
http://www.mitre.org/work/tech_papers/tech_papers_04/04_0104/04_0104.pdf

Inmon, W. H., John A. Zachman, and Jonathan G. Geiger. Data Stores, Data Warehousing and the Zachman Framework: Managing Enterprise Knowledge. McGraw-Hill, 1997. ISBN 0-070-31429-2. 358 Paginas.

Lankhorst, Marc. Enterprise Architecture at Work: Modeling, Communication and Analysis. Springer, 2005. ISBN 3-540-24371-2. 334 Paginas.

Martin, James and Joe Leben. Strategic Data Planning Methodologies, 2nd Edition. Prentice Hall, 1989. ISBN 0-13-850538-1. 328 Paginas.

Perks, Col and Tony Beveridge. Guide to Enterprise IT Architecture. Springer, 2002. ISBN 0-387-95132-6. 480 Paginas.

Ross, Jeanne W., Peter Weill, and David Robertson. Enterprise Architecture As Strategy: Creating a Foundation For Business Execution. Harvard Business School Press, 2006. ISBN 1-591-39839-8. 288 Paginas.

Schekkerman, Jaap. How to Survive in the Jungle of Enterprise Architecture Frameworks: Creating or Choosing an Enterprise Architecture Framework. Trafford, 2006. 224 Paginas. ISBN 1-412-01607-X.

Spewak, Steven and Steven C. Hill, Enterprise Architecture Planning. John Wiley & Sons - QED, 1993. ISBN 0-471-59985-9. 367 Paginas.

The Open Group, TOGAF: The Open Group Architecture Framework, Version 8.1 Enterprise Edition. The Open Group. (www.opengroup.org). ISBN 1-93-16245-6. 491 Paginas.

Zachman, John A. The Zachman Framework: A Primer for Enterprise Engineering and Manufacturing. Metadata Systems Software Inc., Toronto, Canada. eBook available only in electronic form from www.ZachmanInternational.com.

4.4.2 Artículos y Sitios Web

Zachman, John. "Una definición sucinta del marco empresarial." Zachman Internacional, 2008. Artículo en formato electrónico disponible para descarga gratuita en http://www.zachmaninternational.com/index.php/home-article/13#thezf.

Zachman, John A. "Un marco para la Sistemas de Información de Arquitectura", IBM Systems Journal, Vol. 26 No. 3 1987, Paginas 276 to 292. IBM Publication G321-5298. También disponible en un número especial de la IBM Systems Journal, "puntos de inflexión en Informática: 1962-1999", IBM Publication G321-0135, Paginas 454 to 470 http://researchweb.watson.ibm.com/journal/sj/382/zachman.pdf.

Zachman, John A. and John F. Sowa. "Ampliación y Formalización del Marco de Sistemas de Información de Arquitectura", IBM Systems Journal. Vol. 31 No. 3 1992, Paginas 590 – 616. IBM Publication G321-5488.

5 Desarrollo de datos

El desarrollo de datos es la tercera Función de la Gestión de Datos en el marco de gestión de datos que se muestra en las figuras 1.3 y 1.4. Es la segunda función de gestión de datos que interactúa con y está influenciado por la función de Gobierno de Datos. El Capítulo 5 define la función de desarrollo de datos y explica las actividades y conceptos involucrados en el desarrollo de datos.

5.1 Introducción

El desarrollo de datos es el análisis, diseño, implementación, despliegue y mantenimiento de soluciones de datos para maximizar el valor de los recursos de datos a la empresa. El desarrollo de datos es el subconjunto de actividades del proyecto dentro del Ciclo de Vida de Desarrollo de Sistemas (SDLC) centrado en la definición de los requisitos de datos, el diseño de los componentes de la solución de datos y la implantación de estos componentes. Los componentes primarios de la solución de datos son las bases de datos y otras estructuras de datos. Otros componentes de la solución de datos incluyen los productos de información (pantallas e informes) y las interfaces de acceso a los datos.

El contexto de la Función de Desarrollo de Datos se muestra en el diagrama de contexto en la Figura 5.1

Los miembros del equipo del proyecto deben colaborar entre sí para el diseño de soluciones efectivas.

- Los administradores de datos de negocios y expertos en la materia (SMEs) proporcionan los *requerimientos del negocio* de datos e información, incluyendo las reglas de negocio y la calidad de datos esperada, y luego validan que se hayan cumplido estos requisitos.

- Los arquitectos de datos, analistas y administradores de bases de datos tienen la responsabilidad principal de diseño de base de datos. Los administradores de bases de datos colaboran con los desarrolladores de software para definir los servicios de acceso a datos en implementaciones de arquitecturas orientadas a servicios (SOA) en capas.

- Los arquitectos y desarrolladores (ambos especialistas en integración de aplicaciones y datos) de software tienen la responsabilidad principal de captura de datos y diseño de uso dentro de los programas, así como el diseño de la interfaz de usuario para productos de información (pantallas e informes impresos).

5.2 Actividades y conceptos

Las actividades necesarias para llevar a cabo la función de desarrollo de datos se describen a continuación.

5.2.1 Ciclo de Vida de Desarrollo de Sistemas (SDLC)

Las actividades de desarrollo de datos se producen en el contexto de los esfuerzos de desarrollo y mantenimiento de sistemas, conocidos como el ciclo de vida de desarrollo de sistemas (SDLC). Los proyectos administran la mayor parte de estos esfuerzos. Un proyecto es un esfuerzo organizado para lograr algo. Un esfuerzo de mantenimiento muy pequeño se puede completar en un día. Proyectos muy grandes de múltiples fases pueden tomar años en completarse.

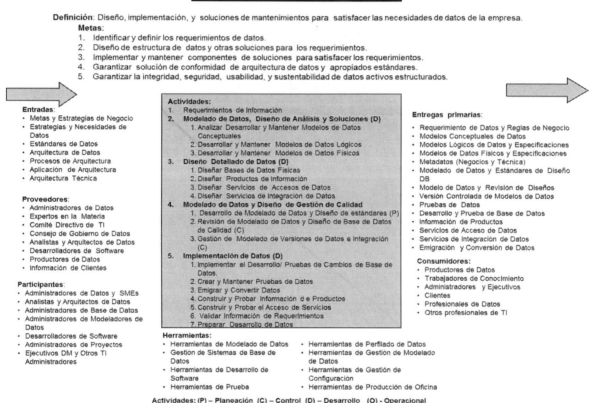

Figura 5.1 Diagrama de contexto de desarrollo de datos

Los proyectos de desarrollo y mantenimiento de sistemas realizan actividades seleccionadas dentro del ciclo de vida de desarrollo de sistemas. Las fases del SDLC representan pasos de alto nivel comúnmente adoptados para implementar los sistemas, como se muestra en la Figura 5.2. No hay una descripción estandarizada de estas etapas, pero en general, el SDLC incluye las siguientes actividades de especificación e implementación:

- Planificación de proyectos, incluyendo la definición del alcance y la justificación del caso de negocio.

- Análisis de Requerimientos.

- Diseño de soluciones.

- Diseño Detallado.

- Construcción de componentes.

- Pruebas, incluyendo las unitarias, de integración, de sistema, de rendimiento y de aceptación.

- Preparación de la implementación, incluyendo el desarrollo de documentación y capacitación.

- Instalación e implementación, incluyendo prueba piloto y puesta en marcha.

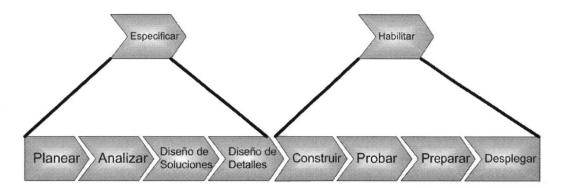

Figura 5.2 El Ciclo de Vida de Desarrollo de Sistemas (SDLC)

Los esfuerzos de mantenimiento del sistema generalmente siguen también los mismos procesos de alto nivel del SDLC en una secuencia muy rápida, realizando análisis, diseño, codificación, prueba y despliegue en pequeñas cantidades.

Muchas organizaciones han adoptado métodos SDLC que integran sistemas de métodos y técnicas de desarrollo en un enfoque integral de desarrollo de sistemas. Los métodos guían la planificación y el rendimiento de proyectos de desarrollo de sistemas. La mayoría de los métodos recomiendan tareas detalladas y técnicas específicas para realizar actividades dentro de cada etapa del SDLC. Estas tareas y técnicas crean una serie de entregables de modelado de datos cuyo último fin es un sistema implementado. Las salidas de tareas anteriores sirven como entradas guiando a tareas subsecuentes.

Diferentes métodos representan el SDLC de diferentes maneras, cada una con su propio uso distintivo de términos. Algunos métodos definen un enfoque en cascada a la realización de las etapas SDLC. Algunos métodos definen un espiral, enfoque iterativo. Estos métodos ofrecen soluciones completas en forma incremental realizando las etapas del SDLC en varias fases del proyecto, guiados algo de planificación de alto nivel, análisis y diseño.

Los sistemas de información capturan y distribuyen información (datos en contexto pertinente y un marco de tiempo) para apoyar las funciones de negocio. Estas funciones van desde la planificación estratégica hasta el rendimiento operativo. Los almacenes de datos y productos de información son componentes integrales de todos los sistemas de información. Un proyecto de desarrollo de sistemas eficaz mantendrá un énfasis equilibrado en los datos, procesos y tecnología.

5.2.2 Estilos de modelado de datos

Hay diferentes métodos de modelado disponibles, cada uno con diferentes convenciones o estilos de diagramas. La sintaxis de cada uno de estos estilos es ligeramente diferente. Mientras que todos los modelos de datos utilizan cajas y líneas, cada estilo utiliza símbolos y contenido de la caja diferente para denotar las especificaciones detallas. La Guía DAMA-DMBOK ofrece una muy breve introducción a estos estilos.

- IE: El estilo más común de diagramas de modelado de datos es la sintaxis de "ingeniería de la información" (IE), llamada así porque fue popularizado por James Martin en sus influyentes libros capacitaciones en Ingeniería de la Información. La notación IE utiliza tridentes o "patas de gallo", junto con otros símbolos, para representar cardinalidad.

- IDEF1X: Esta es una sintaxis alternativa de modelado de datos desarrollado originalmente para el uso de la Fuerza Aérea de Estados Unidos, el uso de los círculos (algunos oscurecidos, algunos vacíos) y líneas (algunas sólidas, otras de puntos) en lugar de "patas de gallo" para comunicar significados similares. Los diagramas de procesos IDEF0 a menudo utilizan la notación IDEF1X.

- ORM: Modelado de Roles de Objetos es un estilo de modelado alternativo con una sintaxis que permite la especificación muy detallada de la relación de datos y reglas de negocio. Los diagramas ORM presentna tanta información que el consumo efectivo por lo general requiere puntos de vista pequeños en el área, con un menor número de entidades de negocios en un solo diagrama. ORM no es ampliamente utilizado, pero sus defensores abogan fuertemente sus beneficios. ORM es particularmente útil para el modelado de relaciones de negocio complejo.

- UML: El Lenguaje de Modelado Unificado es un conjunto integrado de convenciones de diagramación para formas diferentes de modelado. Grady Booch, Ivar Jacobsen y James Rumbaugh desarrollaron UML para estandarizar el análisis y diseño orientado a objetos. UML ha sido ampliamente adoptado, logrando efectivamente este propósito. UML es ahora ampliamente utilizado en muchos métodos de SDLC y ha sido adoptado como estándar por muchas organizaciones.

UML define varios tipos de modelos y diagramas. Los diagramas de clases se parecen mucho a otros estilos de modelo de datos. Además de software orientado a objetos los modelos semánticos para servicios basados en web en XML suelen utilizar los diagramas de clases UML. De hecho el modelado conceptual, lógico, e incluso el físico puede utilizar diagramas de clases de UML

Algunos profesionales no ven la necesidad o valor de modelar objetos y datos por separado. Los modelos de clases de objetos conceptuales son equivalentes a los modelos de datos conceptuales. Sin embargo, los modelos de datos lógicos y físicos suelen diferir sustancialmente de los diseños de programas orientados a objetos lógicos y físicos. Los modelos de datos lógicos normalizan atributos de datos, mientras que los modelos de objetos no lo hacen. Los atributos de un objeto representan los datos en la memoria del programa, mientras que los atributos de un modelo físico de datos representan los datos almacenados en una base de datos, por lo general como columnas de tablas de bases de datos relacionales. Reconociendo estas diferencias, la mayoría de los profesionales de datos prefieren modelar datos y / o bases de datos en modelos separados con diferentes estilos de diagramas.

Cuando se usan sistemáticamente, las diferentes convenciones de diagramas pueden diferenciarse rápidamente y comunicar el propósito de cada modelo. Por ejemplo, algunos profesionales utilizan la notación IE para el modelado de datos lógicos y utilizan IDEF1X para el modelado de datos físicos, especialmente en el modelado dimensional. Sin embargo, esto es confuso para los administradores de datos de negocios que repasan diferentes tipos de modelos. Los administradores de datos no necesitan convertirse en modeladores de datos, pero deben tener fluidez en la lectura e interpretación de la convención de diagramación primaria.

5.2.3 Modelado de datos, análisis y diseño de soluciones

El modelado de datos es un método de análisis y diseño utilizado para 1) definir y analizar requerimientos de datos y 2) diseñar las estructuras de datos que soportan estos requerimientos. Un modelo de datos es un conjunto de especificaciones de datos y diagramas relacionados que reflejan los requerimientos de datos y los diseños. En su mayor parte, el modelado de datos conceptual y modelado de datos lógicos son actividades del análisis de requerimiento, mientras que el modelado de datos físicos es una actividad de diseño.

Un modelo es una representación de algo en nuestro entorno. Se hace uso de símbolos estándar que permiten rápidamente captar su contenido. Los mapas, organigramas y planos de construcción son ejemplos de modelos en uso de todos los días. Piense en un modelo de datos como un diagrama que utiliza texto y símbolos para representar los elementos de datos y las relaciones entre ellos. De hecho, un solo diagrama puede ser una de las varias vistas previstas un único modelo de datos integrado. Más formalmente, un modelo de datos es la colección integrada de especificaciones y diagramas relacionados que representan las necesidades de datos y diseños.

Aunque existen técnicas y procesos bien definidos, es un arte hacer que los datos estén disponibles en formas utilizables para una variedad de diferentes aplicaciones, así como visualmente comprensible. El modelado de datos es un proceso complejo que implica interacciones entre las personas y con la tecnología, que no comprometan la integridad o la seguridad de los datos. Los buenos modelos de datos expresan con precisión y comunican las necesidades de datos y el diseño de una solución de calidad. Algunos diagramas de modelos intentan comunicars demasiados detalles, lo que reduce su eficacia.

Dos fórmulas guían el enfoque de modelado:

- Propósito + audiencia = entregables.

- Entregables + recursos + tiempo = enfoque.

El propósito de un modelo de datos es facilitar:

- Comunicación: Un modelo de datos es un puente hacia la comprensión de los datos entre las personas con diferentes niveles y tipos de experiencia. Los modelos de datos nos ayudan a comprender un área de negocio, una aplicación existente, o el impacto de la modificación de una estructura existente. Los modelos de datos también pueden facilitar la formación de nuevos negocios y / o personal técnico.

- Formalización: Un modelo de datos documenta una definición única y precisa de las necesidades de datos y los datos relacionados con Reglas de Negocio.

- Alcance: Un modelo de datos puede ayudar a explicar el contexto de datos y el alcance de los paquetes de aplicaciones compradas.

Los modelos de datos que incluyen los mismos datos pueden diferir por:

- Alcance: La expresión de un punto de vista acerca de los datos en términos de función (vista de negocio o vista de aplicación), el dominio (proceso, departamento, división, empresa, o vista de la industria) y el tiempo (estado actual, futuro a corto plazo, el futuro a largo plazo).

- Enfoque: Conceptos básicos y críticos (vista conceptual), detallados pero independientes del contexto (vista lógica), u optimizados para una tecnología específica y utilizan (vista física).

Utilice modelos de datos para especificar los datos requeridos para satisfacer las necesidades de información. Los datos fluyen a través de los procesos de negocio empaquetados en productos de información. Los datos contenidos en estos productos de información deben cumplir con los requerimientos del negocio. El modelado de datos es, en ese sentido, una actividad de análisis, reflejando requerimientos del negocio. Sin embargo, el modelado de datos presenta oportunidades creativas en cada paso, por lo que es, al mismo tiempo, una actividad de diseño. En general, hay más análisis involucrados en el modelado conceptual de datos y más diseño involucrado en el modelado de datos físicos, con una mezcla más equilibrada de ambos en el modelado de datos lógicos.

5.2.3.1 Analizar los requisitos de información

La información son datos en contexto que tienen relevancia y son oportunos. Para identificar las necesidades de información, tenemos que identificar primero las necesidades de información de negocios, a menudo en el contexto de uno o más procesos de negocio. Los procesos de negocio consumen como entrada, los productos de información de salida de otros procesos de negocio. Los nombres de estos productos de información a menudo identifican un vocabulario de negocios esencial que sirve de base para el modelado de datos. Independientemente si los procesos o datos se modelan de forma secuencial (en cualquier orden), o al mismo tiempo, el análisis y el diseño eficaz debe garantizar una visión relativamente equilibrada de los datos (nombres) y procesos (verbos), con el mismo énfasis en el proceso y el modelado de datos.

Normalmente los proyectos comienzan con una solicitud de proyecto y la definición de una carta del proyecto que define los objetivos del proyecto, los resultados y los límites de alcance. Los planes iniciales del proyecto estiman los recursos, esfuerzos, tiempo y costo requeridos para lograr los objetivos del proyecto. Cada carta del proyecto debe incluir objetivos específicos de datos e identificar los datos dentro de su ámbito de aplicación. La referencia a un modelo de datos de la empresa proporciona el vocabulario para definir el alcance de datos del proyecto con eficacia.

El análisis de requerimientos incluye la obtención, organización, documentación, revisión, el refinamiento, la aprobación y control de cambios de los requerimientos del negocio. Algunos de estos requisitos se identifican las necesidades de negocio de datos e información. Expresa las especificaciones de requerimientos tanto en palabras como en diagramas.

El modelado de datos lógico es un importante medio de expresión de las necesidades de datos de negocios. Para muchas personas, como dice el viejo refrán, "una imagen vale más que mil palabras". Sin embargo, algunas personas no se relacionan fácilmente con las imágenes; se relacionan mejor con los informes y tablas creadas por las herramientas de modelado de datos. Muchas organizaciones tienen requisitos formales - disciplinas de gestión para orientar las declaraciones de redacción y refinación de requerimientos formales, como, "El sistema deberá...". Documentos de especificación de requerimientos de datos por escrito pueden ser mantenidos utilizando herramientas de gestión de requisitos. Sincronizar cuidadosamente el contenido de dicha documentación con las especificaciones capturados dentro de los modelos de datos.

Algunos métodos incluyen las actividades de planificación empresarial que definen el modelo de datos de la empresa, utilizando técnicas tales como la planificación de los sistemas de negocios (BSP) o la planificación de los sistemas de información. Los métodos también pueden incluir la definición de la arquitectura de distribución de datos en toda la empresa relacionada en la fase de planificación. En el capítulo 4 del apartado de la arquitectura de la administración de datos se cubren estas actividades.

5.2.3.2 Desarrollar y mantener modelos de datos conceptuales

Un modelo conceptual de datos es una perspectiva visual de alto nivel sobre un tema de importancia para el negocio. Contiene sólo las entidades empresariales básicas y críticas dentro de un dominio y función dada, con una descripción de cada entidad y las relaciones entre las entidades. Los modelos de datos conceptuales definen la semántica (sustantivos y verbos) del vocabulario esencial del negocio. Las áreas temáticas de modelo conceptual de datos siempre son representativas de los datos asociados a un proceso de negocio o función de la aplicación. Un modelo conceptual de datos es independiente de la tecnología (base de datos, archivos, etc.) y del contexto de uso (si la entidad está en un sistema de facturación o un almacén de datos).

Incluido en un modelo conceptual de datos hay un glosario que define cada objeto dentro del modelo conceptual de datos. Las definiciones incluyen términos de negocio, términos de relación, sinónimos de entidad y las clasificaciones de seguridad. Un ejemplo de un modelo conceptual de datos se muestra en la Figura 5.3.

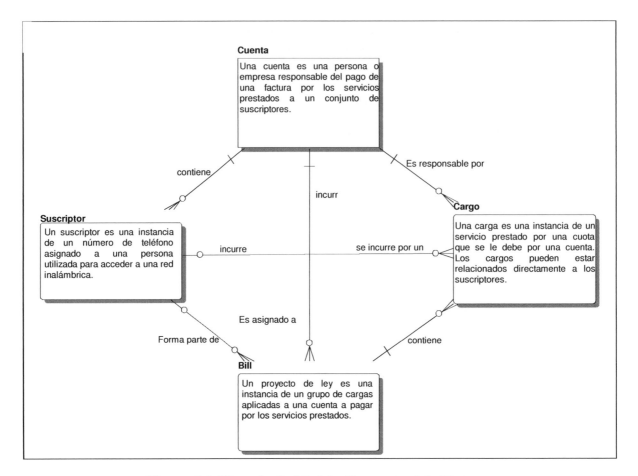

Figura 5.3 Ejemplo de Modelo Conceptual de Datos

Para crear un modelo conceptual de datos, comenzar con una área temática de las áreas temáticas del modelo. Determinar qué objetos están incluidos dentro de ésa area y cómo se relacionan entre sí. Por ejemplo, el área temática Cliente puede contener las siguientes entidades: Titular de la Cuenta, Sub Cuenta, Preferencia del Contacto e Información de Contacto. Un Titular de la Cuenta se refiere a una o más Subcuentas. Cada Titular de la Cuenta tiene un conjunto de Preferencias de Contacto y un conjunto de Información de Contacto en cualquier momento.

Para mantener un modelo conceptual de datos, es necesario adoptar un proceso para revisar los cambios propuestos al sistema de producción contra el modelo conceptual. Si un proyecto implicará cambios, crear un modelo conceptual intermedio y realizar los cambios allí. Copie los cambios de modelo a la versión del modelo conceptual de producción del modelo conceptual cuando implemente cambios en el sistema de producción como parte del proceso de liberación, para asegurar que el modelo mantiene en sintonía con la realidad actual.

5.2.3.2.1 Entidades

Una entidad de negocio es algo de interés para la organización, un objeto o un evento. Una entidad de datos es una colección de datos acerca de algo que el negocio considera importante y digno de captura. Una entidad es un sustantivo:

- Un quién: persona, organización, papel, empleado, cliente, proveedor, estudiante, partido, departamento, organismo regulador, competidor, socio, filial, equipo, familia, hogar.

- Un qué: El producto, servicio, recursos, materia prima, producto terminado, por supuesto, la clase.

- Un cuándo: Evento, periodo fiscal.

- Un dónde: Lugar, dirección, web, nodo de red.

- Un por qué: Política, norma, solicitud, queja, el retorno, la indagación.

- Una forma: Mecanismo, herramienta, documento, factura, contrato, convenio, estándar, cuenta.

Una ocurrencia de entidad es la creación de una instancia de una entidad de negocio en particular. La entidad Cliente puede tener instancias con nombre Bob, Joe, Jane y así sucesivamente. La entidad Cuenta puede tener instancias de la cuenta corriente de Bob, cuenta de ahorros de Bob, cuenta de corretaje de Joe y así sucesivamente.

Una entidad puede aparecer en un modelo de datos conceptual o lógico. Las entidades de negocio conceptuales describen las cosas sobre las que recogemos datos, tales como Clientes, Productos y Cuenta. Las entidades de datos lógicos siguen las reglas de la normalización y la abstracción y por lo tanto el concepto de Cliente se convierte en varios componentes, como Cliente, Tipo de Cliente y la Preferencia del Cliente. Los modelos de datos físicos definen tablas que pueden o no pueden relacionarse directamente a las entidades en un modelo lógico comparable.

Las entidades pueden ser entidades independientes o dependientes. Una entidad independiente (o entidad central) no depende de ninguna otra entidad para su existencia. Cada ocurrencia de una entidad independiente existe sin hacer referencia a ninguna otra entidad en el modelo de datos. Una entidad dependiente depende de una o más entidades para su existencia. Hay tres tipos principales de entidades dependientes:

- Entidad por atributo/característica: Una entidad que depende de una sola entidad padre, tal como Beneficiario del Empleado que depende de Beneficiario.

- Entidad Asociativa/Mapeo: Una entidad que depende de dos o más entidades, tales como Registro, que depende de un Estudiante en particular y de un Curso.

- Entidad de Categoría subtipo/supertipo: Una entidad que es "una especie de" otra entidad. Subtipos y supertipos son ejemplos de generalización y herencia. Una entidad de tipo Super es una generalización de todos sus subtipos y cada subtipo hereda los atributos de su supertipo. Por ejemplo, un entidad Supertipo Individuo tiene enlaces los susbtipos a Persona y Organización. Los subtipos pueden ser solapados (no exclusiva) o no solapados (exclusivo). Una instancia de la entidad subtipo no solapada tique que ser un sub-tipo u otro, pero no ambos.

5.2.3.2.2 Relaciones

Las reglas de negocio definir restricciones sobre lo que puede y no puede hacer. Las Reglas de Negocio se dividen en dos categorías principales:

- Reglas de datos restringen cómo los datos se relaciona con otros datos. Por ejemplo, "los estudiantes de primer año pueden inscribirse por un máximo de 18 créditos por semestre." Los modelos de datos se enfocan de reglas de negocio.

- Las reglas de acción son instrucciones sobre qué hacer cuando los elementos de datos contienen ciertos valores. Las reglas de acción son difíciles de definir en un modelo de datos. Las reglas de negocio para la calidad de los datos son reglas de acción y las aplicaciones las implementan como edición y validación de entrada de datos.

Los modelos de datos expresan dos tipos principales de reglas de datos:

- Las reglas de cardinalidad definen la cantidad de instancias de la entidad que puede participar en una relación entre dos entidades. Por ejemplo, "Cada empresa puede emplear a muchas personas."

- Las reglas de integridad referencial garantizan valores válidos. Por ejemplo, "Una persona puede existir sin trabajar para una empresa, pero una empresa no puede existir a menos que una persona este empleada por la empresa."

Exprese la cardinalidad y la integridad de las reglas de negocio como las relaciones entre las entidades de los modelos de datos. Combinar los ejemplos anteriores para expresar la relación entre la empresa y la persona de la siguiente manera:

- Cada persona puede trabajar para cero a muchas empresas.

- Cada empresa debe emplear de una o muchas personas.

Las etiquetas de la relación son frases verbales que describen la reglas de negocio en cada sentido entre dos entidades, junto con las palabras que describen los "muchos" los aspectos de cada relación (cardinalidad) y el lado "cero o uno" de cada relación (integridad referencial).

Una relación entre dos entidades puede ser uno de los tres tipos de relaciones:

- Una relación uno-a-uno, dice que la entidad padre puede tener una y sólo una entidad niño.

- Una relación uno-a-muchos, dice que la entidad padre puede tener una o más entidades secundarias. Las relaciones uno-a-muchos son las relaciones más comunes. En algunas relaciones uno-a-muchos, una entidad niño debe tener un padre, pero en otras relaciones, la relación con uno de los padres es opcional. En algunas relaciones uno-a-muchos, una entidad padre debe tener al menos una entidad niño, mientras que en otras relaciones uno-a-muchos, la relación a cualquier niño es opcional.

- Una relación de muchos a muchos, dice que una instancia de cada entidad puede estar asociada con cero a muchas instancias de la otra entidad y viceversa.

- Una relación recursiva relaciona instancias de una entidad a otras instancias de la misma entidad. Relaciones recursivas pueden ser de uno a uno, uno-a-muchos o muchos-a-muchos.

5.2.3.3 Desarrollar y mantener modelos de datos lógicos

Un modelo de datos lógico es una representación detallada de los requerimientos de datos y las reglas de negocio que rigen la calidad de datos, por lo general en apoyo de un contexto de uso específico (requisitos de la aplicación). Los modelos de datos lógicos seguirían siendo independientes de cualquier tecnología o de las limitaciones técnicas de implementación específicas. Un modelo de datos lógicos a menudo comienza como una extensión de un modelo conceptual de datos, añadiendo atributos de datos para cada entidad. Las organizaciones deben tener estándares de nomenclatura para orientar la asignación de nombres de objetos de datos lógicos. Los modelos de datos lógicos transforman estructuras de modelos de datos conceptuales mediante la aplicación de dos técnicas: la normalización y la abstracción. Un ejemplo de un modelo lógico de datos se muestra en la Figura 5.4.

La *normalización* es el proceso de aplicación de normas para organizar la complejidad del negocio en estructuras de datos estables. Se requiere una comprensión más profunda de cada elemento de datos, para ver cada elemento de datos en relación a cualquier otro elemento de datos. El objetivo básico de la normalización es mantener a cada elemento de datos en un solo lugar.

Las reglas de normalización ordenan los elementos de datos de acuerdo a las claves primarias y externas. Las reglas de normalización ordena en niveles, donde en cada nivel se aplicará más granularidad y especificidad en busca de las claves primarias y externas correctas. Cada nivel consta de una forma normal por separado y cada nivel sucesivo incluye los niveles anteriores. Los niveles de normalización incluyen:

- Primer forma normal (1NF): Asegura que cada entidad tenga una clave principal válida, cada elemento de datos depende de la clave principal y elimina grupos de repetición y garantiza que cada elemento de datos es atómica (no multi-valorado).

- Segunda forma normal (2NF): Asegura que cada entidad tenga una clave principal mínima y que cada elemento de datos dependa de la clave primaria completa

- Tercera forma normal (3NF): Asegura que cada entidad no tenga claves primarias ocultas y que cada elemento de datos no dependa de elemento de datos fuera de la clave ("la clave, la clave de todo y nada más que la clave").

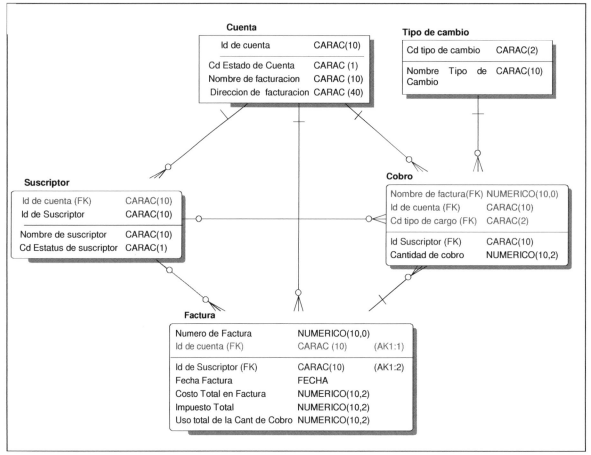

Figura 5.4 Ejemplo de Modelo de datos lógicos

- La forma normal Boyce / Codd (BCNF): Resuelve la superposición de claves candidatas compuestas. Una clave candidata es una clave primaria o bien una clave alternativa. 'Compuesto' significa más de uno (por ejemplo, dos elementos de datos en la clave principal de una entidad) y 'superposición' significa que se hay reglas de negocio ocultas entre las claves.

- La cuarta forma normal (4NF): Resuelve todas las relaciones muchos-a-muchos (y más allá) en pares hasta que no puedan desglosarse en partes más pequeñas.

- La quinta forma normal (5NF): Resuelve dependencias entre las entidades en pares básicos y todas las uniones de dependencia utilizan partes de las claves primarias.

- La sexta forma normal (6NF): Añade objetos temporales a las claves principales, con el fin de permitir la presentación de informes y análisis histórico sobre los plazos.

El término modelo normalizado generalmente significa que los datos se encuentra en 3NF. Raramente ocurren situaciones que requieran BCNF, 4NF, 5NF y 6NF; estas formas se consideran temas avanzados en el modelado de datos.

La *abstracción* es la redefinición de las entidades de datos, elementos y relaciones mediante la eliminación de los detalles para ampliar la aplicabilidad de las estructuras de datos a una clase más amplia de situaciones, a menudo mediante la implementación de súper-tipos en lugar de subtipos. Utilizar un super-tipo *Party Role* genérico para representar los sub-tipos Cliente, Empleado y Proveedores es un ejemplo de la aplicación de la abstracción.

Utilice la normalización para mostrar los detalles conocidos de entidades. Utilice la abstracción cuando algunos detalles de las entidades no están presentes o aún no descubiertos, o cuando la versión genérica de entidades es más importante o útil que los subtipos.

5.2.3.3.1 Atributos

Un atributo es una propiedad de una entidad; un tipo de dato importante para la empresa cuyos valores ayudan a identificar o describir una instancia de entidad. Por ejemplo, el atributo Apellido del Estudiante describe el apellido de cada estudiante. Los atributos se traducen en un modelo de datos físico a un campo de un archivo o una columna de una tabla de base de datos. Los atributos utilizan nombres de negocio, mientras que los campos y columnas utilizan nombres técnicos que con frecuencia incluyen abreviaturas técnicas. En un modelo de datos lógicos, las entidades de negocio representan los nombres esenciales en el vocabulario de la organización y los atributos representan adjetivos.

Un atributo en un modelo lógico debe ser atómico. Debe contener una y sólo una porción de datos (hecho) que no puede ser dividida en pedazos más pequeños. Por ejemplo, un elemento de datos conceptual llamado número de teléfono se divide en varios elementos de datos lógicos para el código de tipo de teléfono (casa, oficina, fax, móvil, etc.), código de país, (1 para Estados Unidos y Canadá), código de área, prefijo, la base número de teléfono y la extensión.

Una instancia de un atributo es el valor del atributo para una instancia de entidad particular. La aparición de un valor de datos es una instancia de atributo para una instancia de entidad. La instancia de elemento de datos 60106, por ejemplo, pertenece al elemento de datos Código Postal Empleado Cliente, que existe para la instancia del cliente Bob.

Las definiciones de entidades y atributos son contribuyentes esenciales para el valor de negocio de cualquier modelo de datos. Las definiciones de alta calidad aclaran el significado del vocabulario de negocios y proporcionan rigor a las relaciones de entidad que gobiernan las reglas de negocio. Las definiciones de alta calidad ayudan a los profesionales del negocio en la toma de decisiones de negocios inteligentes y ayudan a los profesionales de IT en la toma de decisiones inteligentes sobre el diseño de aplicaciones. Las definiciones de datos de alta calidad presentan tres características esenciales: la claridad, precisión y exhaustividad.

5.2.3.3.2 Dominios

El conjunto completo de todos los valores posibles para un atributo es un dominio. Un atributo no puede contener valores fuera de su dominio asignado. Algunos dominios tienen un número limitado de valores definidos específicos, o límites mínimos o máximos para los números. Las reglas de negocio también puede restringir los dominios.

Los atributos a menudo comparten el mismo dominio. Por ejemplo, una fecha de contratación del empleado y una fecha de la orden de compra deben ser:

- Una fecha del calendario válido (por ejemplo, no el 31 de febrero).

- Una fecha que cae en un día laborable.

- Una fecha que no cae en un día festivo.

Un diccionario de datos contiene una colección de dominios y los atributos que se relacionan con cada dominio, entre otras cosas.

5.2.3.3.3 Claves

Los atributos asignados a las entidades pueden ser o no claves. Un elemento de datos que es clave ayuda a identificar una instancia única de una entidad de todas los demás ya sea totalmente (por sí mismo) o parcialmente (en combinación con otros elementos clave). Los elementos de datos que no son clave describen la instancia de la entidad, pero no ayudan a identificarlo de forma única.

Una llave (o clave candidata) representa uno o más atributos cuyos valores identifican de forma exclusiva una instancia de la entidad. Una clave compuesta es una clave que contiene dos o más atributos. Una de estas claves candidatas se convierte en la clave principal. Sólo debe haber una clave primaria. Todas las demás claves candidatas se vuelven claves alternativas.

Para evitar el uso de claves primarias compuestas, o atributos clave con valores que cambian con el tiempo, se utiliza una clave sustituta. Una clave sustituta contiene un valor generado aleatoriamente asignado a una instancia de entidad. 'Subrogado' significa 'sustituto'. Utilice una clave sustituta cuando exista un elemento de datos únicos o un conjunto de elementos de datos dentro de la entidad. Otros nombres para las claves sustitutas son claves anónimas o claves no inteligentes. Tenga en cuenta que simplemente tener una clave generada por un número secuencial en realidad todavía tiene algo de inteligencia. Una persona puede decir en qué orden las filas se insertan en la tabla por la secuencia, similar a un número de fila. Las claves subrogadas son aleatorias, no secuenciales.

Una clave foránea es un atributo proporciona un enlace a otra entidad. En pocas palabras, una clave foránea es un atributo aparece en ambas entidades en una relación e identifica parcialmente o totalmente una o ambas entidades. Cuando existe una relación de uno a varios entre dos entidades, la entidad en el lado secundario de la relación hereda los atributos de clave primaria de la entidad en el lado de los padres de la relación. La clave foránea permite la navegación entre las estructuras de datos.

Una relación de identificación se produce cuando el atributo de la clave foránea de una entidad padre aparece como parte de la clave primaria compuesta de una entidad hijo.

Una relación sin identificación se produce cuando la clave foránea de una entidad padre no es un atributo clave que describe la entidad hijo.

5.2.3.4 Desarrollar y mantener modelos físicos de datos

Un modelo de datos físico optimiza la implementación de los requerimientos de datos detallados y las reglas de negocio en vista de las limitaciones de la tecnología, el uso de las aplicaciones, los requisitos de desempeño y estándares de modelado. Diseñe las bases de datos relacionales teniendo en mente las capacidades específicas de un sistema de gestión de base de datos específico (IBM DB2 UDB o, Oracle, Teradata, Sybase o Microsoft SQL Server o Access). Las organizaciones deben tener estándares de nomenclatura para orientar la asignación de nombres de objetos de datos físicos. Un ejemplo de un modelo físico de datos se muestra en la Figura 5.5.

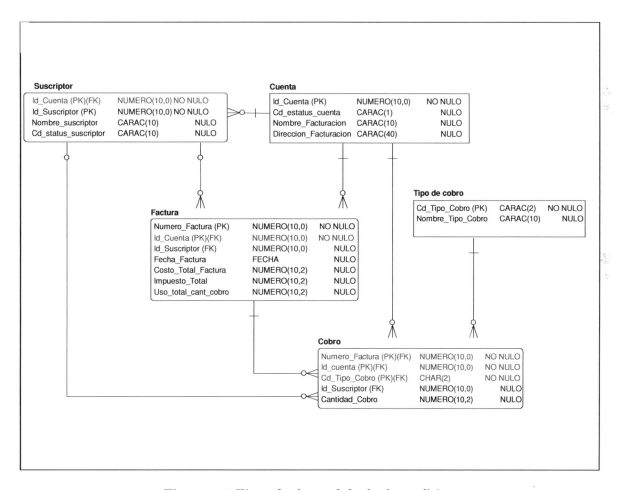

Figura 5.5 Ejemplo de modelo de datos físicos

El diseño del modelo de datos físico incluye tomar decisiones sobre:

- El nombre técnico de cada tabla y columna (bases de datos relacionales), o archivo y campo (bases de datos no relacionales), o esquema y elemento (bases de datos XML).

- El dominio lógico, tipo de datos físico, longitud y anulabilidad de cada columna o campo.

- Cualquier valor predeterminado para las columnas o campos, especialmente para las restricciones NOT NULL.

- Las claves primarias y alternativas únicas e índices, incluyendo la forma de asignar las claves.

- Implementación de pequeños conjuntos de valores de datos de referencia en el modelo lógico, tales como a) tablas separadas de código, b) una tabla de códigos principal compartida, o c) simplemente como reglas o restricciones.

- Implementación entidades del modelo lógico de supertipo / subtipo en el diseño de base de datos físicos donde los atributos de las entidades sub-tipo "se fusionaron en una tabla que representa la entidad supertipo como columnas anulables, o colapsando los atributos de la entidad supertipo en una tabla para cada subtipo.

De aquí en adelante, utilizaremos el término "tablas" para referirse a tablas, archivos y esquemas; el término "columnas" para referirse a las columnas, campos y elementos; y el término 'filas' para referirse a filas, registros o casos.

El modelado de datos físico transforma el modelo de datos lógico utilizando varias técnicas, incluyendo:

- Desnormalización: viola de forma selectiva y con razón, las reglas de normalización, la re-introducción de redundancia en el modelo de datos para reducir el tiempo de recuperación de datos, potencialmente a expensas de ocupar espacio adicional, tiempo adicional de inserción y actualización y reducción de la calidad de datos.

- Claves sustitutas: claves suplentes no visibles para el negocio.

- Indexación: Crear archivos de índice adicionales para optimizar determinados tipos de consultas.

- Partición: Romper una tabla o archivo verticalmente (separando columnas en grupos) u horizontalmente (separando filas en grupos).

- Vistas: Tablas virtuales utilizadas para simplificar las consultas, controlar acceso a los datos y cambiar el nombre de las columnas, sin la pérdida de integridad debida a la des-normalización.

- Dimensionalidad: Creación de tablas de hechos con sus dimensiones asociadas, estructurados como esquemas de estrella y esquemas copo de nieve, para la inteligencia de negocios (véase el capítulo 9).

5.2.4 Diseño de Datos Detallado

El diseño detallado incluye especificaciones de implementación de base de datos. Un diseño de base de datos física puede tomar ventaja de las funciones y capacidades de un sistema de gestión de base de datos específica, que puede o no estar incluido en el modelo de datos en sí únicas.

Para bases de datos relacionales, el primer entregable es la especificación del lenguaje de definición de datos (DDL). DDL es un subconjunto del lenguaje de consulta estructurado (SQL) que se utiliza para crear tablas, índices, vistas y otros objetos de base de datos físicos. Para bases de datos XML, el principal entregable de diseño es el espacio de nombres.

Un documento de diseño de base de datos completa y de alta calidad es algo más que declaraciones DDL. En la sección 5.2.4.1.3 se describe un documento completo del diseño físico.

Colabore o no el DBA en el modelado de datos físicos, el DBA es el principal responsable de diseño de base de datos detallada, incluyendo:

- Asegurar que el diseño cumpla con los requisitos de integridad de datos.

- Determinar la estructura física más adecuada para albergar y organizar los datos, ya sea relacional u otro tipo de DBMS, archivos, cubos OLAP, XML, etc.

- Determinar las necesidades de recursos de bases de datos, como el tamaño y la ubicación del servidor, los requisitos de espacio en disco, los requisitos de CPU y memoria y requisitos de la red.

- Crear las especificaciones de diseño detalladas para las estructuras de datos, tales como tablas relacionales de bases de datos, índices, vistas, cubos de datos OLAP, esquemas XML, etc.

- Asegurar que se cumplan los requerimientos de rendimiento, incluidos los lotes y los requisitos de tiempo de respuesta en línea para consultas, inserciones, actualizaciones y eliminaciones.

- Diseñar el esquema de copia de seguridad, recuperación, archivo y depuración, lo que garantiza que se cumplan los requisitos de disponibilidad y las operaciones de mantenimiento de bases de datos que se pueden realizar dentro de la ventana (s) de tiempo disponible (véase el capítulo 6).

- Implementar la seguridad de datos, incluyendo la autenticación, cifrado de necesidades, las funciones de aplicación y el acceso a datos y actualizar los permisos que deberían ser asignados. La regla general nunca es conceder permisos en objetos de base de datos a usuarios individuales, sólo a los roles. Los usuarios se pueden mover dentro y fuera de los roles según sea necesario; esto reduce en gran medida el mantenimiento y mejora de la seguridad de los datos (véase el capítulo 7).

- Determinar esquemas de particionamiento y hash, donde sea apropiado.

- Exigir la revisión del código SQL para asegurarse de que el código cumple con los estándares de codificación y funcionará de manera eficiente.

5.2.4.1.1 Diseño de base de datos física

Elija un diseño de base de datos basado tanto en la arquitectura como en la tecnología. Base la elección de la arquitectura (por ejemplo, relacional, jerárquico, red, objeto, esquema en estrella, copo de nieve, cubos, etc.) en varias consideraciones:

- Si (y con qué frecuencia) los datos se actualizan.

- La organización natural de los datos.

- ¿Cómo se visualizan los datos y como se utilizan?

La elección de la tecnología de aplicación (por ejemplo, relacionales, XML, OLAP, o tecnología de objetos) puede regirse por muchos factores diferentes, incluyendo el tiempo que necesita que se mantengan los datos, si deben ser integrado con otros datos o se pasan a través del sistema o límites de aplicación y de los requisitos de seguridad de los datos, la integridad, la capacidad de recuperación, la accesibilidad y la reutilización.

También puede haber factores organizacionales o políticos, incluidos los sesgos de organización y habilidades de desarrollo, que se inclinan hacia una tecnología o proveedor en particular. Otros factores que influyen en el diseño de base de datos física incluyen:

- Compra de licencias y requerimientos, incluyendo el DBMS, el servidor de base de datos y cualquier acceso a los datos del lado del cliente y herramientas de reporte.

- Los requisitos de auditoría y de privacidad (por ejemplo, la ley Sarbanes-Oxley, PCI, HIPAA, etc.).

- Requisitos de la solicitud; por ejemplo, si la base de datos debe ser compatible con una aplicación web o servicio web, o una herramienta en particular de análisis o informes.

- Los acuerdos de nivel de servicio (SLA) de base de datos.

Los diseñadores de bases de datos deben encontrar las respuestas a varias preguntas, entre ellas:

- ¿Cuáles son los requisitos de rendimiento? ¿Cuál es el tiempo máximo permitido para una consulta para devolver los resultados, o para un conjunto importante de cambios que se produzcan?

- ¿Cuáles son los requisitos de disponibilidad de la base de datos? ¿Cuáles es la ventana (s) de tiempo para la realización de operaciones de base de datos? ¿Con qué frecuencia se deben realizar copias de seguridad de bases de datos y copias de seguridad del registro de transacciones (es decir, ¿cuál es el período más largo de tiempo, que podemos correr el riesgo de no recuperar de los datos)?

- ¿Cuál es el tamaño esperado de la base de datos? ¿Cuál es la tasa esperada de crecimiento de los datos? ¿En qué momento los datos antiguos o no utilizados pueden ser archivados o eliminados? ¿Cuántos usuarios concurrentes se prevé?

- ¿Qué tipo de virtualización de datos son necesarios para soportar los requerimientos de aplicación, de manera tal que la base de datos no perjudique a la aplicación?

- ¿Las demás aplicaciones necesitarán los datos? Si es así, ¿qué datos y cómo?

- ¿Los usuarios esperan poder hacer consultas ad-hoc y sacar reportes? Si es así, cómo y con qué herramientas?

- ¿Qué, si existe, procesos de negocio o aplicación necesita implementar la base de datos? (por ejemplo, el código de disparador que hace comprobación de integridad entre bases de datos y la actualización, clases de la aplicación de base de datos encapsulados en procedimientos o funciones, vistas de bases de datos que proporcionan recombinación de tablas para la facilidad el uso o de propósitos de seguridad, etc.).

- ¿Existen consideraciones sobre las aplicaciones o de los desarrolladores con respecto a base de datos, o el proceso de desarrollo de base de datos, que deben abordarse?

- ¿El código de la aplicación eficiente? ¿Puede un cambio de código aliviar un problema de rendimiento?

En el diseño y la construcción de la base de datos, el DBA debe mantener los siguientes principios de diseño en mente (recuerde el acrónimo PRISM):

- Rendimiento y Facilidad de uso: Garantizar el acceso rápido y fácil a los datos por los usuarios autorizados en una forma utilizable y relevante para el negocio, maximizando el valor de negocio de las aplicaciones y datos.

- Reutilización: La estructura de la base de datos debe garantizar que, donde sea apropiado, que múltiples aplicaciones puedan utilizar los datos. La estructura de base de datos también debe asegurar que múltiples los propósitos de negocios, (como el análisis de negocios, mejora de la calidad, la planificación estratégica, gestión de relaciones con los clientes y la mejora de procesos) puedan utilizar los datos. Evitar adaptar una base de datos, estructura de datos, u objeto de datos a una única aplicación. No intentar adaptar una aplicación a una base de datos! Los datos deben reflejar las verdaderas entidades y atributos de la empresa, no los requisitos de una sola aplicación.

- Integridad: Los datos siempre deben tener un sentido de negocio y valor válido, sin importar el contexto y siempre deben reflejar un estado válido de la empresa. Hacer cumplir la integridad de datos lo más cerca posible de los datos como sea posible y de inmediato detectar e informar sobre violaciones de las restricciones de integridad de datos.

- Seguridad: Los datos verdaderos y exactos siempre deben estar inmediatamente disponibles para los usuarios autorizados, pero sólo a usuarios autorizados. Las consideraciones sobre la privacidad de todas las partes interesadas, incluidos los clientes, socios comerciales y los reguladores del gobierno, deben ser cumplidas. Hacer cumplir la seguridad de datos, como la integridad de datos, lo más cerca posible de los datos como sea posible y detectar y reportar inmediatamente violaciones de seguridad.

- Capacidad de mantenimiento: Realizar todos los trabajos de datos a un costo que produzca valor asegurando que el costo de crear, almacenar, mantener, usar y disponer de los datos, no supera su valor a la organización. Asegúrese la respuesta más rápida posible a los cambios en los procesos y nuevos requerimientos del negocio.

Estas son algunas de las mejores prácticas recomendadas para el diseño de base de datos física:

1. Para las bases de datos relacionales que soportan el procesamiento de aplicaciones transacciones (OLTP), utilice un diseño normalizado para promover la integridad de datos, la reutilización, el buen rendimiento de la actualización y extensibilidad de datos.

2. Al mismo tiempo, utilizar vistas, funciones y procedimientos almacenados para crear no normalizado, aplicación específica, orientado a objetos, vistas conceptuales (virtuales) de datos. No fuerce a los desarrolladores a trabajar a nivel de base de datos físicos, ni esquemas de bases para las aplicaciones. El objetivo es abstraer la funcionalidad de los datos de su estructura física y que sea lo más fácil posible para trabajar.

3. Utilice convenciones estándar de nomenclatura y nombres significativos y descriptivos en todas las bases de datos y objetos de base de datos para facilitar el mantenimiento, sobre todo si las abreviaturas son necesarias.

4. Hacer cumplir la seguridad y la integridad de los datos a nivel de base de datos, no en la aplicación. Esto permite la fácil reutilización de los datos, mientras que le ahorra a los desarrolladores el trabajo de tener que escribir y probar las restricciones a nivel de código en cada aplicación que utilice una determinada pieza de datos.

5. Trate de mantener el procesamiento de base de datos en el servidor de base de datos tanto como sea posible, para un máximo rendimiento, facilidad de mantenimiento, seguridad, escalabilidad, reducción de tráfico en la red y un menor costo de desarrollo. Por ejemplo, aplicar todas las actualizaciones de bases de datos y consultas SQL complejas como procedimientos almacenados en

la base de datos, en lugar de incrustar en el código de la aplicación y utilizar los cursores del lado del servidor (en lugar de en el cliente). Usando procedimientos almacenados hace que sea fácil de aislar y corregir los errores y problemas de rendimiento, mejora el rendimiento y reduce una gran medida el tráfico de red.

6. Otorgar permisos en objetos de base (tablas, vistas, procedimientos almacenados, funciones, etc.) sólo a grupos o funciones de aplicación, no a individuos. Esto mejora la seguridad y la facilidad de mantenimiento.

7. No permita cualquier adaptación directa, ad-hoc de la base de datos; hacer todas las actualizaciones de una manera controlada, a través de procedimientos predefinidos.

5.2.4.1.2 Modificaciones de Rendimiento

Al implementar una base de datos física, considere cómo la base de datos responderá cuando las aplicaciones hagan solicitudes para acceder y modificar datos. Hay varias técnicas utilizadas para optimizar el rendimiento de base de datos.

La *indexación* puede mejorar el rendimiento de consulta en muchos casos. El diseñador de la base de datos debe seleccionar y definir los índices adecuados para las tablas de bases de datos. Un índice es una ruta alternativa para acceder a datos en la base de datos para optimizar el rendimiento de la consulta (recuperación de datos). Los principales productos RDBMS soportan muchos tipos de índices. Los índices pueden ser únicos o no únicos, agrupados o no agrupados, particionados o no particionados, de columna simple o de varias columnas, árbol-b o mapa de bits o un algoritmo hash. Sin un índice apropiado, el DBMS volverá a leer cada fila de la tabla (exploración de tabla) para recuperar los datos. En tablas grandes, esto es muy costoso. Trate de construir índices en tablas grandes para soportar las consultas más frecuentes de gestión, utilizando las columnas referenciadas más frecuentemente, en particular las claves (primaria, alternas y extranjeras).

La *desnormalización* es la transformación deliberada de un modelo lógico de datos normalizado en las tablas con los datos redundantes. En otras palabras, se pone intencionadamente un elemento de datos en múltiples lugares. Este proceso suele generar riesgo de errores en los datos debido a la duplicación. Implemente controles de calidad de datos para asegurar que las copias de los elementos de datos permanecen almacenados correctamente. Desnormalice específicamente sólo para mejorar el rendimiento de consultas de base de datos ya sea por cálculos de datos costosos segregando o combinando datos para reducir el tamaño del conjunto de consultas, combinando datos para reducir las combinaciones, o mejorando y guardando cáluculos de datos costosos. Las técnicas de desnormalización incluyen (entre otros):

- Colapsar jerarquías (*roll-up*): Para reducir las combinaciones, combinar el acceso directo de relaciones padre / hijo en una misma tabla, repitiendo las columnas de los padres en cada fila. Esta es una herramienta importante en el modelado dimensional (discutido en el Capítulo 9 de Almacenamiento de datos e Inteligencia de negocios).

- Divida las jerarquías (*push-down*): Para reducir conjuntos de consulta, donde las tablas de padres se dividen en múltiples tablas secundarias por tipo. Por ejemplo, crear tablas de cliente que contienen cada uno un tipo de cliente diferente, tales como cheques, hipotecas, inversiones, etc.

- División vertical: Para reducir conjuntos de consultas, cree tablas que contienen sub conjunto de columnas. Por ejemplo, dividir una tabla de clientes en dos en función de si los campos son en su mayoría estáticos o volátiles (para mejorar el rendimiento de carga / índice), o en función de si los campos son comúnmente incluidos en las consultas o son poco frecuentes (para mejorar el rendimiento mesa de exploración).

- División horizontal: Para reducir conjuntos de consultas, crear sub-conjuntos de tablas utilizando el valor de una columna como el diferenciador. Por ejemplo, crear tablas de clientes regionales que contienen sólo los clientes en una región específica.

- Combinar y unir tablas: Para reducir uniones donde dos tablas se combinan en un número significativo de consultas, considere la creación de una tabla que ya cuenta con el conjunto de resultados de la combinación de ambas tablas.

- Repetir las columnas en una fila: Para reducir el recuento de filas o para permitir comparaciones entre las filas, crear una tabla con filas repetidas. Por ejemplo, en lugar de 12 filas por 12 meses, tienen 12 columnas, una para cada mes.

- Obtener datos a partir de datos almacenados: Para reducir costo de cálculo en tiempo de consulta, especialmente cálculos que requieren datos de varias tablas, pre-calcular columnas y almacenar los resultados en una tabla ya sea una nueva tabla o uno de las que participa en el cálculo.

- Crear copias de informes: Para mejorar el rendimiento informe, cree una tabla que contiene todos los elementos necesarios para la presentación de informes ya calculado y unidos y actualícelos periódicamente.

- Duplicar (espejos): Para mejorar el rendimiento cuando se utilizan con frecuencia ciertos conjuntos de datos y que se encuentran frecuentemente en disputa, crear versiones duplicadas para grupos de usuarios independientes, o para la carga vs. la consulta.

5.2.4.1.3 Documentación de diseño de base de datos física

El documento de diseño de base de datos física se orienta a la ejecución y mantenimiento. Se revisa para detectar y corregir los errores en el diseño antes de crear o actualizar la base de datos. Se modifica para facilitar la aplicación de las futuras iteraciones del diseño. Un documento de diseño de base de datos física consta de los siguientes componentes:

o Una descripción introductoria de la función de negocio del diseño de bases de datos; por ejemplo, ¿qué aspecto o subconjunto de los datos de negocio abarca este diseño de base de datos?

o Un modelo gráfico del diseño, realizado en formato ER para un diseño relacional, o un UML para un diseño orientado a objetos.

o Declaraciones de especificación del lenguaje de base de datos. En Lenguaje de consultas estructurado (SQL), están las especificaciones de Lenguaje de Definición de Datos (DDL) para todos los objetos de base de datos (tabla espacios, tablas, índices, espacios de índices, vistas, secuencias, etc. y XML espacio de nombres).

o Documentación de los metadatos técnicos, incluyendo el tipo de datos, la longitud de dominio, el origen y uso de cada columna y la estructura de las claves y los índices relativos a cada tabla.

o Los casos de uso o datos de ejemplo, que muestra cómo se verán los datos reales.

o Descripciones cortas, según sea necesario, para explicar:

    o La arquitectura de base de datos y la tecnología elegidas y el motivo por la que fueron elegidas.

    o Limitaciones que afectaron a la selección del DBMS, incluyendo limitaciones de costos, limitaciones de la política, las limitaciones de rendimiento, limitaciones de fiabilidad y escalabilidad, restricciones de seguridad, las limitaciones de aplicación, los volúmenes de datos esperados, etc.

    o El proceso de diseño de base de datos, incluyendo los métodos y herramientas utilizadas.

    o Las diferencias entre el diseño físico de bases de datos y el modelo de datos lógicos y las razones de estas diferencias.

    o El mecanismo de actualización elegido para la base de datos y su aplicación.

    o Los requisitos de seguridad para la base de datos y su aplicación.

    o El acuerdo de nivel de servicio (SLA) para la base de datos y su aplicación.

    o Solicitudes de los usuarios y / o de aplicación para la base de datos y su aplicación.

5.2.4.2 Diseño de Productos de Información

Mientras que el diseño de bases de datos es el objetivo principal de desarrollo de datos, los profesionales de datos también deben participar en el diseño de los entregables de relacionados con los datos.

Los analistas de datos pueden ayudar a los diseñadores y desarrolladores de software en el diseño de productos de información, incluidas las pantallas e informes, para satisfacer las necesidades de datos empresariales. Los analistas de datos deben garantizar un uso coherente de la terminología de datos empresariales y deben garantizar que los formatos de presentación agregan contexto apropiado a los datos de los productores de datos y los usuarios de la información.

El DBA a menudo ayuda en el desarrollo de aplicaciones haciendo que los datos estén disponibles más fácilmente, en una forma más útil, para los usuarios de negocios y gerentes. Existen nuevas tecnologías para este fin y el DBA debe estar familiarizado con ellos:

- Servicios de informes: Los servicios de informes ofrecen a los usuarios de negocio la capacidad de ejecutar tanto informes enlatados como ad-hoc, y han hecho que los datos estén disponibles de diferentes maneras, como ser entregado (publicado) vía e-mail o RSS, accesible a través de navegador web o portal, exportados a una hoja de Excel, entre otros.

- Servicios de análisis: Los servicios de análisis ofrecen a los usuarios de negocio la capacidad de "cortar y extraer" datos a través de múltiples dimensiones de negocio, como para analizar las tendencias de ventas para los productos o categorías de productos a través de múltiples áreas geográficas y / o fechas / horas. Esto también incluye "análisis predictivo", que es el análisis de datos para identificar las tendencias futuras y posibles de oportunidades de negocio.

- Tablero de control: Un tablero de control es un tipo de interfaz de usuario diseñada para mostrar una amplia gama de análisis de indicadores, talés como tablas y gráficos, de manera eficiente. El usuario puede "profundizar" a través de estos indicadores para ver los datos a mayor nivel de detalle.

- Cuadros de Mando: Un cuadro de mando es un tipo especial de visualización de gráficos que indica las puntuaciones o evaluaciones calculadas de rendimiento. Las métricas a menudo tienen un valor real (la medida), un objetivo o previsión (la línea de base), una puntuación (medida de comparación con el valor base) y un indicador (una representación visual de lo favorable o desfavorable del resultado que puede ser).

- Portales: Los portales son interfaces web que presentan enlaces a múltiples aplicaciones y fuentes de información sobre una única, y bien diseñada, página web de fácil acceso. Los portales proporcionan un punto de encuentro de un gran número de diversos usuarios, con diferentes necesidades de información y la creación de una "comunidad", basada en intereses comunes. Los portales ofrecen a los usuarios la posibilidad de compartir documentos, buscar a través de las bibliotecas de documentos, mantener conversaciones y colaborar en proyectos.

- Entrega de XML: Para habilitar el uso eficaz de XML dentro de las bases de datos y aplicaciones, a menudo es necesario crear definiciones de esquema. Estas definiciones validan documentos XML, transformaciones XML (utilizando XSLT para convertir XML a HTML, o alguna otra forma de presentación) y objetos de base de datos. Los objetos de base de datos que necesitan validación incluyen vistas, procedimientos almacenados y funciones que se pueden buscar a través de documentos XML, convertir los datos XML a la forma relacional (o viceversa) y combinar datos relacionales y datos XML.

- Automatización de procesos empresariales: Utilizar los datos integrados de múltiples bases de datos como entrada al software para la automatización de procesos de negocio que coordina múltiples procesos de negocio a través de distintas plataformas.

- Integración de Aplicaciones: Del mismo modo, la integración de datos (junto con sus componentes básicos, de transformación de datos y de limpieza) es un componente clave de la integración de aplicaciones empresariales de software (EAI), permitiendo a los datos pasar fácilmente de aplicación a aplicación a través de las plataformas dispares.

La participación del DBA en el desarrollo de estos productos puede incluir el análisis de datos, la creación de estructuras de datos (tales como esquemas XML, cubos OLAP, o data marts) y objetos de base de apoyo a estos productos, lo que permite el acceso a los datos y ayuda con la integración y la entrega de datos.

El DBA puede ayudar a los desarrolladores de software mediante la creación y el mantenimiento de los estados de acceso de base de datos. En SQL, estas declaraciones se conocen como Lenguaje de Manipulación de Datos (DML) e incluyen SELECT, INSERT, UPDATE y DELETE. Los DBAs a menudo revisan estas declaraciones y recomiendan enfoques alternativos y modificaciones de optimización del rendimiento.

El DBA puede colaborar con los diseñadores y desarrolladores de software en el diseño de servicios de datos de la capa de acceso en una arquitectura orientada a servicios (SOA). Los servicios de acceso a datos estandarizan el acceso a datos y aíslan a los programas de los cambios de base de datos.

5.2.4.3 Servicios de acceso de diseño de datos

Será a menudo necesario (y deseable) acceder a los datos en bases de datos remotas y combinar esos datos con los datos en la base de datos locales. Existen varios mecanismos para hacer esto y el DBA debe estar familiarizado con las fortalezas y debilidades de cada uno. Algunos de los métodos más comunes de acceso y reutilización de datos remotos son los siguientes:

- Las conexiones de tipo "servidor vinculado": Algunos DBMS permiten definir los servidores de bases de datos remotos como "servidores vinculados" y acceder a ellos a través de una conexión ODBC u OLE / DB. Este enfoque tiene la ventaja de ser rápido, fácil y barato; Sin embargo, hay algunas consideraciones a tener en cuenta:
  - Estas conexiones tienen una funcionalidad limitada; generalmente se limita a la ejecución de una consulta no modificable definida como una cadena literal, o un procedimiento almacenado.
  - Pueden presentar problemas de seguridad. No utilice los identificadores de usuario y contraseñas codificadas escritas en la definición de este tipo de conexiones y restrinja los permisos en el servidor de destino a un subconjunto de sólo lectura de sólo los datos requeridos.
  - No se escalan bien. Úselos sólo por cantidades pequeñas de datos).

- o Son sincrónicas, lo que requiere que el procedimiento de llamada tenga que esperar a que todos los datos sean recuperados.
- o Dependen de la calidad de la ODBC suministrado por el proveedor o los controladores OLE / DB (que a veces es abismal).

Sin embargo, este método tiene una gran ventaja: es fácilmente implementable en la base de datos, lo que permite el acceso a datos remotos de vistas, disparadores, funciones y procedimientos almacenados en la base de datos.

- • Servicios Web SOA: encapsula el acceso de datos a distancia en forma de servicios web y los llaman desde las aplicaciones. Se implementan de forma síncrona o asíncrona, en función de los requerimientos de la aplicación. Este enfoque aumenta en gran medida la reutilización de datos en las aplicaciones y en general es eficiente y escala bastante bien. Sin embargo, hay un par de inconvenientes:

- o Los servicios web son más difíciles y más costosas para escribir, probar e implementar.

- o La organización corre el riesgo de crear un "SOA Nightmare" de numerosos servicios web punto a punto de aplicación específica no reutilizables, los cuales deben mantenerse en respuesta a los cambios de esquemas y ubicaciones de bases de datos.

- o Es difícil para los objetos de base consumir servicios web. Por lo general, deben ser consumidos por las aplicaciones. Algunos de los DBMS más nuevas permiten encapsular clases de la aplicación como procedimientos almacenados o funciones; Sin embargo, este método no funcionará para las vistas.

- • Intermediarios de mensajes: Algunos DBMS (por ejemplo, Microsoft SQL Server 2005) permiten implementar los servicios de mensajería en la base de datos. Un procedimiento almacenado o función en una base de datos puede enviar un mensaje resultante de la ejecución de una consulta, procedimiento almacenado o función en otra base de datos, con los resultados devueltos de forma asíncrona al procedimiento de llamada. Este enfoque es relativamente fácil de implementar, fiable, escalable y funciona bien. Sin embargo, sólo funciona con instancias del mismo DBMS.

- • Clases de acceso a datos: Escribir clases de la aplicación que utilizan ODBC o conexiones OLE / DB para acceder a datos en servidores dispares, remotos y lo ponen a disposición de aplicaciones. En el entorno .NET, estos datos se puede almacenar internamente como un objeto conjunto de datos ADO.NET (una especie de base de datos en memoria) para la facilidad de acceso y un mejor rendimiento. De forma similar existe otro proveedores y tecnología de código abierto para aplicaciones Unix / Linux y Java.

- ETL: En los casos en que no sea tecnológicamente posible acceder a los datos en su origen, o donde las consideraciones de rendimiento hacen que este insostenible, varios DBMS y herramientas ETL de terceros puede reducir esas diferencias. Estas herramientas extraen datos de la fuente, lo transforman en caso necesario (por ejemplo, cambiándolo de formato y limpiándolo) o bien se cargan en una tabla de sólo lectura en la base de datos, o transmiten el conjunto de resultados al procedimiento de llamada o a la aplicación. Ejecute un paquete ETL DBMS desde un procedimiento almacenado o función y prográmelo para que se ejecute en intervalos periódicos. Las principales desventajas son que no se puede escalar o que no tiene buen rendimiento para un gran número de registros y puede ser difícil y costoso de mantener en el tiempo.
- Réplica: Otra opción para obtener datos de un entorno de base de datos a otro es la replicación. La mayoría de los DBMS soportan algún tipo de tecnología de replicación (por ejemplo, el espejo y el traspaso de registros), aunque esta replicación requiere que los servidores de origen y de destino sean las mismas DBMS. Para la replicación a través de plataformas dispares o DBMS, son posibles soluciones más "caseras". Por ejemplo, un proceso por lotes en una plataforma puede extraer datos a un archivo plano en el disco. El archivo se puede copiar (a través de FTP o algún mecanismo similar) para el servidor de destino y luego carga a través de otro proceso por lotes. El reto es hacerlo en el tiempo correcto (es decir, asegurar que los datos llega al servidor de destino antes de que sea necesario) y asegurarse que cualquier fallo en el proceso de replicación sea detectado y reportado rápidamente. Tenga en cuenta que si los datos replicados van a ser actualizados en el servidor de destino (tratar de evitar esto si es posible!), un mecanismo seguro y fiable se debe poner en lugar de replicar esos cambios de nuevo al servidor de origen, idealmente a través de algún tipo de proceso de confirmación de dos fases.
- Co-locación: Como último recurso, puede ser necesario para ubicar las bases de datos de origen y destino (o instancias DBMS) en el mismo servidor de base de datos. Obviamente, esto no es una solución ideal ya tightly-couples que herméticamente parejas las dos bases de datos. Se debe utilizar sólo en situaciones donde los datos son similares en significado negocio y uso y en donde los volúmenes de datos requerido (o la frecuencia de acceso) se opone a cualquier otra solución.

Recuerde que el objetivo final es permitir la reutilización fácil y barata de los datos en toda la empresa, evitar, siempre que sea posible, costosos esquemas de replicación de datos y la prevención, siempre que sea posible, de datos redundantes e inconsistentes.

5.2.4.4 Diseño de integración de datos

Una transacción de base de datos es una unidad atómica de trabajo recuperable. Una transacción puede incluir varias instrucciones de bases de datos. Una vez finalizados todos los pasos dentro de la transacción, un COMMIT de base de datos se compromete a realizar todos los cambios juntos. Hasta ese momento, los cambios se pueden revertir. Una transacción es atómica, lo que significa "todo o nada". Se llevan a cabo todas las instrucciones, o ninguna. Los desarrolladores de aplicaciones definen las transacciones de bases de datos determinando cuando hacer el COMMIT de los cambios.

Un aspecto crítico de diseño de base de datos es la determinación de los mecanismos de actualización adecuados. Siempre que varios usuarios pueden actualizar tablas simultáneamente, hay que implementar algún mecanismo de control de concurrencia para asegurarse de que dos usuarios no puedan actualizar el mismo registro al mismo tiempo. Esto implica generalmente la adición de un elemento de datos de tipo "marca de tiempo" o "fecha y hora" para cada una de estas tablas, asegurándose de que se verifique el valor de este campo antes de modificar el registro y actualice cada vez que se cambia el registro.

Utilice el bloqueo para asegurar la integridad de los datos, permitiendo que sólo un usuario pueda cambiar una fila de base de datos en cualquier momento. El bloqueo de datos en los diferentes niveles, conocidos como granularidad del bloqueo. Los DBAs determinan el nivel apropiado de bloqueo para cada objeto de base de datos, tales como la columna, fila, página, tabla, archivo o base de datos.

Los analistas de datos y especialistas en integración de datos también definen las asignaciones de origen-destino y los diseños de transformación de datos para los programas de extracción, transformación y carga de datos (ETL) y otras tecnologías para el continuo movimiento de datos, la limpieza y la integración. El DBA puede colaborar en esta actividad de diseño.

Los analistas de datos, especialistas en integración de datos y administradores de bases también diseñan programas y utilidades para la migración y conversión de datos de las estructuras de datos antiguos a las nuevas estructuras de datos.

Hay varios métodos disponibles, pero cualquier método elegido debe cumplir los siguientes criterios:

1. Realizar todas las actualizaciones de una manera controlada. No permitir la actualización directa, ad-hoc de la base de datos.

2. Administrar todas las actualizaciones relacionadas con un proceso de negocio particular como una sola unidad de trabajo y/o bien confirmar o retrotraer en forma completa la transacción conocida como la integridad transaccional. No permita que se produzcan actualizaciones parciales en la base de datos.

3. No permita que dos o más usuarios actualicen el mismo registro al mismo tiempo, sin el conocimiento del otro, conocido como control de concurrencia.

4. Interrumpir la transacción actual y hacer retroceder los errores en la actualización, e informar inmediatamente el error en el proceso o aplicación de llamada.

5. Restringir la capacidad de actualizar una tabla de base de datos en particular a un conjunto de usuarios (contenida en una o más funciones de usuario) autorizado para hacerlo.

6. Restringir cambios a un pequeño número de registros a la vez, para evitar el bloqueo excesivo de tablas y "el colgado" de una aplicación cuando se vuelva atrás una actualización grande.

Tenga en cuenta los siguientes posibles mecanismos de actualización:

- Procedimientos fundamentales de almacenamiento (FSP – Fundamental Store Procedures): Cada FSP implementa una operación (Insertar, Actualizar, Borrar, o Seleccionar) en un número limitado de registros, generalmente designado por uno o más valores clave, para una sola tabla de base de datos. Generar automáticamente FSPs, si se utiliza, ya sea desde el modelo físico o desde el esquema de base de datos. Esto reduce en gran medida el tiempo requerido para implementar una base de datos y hace que sea más fácil cambiar el esquema en respuesta a los nuevos requisitos.

- Capa de datos de aplicación: Escriba un componente de aplicación que llame a procedimientos almacenados en la base de datos para realizar las actualizaciones a través de múltiples tablas, o que las llamadas múltiples o que llame a múltiples FSPs. Se recomiendan los procedimientos de almacenamiento porque tienen mejor rendimiento ya que se ha pre-compilado y pre-optimizado el código SQL. Son más seguros ya que los usuarios o roles sólo designados pueden ejecutarlos y las tablas no se abren hasta que ataque una inyección SQL. Son más fáciles de mantener y los errores o problemas de rendimiento pueden ser fácilmente detectados y corregidos.

- Actualización del conjunto de datos: Actualizar registros en un conjunto de datos de aplicación o tabla de datos a través de un objeto adaptador de datos, que puede, a su vez, asociarse con un conjunto de procedimientos almacenados para realizar operaciones de inserción, actualización, supresión y selección.

- Vistas actualizables: En algunos DBMS relacionales, las vistas se pueden asociar con un conjunto "en lugar de" de disparadores que pueden manejar las actualizaciones de las tablas subyacentes de una manera controlada. Como con los FSPs, es preferible generar el código de forma automatizada para reducir o eliminar el tiempo insumido en la codificación, pruebas y mantenimiento.

5.2.5 Modelo de Datos y Diseño de Gestión de Calidad

Analistas y diseñadores de datos actúan como un intermediario entre los consumidores de información (las personas con los requerimientos del negocio para los datos) y los productores de datos que capturan los datos en forma utilizable. Los profesionales de datos deben hacer malabares con los requisitos de datos de negocios de los consumidores de información, incluidos los ejecutivos y los requisitos de las aplicaciones de los productores de datos. Los requisitos del sistema documentan requisitos de datos de aplicación en forma de casos de uso, un modelo de clase de aplicación y acuerdos de nivel de servicio (SLAs).

Los profesionales de datos también deben negociar entre los requerimientos a corto plazo frente a los de largo plazo. Los consumidores de información necesitan los datos de manera oportuna para cumplir con las obligaciones comerciales a corto plazo y para aprovechar las oportunidades de negocios actuales. Los equipos de proyecto del sistema de desarrollo deben cumplir con las limitaciones de tiempo y presupuesto. Sin embargo, también deben cumplir con los intereses a largo plazo de todas las partes interesadas, garantizando que los datos de una organización residen en las estructuras de datos que son seguros, recuperables, compartibles y reutilizables y que esta información es tan correcta, oportuna, relevante y utilizable como posible. Por lo tanto, los modelos de datos y diseños de bases de datos deben tener un equilibrio razonable entre las necesidades a corto plazo y las necesidades a largo plazo de la empresa.

5.2.5.1 Desarrollar modelado de datos y normas de diseño

Los estándares de modelado de datos y diseño de bases de datos sirven como principios básicos para responder eficazmente a las necesidades de información de negocios, se ajustan a la arquitectura de datos y garantizar la calidad de los datos. Los arquitectos de datos, analistas de datos y administradores de bases de datos deben desarrollar conjuntamente estas normas. Ellos deben complementar y no entrar en conflicto con los estándares de TI relacionados.

Publicar modelo de datos y estándares de nomenclatura de base de datos para cada tipo de modelado de objetos y objetos de base de datos. Las normas de denominación son particularmente importantes para las entidades, tablas, atributos, llaves, vistas e índices. Los nombres deben ser únicos y lo más descriptivos posible.

Los nombres lógicos deben ser significativos para los usuarios de negocios utilizando al máximo palabras completas y evitando todo pero si usar las abreviaturas más familiares. Los nombres físicos deben ajustarse a la longitud máxima permitida por el DBMS y utilizar abreviaturas cuando sea necesario. Mientras que los nombres lógicos utilizan espacios en blanco como separadores entre palabras, los nombres físicos suelen utilizar guiones como separadores de palabras.

Los estándares de nomenclatura deben minimizar los cambios de nombre a través de ambientes. Los nombres no deben reflejar su entorno específico, como prueba, control de calidad, o producción. Las clases de palabras pueden ser útiles para distinguir los atributos de las entidades y los nombres de las columnas de nombres de tabla. También pueden mostrar qué atributos y columnas son cuantitativas y no cualitativas, lo cual puede ser importante cuando se analiza el contenido de esas columnas.

Las normas del modelado de datos y el diseño de bases de datos deben incluir:

• Una lista y descripción de los estándares de modelado de datos y diseño de bases de datos entregados.

• Una lista de nombres estándar, abreviaturas aceptables y las reglas de abreviación de palabras poco comunes, que se aplican a todos los objetos del modelo de datos.

• Una lista de los formatos de nomenclatura estándar para todos los objetos del modelo de datos, incluidos los atributos y de clase columna de palabras.

• Una lista y descripción de los métodos estándar para la creación y el mantenimiento de estas prestaciones.

• Una lista y descripción de roles y responsabilidades del modelado de datos y diseño de bases de datos.

• Una lista y descripción de todas las propiedades de metadatos capturados en el modelado de datos y diseño de bases de datos, incluyendo tanto los metadatos técnicos de negocio de metadatos y con las directrices que definen las expectativas y exigencias de calidad de metadatos.

• Directrices para el uso de las herramientas de modelado de datos.

• Directrices para la preparación y liderazgo de revisiones de diseño.

5.2.5.2 Revisión del modelo de datos y calidad de diseño de base de datos

Los equipos de proyecto deben llevar a cabo los requisitos y las revisiones de diseño según sea el caso. Estas revisiones deben incluir una revisión conceptual del modelo de datos, una revisión lógica del modelo de datos y una revisión del diseño de base de datos física.

Las revisiones de diseño deben llevarse a cabo con un grupo de expertos en la materia que representan diferentes orígenes, habilidades, expectativas y opiniones. Los participantes deben ser capaces de discutir diferentes puntos de vista y llegar a un consenso de grupo sin conflicto personal ya que todos los participantes comparten el objetivo común de promover la mejor práctica, mejor rendimiento y el diseño más utilizable. Realizar cada revisión del diseño con un líder que facilite la reunión. El líder crea y sigue una agenda, asegura que toda la documentación requerida esté disponible y se distribuya, solicita aportes de todos los participantes, mantiene el orden y mantiene la reunión en movimiento y resume las conclusiones que consensua el grupo. Muchas revisiones de diseño también utilizan un escrito para capturar puntos de discusión.

5.2.5.2.1 Revisiones de modelo de datos lógicos y conceptuales.

Las revisiones de modelo de datos conceptuales y modelos de datos de diseño lógicos deben asegurarse de que:

1. Los requisitos de datos de negocios están totalmente capturados y claramente expresado en el modelo, incluyendo las reglas de negocio que regulan las relaciones entre entidades.

2. Nombres de empresas (lógicas) y definiciones de negocio para las entidades y atributos (semántica de negocios) son claros, prácticos, coherentes y complementarias. El mismo término debe ser utilizado en ambos nombres y descripciones.

3. Los estándares de modelado de datos, incluyendo estándares de nomenclatura, se han seguido.

4. Se han validado los modelos de datos conceptuales y lógicos.

5.2.5.2.2 Revisión de diseño de base de datos físicos

Las revisiones diseños de base de datos deben asegurarse que:

1. El diseño cumple con los negocios, la tecnología, el uso y los requisitos de rendimiento.

2. Los estándares de diseño de base de datos, incluidas las normas de nomenclatura y abreviación, se han seguido.

3. La disponibilidad, recuperación, archivo y procedimientos de purga se definen de acuerdo a las normas.

4. Las expectativas y los requisitos de calidad de metadatos que se cumplan a fin de actualizar adecuadamente cualquier depósito de metadatos.

5. El modelo de datos físico ha sido validado.

Todas las partes interesadas, incluido el grupo de DBA, el analista de datos / arquitecto, los propietarios de los datos de negocio y / o administradores, los desarrolladores de aplicaciones y los jefes de proyecto, deben revisar y aprobar el documento de diseño de base de datos físico. El documento completo de diseño debe estar listo como parte de la cifra de negocios de producción de la base de datos.

5.2.5.2.3 Validación de Modelo de Datos

Validar modelos de datos con los estándares de modelado, los requerimientos del negocio y los requisitos de las bases de datos. Aquí hay algunas preguntas ejemplo de validación:

- ¿Coincide el modelo de estándares de modelado aplicables? ¿Utiliza el modelo de términos del diccionario de datos estándar? ¿Utiliza el modelo de dominios estándar? ¿Utiliza modelos de palabra sufijos de clase en todas las columnas aplicables? ¿El modelo incluye una descripción de todos los objetos y las relaciones? ¿Utiliza abreviaturas estándar el modelo donde aplique?

- ¿El modelo coincide con los requerimientos del negocio? ¿El modelo contiene todos los elementos de datos pertinentes? ¿Puede ejecutar las transacciones requeridas contra la base de datos? ¿Puede recuperar el contenido de transacción correctamente? ¿Puede ejecutar cualquier consulta requerida contra el modelo?

- ¿El modelo coincide con los requisitos de las bases de datos? ¿No hay objetos que se nombran como palabras reservadas con bases de datos? ¿Todos los objetos tienen nombres únicos? ¿El modelo asigna a los propietarios de todos los objetos?

5.2.5.3 Gestionar versiones de modelado de datos e integración

Los modelos de datos y otras especificaciones de diseño requieren un control cuidadoso de cambio, al igual que las especificaciones de requisitos y demás prestaciones del SDLC. Nota cada cambio a un modelo de datos para preservar de donde vienen los cambios en el tiempo. Si un cambio implica el modelo lógico, tales como el requisito de datos de negocios nuevos o modificados, el analista de datos o arquitecto deben revisar y aprobar el cambio.

Cada cambio debe tener en cuenta:

- ¿Por qué el proyecto o situación requiere el cambio?

- ¿Qué y cómo cambió el objeto (s), incluyendo las tablas en al que se tiene columnas agregadas, modificadas o eliminadas, etc?

- ¿Cuándo se aprobó el cambio y cuando se hizo el cambio en el modelo? Esto no es necesariamente cuando se implementó el cambio en un sistema.

- ¿Quién hizo el cambio?

- ¿Donde se hizo el cambio; para cuales modelos?

Se pueden hacer cambios a múltiples partes de los modelos de la empresa simultáneamente como parte del proceso normal. Es importante integrar los cambios en una parte del modelo nuevo en el modelo de empresa, especialmente el modelo lógico de la empresa, para evitar errores en los datos y bases de datos durante el desarrollo futuro.

Algunas herramientas de modelado de datos incluyen depósitos que proporcionan modelo de datos de versiones y funcionalidad de integración. De lo contrario, preservar los modelos de datos de las exportaciones de DDL o archivos XML, comprobando en y fuera de un sistema de gestión de código fuente estándar (SCM) al igual que el código de aplicación.

5.2.6 Implementación de datos

Implementación de Datos consiste en actividades de gestión de datos que apoyan la construcción del sistema, pruebas y despliegue, incluyendo:

- Aplicación de base de datos y la gestión de cambios en los entornos de desarrollo y pruebas.

- La creación de datos de prueba, incluyendo cualquier procedimiento de seguridad, como la ofuscación.

- Desarrollo de programas de migración de datos y de conversión, tanto para el desarrollo del proyecto a través de la SDLC y para situaciones de negocios como consolidaciones o desinversiones.

- Validación de los requisitos de calidad de datos.

- Creación y entrega de la formación de usuarios.

- Contribución al desarrollo de la documentación eficaz.

Después del diseño, el DBA es responsable de la aplicación de las estructuras de datos diseñadas en los entornos de desarrollo y pruebas. Estas estructuras incluyen tablas de bases de datos o archivos, vistas, procedimientos almacenamientos y funciones, cubos de datos OLAP, esquemas XSLT y otros objetos similares. El DBA es responsable del control de cambio del entorno de base de desarrollo y su configuración. Procedimientos de control de cambios para entornos de desarrollo y de prueba deben ser similares o los mismos que los utilizados para controlar los entornos de producción. El DBA debe administrar cambios de configuración en las especificaciones de diseño de base de datos (DDL) archivos utilizando las mismas herramientas y prácticas de gestión de cambios y configuración utilizados para otras prestaciones del sistema de información.

5.2.6.1 Implementar el Desarrollo / probar los cambios de base de datos

Como se requieren cambios en la base de datos durante el curso de desarrollo de aplicaciones, los DBA los instrumentan o supervisan. Estos cambios generalmente provienen del desarrollador. La implementación ocurre dependiendo de las funciones y responsabilidades:

- Los desarrolladores pueden tener la capacidad de crear y actualización de base de datos de objetos directamente, tales como vistas, funciones y procedimientos almacenados y luego notifican a los DBAs y modeladores de datos para la revisión y actualización del modelo de datos.

- El equipo de desarrollo puede tener su propio "desarrollador DBA" que se le da permiso para hacer cambios de esquema, con la condición de que estos cambios sean revisados con el DBA y modelador de datos.

- Los desarrolladores pueden trabajar con los modeladores de datos, que hacen el cambio en la herramienta de modelado de datos y luego generan el "cambio DDL" para los administradores de base de datos lo revisen y lo pongan en práctica.

- Los desarrolladores pueden trabajar con los modeladores de datos, que de forma interactiva "empujan" los cambios en el entorno de desarrollo, utilizando la funcionalidad de la herramienta de modelado de datos, después de la revisión y aprobación por parte de los administradores de bases de datos.

Si se utiliza un método de desarrollo iterativo (por ejemplo, Desarrollo Ágil), entonces algunos de los trabajos de revisión y aprobación de los cambios y la actualización de los modelos lógicos y físicos, puede ser necesario hacerlos de forma asíncrona. Considere dar aprobaciones verbalmente para que el desarrollo pueda continuar sin interrupciones indebidas y hacer la actualización de los modelos como una tarea de continuación. Sin embargo, tenga cuidado para asegurarse de que la base de datos no quede "fuera de sincronización" con el modelo lógico. Implemente los requerimientos específicos de la aplicación de base de datos tanto como sea posible, usando vistas, procedimientos almacenados, funciones y otras formas de virtualización de datos.

El DBA debe vigilar cuidadosamente todo el código de base de datos para asegurarse que está escrito con las mismas normas que el código de aplicación. Todo el código de base de datos debe estar bien documentado, comprobable (idealmente, que contienen incorporado en el código de diagnóstico que puede ser activado a través de un parámetro pasado), comprensible, de acuerdo con la normas acordadas y de fácil mantenimiento. La DBA también debe identificar, tan pronto como sea posible las prácticas de codificación SQL, que podrían conducir a errores o problemas de pobre rendimiento y llevarlos a la atención de los desarrolladores antes que múltiples procedimientos almacenados o funciones sean replicados con código SQL pobre. Prestar un poco más de atención al inicio de un proyecto puede salvar a todos de gran cantidad de problemas más adelante.

5.2.6.2 Crear y mantener los datos de prueba

Los DBA, desarrolladores y probadores de software pueden colaborar para poblar las bases de datos en el entorno de desarrollo con datos de prueba. Ya sea generando datos de prueba o extrayendo un subconjunto representativo de datos de producción. Observe estrictamente los requisitos y prácticas de privacidad y confidencialidad de los datos de prueba. Borrar los datos de prueba obsoletos, inutilizables y que ya no se necesitan.

La DBA también puede ayudar a los desarrolladores a la creación de scripts de SQL y los "paquetes" de integración de datos, tales como los paquetes DTS o SSIS, que sirve para crear y mantener los datos de prueba. Por lo general, el principal responsable de este trabajo es el equipo de desarrollo, pero muchas veces ellos necesitan de la experiencia del DBA. Esta es otra manera de que los administradores de bases pueden agregar valor a los esfuerzos de desarrollo.

5.2.6.3 Migrar y convertir los datos

Un componente clave de muchos proyectos es la migración de datos heredados a un nuevo entorno de base de datos, incluyendo cualquier limpieza de datos y cambio de formato necesario. Este es un esfuerzo significativo. Requieren el tiempo y el costo no debe ser (pero probablemente serán) subestimada. Se requerirá la colaboración del arquitecto/analista de dato(s) familiarizado con el modelo de datos heredados (s) y el modelo de datos de destino, el DBA, los usuarios de negocio y los desarrolladores familiarizados con la aplicación (s) de legado. Según el lugar donde se almacenan los legados de datos, este esfuerzo puede implicar el uso de muchas tecnologías diferentes, incluyendo SQL, COBOL, scripting de Unix, paquetes de integración de DBMS, como DTS o SSIS, DBMS no relacionales, aplicaciones ETL de terceros, integración de datos servicios web, FTP, RPC, ODBC, OLE / DB y así sucesivamente. Esfuerzos de migración de datos pueden consumir fácilmente miles de horas de esfuerzo.

5.2.6.4 Construir y probar información de productos

Los profesionales de datos, incluyendo el DBA, debe colaborar con los desarrolladores de software en el desarrollo y pruebas de productos de información creados por el sistema, incluyendo:

- La implementación de mecanismos para integrar datos de múltiples fuentes, junto con los metadatos adecuados para garantizar una integración significativa de los datos.

- La implementación de mecanismos para la presentación de informes y el análisis de los datos, incluidos en línea y notificación en línea, consultas ad-hoc, cuadros de mando de BI, OLAP, portales y similares.

- La implementación de mecanismos para la replicación de los datos, si la latencia de la red u otras preocupaciones hacen que sea poco práctico para dar servicio a todos los usuarios de una sola fuente de datos.

Los desarrolladores de software son responsables de los programas de codificación y pruebas, incluidas las llamadas de acceso a base de datos. Los desarrolladores de software también son responsables de la creación, prueba y mantenimiento de productos de información, incluidas las pantallas e informes. Las pruebas incluyen unidad, integración y pruebas de rendimiento.

5.2.6.5 Construir y servicios de acceso de datos de prueba

Los DBAs son responsables del desarrollo de servicios de acceso a datos. El DBA colabora con los desarrolladores de software en el desarrollo, las pruebas y la ejecución de los servicios de acceso de datos, primero para los entornos de desarrollo y pruebas y más tarde para la implementación en producción.

Los requisitos de datos deben incluir reglas de negocio para guiar la implementación de los servicios de acceso de datos, colaborando con los desarrolladores de software. Administradores de datos de negocios y otros expertos en la materia (PYME) deben validar la correcta aplicación de los requisitos de acceso a datos y el rendimiento a través de pruebas de aceptación del usuario.

5.2.6.6 Construir y servicios de integración de datos de prueba

Los especialistas en integración de datos son responsables de desarrollar los programas de ETL y la tecnología para la integración de datos, así como la migración de datos y la conversión de las estructuras de datos antiguos en nuevas estructuras. El DBA colabora con los desarrolladores de software en el desarrollo, las pruebas y la ejecución de los programas y procedimientos de migración de datos y conversión, primero para los datos de prueba y desarrollo y más tarde para la implementación en producción.

Los requisitos de datos deben incluir reglas de negocio para la calidad de datos para guiar la implementación de aplicaciones y bases de datos editando restricciones de integridad referencial. Los administradores de datos de negocios y otros expertos en la materia (SME – *Subjetct Matter Experts*) deben validar la correcta aplicación de los requisitos de datos a través de pruebas de aceptación del usuario.

5.2.6.7 Validación de Requerimientos de información

Las responsabilidades de los profesionales de datos dentro del SDLC no terminan con el diseño. Continúan por interactuar como parte de los equipos de proyecto para el desarrollo del sistema a través de la implementación de estos diseños. Los administradores de bases de datos son particularmente activas en estas etapas SDLC. Los administradores de datos de negocios también pueden seguir participando después de análisis y diseño, o un equipo independiente de control de calidad independiente puede realizar el proceso de prueba. El trabajo principal consistirá en probar y la validar que la solución cumple con los requisitos, pero también en la planificación de la implementación, el desarrollo de capacitación y la documentación.

En cualquier proyecto de desarrollo de aplicaciones, especialmente los que usan métodos iterativos ("Agile"), los requerimientos de datos (y base de datos) pueden cambiar abruptamente, en respuesta a los cambios y nuevos requerimientos del negocio, invalidando las hipótesis con respecto a los datos, o re-priorización de los requisitos existentes. El modelador de datos puede servir de intermediario entre los desarrolladores y el analista de datos / arquitecto, revisando los cambios adicionales en los requisitos de datos de negocios. El modelador de datos también los reflejará adecuadamente en los modelos de datos lógicos y físicos. El DBA implementará cualquier cambio en la manera más eficaz en la base de datos. El DBA entonces trabaja con los desarrolladores para probar la implementación de los requisitos de datos y asegurarse de que los requisitos de las aplicaciones están satisfechos.

5.2.6.8 Preparación la implementación de datos

Mientras que los administradores de bases de datos se resuelven las cuestiones de aplicación y pruebas técnicas, los analistas de datos pueden aprovechar el conocimiento del negocio capturado en el modelado de datos para definir un lenguaje claro y consistente para la capacitación de usuarios y documentación. Negocios conceptos, terminología, definiciones y reglas representados en los modelos de datos son una parte importante de la formación de usuarios de aplicaciones, incluso si los modelos de datos en sí no son útiles como ilustraciones de enseñanza. Los administradores de datos que contribuyen conocimiento del negocio en la definición de los modelos de datos y que son responsables de la calidad de datos del sistema, a menudo son también propietarios de los procesos y aplicaciones responsables de aceptación de usuario tanto del sistema como de la capacitación y documentación correspondiente. Utilice su nomenclatura coherentemente.

Los administradores de datos y analistas de datos deben participar en la preparación de implementaciones, incluyendo el desarrollo y revisión de los materiales de capacitación y documentación del sistema, sobre todo para garantizar un uso coherente de la terminología de datos de negocio definido. El personal de la mesa de ayuda también requiere orientación y capacitación sobre cómo los usuarios del sistema deben acceder, manipular e interpretar los datos apropiadamente.

El DBA es el principal responsable de la implementación de objetos nuevos y modificados de base de datos en el entorno de producción (véase el capítulo 6 de Gestión de Operaciones de Datos). Los administradores de bases de datos deben controlar cuidadosamente la instalación de nuevas bases de datos y los cambios en las bases de datos existentes en el entorno de producción. Una vez instalados, los administradores de datos de negocios y analistas de datos deben supervisar el uso temprano del sistema para ver que los requisitos de datos de negocios de la empresa se cumplen efectivamente.

5.3 Resumen

A continuación se resumen los principios básicos para la implementación del desarrollo de datos en una organización, una tabla resumen de los roles de cada actividad de desarrollo de datos y la organización y las cuestiones culturales que puedan surgir durante el desarrollo de datos se resumen a continuación.

5.3.1 Principios Rectores

La implementación de la función de desarrollo de datos en una organización sigue nueve principios básicos:

1. Las actividades de desarrollo de datos son una parte integral del ciclo de vida del desarrollo de software (SDLC).

2. El modelado de datos es una técnica esencial para la gestión eficaz de los datos y el diseño del sistema.

3. El modelado de datos conceptual y lógico expresan los requerimientos del negocio y de la aplicación, mientras que el modelado de datos físicos representa diseño de la solución. El modelado de datos y diseño de bases de datos definen las especificaciones de los componentes de solución en detalle.

4. El modelado de datos y el diseño de bases de datos equilibra compensaciones y necesidades.

5. Los profesionales de datos deben colaborar con otros miembros del equipo del proyecto para diseñar productos de información y acceso a los datos e interfaces de integración.

6. El modelado de datos y diseño de bases de datos deben seguir los estándares documentados.

7. Las revisiones de diseño deben revisar todos los modelos de datos y diseños, con el fin de garantizar que cumplan con los requerimientos del negocio y igan las normas de diseño.

8. Los modelos de datos representan valiosos recursos de conocimiento (metadatos). Se deben manejar con cuidado y controlarlos a través de la biblioteca, la configuración y gestión del cambio para garantizar la calidad del modelo de datos y la disponibilidad.

9. Los administradores de bases de datos (DBAs) y otros profesionales de datos juegan un papel importante en la construcción, prueba y despliegue de bases de datos y sistemas de aplicación relacionados.

5.3.2 Resumen del proceso de desarrollo de datos

El resumen del proceso para la función de desarrollo de datos se muestra en la Tabla 5.1. Los entregables, roles responsables, roles que aprueban y roles que contribuyen se muestran para cada actividad de la función de desarrollo de datos. La tabla también se muestra en el Apéndice A9.

Actividades	Entregables	Roles de Responsabilidad	Roles de aprobación	Roles de contribución
3.1.1 Analizar Requerimientos de información (D)	Requisito de Información de Especificación Declaraciones	Arquitectos de datos, Analista de datos	Administradores de datos	Administradores de datos, Otros SMEs
3.1.2 Desarrollar y mantener modelos de datos conceptuales (D)	Informes y diagramas de modelo de datos conceptuales	Arquitectos de datos, Analista de datos	Administradores de datos, Arquitectos de datos	Administradores de datos, Otros SMEs
3.1.3 Desarrollar y mantener modelos de datos lógicos (D)	Informes y Diagramas de modelo de datos lógicos	Arquitectos de datos, Analista de datos, Modeladores de datos	Administradores de datos, Arquitectos de datos	Administradores de datos, Otros SMEs
3.1.4 Desarrollar y mantener modelos físicos de datos (D)	Informes de diagramas de modelos de datos físicos	Arquitectos de datos, Modeladores de datos, DBAs	DBAs, Arquitectos de datos	Desarrolladores de software
3.2.1 Diseño Bases de datos físicos (D)	Especificaciones DDL, OLAP Especificaciones de Cubo, Esquemas XML	DBAs, Arquitectos de aplicación, Desarrolladores de software	Arquitectos de datos, DBAs, Arquitectos de aplicación	Analista de datos, Modeladores de datos, Desarrolladores de software
3.2.2 Diseños de productos de Información (D)	Pantallas de aplicación, Reportes	Desarrolladores de software	Arquitectos de aplicación	Analista de datos, DBAs
3.2.3 Diseño de servicios de acceso de datos (D)	Especificaciones de diseño de servicio de acceso de datos	Desarrolladores de software, DBAs	Arquitectos de aplicación, Arquitectos de datos	Analista de datos, DBAs
3.2.4 Diseño de integración de datos (D)	Mapas de fuente a objetivo, Especificaciones de diseño ETL, Diseños de conversión	Especialistas en Integración de Datos, DBAs, Analista de datos	DBAs, Arquitectos de datos, Arquitectos de aplicación	Analista de datos, Administradores de datos, DBAs

Actividades	Entregables	Roles de Responsabilidad	Roles de aprobación	Roles de contribución
3.3.1 Revisión del modelo de datos y diseño de base de calidad (P)	Documento de estándares de modelado de datos, Documentos de normas de diseño de base de datos	Arquitectos de datos, Analista de datos, Modeladores de datos, DBAs	Ejecutivo DM, Consejo de gobierno de datos	Administradores de datos, Arquitectos de aplicación, Desarrolladores de software
3.3.2 Revisión del modelo de datos y diseño de base de calidad (C)	Resultados de la revisión de diseño	Arquitectos de datos, Analista de datos, Modeladores de datos, DBAs	Ejecutivo DM, Gerente de proyecto	Arquitectos de aplicación, Desarrolladores de software
3.3.3 Administrar datos Modelo de versiones e Integración (C)	Bibliotecas y Contenidos Modelo de Gestión	Administradores de modelado de datos, Modeladores de datos	Arquitectos de datos, Ejecutivo DM	Analista de datos, DBAs
3.4.1 Implementar el Desarrollo y Cambios de base de datos de prueba (D)	Ambientes de Desarrollo y base de datos de prueba, Tablas de base de datos, Otros objetos DB	DBAs	Ejecutivo DM	Arquitectos de datos, Analista de datos, Desarrolladores de software
3.4.2 Crear y mantener datos de prueba (D)	Base de datos de prueba, Datos de prueba	DBAs, Analista de datos, Desarrolladores de software, Analista de pruebas	Arquitectos de datos, Arquitectos de aplicación, Administradores de datos	Administradores de datos, Desarrolladores de software, Analista de datos
3.4.3 Migrar y convertir los datos (D)	Emigrado y Construcción de Datos	DBAs, Desarrolladores de software	Administradores de datos, Arquitectos de datos	Analista de datos

Actividades	Entregables	Roles de Responsabilidad	Roles de aprobación	Roles de contribución
3.4.4 Construir e información de productos de prueba (D)	Información de productos: Pantallas, Reportes	Desarrolladores de software	Administradores de datos, Arquitectos de aplicación, Arquitectos de datos	DBAs, Analista de datos
3.4.5 Construir y servicios de acceso de datos (D)	Servicios de acceso de datos (interfaces)	Desarrolladores de software	Arquitectos de datos, Arquitectos de aplicación	DBAs
3.4.6 Construir y servicios de integración de datos de prueba (D)	Servicios de integración de datos (ETL, etc.)	Especialistas en Integración de Datos	Administradores de datos, Arquitectos de datos	DBAs, Analista de datos
3.4.7 Validación de requerimientos de información (D)	Requisitos validados, liberación del usuario	Administradores de datos, Especialistas de prueba	Administradores de datos	Analista de datos, Arquitectos de datos, DBAs
3.4.8 Prepararse para la implementación de datos (D)	Entrenamiento del usuario, Documentación del usuario	Administradores de datos, Negocio SMEs, Especialista en entrenamientos, Analista de datos	Administradores de datos, Arquitectos de datos	Administradores de datos, Arquitectos de datos, DBAs

Tabla 5.1 Resumen del proceso de desarrollo de datos

5.3.3 Cuestiones de organización y cultura

P1: ¿Cuál es el mayor problema con la entrega de datos?

R1: El problema con respecto a la entrega de datos organizacional y cultural más importante es simplemente el reconocimiento de la necesidad de hacerlo y aprovechar lo que ofrece la elaboración de datos. Muchas organizaciones se centran en el desarrollo de aplicaciones, pasando por alto la importancia de los datos en sí. Simplemente descubrir la importancia y utilidad de análisis de datos y modelado de datos puede ser transformacional a una organización. Tanto el negocio y TI comienzan a considerar el impacto de los datos al considerar cambios en el sistema, a veces darse cuenta de que ya tienen datos y funcionalidad similares en otra aplicación o que realmente no necesitan lo que ellos pensaban que tenían o querían.

P2: ¿Cómo se empieza el desarrollo formal de datos?

R2: Con el fin de iniciar la transformación es necesario comenzar sistemas de documentar desde un punto de vista de datos. Los flujos de datos, modelos de datos y calidad de los datos se analizan todos los factores en esta documentación. Comience con un sistema y mover a los sistemas que ya sea dar o recibir datos directamente desde el primer sistema.

A continuación, dar a conocer la existencia de estos nuevos documentos. Crear una versión principal de los documentos e implementar cambios a ellos como parte del SDLC. Cuando un proyecto entra en producción, parte de la versión de producción es la de distribuir los flujos de datos actualizados y modelos de datos.

Una vez que se corra la voz, los analistas de datos y modeladores de datos estarán muy ocupados tanto como para documentar sistemas adicionales y ayudar a los ingenieros de software a utilizar estos nuevos documentos durante el trabajo del proyecto. Plantilla adicional para ese equipo probablemente será necesario.

Será un proceso iterativo obtener acceso a todos los sistemas a fin de analizarlos. Sea persistente. El dinero ahorrado de reducida redundancia del sistema, la reducción de la redundancia de almacenamiento de datos y un desarrollo más eficiente puede ahorrar los millones de dólares a la organización.

El último paso es cambiar la cultura de la organización, moviéndose y referirse automáticamente a estos documentos durante requisitos y diseño de proyectos como un procedimiento operativo estándar. Una vez que el desarrollo de datos es parte de la cultura, la organización dedicada al mantenimiento crecerá para adaptarse a las necesidades de la organización.

5.4 Lectura recomendada

Las referencias que figuran a continuación proporcionan lectura adicional que soportan el material presentado en el capítulo 5. Estas lecturas recomendadas también se incluyen en la bibliografía al final de la Guía.

5.4.1 Modelado de datos y diseño de bases de datos

Ambler, Scott. Agile Database Techniques: Effective Strategies for the Agile Software Developer. Wiley & Sons, 2003. ISBN 0-471-20283-5.

Ambler, Scott W. and Pramodkumar J. Sadalage. Refactoring Databases: Evolutionary Database Design. Addison-Wesley, 2006. ISBN 0-321-29353-3.

Avison, David and Christine Cuthbertson. A Management Approach to Database Applications. McGraw Hill, 2002. ISBN 0-077-09782-3.

Brackett, Michael H. Practical Data Design. Prentice Hall, 1990. ISBN 0-136-90827-6.

Bruce, Thomas A. Designing Quality Databases with IDEF1X Information Models. Dorset House, 1991. ISBN 10:0932633188. 584 paginas.

Carlis, John and Joseph Maguire. Mastering Data Modeling - A User-Driven Approach. Addison Wesley, 2000. ISBN 0-201-70045-X.

Date, C. J. An Introduction to Database Systems, 8th Edition. Addison-Wesley, 2003. ISBN 0-321-19784-4.

Date, C. J. and Hugh Darwen. Databases, Types and the Relational Model: The Third Manifesto, 3rd Edition. Addison Wesley, 2006. ISBN 0-321-39942-0.

DeAngelis, Carla. Data Modeling with Erwin. Indiana: Sams Publishing, 2000. ISBN 0-672-31868-7.

Dorsey, Paul. Enterprise Data Modeling Using UML. McGraw-Hill Osborne Media, 2007. ISBN 0-072-26374-1.

Fleming, Candace C. and Barbara Von Halle. The Handbook of Relational Database Design. Addison Wesley, 1989. ISBN 0-201-11434-8.

Halpin, Terry. Information Modeling and Relational Databases: From Conceptual Analysis to Logical Design. Morgan Kaufmann, 2001. ISBN 1-558-60672-6.

Halpin, Terry, Ken Evans, Pat Hallock, and Bill McLean. Database Modeling with Microsoft Visio for Enterprise Architects. Morgan Kaufmann, 2003. ISBN 1-558-60919-9.

Harrington, Jan L. Relational Database Design Clearly Explained, 2nd Edition. Morgan Kaufmann, 2002. ISBN 1-558-60820-6.

Hay, David C. Data Model Patterns: A Metadata Map. Morgan Kaufmann, 2006. ISBN 0-120-88798-3.

Hay, David C. Data Model Patterns: Conventions of Thought. Dorset House Publishing, 1996. ISBN 0-932633-29-3.

Hay, David C. Requirements Analysis From Business Views to Architecture. Prentice Hall, 2003. ISBN 0-120-28228-6.

Hernandez, Michael J. Database Design for Mere Mortals: A Hands-On Guide to Relational Database Design, 2nd Edition. Addison-Wesley, 2003. ISBN 0-201-75284-0.

Hoberman, Steve. The Data Modeler's Workbench. Tools and Techniques for Analysis and Design. John Wiley & Sons, 2001. ISBN 0-471-11175-9.

Hoberman, Steve. Data Modeling Made Simple: A Practical Guide for Business & Information Technology Professionals. Technics Publications, LLC, 2005. ISBN 0-977-14000-8.

Hoffer, Jeffrey A., Joey F.. George, and Joseph S. Valacich. Modern Systems Analysis and Design, 4th Edition. Prentice Hall, 2004. ISBN 0-131-45461-7.

Krogstie, John, Terry Halpin, and Keng Siau, editors. Information Modeling Methods and Methodologies: Advanced Topics in Database Research. Idea Group Publishing, 2005. ISBN 1-591-40375-8.

Muller, Robert. J. Database Design for Smarties: Using UML for Data Modeling. San Francisco, CA, USA, Morgan Kaufmann, 1999. ISBN 1-558-60515-0.

Newton, Judith J. and Daniel Wahl,, editors. Manual For Data Administration. Washington, DC: GPO, NIST Special Publications 500-208, 1993.

Pascal, Fabian. Practical Issues In Database Management: A Reference For The Thinking Practitioner. Addison-Wesley, 2000. ISBN 0-201-48555-9.

Reingruber, Michael. C. and William W. Gregory. The Data Modeling Handbook: A Best-Practice Approach to Building Quality Data Models. John Wiley & Sons, 1994. ISBN 0-471-05290-6.

Riordan, Rebecca M. Designing Effective Database Systems. Addison-Wesley, 2005. ISBN 0-321-20903-3.

Rob, Peter and Carlos Coronel. Database Systems: Design, Implementation, and Management, 7th Edition. Course Technology, 2006. ISBN 1-418-83593-5.

Schmidt, Bob. Data Modeling for Information Professionals. Prentice Hall, 1999. ISBN 0-13-080450-9.

Silverston, Len. The Data Model Resource Book, Volume 1: A Library of Universal Data Models for All Enterprises, 2nd Edition, John Wiley & Sons, 2001. ISBN 0-471-38023-7.

Silverston, Len. The Data Model Resource Book, Volume 2: A Library of Data Models for Specific Industries, 2nd Edition. John Wiley & Sons, 2001. ISBN 0-471-35348-5.

Simsion, Graeme C. and Graham C. Witt. Data Modeling Essentials, 3rd Edition. Morgan Kaufmann, 2005. ISBN 0-126-44551-6.

Teorey, Toby , Sam Lightstone, and Tom Nadeau. Database Modeling and Design, 4th Edition. Morgan Kaufmann, 2006. ISBN 1-558-60500-2.

Thalheim, Bernhard. Entity-Relationship Modeling: Foundations of Database Technology. Springer, 2000. ISBN 3-540-65470-4.

Van der Lans, Rick F. Introduction to SQL: Mastering the Relational Database Language, 4th Edition. Addison-Wesley, 2006. ISBN 0-321-30596-5.

Watson, Richard T. Data Management: Databases And Organization, 5th Edition. John Wiley & Sons, 2005. ISBN 0-471-71536-0.

5.4.2 Reglas de negocio

Chisholm, Malcolm. How to Build a Business Rules Engine: Extending Application Functionality Through Metadata Engineering. Morgan Kaufmann, 2003. ISBN 1-558-60918-0.

Date, C. J., What Not How: The Business Rules Approach To Application Development. Addison-Wesley, 2000. ISBN 0-201-70850-7.

Morgan, Tony. Business Rules and Information Systems: Aligning IT with Business Goals. Addison-Wesley, 2002. ISBN 0-201-74391-4.

Ross, Ronald G. Business Rules Concepts, 2nd Edition. Business Rule Solutions, 2005. ISBN 0-941-04906-X.

Ross, Ronald G. Principles of the Business Rule Approach. Addison-Wesley, 2003. ISBN 0-201-78893-4.

Von Halle, Barbara. Business Rules Applied: Building Better Systems Using the Business Rules Approach. John Wiley & Sons, 2001. ISBN 0-471-41293-7.

5.4.3 Ingeniería de la Información

Finkelstein, Clive. An Introduction to Information Engineering: From Strategic Planning to Information Systems. Addison-Wesley, 1990. ISBN 0-201-41654-9.

Finkelstein, Clive. Information Engineering: Strategic Systems Development. Addison-Wesley, 1993. ASIN B000XUA41C.

Inmon, W. H. Advanced Topics in Information Engineering. John Wiley & Sons - QED, 1989. ISBN 0-894-35269-5.

Inmon, W. H. Information Engineering For The Practitioner. Prentice-Hall (Yourdon Press), 1988. ISBN 0-13-464579-0.

Martin, James. Information Engineering Book 1: Introduction. Prentice-Hall, 1989. ISBN 0-13-464462-X. Also see Book 2: Analysis and Design and Book 3: Design and Construction.

5.4.4 Desarrollo Ágil

Ambler, Scott. Agile Database Techniques: Effective Strategies for the Agile Software Developer. Wiley & Sons, 2003. ISBN 0-471-20283-5.

5.4.5 Orientación a Objetos y Diseño Orientado a Objetos

Wirfs-Brock, Rebecca, Brian Wilkerson, and Lauren Wiener. Designing Object-Oriented Software. NJ: Prentice Hall, 1990. ISBN 0-13-629825-7.

Coad, Peter. Object Models: Strategies, Patterns And Applications, 2nd Edition. Prentice Hall PTR, 1996. ISBN 0-13-840117-9.

Entsminger, Gary. The Tao Of Objects. M & T Books, 1990. ISBN 1-55851-155-5.

Goldberg, Adele and Kenneth S, Rubin. Succeeding With Objects. Addison-Wesley, 1995. ISBN 0-201-62878-3.

Graham, Ian, Migrating To Object Technology. Addison-Wesley, 1995. ISBN 0-201-59389-0.

Jacobson, Ivar, Maria Ericsson, and Agneta Jacobson. The Object Advantage. Addison-Wesley, 1995. ISBN 0-201-42289-1.

Taylor, David. Business Engineering With Object Technology. New York: John Wiley, 1995. ISBN 0-471-04521-7

Taylor, David. Object Oriented Technology: A Manager's Guide. Reading, MA: Addison-Wesley, 1990. ISBN 0-201-56358-4

5.4.6 Arquitectura orientada a servicios (SOA)

Barry, Douglas K. Web Services and Service-Oriented Architectures: The Savvy Manager's Guide. Morgan Kaufmann, 2003. ISBN 1-55860-906-7.

Erl, Thomas. Service-Oriented Architecture: A Field Guide to Integrating XML and Web Services. Prentice Hall, 2004. ISBN 0-131-42898-5.

Erl, Thomas. Service-Oriented Architecture: Concepts, Technology and Design. Prentice Hall, 2004. ISBN 0-131-85858-0.

5.4.7 SQL

Celko, Joe. Joe Celko's SQL for Smarties: Advanced SQL Programming, 3rd Edition. ISBN 10: 0123693799. 840 paginas.

Celko, Joe. Joe Celko's Trees and Hierarchies in SQL for Smarties. Morgan Kaufmann, 2004. ISBN 1-558-60920-2.

Date, C. J., with Hugh Darwen. A Guide to the SQL Standard, 4th Edition. Addison-Wesley, 1997. ISBN 0-201-96426-0.

Kline, Kevin, with Daniel Kline. SQL in a Nutshell. O'Reilly, 2001. ISBN 0-471-16518-2.

Van der Lans, Rick F. Introduction to SQL: Mastering the Relational Database Language, 4th Edition. Addison-Wesley, 2006. ISBN 0-321-30596-5.

5.4.8 Mejora de procesos de Software

Humphrey, Watts S. Managing The Software Process. Addison Wesley, 1989. ISBN 0-201-18095-2.

5.4.9 XML

Aiken, Peter and M. David Allen. XML in Data Management: Understanding and Applying Them Together. Morgan Kaufmann, 2004. ISBN 0-12-45599-4.

Bean, James. XML for Data Architects: Designing for Reuse and Integration. Morgan Kaufmann, 2003. ISBN 1-558-60907-5.

Finkelstein, Clive and Peter Aiken. Building Corporate Portals with XML. McGraw-Hill, 1999. ISBN 10: 0079137059. 512 Paginas.

Melton, Jim and Stephen Buxton. Querying XML: XQuery, XPath and SQL/XML in Context. Morgan Kaufmann, 2006. ISBN 1-558-60711-0.

6 Gestión de operaciones de datos

La Gestión de Operaciones de datos es la cuarta función de gestión de datos en el marco de gestión de datos que se muestra en las figuras 1.3 y 1.4. Es la tercera función de gestión de datos que interactúa y está influenciado por la función de Gobierno de Datos. El capítulo 6 define la función de gestión de operaciones de datos y explica los conceptos y las actividades involucradas en la gestión de las operaciones de datos.

6.1 Introducción

La gestión de operaciones de datos es el desarrollo, mantenimiento y soporte de datos estructurados para maximizar el valor de los recursos de datos a la empresa. La gestión de operaciones de datos incluye dos sub-funciones: soporte de base de datos y Gestión de la Tecnología de Datos.

Los objetivos de la gestión de las operaciones de datos incluyen:

1. Proteger y garantizar la integridad de los datos estructurados activos

2. Administrar la disponibilidad de los datos en todo su ciclo de vida.

3. Optimizar el rendimiento de las transacciones de bases de datos.

El diagrama de contexto para la gestión de las operaciones de datos se muestra en la Figura 6.1.

6.2 Actividades y conceptos

El capítulo 1 indica que la gestión de las operaciones de datos es la función de proporcionar apoyo en la adquisición de datos para la purga de datos. Los administradores de bases de datos (DBAs) juegan un papel clave en esta función crítica. Las actividades y conceptos relacionados con la gestión de las operaciones de datos y las funciones de los administradores de bases de datos se presentan en esta sección.

6.2.1 Soporte de base de datos

Soporte de base de datos se encuentra en el corazón de la gestión de datos y es proporcionado por los administradores de bases. El rol de DBA es el más reconocido y el más adoptado por los profesionales de Gestion de Datos y las prácticas de administración de datos son quizá las más desarrolladas de todas las prácticas de gestión de datos.. Los DBAs juegan un papel dominante en la gestión de operaciones de datos, así como en la gestión de la seguridad de datos (véase el capítulo 7). Como se discutió en el Capítulo 5, los DBAs también juegan un papel crítico en el desarrollo de datos, sobre todo en elModelado de Datos físico y en el Diseño de Bases de Datos, así como para el soporte para entornos de desarrollo y base de datos de prueba.

De hecho, muchos administradores de bases se especializan como administradores de bases de desarrollo o administradores de bases de producción. Los administradores de bases de desarrollo se centran en las actividades de desarrollo de datos, mientras que los administradores de bases de producción realizan la gestión de operaciones de gestión de datos. En algunas áreas , cada una de estas funciones especializadas envían información a diferentes sectores dentro de IT. Los administradores de bases de producción pueden ser parte de un grupo de apoyo a la infraestructura de producción y soporte de operaciones. Los administradores de bases de desarrollo y / o administradores de bases de producción a veces se integran en áreas de desarrollo de aplicaciones.

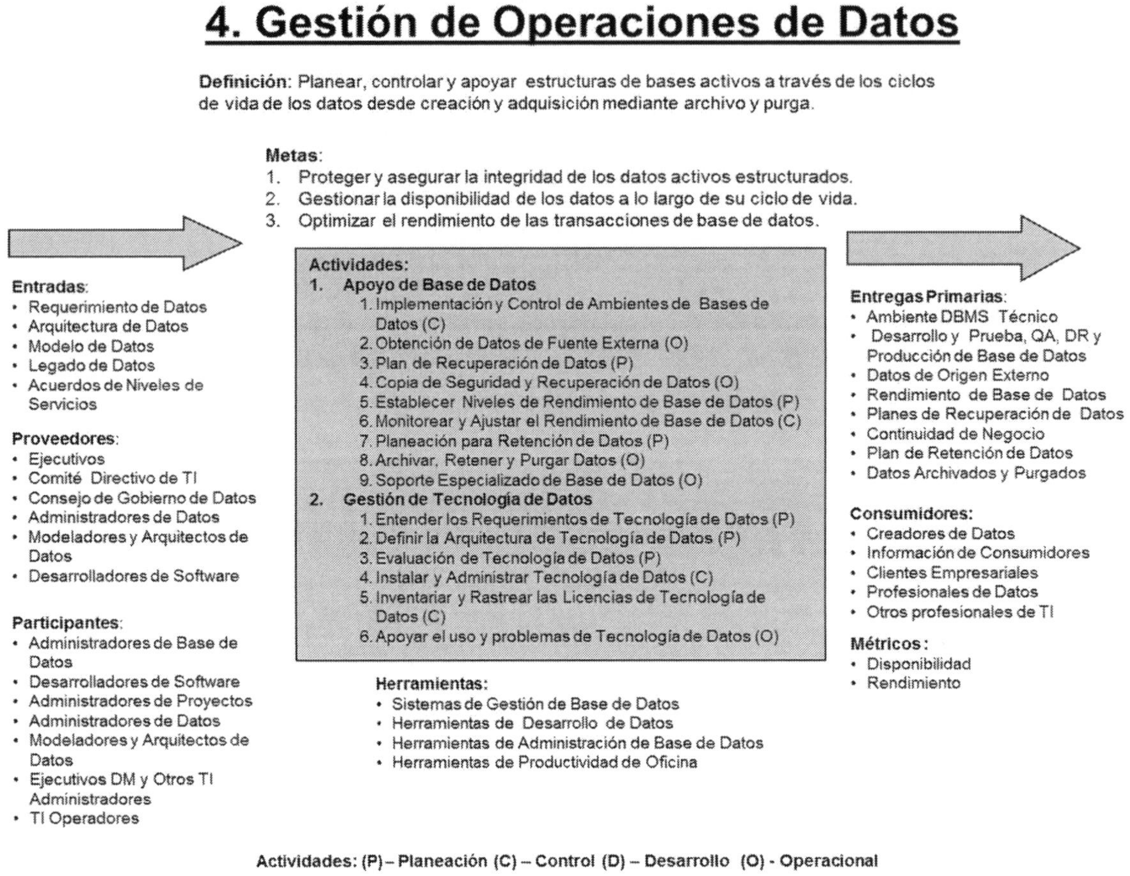

4. Gestión de Operaciones de Datos

Definición: Planear, controlar y apoyar estructuras de bases activos a través de los ciclos de vida de los datos desde creación y adquisición mediante archivo y purga.

Metas:
1. Proteger y asegurar la integridad de los datos activos estructurados.
2. Gestionar la disponibilidad de los datos a lo largo de su ciclo de vida.
3. Optimizar el rendimiento de las transacciones de base de datos.

Entradas:
- Requerimiento de Datos
- Arquitectura de Datos
- Modelo de Datos
- Legado de Datos
- Acuerdos de Niveles de Servicios

Proveedores:
- Ejecutivos
- Comité Directivo de TI
- Consejo de Gobierno de Datos
- Administradores de Datos
- Modeladores y Arquitectos de Datos
- Desarrolladores de Software

Participantes:
- Administradores de Base de Datos
- Desarrolladores de Software
- Administradores de Proyectos
- Administradores de Datos
- Modeladores y Arquitectos de Datos
- Ejecutivos DM y Otros TI Administradores
- TI Operadores

Actividades:
1. **Apoyo de Base de Datos**
   1. Implementación y Control de Ambientes de Bases de Datos (C)
   2. Obtención de Datos de Fuente Externa (O)
   3. Plan de Recuperación de Datos (P)
   4. Copia de Seguridad y Recuperación de Datos (O)
   5. Establecer Niveles de Rendimiento de Base de Datos (P)
   6. Monitorear y Ajustar el Rendimiento de Base de Datos (C)
   7. Planeación para Retención de Datos (P)
   8. Archivar, Retener y Purgar Datos (O)
   9. Soporte Especializado de Base de Datos (O)
2. **Gestión de Tecnología de Datos**
   1. Entender los Requerimientos de Tecnología de Datos (P)
   2. Definir la Arquitectura de Tecnología de Datos (P)
   3. Evaluación de Tecnología de Datos (P)
   4. Instalar y Administrar Tecnología de Datos (C)
   5. Inventariar y Rastrear las Licencias de Tecnología de Datos (C)
   6. Apoyar el uso y problemas de Tecnología de Datos (O)

Herramientas:
- Sistemas de Gestión de Base de Datos
- Herramientas de Desarrollo de Datos
- Herramientas de Administración de Base de Datos
- Herramientas de Productividad de Oficina

Entregas Primarias:
- Ambiente DBMS Técnico
- Desarrollo y Prueba, QA, DR y Producción de Base de Datos
- Datos de Origen Externo
- Rendimiento de Base de Datos
- Planes de Recuperación de Datos
- Continuidad de Negocio
- Plan de Retención de Datos
- Datos Archivados y Purgados

Consumidores:
- Creadores de Datos
- Información de Consumidores
- Clientes Empresariales
- Profesionales de Datos
- Otros profesionales de TI

Métricos:
- Disponibilidad
- Rendimiento

Actividades: (P) – Planeación (C) – Control (D) – Desarrollo (O) - Operacional

Figura 6.1 Diagrama de contexto de gestión de datos funcionales

Los administradores de bases de producción toman la responsabilidad principal de la gestión de las operaciones de datos, incluyendo:

- Asegurar el rendimiento y la fiabilidad de la base de datos, incluyendo el ajuste de rendimiento, monitoreo y reporte de errores.

- Implementar mecanismos de respaldo y recuperación apropiados para garantizar el resguardo de los datos en cualquier circunstancia.

- Implementar mecanismos de agrupamiento y conmutación de errores de la base de datos, en caso de que la continuidad de datos sea un requisito. La implementación de mecanismos para el archivo de gestión de operaciones de datos.

Los administradores de based de datos de Producción son responsabls e de los siguientes entregables :

1. Un entorno de base de datos de producción, incluida una instancia de DBMS y su servidor de apoyo, de un tamaño y capacidad para garantizar un rendimiento adecuado, configurado con el nivel adecuado de seguridad, la fiabilidad y la disponibilidad suficiente. El administrador del sistema de base de datos es responsable del ambiente DBMS.

2. Mecanismos y procesos de implementación y cambios controlados a bases de datos en el entorno de producción.

3. Los mecanismos apropiados para asegurar la disponibilidad, integridad y capacidad de recuperación de los datos en respuesta a todas las circunstancias posibles que podrían resultar en la pérdida o corrupción de datos.

4. Mecanismos apropiados para la detección y notificación de cualquier error que se produce en la base de datos, el DBMS o el servidor de datos.

5. La disponibilidad de base de datos, la recuperación y el rendimiento de conformidad con los acuerdos de nivel de servicio.

Los DBAs no realizan todas las actividades de gestión de operaciones de datos exclusivamente. Los *steward* de datos, arquitectos de datos y analistas de datos participan en la planificación de la recuperación, la retención y el rendimiento. Los *steward* de datos, arquitectos de datos y analistas de datos también pueden participar en la obtención y procesamiento de datos de fuentes externas.

6.2.1.1 Implementar y Controlar entornos de base de datos

La administración de sistemas de bases de datos incluye las siguientes tareas:

- La actualización de software DBMS - DBAs instalan nuevas versiones del software DBMS y aplican correcciones de mantenimiento suministrados por el proveedor de DBMS en todos los ambientes, desde el desarrollo hasta la producción.

- El mantenimiento de múltiples instalaciones, incluyendo diferentes versiones, los DBMS - DBAs instalan y mantienen varias instancias del software de DBMS en el desarrollo, las pruebas y los entornos de producción y gestión de la migración de las versiones de software DBMS a través de ambientes.

- Instalación y administración de tecnología de información relacionada, incluyendo el software de integración de datos y herramientas de administración de datos de terceros.

- Ajuste de parámetros del sistema DBMS.

- Gestión de la conectividad de la base de datos - Además de las cuestiones de seguridad de datos (véase el capítulo 7), el acceso a bases de datos en toda la empresa requiere de conocimientos técnicos. DBAs proporcionan orientación y apoyo técnico para la TI y los usuarios de negocios que necesiten conectividad de base de datos.

- Trabajar con los programadores de sistemas y administradores de red para ajustar los sistemas operativos, redes y procesamiento de transacciones middleware para trabajar con el DBMS.

- Dedicar almacenamiento adecuado para el DBMS y permitiendo a los DBMS a trabajar con dispositivos de almacenamiento y software de gestión de almacenamiento. La gestión de almacenamiento optimiza el uso de la tecnología de almacenamiento diferente para el almacenamiento rentable de los datos más antiguos y menos frecuentemente referenciados. El software de gestión de almacenamiento migra los datos menos frecuentemente referenciados alos dispositivos de almacenamiento menos costosos, lo que resulta en menos tiempo de recuperación. Algunas bases de datos trabajan con software de gestión de almacenamiento para que las tablas de bases de datos sean particionadas y se pueden migrar a un almacenamiento mas pequeño, menos costoso. Los DBAs trabajan con los administradores de almacenamiento para configurar y monitorear procedimientos eficaces de gestión de almacenamiento.

Elaborar listas de control para asegurar que estas tareas se realizan en un alto nivel de calidad. Estas listas trazan los pasos a seguir. El trabajo de un DBA debe ser auditado por otro DBA antes de que los cambios entren en producción.

El DBA es el custodio de todos los cambios de base de datos. Mientras que muchas personas puedan solicitar cambios, el DBA define los cambios precisos para hacer a la base de datos, implementa los cambios y controla los cambios. El DBA debe usar un, proceso documentado y auditable controlado para mover los cambios de base de datos a los entornos calidad o de certificación (QA) y entornos de producción, en parte debido a la Ley Sarbanes-Oxley y otros requisitos reglamentarios. Una aprobación gerencial a una solicitud de servicio o petición de cambio suele iniciar el proceso. En la mayoría de los casos, el DBA debe tener un plan de reverso para volver atrás los cambios en caso de problemas.

Pruebe todos los cambios al entorno de control de calidad en el entorno de desarrollo / prueba, primero y probar todos los cambios aproducción, a excepción de los cambios de emergencia, en el entorno de control de calidad. Mientras que los DBA de Desarrollo controlan los cambios de desarrollo / prueba, los DBAs controlan los cambios a entornos de producción, asimismo que controlan los entornos de calidad.

6.2.1.2 Obtener Externamente fuentes de datos

La mayoría de las organizaciones obtienen algunos datos de fuentes externas de terceros, tales como listas de potenciales clientes comprados a un agente de información o datos de productos suministrados por un proveedor. Los datos se otorgan con licencia o ya sea de manera gratuita; se proporciona en diferentes formatos (CD, DVD, EDI, XML, RSS, archivos de texto); y sirve para un único uso o actualizarla regularmente través de un servicio de suscripción. Algunas adquisiciones requieren acuerdos legales.

Generalmente la adquisición de datos se centraliza la responsabilidad de los servicios de suscripción de datos en los analistas de datos. El analista de datos tendrá que documentar el origen de datos externos en el diccionario de datos y modelo de datos lógicos. Un desarrollador puede diseñar y crear scripts o programas para leer los datos y cargarlos en una base de datos. El DBA será responsable de la implementación de los procesos necesarios para cargar los datos en la base de datos y / o ponerlo a disposición de la aplicación.

6.2.1.3 Plan de Recuperación de Datos

Los consejos de gobierno de datos deben establecer acuerdos de nivel de servicio (SLA) con las organizaciones de TI con respecto a la disponibilidad y recuperación de datos. SLAs establecen expectativas sobre la disponibilidad, dando tiempo para el mantenimiento de bases de datos , copia de seguridad y establecer las expectativas de tiempo de recuperación para diferentes escenarios, incluidos los potenciales desastres.

DBAs deben asegurarse de que existe un plan de recuperación para todas las bases de datos y servidores de bases de datos, que cubren todos los posibles escenarios que podrían resultar en la pérdida o corrupción de datos. Esto incluye, pero no se limita a:

- Pérdida física del servidor de base de datos.

- La pérdida de uno o más dispositivos de almacenamiento de disco.

- Pérdida de una base de datos, incluyendo la base de datos DBMS principal, la base de datos del almacenamiento temporal, segmento de registro de transacciones, etc.

- La corrupción de índice de base de datos o páginas de datos.

- Pérdida del sistema de archivos segmento de base de datos o de registro.

- Pérdida de la base de datos o de registro de transacciones de archivos de copia de seguridad.

La gerencia y el grupo continuidad del negocio de la organización, si existe, debe revisar y aprobar el plan de recuperación de datos. El grupo DBA debe tener fácil acceso a todos los planes de recuperación de datos.

Guarde una copia del plan, junto con el software necesario para instalar y configurar el DBMS, instrucciones y códigos de seguridad, tales como la contraseña del administrador, en un lugar seguro fuera de las instalaciones en el caso de desastre. Las copias de seguridad de todas las bases de datos deben mantenerse en un lugar seguro, fuera del sitio.

6.2.1.4 Copia de seguridad y recuperación de datos

Hacer copias de seguridad de bases de datos en forma regular y, por bases de datos OLTP, los registros de transacciones de base de datos. El SLA para la base de datos debe incluir un acuerdo con los propietarios de los datos en cuanto a la frecuencia para hacer estas copias de seguridad. Evaluar la importancia de los datos versus el costo de la protección de la misma. Para las grandes bases de datos, las copias de seguridad frecuentes pueden consumir grandes cantidades de almacenamiento en disco y de recursos del servidor. Se recomiendaal menos una vez al día, hacer una copia de seguridad completa de cada base de datos.

Además, las bases de datos deben residir en una especie de área de almacenamiento administrado, idealmente un arsenal de incursión en una red de área de almacenamiento o SAN, con el resguardo en cinta diario. Para bases de datos OLTP, la frecuencia de las copias de seguridad de registro de transacciones dependerá de la frecuencia de actualización y la cantidad de datos involucrados. Para las bases de datos que se actualizan con mayor frecuencia, mayor seráel registro de los datos resguardadosy no sólo proporcionará una mayor protección, sino que también reducirá el impacto de las copias de seguridad en los recursos del servidor y aplicaciones. Archivos de copia de seguridad deben mantenerse en un sistema de archivos independiente de las bases de datos y deben ser respaldados en cinta, o algún medio de almacenamiento por separado, todos los días. Guarde copias de las copias de seguridad diarias en una instalación fuera de sitio seguro.

Para los datos extremadamente críticos, el DBA necesitará implementar algún tipo de esquema de replicación de datos en la que se traslada a otra base de datos en un servidor remoto. En caso de falla de base de datos, las aplicaciones pueden entonces "conmutar con motivo de error" a la base de datos remota y seguir procesando. Existen diferentes esquemas de replicación, incluyendo la creación de reflejos y el transporte de registros. En la creación de reflejos, cambios a la base de datos principal se replican inmediatamente (relativamente hablando) a la base de datos secundaria, como parte de un proceso comprometido de dos fases. En el trasvase de registros, un servidor secundario recibe y carga de copias de transacción de la base de datos primaria en intervalos regulares. La elección del método de replicación depende de la importancia de los datos y lo importante que la conmutación por error en el servidor secundario sea inmediata. El espejo suele ser una opción más cara que el transporte de registros. Para un servidor secundario, utilice el reflejo; utilizar el transporte de registros para actualizar los servidores secundarios adicionales.

Otras opciones de protección de datos incluyen la agrupación de servidores, en el que las bases de datos en una matriz de disco compartido puede conmutarse por error de un servidor físico a otro, y la virtualización de servidores, donde se produce la conmutación por error entre las instancias de servidores virtuales residiendo en dos o más máquinas físicas.

La mayoría de los DBMS admiten copias de seguridad en uso de la base de datos - copias de seguridad tomadas mientras se ejecutan las aplicaciones. Cuando algunas actualizacoines ocurren en tránsito, éstas avanzan hasta completar o retroceden cuando el resguardo vuelve a cargar . La alternativa es una copia de seguridad cuando la base de datos está fuera de línea. Sin embargo, esto puede no ser una opción viable si las aplicaciones tienen que estar continuamente disponible.

La DBA también cuando sea necesario, recuperará bases de datos perdidos o dañados a través de la recarga desde las copias de seguridad de bases de datos y del registro de transacciones necesarias para recuperar la mayor cantidad de datos posible.

6.2.1.5 Establecer los niveles de servicio de rendimiento de base de datos

El rendimiento de base de datos tiene dos facetas - la disponibilidad y el rendimiento. El rendimiento no se puede medir sin disponibilidad. Una base de datos no disponible tiene una medida de desempeño de cero.

Los SLAs entre las áreas de servicios de gestión de datos y los propietarios de datos definen las expectativas de rendimiento de base de datos. Normalmente, el acuerdo, determina un plazo previsto de disponibilidad de base de datos y un selecto grupo detransacciones de aplicaciones (una mezcla de complejas consultas y actualizaciones), cada uno con un tiempo de ejecución máximo permitido especificado durante períodos de disponibilidad identificados. Si los tiempos de ejecución de procesos superan consistentemente el SLA, o la disponibilidad de bases de datos no es consistentemente cumplido con el SLA, los propietarios de los datos pedirán al DBA para identificar el origen del problema y tomar las medidas correctivas apropiadas.

La disponibilidad es el porcentaje de tiempo que un sistema o base de datos se pueden utilizar para el trabajo productivo. Los requisitos de disponibilidad son cada vez mayores, aumentando los riesgos del negocio y los costos de datos no disponibles. Las actividades para asegurar la disponibilidad se realizan cada vez más en ventanas reducidas de mantenimiento.

Cuatro factores relacionados afectan la disponibilidad:

- Manejabilidad: La capacidad de crear y mantener un entorno eficaz.

- Recuperación: La capacidad de restablecer el servicio después de la interrupción y corregir los errores causados por acontecimientos imprevistos o fallas de los componentes.

- Confiabilidad: La capacidad de ofrecer un servicio a los niveles especificados por un período determinado.

- Facilidad de servicio: La capacidad de determinar la existencia de problemas, diagnosticar sus causas y la reparación / resolver los problemas.

Muchas cosas pueden causar una pérdida de disponibilidad de base de datos, incluyendo:

- Interrupciones planificadas y no planificadas.

- Pérdida del servidor

- Fallo de hardware del disco.

- Falla en el sistema operativo.

- Falla de software DBMS.

- Problemas con las aplicaciones.

- Falla en la red.

- Sitio de perdidas de Centro de Datos.

- Los problemas de seguridad y autorización.

- La corrupción de datos (debido a errores, mal diseño, o error del usuario).

- Pérdida de objetos de base.

- La pérdida de datos.

- Error de replicación de datos.

- Problemas severos de rendimiento.

- Recuperación de fallas.

- El error humano.

Los DBAs son responsables de hacer todo lo posible para asegurar las bases de datos se mantengan en línea y en operación, incluyendo:

- Ejecución de las utilidades de copia de seguridad de base de datos.

- Ejecución de las utilidades de saneamiento de base de datos.

- Estadísticas de Ejecución de recopilación de utilidades.

- Ejecución de utilidades de chequeos de integridad La automatización de la ejecución de estas utilidades.

- La explotación espacio de tablas mediante la agrupación y la partición.

- Replicar datos a través de bases de datos espejo para asegurar una alta disponibilidad.

6.2.1.6 Controlar y ajustar el rendimiento de base de datos

Los DBAs optimizan el rendimiento de la base de datos tanto de forma proactiva y reactiva, mediante la supervisión de rendimiento y respondiendo a los problemas de forma rápida y competente. La mayoría de los DBMS proporcionan la capacidad de supervisión del rendimiento, permitiendo que los administradores de bases para generar informes de análisis. La mayoría de los sistemas operativos de servidor tienen capacidades de supervisión y presentación de informes similares. Los DBAs deben ejecutar la actividad y los informes de ejecución en contra de ambos, el DBMS y el servidor de forma regular, incluso durante los períodos de actividad pesada. Se deben comparar estos informes con los informes anteriores para identificar cualquier tendencia negativa y guardarlos para ayudar a analizar problemas con el tiempo.

El movimiento de datos puede ocurrir en tiempo real a través de las transacciones en línea. Sin embargo, muchas actividades de movimiento y transformación de datos se realizan a través de programas por lotes, que pueden ser programas Extraer-Transformar-Carga (ETL) o limitada a un sistema internamente. Estos trabajos por lotes deben completar dentro de las ventanas especificadas en el programa operativo. Los administradores de bases de datos y especialistas en integración monitorean el desempeño de los trabajos de datos por lotes, observando los plazos de ejecución excepcionales y errores, determinando la causa raíz de los errores y resolver esas cuestiones.

Cuando se producen problemas de rendimiento, el DBA debe utilizar las herramientas de supervisión y administración de los DBMS para ayudar a identificar la fuente del problema. Algunas de las razones más comunes para los malos resultados de base de datos son:

• La asignación de memoria (búfer / caché de datos).

• Bloqueo y bloqueo: En algunos casos, un proceso que se ejecuta en la base de datos puede bloquear recursos de las bases de datos, tales como tablas o páginas de datos y bloquear el otro proceso que las necesita. Si el problema persiste durante demasiado tiempo un intervalo de tiempo, el DBA puede matar el proceso de bloqueo. En algunos casos, dos procesos pueden producir un "punto muerto", con cada proceso de recursos necesarios por la otra de bloqueo. La mayoría de los DBMS terminarán automáticamente uno de estos procesos después de un cierto intervalo de tiempo. Estos tipos de problemas son a menudo el resultado de una mala codificación ya sea en la base de datos o en la aplicación.

• El no actualizar las estadísticas de base de datos: La mayoría de los DBMS relacionales tienen un optimizador de consultas incorporado, que se basa en estadísticas sobre los datos almacenados y los índices para tomar decisiones sobre la forma de ejecutar una consulta con la mayor eficacia. Se debe actualizar estas estadísticas con regularidad y frecuencia, sobre todo en las bases de datos que son muy activas. De no hacerlo, dará lugar a que las consultas se realicen mal con baja performance

• Mala codificación SQL: SQL Quizás es la causa más común de los malos resultados de base de datos cuando no está bien codificado. Codificadores de consulta necesitan un conocimiento básico de cómo funciona el optimizador de consultas SQL y deben codificar SQL de una manera que aproveche al máximo las capacidades del optimizador. Encapsular complejas SQL en procedimientos almacenados, que pueden ser pre-compilados y pre-optimizados, en lugar de incrustarla en código de aplicación. Utilice vistas de predefinir complejas uniones de tablas. Además, evitar el uso de SQL complejas, incluyendo uniones entre tablas, en las funciones de base de datos, los cuales, a diferencia de los procedimientos almacenados, son opacos para el optimizador de consultas.

• Indexación insuficiente: Complejas consultas de código y consultas que involucran grandes tablas que usen índices construidos en las tablas . Crear los índices necesarios para apoyar estas consultas. Sea cuidadoso en crear demasiados índices en tablas muy actualizadas ya que esto retrasará el proceso de actualización.

• Actividad de aplicaciones: Idealmente, las aplicaciones deben estar en ejecución en un servidor independiente del DBMS, por lo que no están compitiendo por los recursos. Configurar y ajustar servidores de bases para un máximo rendimiento. Además, los nuevos DBMS permiten a los objetos de aplicación, tales como clases de Java y .NET, que se encapsulen en objetos de base y ejecutados en el DBMS. Tenga cuidado al hacer uso de esta capacidad. Puede ser muy útil en ciertos casos, pero la ejecución de código de la aplicación en el servidor de base de datos puede afectar al rendimiento de los procesos de base de datos.

• Aumento en el número, tamaño, o el uso de bases de datos: Para los DBMS que soporta múltiples bases de datos y aplicaciones múltiples, puede haber un "punto de ruptura", donde la adición de más bases de datos tiene un efecto adverso en el rendimiento de las bases de datos existentes. En este caso, cree un nuevo servidor de base de datos. Además, reubicar las bases de datos que han crecido muy grandes, o que se están utilizando en mayor medida que antes, a un servidor diferente. En algunos casos, resolver los problemas de grandes bases de datos mediante elarchivado de datos menos utilizados a otra ubicación, o borrando datos caducados u obsoletos.

• La volatilidad de base de datos: En algunos casos, un gran número de inserciones de tablas y eliminaciones en en un corto tiempo pueden crear estadísticas de distribución de la base con datos inexactos. En estos casos, desactivar la actualización de las estadísticas de base de datos para estas tablas ya que las estadísticas incorrectas afectarán negativamente el optimizador de consultas.

Después de identificar la causa del problema, el DBA tomará cualquier acción que sea necesaria para resolver el problema, incluyendo el trabajo con los desarrolladores de aplicaciones para mejorar y optimizar el código de base de datos y archivar o borrar los datos que ya no se necesitan activamente por los procesos de aplicación.

En casos excepcionales, el DBA puede considerar trabajar con el modelador de datos de normalizar la parte afectada de la base de datos. Haga esto sólo después de que otras medidas, como la creación de puntos de vista e índices y la reescritura de código SQL, se han probado; y sólo después de una cuidadosa consideración de las posibles consecuencias, como la pérdida de la integridad de los datos y el aumento de la complejidad de las consultas SQL en tablas de-normalizadas. Esta advertencia se aplica únicamente a las bases de datos OLTP. Por sólo lectura de informes y bases de datos analíticos, de-normalización para el rendimiento y la facilidad de acceso es la regla y no la excepción, y además no representa una amenaza o riesgo.

6.2.1.7 Plan de Retención de Datos

Una parte importante del diseño de base de datos física es el plan de retención de datos. Discuta la retención de datos con los propietarios de los datos en tiempo de diseño y lleguen a un acuerdo sobre la forma de tratar los datos por encima desu vida útil. Es incorrecto suponer que todos los datos residirán para siempre en el almacenamiento primario. Los datos que no se necesitan de forma activa para apoyar los procesos de aplicación deben ser archivados en algún tipo de almacenamiento secundario en un disco menos costoso, o cinta, o una máquina de discos CD / DVD, tal vez en un servidor independiente. Se debe purgar datos que son obsoletos e innecesarios, incluso a efectos de regulación. Algunos datos pueden convertirse en una desventaja si se mantiene más tiempo del necesario. Recuerde que uno de los principales objetivos de la gestión de los datos es que el costo de mantenimiento de los datos no debe exceder su valor para la organización.

6.2.1.8 Archivar, retener y Purgar datos

Los administradores de bases trabajarán con los desarrolladores de aplicaciones y personal de otras operaciones, incluidos los administradores de servidores y almacenamiento, para implementar el plan de retención de datos aprobado. Esto puede requerir la creación de una zona de almacenamiento secundario, la construcción de un servidor de base de datos secundaria, replicando datos menos necesarios a una base de datos independiente, particionando tablas de base de datos existentes, la organización de las copias de seguridad en cinta o disco y la creación de puestos de trabajo de base de datos que purgan periódicamente los datos innecesarios.

6.2.1.9 Apoyo a base de datos especializadas

No suponga que un solo tipo de arquitectura de base de datos o DBMS funciona para todas las necesidades. Algunas situaciones especializadas requieren tipos especializados de bases de datos. Administrar estas bases de datos especializadas de manera diferente a las bases de datos relacionales tradicionales. Por ejemplo, la mayoría de las aplicaciones de Diseño y Fabricación asistida por ordenador (CAD / CAM) requerirán una base de datos de objetos, como aplicaciones en tiempo real más incrustada. Aplicaciones geoespaciales, tales como MapQuest, hacen uso de bases de datos geoespaciales especializados. Otras aplicaciones, como las aplicaciones de carro de la compra que se encuentran en la mayoría de los sitios en línea de Internet de venta, hacen uso de bases de datos XML para almacenar inicialmente los datos del pedido del cliente. Estos datos se copian a continuación en una o más bases de datos OLTP tradicionales o almacenes de datos. Además, muchas aplicaciones de proveedores fuera de la plataforma pueden usar sus propias bases de datos. Por lo menos, sus esquemas serán de su propiedad incluso si se sientan en la parte superior de los DBMS relacionales tradicionales.

La administración de bases de datos utilizadas únicamente para apoyar una aplicación particular, no debería presentar grandes dificultades. El DBA será principalmente responsable de asegurar copias de seguridad de las bases de datos y la realización de pruebas de backup. . Sin embargo, si los datos de estas bases de datos necesitan ser combinados con otros datos existentes, por ejemplo en una o más bases de datos relacionales, puede presentar un desafío de integración de datos. Estas consideraciones sobre las bases de datos deben ser discutidas y resueltas siempre que se propongan o introduzcan en la organización.

6.2.2 Gestión de la tecnología de datos

Los administradores de bases de datos y otros profesionales manejanla tecnología relacionada con su campo. La gestión de la tecnología de datos debe seguir los mismos principios y normas para la gestión de cualquier tecnología.

El principal modelo de referencia para la gestión de la tecnología es la tecnología de la información Infraestructura Library (ITIL), un modelo de proceso de gestión de la tecnología desarrollada en el Reino Unido. Los principios de ITIL se aplican a el manejo de la tecnología de datos. Para obtener más información, consulte el sitio web de ITIL, http://www.itil-officialsite.com.

6.2.2.1 Entender los requerimientos de tecnología de datos

Es importante entender no sólo cómo funciona la tecnología, sino también cómo se puede agregar valor en el contexto de un negocio particular. El DBA, junto con el resto de la organización de servicios de datos, debe trabajar en estrecha colaboración con los usuarios y gerentes de negocios para entender los datos y las necesidades de información de la empresa. Esto les permitirá sugerir las mejores aplicaciones posibles de la tecnología para resolver problemas de negocio y aprovechar las nuevas oportunidades de negocio.

Los profesionales de datosdeben entender primero los requisitos de una tecnología de datos antes de determinar qué solución técnicaelegir para una situación particular. Estas preguntas son un punto de partida para comprender la idoneidad de una tecnología de datos aunque no son todo incluido.

1. ¿Qué problemas debe resolver ésta tecnología datos ?

2. ¿Qué hace esta tecnología de datos que no esté disponible en otras tecnologías de datos?

3. ¿Qué no hace esta tecnología de datos que no esté disponible en otras tecnologías de datos?

4. ¿Existen requisitos de hardware específicos para esta tecnología de datos?

5. ¿Existen requisitos específicos del sistema operativo para esta tecnología de datos?

6. ¿Existen requisitos específicos de software o aplicaciones adicionales que se requieren para esta tecnología de datos para trabajar como se anuncia?

7. ¿Existen requisitos de almacenamiento específicos para esta tecnología de datos?

8. ¿Existen requisitos específicos de la red o de conectividad para esta tecnología de datos?

9. ¿Incluye esta tecnología datos la funcionalidad de seguridad de los datos? Si no, ¿qué otras herramientas funciona con esta tecnologíaque prevea la funcionalidad de seguridad de datos?

10. ¿Hay habilidades específicas necesarias para ser capaz de dar soporte a esta tecnología datos? ¿Tenemos esas habilidades internas o debemos adquirirlas?

6.2.2.2 Definir la Arquitectura de Datos de Tecnología

La tecnología de datos es parte de la arquitectura de la tecnología global de la empresa, pero también a menudo se considera parte de su arquitectura de datos.

Arquitectura de la tecnología de datos se refiere a tres preguntas básicas:

1. ¿Qué tecnologías son estándar (cuáles se requieren, se prefieren, o se aceptan)?

2. Cuales tecnologías se aplican con que propósitos y bajo qué circunstancias?

3. En un entorno distribuido, que tecnologías existen, dónde y cómo se mueve datos de un nodo a otro?

Las tecnologías de datos deben ser incluidos en la arquitectura de tecnología que incluyen:

- Software de gestión de bases de datos (DBMS).

- Utilidades relacionadas a laadministración de base de datos.

- El modelado de datos y manejo de software de gestión

- El software de inteligencia de negocios para la presentación de informes y análisis.

- Extracción, transformación y carga (ETL) y otras herramientas de integración de datos.

- Análisis de la calidad de datos y herramientas de limpieza de datos.

- El software de gestión de metadatos, incluyendo depósitos de metadatos.

Componentes de la arquitectura de la tecnología de datos refieren a veces como "ladrillos". Varias categorías o puntos de vista que representan las facetas de ladrillos de tecnología de datos son:

- Actuales: productos compatibles actualmente y utilizados.

- Período de implementación: Los productos que se implementarán para su uso en los próximos 1-2 años.

- Período Estratégico: Productos que se espera estén disponibles para su uso en los 2+ próximos años.

- Retiro: Productos de la organización que se han retirado o se tiene la intención de retirarse este año.

- Preferido: Productos preferidos para su uso por la mayoría de las aplicaciones.

- Contención: Productos limitado a utilizar por ciertas aplicaciones.

- Emergentes: Productos siendo investigado y puestos a prueba para su posible implantación futura.

La hoja de ruta de tecnología para la organización consiste en que los ladrillos estén revisados, aprobados y publicados y esto ayuda a gobernar las decisiones tecnológicas futuras.

Es importante entender varias cosas acerca de la tecnología:

- Nunca es gratuita. Incluso la tecnología de código abierto requiere cuidado y alimentación.

- Siempre debe considerarse como un medio para un fin, no el fin en sí mismo.

- Lo más importante, la compra de la misma tecnología que todos los demás están usando y usarla de la misma manera, no crea valor para el negocio o ventaja competitiva para la empresa.

Después de las discusiones necesarias con los usuarios y administradores de negocios, el área de servicios de datos puede resumir los objetivos tecnológicos de datos para el negocio en forma de una hoja de ruta estratégica que se puede utilizar para informar y direccionar futuros trabajos de investigación de tecnología de datos y de proyectos.

6.2.2.3 Evaluar la tecnología de datos

Seleccionando los datos apropiados de tecnología conexos, en particular la adecuada tecnología degestión de base de datos, es una importante responsabilidad. La gestión selecciona la tecnología de datos para satisfacer las necesidades del negocio, incluyendo costo total, la fiabilidad y la integración.

La selección de tecnología de datos implica administradores de datos empresariales, DBAs, arquitectos de datos, analistas de datos, otros profesionales de la gestión de datos y otros profesionales de TI. Las tecnologías de datos que pueden ser investigados y evaluados incluyen:

- Sistemas de gestión de bases de datos (DBMS) de software.

- Utilidades de base de datos, tales como copia de seguridad y recuperación de herramientas y los monitores de rendimiento.

- El modelado de datos y software de gestión de modelo.

- Herramientas de gestión de base de datos, tales como editores, generadores de esquema y generadores de objetos de base de datos.

- El software de inteligencia de negocios para la presentación de informes y análisis.

- Extracto de transferencia de carga (ETL) y otras herramientas de integración de datos.

- Análisis de la calidad de datos y herramientas de limpieza de datos.

- La tecnología de virtualización de datos.

- El software de gestión de metadatos, incluyendo depósitos de metadatos.

Además, los profesionales de datos pueden tener requisitos únicos para los instrumentos utilizados en otros campos, incluyendo:

- La gestión del cambio (biblioteca de código fuente y configuración) herramientas.

- Herramientas de problemas y gestión de problemas.

- Herramientas de gestión de prueba.

- Generadores de datos de prueba.

Tomar decisiones de selección mediante un proceso de evaluación de tecnología estándar y la aplicación de los conceptos de análisis de decisiones definidas por Kepner y Tregoe en El gerente racional. Enlistar las alternativas y compararlas con un conjunto definido de criterios de decisión ponderada, incluyendo funciones necesarias y los objetivos funcionales. El método básico incluye los siguientes pasos:

1. Comprender las necesidades del usuario, objetivos y requisitos relacionados.

2. Entender la tecnología en general.

3. Identificar las alternativas tecnológicas disponibles.

4. Identificar las características requeridas.

5. Evaluar la importancia de cada función.

6. Entender cada alternativa tecnológica.

7. Evaluar y calificar la capacidad de cada alternativa tecnológica para satisfacer las necesidades.

8. Calcular las puntuaciones totales y alternativas tecnológicas según rango de puntuación.

9. Evaluar los resultados, incluidos los criterios considerados

10. Presentar el caso de seleccionar la alternativa de mayor rango.

Seleccionar el software estratégico DBMS es particularmente importante. El software DBMS tiene un impacto importante en la integración de datos, rendimiento de la aplicación y la productividad del DBA. Algunos de los factores a considerar al seleccionar el software DBMS incluyen:

- Arquitectura y complejidad del producto.

- Perfil de aplicación, tales como procesamiento de transacciones, inteligencia de negocios y los perfiles personales.

- Apetito Organizacional por el riesgo técnico.

- Plataforma de hardware y soporte del sistema operativo.

- Disponibilidad de herramientas de apoyo de software.

- Análisis de rendimiento.

- Escalabilidad.

- Los requisitos de software, memoria y almacenamiento.

- Costo de propiedad, tales como la concesión de licencias, mantenimiento y recursos informáticos.

- La reputación del vendedor.

- La política de apoyo de proveedores y calendario de lanzamientos.

- Las referencias de clientes.

El DBA necesitará para ayudar en la evaluación de alternativas tecnológicas. Varios factores entran en juego aquí:

- La disponibilidad, estabilidad, madurez y el costo de los productos actuales.

- La idoneidad de un determinado producto para satisfacer la necesidad / problema del negocio actual.

- La extensibilidad de un determinado producto para satisfacer otras necesidades de negocio.

- Si el producto se "ajusta" con la tecnología y la hoja de ruta de la arquitectura de la organización (ver sección 4.2.2.4).

- Si el producto "encaja" con otros productos y tecnología utilizados por la organización.

- El vendedor de reputación, la estabilidad y la longevidad esperada - ¿Es este un vendedor que la empresa va a querer y ser capaz de, hacer negocios con más de un período prolongado?

- El grado de apoyo que se espera del proveedor – Las actualizaciones que se hagan estarán disponibles con frecuencia y al mínimo costo? Ayudaría proveedor esté disponible cuando sea necesario?

- El DBA necesitará probar cuidadosamente cada producto candidato para determinar sus fortalezas y debilidades, facilidad de implementación y uso, la aplicabilidad a las necesidades y problemas de negocio actuales y futuras y si vive hasta el bombo del vendedor.

6.2.2.4 Instalar y administrar la tecnología de datos

Los administradores de bases enfrentanal trabajo de implementación de nuevos productos de tecnología en entornos de desarrollo/pruebas, QA/certificación y producción. Ellos tendrán que crear procesos y tramites de administrar el producto con la menor cantidad de esfuerzo y gasto. Recuerde que el gasto del producto, incluyendo la administración, concesión de licencias y el apoyo no debe superar el valor del producto para el negocio. Recuerde también que la compra de nuevos productos y la implementación de la nueva tecnología, probablemente no están acompañadas de un aumento de la dotación de personal, por lo que la tecnología tendrá que ser, en lo posible, autocontrol y la auto-administración.

Además, recuerde que el costo y la complejidad de la implementación de la nueva tecnología se estiman insuficientes por lo general y las características y beneficios suelen ser sobreestimadas. Es una buena idea empezar con pequeños proyectos piloto e (POC) implementaciones de prueba de concepto, para obtener una buena idea de los verdaderos costos y beneficios antes de proceder con una aplicación de producción a gran escala.

6.2.2.5 Inventario y Seguimiento de licencias de tecnología de datos

Las organizaciones deben cumplir con todos los acuerdos de concesión de licencias y los requisitos reglamentarios. Se debe realizar un seguimiento con cuidado y llevar a cabo auditorías anuales de licencia de software y los costos anuales de soporte, así como los contratos de arrendamiento de servidores y otros gastos fijos. Estar fuera del cumplimiento de los acuerdos de licencia plantea riesgos financieros y legales serios para una organización.

Con estos datos también se pueden determinar los costos totales de propiedad del (TCO) para cada tipo de tecnología y la tecnología del producto. Regularmente evaluar tecnologías y productos que se están volviendo obsoletos, sin apoyo, menos útiles, o demasiado caros.

6.2.2.6 Cuestiones y Soporte de uso de Tecnología de datos

Cuando una necesidad de negocio requiere la nueva tecnología, los administradores de bases trabajarán con los usuarios de negocios y desarrolladores de aplicaciones para asegurar el uso más eficaz de la tecnología, para explorar nuevas aplicaciones de la tecnología y para hacer frente a los problemas o cuestiones que surgen de su uso.

Los administradores de bases de datos y otros profesionales sirven como nivel 2 de soporte técnico, el trabajo con los centros de ayuda y soporte del proveedor de tecnología para comprender, analizar y resolver los problemas de los usuarios.

La clave para la comprensión y el uso de cualquier tecnología eficaz es la capacitación. Las organizaciones deben asegurarse de que tienen un plan de formación eficaz y económica en lugar de todos los involucrados en la ejecución, el apoyo y el uso de datos y la tecnología de base de datos. Los planes de formación deben incluir los niveles adecuados de entrenamiento cruzado a un mejor soporte de aplicaciones de apoyo, especialmente Desarrollo Ágil. El DBA debe tener y tomar la oportunidad de aprender, las habilidades de desarrollo de aplicaciones tales como el modelado de clases, análisis de casos de uso y acceso a los datos de la aplicación. Los desarrolladores deben aprender algunas habilidades de base de datos, codificación y especialmente SQL!

6.3 Resumen

Los Principios básicos para la implementación de la gestión de las operaciones de datos en una organización, una tabla resumen de los roles para cada actividad de gestión de operaciones de datos, y la organización y las cuestiones culturales que puedan surgir durante la gestión de operaciones de datos se resumen a continuación.

6.3.1 Principios Rectores

En su libro de administración de base de datos de Craig Mullins ofrece a los DBAs las siguientes reglas empíricas para la gestión de las operaciones de datos:

1. Anote todo.

2. Mantenga todo.

3. Siempre que sea posible, automatize un procedimiento.

4 Enfóquese en entender el propósito de cada tarea, gestionar el alcance, simplificar, hacer una cosa a la vez.

5. Mida dos veces, corte una vez.

6. No entre en pánico; reaccionar con calma y racionalmente, porque el pánico provoca más errores.

7. Entender el negocio, no sólo la tecnología.

8. Trabajar juntos para colaborar, ser accesible, auditar el trabajo del otro, compartir su conocimiento.

9. Utilizar todos los recursos a su disposición.

10. Mantengase al día.

6.3.2 Resumen del proceso

El Resumen del Proceso para la función de gestión de operaciones de datos se muestra en la Tabla 6.1. Los entregables, funciones de responsabilidad, que aprueba los roles y funciones que contribuyen se muestra para cada actividad en la función de gestión de operaciones de datos. La tabla también se muestra en el Apéndice A9.

Actividades	Entregables	Roles responsables	Roles aprobados	Roles contribuyentes
4.1.1 Implementación y Control de entornos de bases	Mantenimiento entorno de base de datos de producción, Administrar cambios a producción de base de datos, Lanzamientos	DBAs	Ejecutivo DM	Programadores en sistemas y administradores de datos, Analista de datos, Desarrolladores de software, Gerentes de proyectos
4.1.2 Adquirir Externamente fuente de datos (O)	Datos de origen externo	DBAs, Analista de datos, Administrador de datos	Consejo de gobierno de datos	Administrador de datos, Analista de datos
4.1.3 Plan de Recuperación de Datos (P)	Disponibilidad de datos SLAs, Planes de recuperación de datos	DBAs	Ejecutivo DM, Consejo de gobierno de datos	
4.1.4 Copia de seguridad y recuperación de datos (O)	Copias de seguridad y los registros de la base de datos, Restauración de base de datos, Continuidad de negocios	DBAs	Ejecutivo DM	
4.1.5 Establecer los niveles de servicio de rendimiento de base de datos (P)	Rendimiento de base de datos SLAs	DBAs	Ejecutivo DM, Consejo de gobierno de datos	
4.1.6 Controlar y ajustar el rendimiento de base de datos (O)	Informes sobre el rendimiento de base de datos, Rendimiento de base de datos	DBAs		
4.1.7 Plan de retención de datos (P)	Plan de retención de datos, Procedimientos de gestión de almacenamiento	DBAs	Ejecutivo DM	Especialistas en gestión de almacenamiento
4.1.8 Archivar, Recuperar y Purgar datos (O)	Datos archivados, datos recuperados, Purgado de datos	DBAs	Ejecutivo DM	

Actividades	Entregables	Roles responsables	Roles aprobados	Roles contribuyentes
4.1.9 Administrar bases de datos especializadas (O)	Bases de datos geoespaciales, Base de datos CAD/CAM, Base de datos XML, Base de datos de objetos	DBAs	Ejecutivo DM	Administrador de datos, Expertos en la materia
4.2.1 Entender los requisitos de la tecnología de datos (P)	Requerimientos de tecnología de datos	Arquitecto de datos DBAs	Ejecutivo DM	Administrador de datos, Otros profesionales TI
4.2.2 Definir la arquitectura de base de datos (P) (igual a 2.3)	Arquitectura de tecnología de datos	Arquitecto de datos	Ejecutivo DM, Consejo de gobierno de datos	DBAs, Analista de datos, Administrador de datos
4.2.3 Evaluar la tecnología de datos (P)	Resultados de la evaluación de herramientas, Decisiones de selección de herramientas	Analista de datos, DBAs	Ejecutivo DM, Consejo de gobierno de datos	Administrador de datos, Otros profesionales de TI
4.2.4 Instalar y Administrar Tecnología Datos (O)	Tecnología instalada	DBAs	Ejecutivo DM	Analista de datos, Otros datos profesionales
4.2.5 Licencias de tecnología de datos de inventario y de rastreo (C)	Inventario de licencia	DBAs	Ejecutivo DM	Otros datos profesionales
4.2.6 Apoyo para el uso de la tecnología de datos y cuestiones (O)	Cuestiones de tecnología identificados y resueltos	DBAs	Ejecutivo DM	Otros datos profesionales

Tabla 6.1 Resumen del proceso de Datos de Gestión de Operaciones

6.3.3 Cuestiones de organización y cultura

P1: ¿Cuáles son los obstáculos de organización y culturales comunes en la administración de base de datos?

R1: Los DBAs a menudo no promueven efectivamente el valor de su trabajo a la organización. Necesitan reconocer las legítimas preocupaciones de los propietarios de datos y los consumidores de datos, equilibrar las necesidades de datos a corto plazo y largo plazo, educar a otros en la organización acerca de la importancia de las prácticas de gestión de datos de buena calidad y optimizar las prácticas de desarrollo de datos para garantizar el máximo beneficio para la organización y un impacto mínimo en los consumidores de datos. En cuanto al trabajo de datos como un conjunto abstracto de principios y prácticas y sin tener en cuenta los elementos humanos involucrados, el riesgo DBAs de propagar un "nosotros contra ellos" mentalmente y siendo considerado como dogmático, poco práctico y poco servicial y obstruccionista.

Muchas desconexiones , en su mayoría enfrentamientos en marcos de referencia, contribuyen a este problema. Las organizaciones generalmente consideran la tecnología de la información en términos de aplicaciones específicas y no de datos y por lo general ven los datos desde un punto de vista centrado en las aplicaciones. El valor a largo plazo a las organizaciones, de datos de alta calidad, seguros y reutilizables , tales como los datos como un recurso corporativo, no es tan fácil de reconocer o apreciado.

Desarrollo de aplicaciones a menudo ve la gestión de datos como un impedimento para el desarrollo de aplicaciones, como algo que hace que los proyectos de desarrollo requieren más tiempo y cuesten más sin proporcionar beneficio adicional. Los DBAs han tardado en adaptarse a los cambios en la tecnología, como XML, objetos y arquitecturas orientadas a servicios y nuevos métodos de desarrollo de aplicaciones, tales como Desarrollo Ágil, XP y Scrum. Los desarrolladores, por otra parte, a menudo no reconocen lo bueno de las prácticas de gestión de datos y que pueden ayudar a alcanzar sus metas a largo plazo , la reutilización de aplicaciones y servicios orientados a la verdadera arquitectura de la aplicación.

Hay varias cosas que los administradores de bases de datos y otras entidades de gestión de datos pueden hacer para ayudar a superar estos obstáculos culturales y de organización y además, promover un enfoque más útil y de colaboración para el cumplimiento de los datos y las necesidades de información de la organización:

- Automatizar los procesos de desarrollo de base de datos, el desarrollo de herramientas y procesos que se acorten cada ciclo de desarrollo, reducir los errores y volver a trabajar y minimizar el impacto en el equipo de desarrollo. De esta manera, los DBA pueden adaptarse a un enfoque más iterativo (ágil) para el desarrollo de aplicaciones.

- Desarrollar y promover el uso de los objetos anstractos y reutilizables para que las aplicaciones gratuitas puedan ser fuertemente acopladas a esquemas de bases de datos; la llamada falta de concordancia objeto-relacional. Una serie de mecanismos existen para hacer esto, incluyendo vistas de bases de datos, disparadores, funciones y procedimientos almacenados, los objetos de datos de aplicación y las capas de acceso a datos, XML y XSLT, ADO.NET catalogados como conjuntos de datos y servicios web. El DBA debe estar familiarizado con todos los significados disponibles de virtualización de de datos y ser capaz de recomendar el mejor enfoque para cualquier situación. El objetivo final es hacer uso de la base de datos lo más rápido, fácil y menos doloroso posible.

- Promover normas de base de datos y las mejores prácticas como requerimiento, pero ser lo suficientemente flexible como para desviarse de ellas si las razones son aceptables para estas desviaciones. Las normas de base de datos no deben ser una amenaza para el éxito de un proyecto.

- Vincular las normas de base de datos a varios niveles de soporte en el SLA. Por ejemplo, el SLA puede reflejar los métodos de DBA recomendados y desarrollados y aceptados para garantizar la integridad y seguridad de datos. El SLA debe reflejar la transferencia de la responsabilidad de los administradores de bases al equipo de desarrollo, si el equipo de desarrollo codifica sus propios procedimientos de actualización de base de datos o capa de acceso a datos. Esto evita un enfoque de "todo o nada" a las normas.

- Establecer las necesidades del proyecto y los requerimientos de apoyo por adelantado, para reducir los malentendidos acerca de lo que el equipo del proyecto quiere y no quiere, desde el grupo de datos. Asegúrese de que todo el mundo tiene claro en lo que se va a trabajar por parte de los administradores de bases, a lo que está dispuesto a hacer y lo que no - la forma en que el trabajo se realizará, las normas que, o no quieren seguir, la línea de tiempo para el proyecto, el número de horas y los recursos implicados y el nivel de apoyo que se requiere durante el desarrollo y después de la implementación. Esto ayudará a prevenir sorpresas desagradables a la mitad del proceso de desarrollo.

- Comunicarse constantemente con el equipo del proyecto, tanto durante el desarrollo y después de la implementación, para detectar y resolver cualquier problema lo más pronto posible. Esto incluye la revisión de código de acceso de datos, procedimientos almacenados, vistas y funciones de base de datos escritos por el equipo de desarrollo. Esto también ayudará a llevar a la superficie problemas con o malentendidos sobre el diseño de bases de datos.

- Concentrarse en el negocio. El objetivo es satisfacer las necesidades del negocio y derivar el máximo valor de negocio del proyecto. No ayuda ganar las batallas y perder la guerra.

- Adoptar una actitud de "puedo hacerlo" y ser lo más útil posible. Si siempre estás diciendo a la gente que "no", no se sorprenda cuando elijen ignorarlo a usted y encontrar otro camino. Reconocer que la gente tiene que hacer lo que tiene que hacer y si usted no ayuda a tener éxito, ellos pueden ayudar a fracasar.

- Aceptar las derrotas y fracasos encontrados durante un proyecto como "lecciones aprendidas" y aplicarlo a proyectos futuros. Usted no tiene que ganar todas las batallas. Si surgen problemas de tener las cosas bien, siempre se puede apuntar más tarde como razones para hacer las cosas bien en el futuro.

- Comunicarse con la gente en su nivel y en sus términos. Es mejor hablar con la gente de negocios en términos de las necesidades del negocio y retorno de la inversión y con los desarrolladores en términos de la orientación a objetos, acoplamiento débil y la facilidad de desarrollo.

- Concéntrese en la solución de problemas de los demás, no solo el suyo.

En resumen, tenemos que entender quiénes son nuestros grupos de interés y cuáles son sus necesidades y preocupaciones. Tenemos que desarrollar un conjunto de normas claras y concisas, prácticas, centradas en la empresa para hacer mejor el trabajo de la mejor manera posible. Por otra parte, tenemos que enseñar y aplicar esas normas de manera que proporcionemos el máximo valor a nuestros accionistas y grupos de interés y además, ganar respeto para con nosotros como proveedores de facilitadores, colaboradores y de soluciones.

P2: ¿Cuántas DBAs necesita una organización?

A2: La respuesta a esta pregunta varía según la organización. No hay una regla de personal estándar de oro. Sin embargo, puede haber un costo de negocios importante a la falta de personal. Un personal DBA con exceso de trabajo puede cometer errores que cuestan mucho más en el tiempo de inactividad y los problemas operacionales y que podrían salvarse en la reducción de costos de sueldos, minimizando el personal de DBA. Hay muchos factores que deben tenerse en cuenta al determinar el número óptimo de los administradores de bases para la organización. Estos factores incluyen:

- El número de bases de datos.

- El tamaño y la complejidad de las bases de datos.

- El número de plataformas y entornos de DBMS.

- El número de usuarios.

- El número de aplicaciones compatibles.

- El tipo y la complejidad de las aplicaciones.

- Los requisitos de disponibilidad.

- El riesgo del negocio y el impacto del tiempo de inactividad.

- Requisitos de funcionamiento.

- Acuerdos de nivel de servicio y expectativas del cliente relacionados.

- El número de solicitudes de cambio de base de datos realizadas.

- La experiencia personal de DBA.

- Experiencia del desarrollador de software con las bases de datos.

- La experiencia del usuario final.

- La madurez de las herramientas de DBA.

- El grado de las responsabilidades de DBA para la lógica de la base de datos (procedimientos almacenados, disparadores, funciones definidas por el usuario), la integración, interfaces de acceso y productos de información.

P3: ¿Qué es una aplicación DBA?

R3: Una aplicación DBA es responsable de una o más bases de datos en todos los ambientes (desarrollo/prueba, control de calidad y producción), en oposición a la administración de los sistemas de base de datos para cualquiera de estos entornos. A veces los administradores de bases de aplicación informan a las unidades organizativas responsables del desarrollo y mantenimiento de las aplicaciones compatibles con sus bases de datos. Hay pros y contras cuando se quiere contratar administradores de bases de aplicaciones. Los administradores de bases de aplicación son vistos como miembros integrantes de un equipo de soporte de aplicaciones y centrándose en una base de datos específica, pueden proporcionar un mejor servicio a los desarrolladores de aplicaciones. Sin embargo, los administradores de bases de aplicaciones pueden convertirse fácilmente aislados y perder de vista las necesidades de datos generales de la organización y las prácticas comunes de DBA. La colaboración constante entre los administradores de bases de datos y analistas, modeladores y arquitectos es necesaria para evitar el aislamiento y la separación DBA.

P4: ¿Qué es un DBA procesal?

R4: Un DBA procesal se especializa en el desarrollo y el apoyo de la lógica de procedimiento controlado y se ejecuta por el DBMS: procedimientos almacenados, disparadores y funciones definidas por el usuario (UDF). El DBA procesal se asegura que esta lógica de procedimiento se encuentre planeada, aplicada, probada y compartida (reutilizar). Los DBA procesal conducen la revisión y administración de los objetos de base de datos de procedimiento.

6.4 Lectura recomendada

Las referencias que figuran a continuación proporcionan lectura adicional que soporta el material presentado en el capítulo 6. Estas lecturas recomendadas también se incluyen en la bibliografía al final de la Guía.

Dunham, Jeff. Database Performance Tuning Handbook. McGraw-Hill, 1998. ISBN 0-07-018244-2.

Hackathorn, Richard D. Enterprise Database Connectivity. Wiley Professional Computing, 1993. ISBN 0-4761-57802-9. 352 paginas.

Hoffer, Jeffrey, Mary Prescott, and Fred McFadden. Modern Database Management, 7th Edition. Prentice Hall, 2004. ISBN 0-131-45320-3. 736 paginas.

Kepner, Charles H. and Benjamin B. Tregoe. The New Rational Manager. Princeton Research Press, 1981. 224 paginas.

Kroenke, D. M. Database Processing: Fundamentals, Design, and Implementation, 10th Edition. Pearson Prentice Hall, 2005. ISBN 0-131-67626-3. 696 paginas.

Martin, James. Information Engineering Book II: Planning and Analysis. Prentice-Hall, Inc., 1990. Englewoood Cliffs, New Jersey.

Mattison, Rob. Understanding Database Management Systems, 2nd Edition. McGraw-Hill, 1998. ISBN 0-07-049999-3. 665 paginas.

Mullins, Craig S. Database Administration: The Complete Guide to Practices and Procedures. Addison-Wesley, 2002. ISBN 0-201-74129-6. 736 paginas.

Parsaye, Kamran and Mark Chignell. Intelligent Database Tools and Applications: Hyperinformation Access, Data Quality, Visualization, Automatic Discovery. John Wiley & Sons, 1993. ISBN 0-471-57066-4. 560 paginas.

Pascal, Fabian, Practical Issues In Database Management: A Reference For The Thinking Practitioner. Addison-Wesley, 2000. ISBN 0-201-48555-9. 288 paginas.

Piedad, Floyd, and Michael Hawkins. High Availability: Design, Techniques and Processes. Prentice Hall, 2001. ISBN 0-13-096288-0.

Rob, Peter, and Carlos Coronel. Database Systems: Design, Implementation, and Management, 7th Edition. Course Technology, 2006. ISBN 1-418-83593-5. 688 paginas.

7 Gestión de Datos de Seguridad

La gestión de la seguridad de los datos es la quinta función de gestión de datos en el marco de gestión de datos que se muestra en las figuras 1.3 y 1.4. Es la cuarta función de gestión de datos que interactúa y está influenciado por la función de Gobierno Datos. El capítulo 7 define la función de gestión de la seguridad de datos y explica las Actividades y Conceptos que intervienen en la gestión de operaciones de datos.

7.1 Introducción

La gestión de seguridad de los datos es la planificación, desarrollo y ejecución de las políticas y procedimientos para proporcionar la debida autenticación, autorización, acceso y auditoría de datos y activos de información de seguridad.

Las políticas y procedimientos de seguridad de datos eficaces aseguran que las personas adecuadas se pueden utilizar y actualizar los datos de la manera correcta y que todo el acceso inapropiado y actualización está restringido. Entender y cumplir con los intereses de privacidad y confidencialidad y necesidades de todos los interesados esta en el mejor interés de cualquier organización. El cliente, proveedor y las relaciones constitutivas brindan toda su confianza y dependen, el uso responsable de los datos. El tiempo invertido en mejores intereses de los participantes de la comprensión e inquietudes en general resulta ser una sabia inversión.

Una función eficaz de gestión de la seguridad de datos establece los mecanismos de gobernanza juiciosas que son bastante fáciles de cumplir en una base operativa diaria de todos los interesados. El contexto de la gestión de la seguridad de datos se muestra en la Figura 7.1.

7.2 Actividades y conceptos

El objetivo final de la gestión de la seguridad de datos es proteger los activos de información en línea con las regulaciones de privacidad y confidencialidad y requerimientos del negocio. Estos requisitos provienen de varias fuentes diferentes, muy importantes:

- Preocupaciones de los interesados: Las organizaciones deben reconocer las necesidades de privacidad y confidencialidad de sus partes interesadas, incluidos los clientes, pacientes, estudiantes, ciudadanos, proveedores o socios de negocios. Los interesados son los propietarios finales de los datos sobre ellos y todos en la organización deben ser un administrador responsable de estos datos.

- Regulaciones Gubernamentales: Las regulaciones gubernamentales protegen algunos de los intereses de seguridad de los interesados. Algunas regulaciones restringen el acceso a la información, mientras que otras normativas garantizan la apertura, la transparencia y la rendición de cuentas.

- Preocupación comercial de dominio privado: Cada organización tiene sus propios datos de propiedad para proteger; asegurar la ventaja competitiva proporcionada por la propiedad intelectual y el conocimiento íntimo de las necesidades del cliente y las relaciones con los socios de negocios es una piedra angular de cualquier plan de negocios.

- Necesidades acceso legítimo: los ejecutores de seguridad de datos también deben entender las necesidades legítimas de acceso a datos. Estrategia empresarial, normas y los procesos requieren que las personas en ciertos roles a asumir la responsabilidad por el acceso y el mantenimiento de ciertos datos.

5. Gestión de Seguridad de Datos

Definición: Planeación, desarrollo y ejecución de políticas y procedimientos de seguridad para proveer una apropiada autentificación, autorización, acceso, y auditoria de datos e información.

Metas:
1. Permitir apropiados y prevenir inapropiados accesos y cambios en los datos activos.
2. Satisfacer los requerimientos regulatorios para la privacidad y confiabilidad.
3. Asegurar que las necesidades de privacidad y confiabilidad de todos los interesados sean satisfechos.

Actividades:
1. Entender las Necesidades de Seguridad, Regulaciones y Requerimientos de Datos (P)
2. Definir la Política de Seguridad de Datos (P)
3. Definir los Estadales de Seguridad de Datos (P)
4. Definir Controles y Procedimientos de Seguridad de Datos (D)
5. Gestionar Usuarios, Contraseñas y Membrecías Grupales (C)
6. Gestionar Vista de Accesos de Datos y Permisos (C)
7. Monitorear la Autentificación de Usuarios y Comportamiento de Accesos (C)
8. Clasificar Confidencialidad de la Información (C)
9. Auditar Seguridad de Datos (C)c

Entradas:
- Metas de Negocio
- Estrategia de Negocio
- Reglas de Negocio
- Procesos de Negocios
- Estrategia de Negocio
- Problemas de Privacidad de Datos
- Políticas y Estándares de TI Relacionados

Proveedores:
- Administración de Datos
- Comité Directivo de TI
- Consejo de Administración de Datos
- Gobierno
- Clientes

Participantes:
- Administradores de Datos
- Administradores de Seguridad de Datos
- Administradores de Base de Datos
- Analistas BI
- Arquitecto de Datos
- Líder DM
- CIO/CTO
- Analista de Centro de Ayuda

Herramientas:
- Sistema de Gestión de Base de Datos
- Herramientas de Inteligencia de Negocios
- Marcos de Aplicación
- Identificación de Tecnología de Gestión
- Sistemas de Control de Cambio

Entregas Primarias:
- Políticas de Seguridad de Datos
- Estándares de Confiabilidad y Privacidad de Datos
- Perfiles de Usuarios, Contraseñas y Membrecías
- Permisos de Seguridad de Datos
- Controles de Seguridad de Datos
- Vistas de Acceso a Datos
- Clasificaciones de Documentos
- Historial de Autenticación y Accesos
- Auditorias de Seguridad de Datos

Consumidores:
- Productores de Datos
- Trabajadores de Conocimiento
- Administradores
- Ejecutivos
- Clientes
- Profesionales de Datos

Actividades: (P) – Planeación (C) - Control (D) - Desarrollo (O) - Operacional

Figura 7.1 Diagrama de contexto de gestión de seguridad de datos

Los requisitos de seguridad de datos y los procedimientos para cumplir con estos requisitos se pueden clasificar en cuatro grupos básicos (los cuatro de A):

- Autenticación: Validar los usuarios son quienes dicen que son.

- Autorización: Identificar a las personas adecuadas y les conceda los privilegios correctos para visitas específicas, adecuadas de datos.

- Acceso: Habilitar estas personas y sus privilegios en forma oportuna.

- Auditoría: acciones de seguridad de la opinión y la actividad del usuario para garantizar el cumplimiento de la normativa y la conformidad con la política y las normas.

7.2.1 Entender las necesidades de seguridad de datos y los requisitos reglamentarios

Es importante distinguir entre las reglas de negocio y los procedimientos y las reglas impuestas por los productos de software de aplicación. Mientras que los sistemas de aplicación sirven como vehículos para hacer cumplir las normas y procedimientos de negocio, es común que estos sistemas tienen su propio conjunto único de requisitos de seguridad de datos más allá de los necesarios para los procesos de negocio. Estos requisitos únicos son cada vez más común en los sistemas empaquetados y fuera de la plataforma.

7.2.1.1 Requisitos de negocio

La implementación de seguridad de los datos dentro de una empresa comienza con un conocimiento profundo de los requerimientos del negocio. La misión empresarial y la estrategia que se filtra a través de la estrategia de datos deben ser el factor principal en la planificación de la política de seguridad de los datos. Dirección de corto plazo y metas a largo plazo para lograr una función de seguridad de datos equilibrado y eficaz.

Las necesidades de negocio de una empresa definen el grado de rigidez necesaria para la seguridad de datos. El tamaño de la empresa y la industria a la que pertenece influye en gran medida este grado. Por ejemplo, una financiera o una empresa de valores en los Estados Unidos es altamente regulado y con independencia del tamaño, se requiere para mantener los estándares de seguridad de datos estrictos. Por otra parte, una empresa minorista pequeña escala no puede optar por tener una función de gestión de la seguridad de datos ampliada en comparación con un minorista de gran tamaño, a pesar de que ambos pueden estar involucrados con actividades propias del negocio similares.

Normas y procesos de negocio definen los puntos de contacto de seguridad. Cada evento en el flujo de trabajo empresarial tiene sus propios requisitos de seguridad. Matrices de datos-a-proceso y datos-a-roles son herramientas útiles para mapear estas necesidades y orientar la definición de roles-grupos de seguridad de datos, parámetros y permisos. Además, los administradores de seguridad de datos también deben evaluar los requisitos administrativos de herramientas de software, paquetes de aplicaciones y sistemas informáticos utilizados por la empresa.

Identificar los requisitos detallados de seguridad de aplicaciones en la fase de análisis de todos los proyectos de desarrollo de sistemas.

7.2.1.2 Requisitos Reglamentarios

Hoy hay rápida evolución y el medio ambiente mundial exige que las organizaciones a cumplir con un conjunto creciente de regulaciones. Los aspectos éticos y legales que enfrentan las organizaciones en la era de la información están llevando a los gobiernos a establecer nuevas leyes y normas.

Requisitos de varios reglamentos nuevos, como la Ley de los Estados Unidos la Ley Sarbanes-Oxley de 2002, Bill canadiense 198 y la Ley de CLERP de Australia, tiene todos los estrictos controles de seguridad impuestas en la gestión de información. El Acuerdo Basilea II de la Unión Europea impone controles de información para todas las instituciones financieras que hacen negocios en sus países relacionados. Una lista de las principales regulaciones de privacidad y de seguridad aparece en la sección 7.5.1.

7.2.2 Definir la política de seguridad de datos

Definición de la política de seguridad de los datos en base a los requisitos de seguridad de datos es un esfuerzo de colaboración entre los administradores de seguridad TI, administradores de datos, equipos de auditoría interna y externa y el departamento legal. Profesionales de la seguridad de datos a veces toman un enfoque acorazado a la seguridad y en el proceso pueden causar impedimentos inconvenientes para los consumidores de datos. Desarrollar políticas de seguridad de datos, de modo que el cumplimiento es más fácil que el incumplimiento. El consejo de Gobierno Datos debe revisar y aprobar la política de seguridad de datos de alto nivel.

La estrategia y las normas de TI de la empresa normalmente dictan las políticas de alto nivel para el acceso a los activos de datos empresariales. Es común tener la política de seguridad de TI y Política de Seguridad de Datos de ser parte de una política de seguridad combinada. La preferencia, sin embargo, debe ser separarlos. Las políticas de seguridad de datos son más de naturaleza granular y adoptan un enfoque centrado en los datos muy en comparación con una política de seguridad de TI. Definición de estructuras de directorio y un marco de gestión de identidad puede ser el componente de política de seguridad de TI, mientras que la definición de la aplicación individual, funciones de base, grupos de usuarios y las normas de contraseña puede ser parte de la política de seguridad de datos.

7.2.3 Definir estándares de seguridad de datos

No hay nadie prescrito forma de implementar la seguridad de datos para cumplir con los requisitos de privacidad y confidencialidad. Reglamento general se centran en garantizar el rendimiento de la 'final', sin embargo, rara vez se definen los "medios" para lograrlo. Las organizaciones deben diseñar sus propios controles de seguridad, demuestran que los controles cumplen los requisitos de la ley o los reglamentos y documentar la aplicación de esos controles.

La estrategia y normas de la Tecnología de la información también pueden influir:

- Las herramientas utilizadas para administrar la seguridad de datos.

- Normas y mecanismos de cifrado de datos.

- Directrices de acceso a proveedores y contratistas externos.

- Protocolos de transmisión de datos a través de Internet.

- Los requisitos de documentación.

- Estándares de acceso remoto.

- Violación de la seguridad incidente procedimientos de información.

Considere la seguridad física, sobre todo con la explosión de dispositivos portátiles y medios de comunicación, para formular una estrategia de seguridad efectiva de datos. Normas de seguridad física, como parte de las políticas de TI de las empresas, proporcionar directrices que incluyen:

- El acceso a los datos mediante dispositivos móviles.

- Almacenamiento de datos en dispositivos portátiles, como ordenadores portátiles, DVDs, CDs o memorias USB.

- La eliminación de estos dispositivos en el cumplimiento de las políticas de gestión de registros.

Una organización, sus grupos de interés y sus reguladores tienen necesidades en materia de acceso a datos, la privacidad y la confidencialidad. El uso de estos como los requisitos, una organización puede desarrollar una política de seguridad implementable, incluyendo Principios básicos de la seguridad de datos. La atención debe centrarse en la calidad y la coherencia, no la creación de un cuerpo voluminoso de directrices. La política de seguridad de datos debe estar en un formato que sea fácilmente accesible por los proveedores, los consumidores y las partes interesadas. Una organización podría publicar esta política en su intranet de la empresa o un portal de colaboración similar. Las opiniones y Gobierno de Datos Consejo aprueban la política. La propiedad y el mantenimiento de la responsabilidad de la política de seguridad de los datos recae en el Ejecutivo de Gestión de Datos y los administradores de seguridad TI.

La ejecución de la política requiere satisfacer los cuatro Atléticos de asegurar los activos de información: autentificación, autorización, acceso y auditoría. Clasificación de la información, derechos de acceso, grupos de funciones, usuarios y contraseñas son los medios para aplicar la política y la satisfacción de los cuatro A.

7.2.4 Definir los controles y procedimientos de seguridad de datos

Implementación y administración de la política de seguridad de los datos es principalmente responsabilidad de los administradores de seguridad. Base de datos de seguridad es a menudo una responsabilidad de los administradores de bases de datos (DBAs).

Las organizaciones deben implementar los controles adecuados para satisfacer los objetivos de las leyes pertinentes. Por ejemplo, un objetivo de control podría decir, 'DBA Opina y los derechos de usuario y privilegios en una base mensual. El control de la organización para cumplir con este objetivo pueda estar implementando un proceso para validar los permisos asignados en contra de un sistema de gestión de cambio utilizado para el seguimiento de todas las solicitudes de permisos de usuario. Además, el control también puede requerir un proceso de aprobación de flujo de trabajo o forma de papel firmado para grabar y documentar cada solicitud.

7.2.5 Administrar usuarios, contraseñas y membresía a grupos

Los privilegios de acceso y actualización se pueden conceder a las cuentas de usuario individuales, pero este enfoque se traduce en una gran cantidad de esfuerzo redundante.

Los grupos de funciones permiten a los administradores de seguridad definir los privilegios de papel y conceder estos privilegios a los usuarios al inscribirse en el grupo de funciones correspondiente. Si bien puede ser técnicamente posible inscribir usuarios en más de un grupo, esta práctica puede hacer que sea difícil de entender los privilegios otorgados a un usuario específico. Siempre que sea posible, trate de asignar a cada usuario a un solo grupo de funciones.

Construya definiciones de grupo a nivel de unidad de grupo de trabajo o negocio. Organizar papeles en una jerarquía, por lo que los roles de los niños restringen aún más los privilegios de los roles parentales. El mantenimiento continuo de estas jerarquías es una operación compleja que requiere sistemas de información capaces de taladro granular a los privilegios de usuario individuales. Ejemplos de Jerarquía de roles de seguridad se muestran en la Figura 7.2.

Los administradores de seguridad crean, modifican y eliminan cuentas de usuario y de grupos. Los cambios realizados en la taxonomía del grupo y pertenencia deben exigir un cierto nivel de aprobación y el seguimiento de uso de un sistema de gestión del cambio.

La consistencia de datos en la gestión de usuarios y grupos es un reto en un entorno heterogéneo. La información del usuario, como el nombre, título y número debe ser almacenado de forma redundante en varios lugares. Estas islas de datos a menudo se encuentran en conflicto, lo que representa varias versiones de la "verdad". Para evitar problemas de integridad de datos, gestión de datos de identidad de usuario y datos de los miembros de actuación de grupo de forma centralizada.

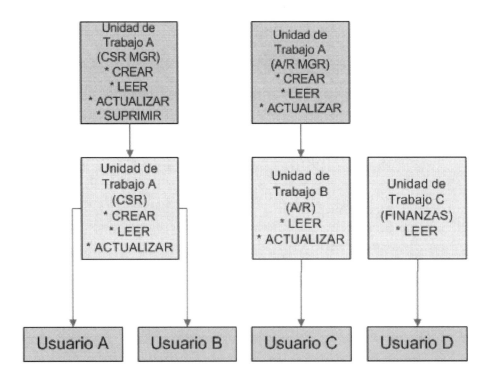

Figura 7.2 Ejemplo de diagrama de Jerarquía de roles de seguridad

7.2.5.1 Normas y Procedimientos contraseña

Las contraseñas son la primera línea de defensa para proteger el acceso a los datos. Cada cuenta de usuario debe ser obligados a tener una contraseña definida por el usuario (propietario de la cuenta) con un nivel suficiente de complejidad de la contraseña definida en las normas de seguridad, conocido comúnmente como contraseñas "fuertes". No permitir contraseñas en blanco. Los requisitos típicos de complejidad de contraseña requieren una contraseña para:

- Contener al menos 8 caracteres.

- Contener una letra mayúscula y un número.

- No ser el mismo que el nombre de usuario.

- No ser las mismas que las 5 contraseñas anteriores utilizadas.

- No contienen palabras completas en cualquier idioma.

- No ser incrementales (Password1, Contraseña2, etc.).

- No tener dos caracteres repetidos secuencialmente.

- Evite el uso de caracteres adyacentes en el teclado.

- Si el sistema es compatible con un espacio en las contraseñas, a continuación, un "frase de paso" se puede utilizar.

Tradicionalmente, los usuarios han tenido diferentes cuentas y contraseñas para cada recurso individual, plataforma, sistema de aplicación y/o estación de trabajo. Este enfoque requiere que los usuarios administren varias contraseñas y cuentas. Las organizaciones con directorios de usuarios de la empresa pueden tener un mecanismo de sincronización que se establece entre los recursos heterogéneos para facilitar la administración de contraseñas de usuario. En tales casos, se requiere que el usuario introduzca la contraseña de una sola vez, por lo general al iniciar sesión en la estación de trabajo, después de que toda la autenticación y la autorización se hacen a través de una referencia al directorio de usuario de la empresa. Un sistema de gestión de identidades implementa esta capacidad, comúnmente conocido como el 'inicio de sesión único'.

El mantenimiento continuo de las contraseñas es normalmente la responsabilidad del usuario, obligando a los usuarios a cambiar sus contraseñas cada 45 a 60 días. Al crear una nueva cuenta de usuario, la contraseña generada se debe a expirar inmediatamente para que los usuarios puedan establecer sus contraseñas para su uso posterior. Los administradores de seguridad y analistas del centro de ayuda ayudar a resolver los problemas relacionados con las contraseñas y la solución de problemas.

7.2.6 Administrar el acceso de vistas y permisos de datos

Gestión de la seguridad de datos no implica simplemente evitar el acceso inadecuado, sino que también permite el acceso valido y apropiado a los datos. La mayoría de los conjuntos de datos no tienen requisitos de acceso restringido. Control de acceso a datos sensibles mediante la concesión de permisos (opt-in). Sin permiso, un usuario no puede hacer nada.

Acceso a los datos de control a nivel individual o de grupo. Las organizaciones más pequeñas pueden encontrar aceptable para administrar el acceso de datos a nivel individual. Las organizaciones más grandes se beneficiarán enormemente de control de acceso basado en roles, la concesión de permisos a grupos de funciones y por lo tanto a cada miembro del grupo. Independientemente del enfoque, la concesión de privilegios requiere un análisis cuidadoso de las necesidades de datos y responsabilidades administrativas.

Vistas de bases de datos relacionales son otro mecanismo importante para la seguridad de los datos, lo que permite las restricciones a los datos en las tablas a ciertas filas sobre la base de valores de datos. Las vistas también pueden restringir el acceso a ciertas columnas, lo que permite un acceso más amplio a algunas columnas y un acceso limitado a los campos más confidenciales.

El control de acceso se degrada cuando se logra a través de las cuentas compartidas o de servicios. Diseñado como una conveniencia para los administradores, estas cuentas a menudo vienen con privilegios mejorados y son imposibles de rastrear a cualquier usuario o administrador en particular. Las empresas que utilizan cuentas compartidas o servicios corren el riesgo de violaciones de seguridad de datos. Algunas organizaciones configuran los sistemas de seguimiento para ignorar las alertas relacionadas con estas cuentas, mejorando aún más este riesgo. Evaluar el uso de dichas cuentas con cuidado y nunca utilizarlas con frecuencia o de forma predeterminada.

7.2.7 Monitorear la autenticación del usuario y comportamiento de acceso

Autenticación de Monitoreo y comportamiento de acceso es fundamental porque:

- Proporciona información acerca de quién se está conectando y acceder a los activos de información, lo cual es un requisito básico para la auditoría de cumplimiento.

- Alerta a los administradores de seguridad de situaciones imprevistas, compensando descuidos en la planificación de la seguridad de datos, diseño y puesta en práctica.

El monitoreo ayuda a detectar operaciones inusuales o sospechosas que pueden justificar una mayor investigación y resolución de problemas. Realizar el seguimiento ya sea activa o pasivamente. Los sistemas automatizados con controles humanos y desequilibra ambos métodos.

Los sistemas que contienen información confidencial como el salario, datos financieros, etc. Comúnmente implementa activamente, monitorear en tiempo real. En tales casos, el seguimiento en tiempo real puede alertar al administrador de seguridad o al administrador de datos cuando el sistema observa una actividad sospechosa o acceso inapropiado. El sistema envía una notificación al administrador de datos, por lo general en forma de alertas de correo electrónico u otros mecanismos de notificación configurables.

La vigilancia pasiva rastrea cambios en el tiempo tomando instantáneas de la situación actual de un sistema a intervalos regulares y la comparación de las tendencias en contra de un punto de referencia o conjunto definido de criterios. El sistema envía los informes a los administradores de datos responsables de los datos. Mientras que la vigilancia activa es más un mecanismo de detección, considere el monitoreo pasivo de ser un mecanismo de evaluación.

Monitoreo automatizado impone una sobrecarga en los sistemas subyacentes. Aunque los avances en la tecnología han reducido las preocupaciones de consumo de recursos en los últimos años, la monitorización todavía puede afectar el rendimiento del sistema. Decidir lo que debe ser monitoreado, por cuánto tiempo y qué medidas se deben tomar en caso de una alerta, requiere un análisis cuidadoso. Pueden ser necesarios cambios en la configuración iterativos para alcanzar los parámetros óptimos para un seguimiento adecuado.

Hacer cumplir la vigilancia en varias capas o los puntos de contacto de datos. El monitoreo puede ser:

- Aplicación específica.

- Se implementó para ciertos usuarios y/o grupos de funciones.

- Implementación de ciertos privilegios.

- Se utiliza para la validación de la integridad de datos.

- Se implementó para la validación metadatos de configuración y el núcleo.

- Se implementó a través de sistemas heterogéneos para el control de las dependencias.

7.2.8 Confidencialidad de información clasificada

Clasificar los datos de una empresa y productos de información mediante un sencillo esquema de clasificación de la confidencialidad. La mayoría de las organizaciones clasifican el nivel de confidencialidad de información que se encuentra dentro de los documentos, incluidos los informes. Un esquema de clasificación típico puede incluir los siguientes niveles de clasificación de cinco confidencialidades:

- Para Audiencias Generales: Información disponible para cualquier persona, incluido el público en general. El público general es la clasificación por defecto asumido.

- Sólo para uso interno: Información limitado a empleados o miembros, pero con un riesgo mínimo si se comparten. Sólo para uso interno se puede mostrar o discutida, pero no copian fuera de la organización.

- Confidencial: La información que no debe ser compartida fuera de la organización. La información confidencial del cliente no puede ser compartida con otros clientes.

- Confidencial Restringido: Información limitada a individuos que realizan ciertas funciones con la "necesidad de conocer". La confidencial restringida podría exigir a individuales a calificar mediante la liquidación.

- Registrado Confidencial: La información de manera confidencial que cualquiera que acceda a la información debe firmar un acuerdo legal para acceder a los datos y asumir la responsabilidad de su carácter secreto.

Clasificar los documentos e informes basados en el más alto nivel de confidencialidad de cualquier información que se encuentra en el documento. Etiqueta de cada página o pantalla con la clasificación en el encabezado o pie de página. Los productos de información clasificada "para todos los públicos" no necesitan etiquetas. Asumir cualquier producto sin etiqueta de ser para todos los públicos. Los autores del documento y diseñadores de productos de información son responsables de evaluar, clasificar correctamente y etiquetar el nivel apropiado de confidencialidad para cada documento.

Además, clasifique las bases de datos, tablas relacionales, columnas y puntos de vista. Clasificación de la información confidencial es una importante característica de metadatos, guiando cómo se otorgan los usuarios privilegios de acceso. Los administradores de datos son responsables de evaluar y determinar el nivel apropiado de confidencialidad para los datos.

7.2.9 Seguridad de los datos de auditoría

Seguridad de los datos de auditoría es una actividad de control que se repite con la responsabilidad de analizar, validar, aconsejar y recomendar políticas, normas y actividades relacionadas con la gestión de la seguridad de datos. La auditoría es una actividad empresarial realizada con la ayuda de los analistas que trabajan sobre la aplicación y los detalles reales. Los auditores internos o externos pueden realizar auditorías; Sin embargo, los auditores deben ser independientes de los datos y/o procesos involucrados en la auditoría. Auditores de seguridad de datos no deben tener la responsabilidad directa de las actividades de objeto de verificación, para ayudar a asegurar la integridad de la actividad de auditoría y los resultados. La auditoría no es una misión criticona. El objetivo de la auditoría es proporcionar la dirección y el consejo de Gobierno Datos con objetividad, imparciales evaluaciones y recomendaciones prácticas racionales.

Las declaraciones de política de seguridad de datos, documentos estándares, guías de implementación, solicitudes de cambio, registros de monitoreo de acceso, salidas de informes y otros registros (copia electrónica o impresa) forman la base de la auditoría. Además de examinar la evidencia existente, las auditorías también pueden incluir la realización de pruebas y comprobaciones.

La seguridad de los datos de auditoría incluye:

- Analizar las políticas y normas con las mejores prácticas y las necesidades de seguridad de los datos.

- El análisis de los procedimientos de ejecución y las prácticas reales para garantizar la coherencia con los objetivos de seguridad de datos, políticas, normas, lineamientos y resultados deseados.

- Evaluar si las normas y procedimientos existentes son adecuados y en alineación con los requerimientos del negocio y de la tecnología.

- Verificación de la organización cumple con los requisitos reglamentarios.

- Revisión de la fiabilidad y exactitud de los datos de auditoría de seguridad de datos.

- Evaluar los procedimientos de escalamiento y mecanismos de notificación en caso de un fallo de seguridad de datos.

- Revisar los contratos, acuerdos de intercambio de datos y las obligaciones de seguridad de datos de proveedores subcontratados y externas, garantizando que cumplan con sus obligaciones y que garanticen la organización cumple sus obligaciones para los datos de origen externo.

- Informar a la alta dirección, los administradores de datos y otros interesados en el "Estado de seguridad de datos" dentro de la organización y la madurez de sus prácticas.

- Recomendar diseño de seguridad de datos, mejoras operativas y de cumplimiento.

La seguridad de los datos de auditoría no es un sustituto para una gestión eficaz de la seguridad de datos. La auditoría es un proceso repetible de apoyo, lo que debería ocurrir con regularidad, de manera eficiente y consistente.

7.3 Seguridad de datos en un mundo externo

Las organizaciones pueden optar por externalizar ciertas funciones de TI, tales como las operaciones por lotes, desarrollo de aplicaciones y/o administración de base de datos. Algunos incluso pueden externalizar la administración de seguridad de datos. Usted puede subcontratar casi cualquier cosa, pero no es su responsabilidad.

La externalización de las operaciones de TI presenta desafíos y responsabilidades de seguridad de datos adicionales. La externalización aumenta el número de personas que comparten la responsabilidad por los datos a través de fronteras organizativas y geográficas. Anteriormente funciones y responsabilidades informales ahora deben definirse explícitamente como obligaciones contractuales. Contratos de externo (outsourcing) deben especificar las responsabilidades y expectativas de cada rol.

Cualquier forma de externalización aumenta el riesgo de la organización, incluyendo una cierta pérdida de control sobre el entorno técnico y las personas que trabajan con datos de la organización. Riesgo para la seguridad de datos se escala para incluir el proveedor de externalización, así que cualquier dato medido y procesos de seguridad deben mirar el riesgo del proveedor de externalización no sólo como un riesgo externo, sino también como un riesgo interno.

La transferencia de control, pero no la responsabilidad, requiere mecanismos de gestión de riesgos y de control más estrictas. Algunos de estos mecanismos incluyen:

- Acuerdos de nivel de servicio.

- Disposiciones de responsabilidad limitada en el contrato de externo (outsourcing).

- Derecho a la auditoría a las cláusulas en el contrato.

- Claramente definido las consecuencias de incumplir las obligaciones contractuales.

- Los informes de seguridad de datos frecuentes del proveedor de servicios.

- Supervisión independiente de la actividad del sistema de proveedores.

- Auditoría de seguridad de los datos más frecuente y minuciosa.

- Comunicación constante con el proveedor de servicio.

En un entorno externalizado, es fundamental para mantener y rastrear el linaje, o flujo, de los datos entre los sistemas y las personas que mantienen una "cadena de custodia". Organizaciones de externo (outsourcing) se benefician especialmente de países en desarrollo CRUD (Crear, Lectura, Actualizar y Borrar) matrices que se asignan responsabilidades de datos a través de los procesos de negocio, aplicaciones, funciones y organizaciones, la localización de la transformación, el linaje y la cadena de custodia de datos.

Responsable, Explicable, Consultado, e informado (RACI) las matrices también ayudan a aclarar las funciones, la separación de funciones y responsabilidades de los diferentes roles y sus requisitos de seguridad de datos.

La matriz RACI también puede formar parte de los documentos, acuerdos y políticas de seguridad de los datos contractuales. Definición de matrices de responsabilidad como RACI establecerán la responsabilidad y la propiedad clara entre las partes involucradas en el contrato de externo (outsourcing), lo que lleva a apoyar las políticas generales de seguridad de datos y su aplicación.

En las operaciones de tecnología de la información de externo (outsourcing), la rendición de cuentas para el mantenimiento de los datos todavía se encuentra con la organización. Es fundamental contar con mecanismos apropiados de cumplimiento en su lugar y tener expectativas realistas de partes que concierten los acuerdos de externo (outsourcing).

7.4 Resumen

Los Principios básicos para la implementación de la gestión de seguridad de los datos en una organización, una tabla resumen de los roles para cada actividad de gestión de seguridad de los datos y la organización y las cuestiones culturales que puedan surgir durante la gestión de seguridad de los datos se resumen a continuación.

7.4.1 Principios Rectores

La aplicación de la función de gestión de la seguridad de datos en una organización sigue quince Principios básicos:

1. Ser un administrador responsable de información en todas partes. Son dueños de los datos. Comprender y respetar las necesidades de privacidad y confidencialidad de todos los interesados ya sean clientes, pacientes, estudiantes, ciudadanos, proveedores o socios de negocios.

2. Entender y cumplir con todos los reglamentos y directrices pertinentes.

3. Los datos-a-proceso y la relación-datos-de papel (CRUD-crear, leer, actualizar, eliminar) matrices mapa ayuda necesidades de acceso a los datos y la definición de guía de grupos de funciones de seguridad de datos, parámetros y permisos.

4. Definición de los requisitos de seguridad de los datos y la política de seguridad de los datos es un esfuerzo de colaboración entre los administradores de seguridad TI, administradores de datos, equipos de auditoría interna y externa y el departamento legal. El consejo de Datos Gobierno debe revisar y aprobar la política de seguridad de datos de alto nivel.

5. Identificar los requisitos detallados de seguridad de aplicaciones en la fase de análisis de todos los proyectos de desarrollo de sistemas.

6. Clasifica todos los datos de la empresa y productos de información en contra de un sencillo esquema de clasificación de la confidencialidad.

7. Cada cuenta de usuario debe tener una contraseña definida por el usuario siguiendo una serie de pautas de complejidad de contraseña y que expira cada 45 a 60 días.

8. Crear grupos de funciones; definir privilegios de papel y conceder privilegios a los usuarios mediante la asignación al grupo de función apropiada. Siempre que sea posible, asignar a cada usuario a un solo grupo de funciones.

9. Un cierto nivel de gestión debe solicitar formalmente, pista y aprobar todas las autorizaciones iniciales y las modificaciones de las autorizaciones de usuario y grupo.

10. Para evitar problemas de integridad de datos con la información de acceso de seguridad, gestionar de forma centralizada los datos de identidad de usuario y datos de los miembros del grupo.

11. Utilice vistas de base de datos relacional para restringir el acceso a las columnas sensibles y/o filas específicas.

12. Reducir al máximo y considerar cuidadosamente cada uso de cuentas compartidas o usuario del servicio.

13. Monitorear acceso de datos a cierta información activa y tomar foto instantáneas periódicas de la actividad de acceso a datos para comprender las tendencias y comparar con los criterios de normalización.

14. Realizar periódicamente objetivo, las auditorías de seguridad de datos independiente para verificar el cumplimiento normativo y las normas de conformidad y para analizar la eficacia y la madurez de las políticas y prácticas de seguridad de datos.

15. En un entorno externalizado, asegúrese de definir claramente las funciones y responsabilidades en materia de seguridad de los datos y comprender la "cadena de custodia" de datos a través de las organizaciones y los roles.

7.4.2 Resumen del proceso

El resumen del proceso para la función de gestión de seguridad de los datos se muestra en la Tabla 7.1. Los entregables, funciones de responsabilidad, que aprueba los roles y funciones que contribuyen se muestra para cada actividad en la función de gestión de la seguridad de datos. La tabla también se muestra en el Apéndice A9.

Actividades	Entregables	Roles responsables	Roles de aprobación	Roles de contribución
5.1 Entender las necesidades de seguridad de datos y los requisitos reglamentarios (P)	Requisitos de seguridad de datos y Reglamentos	Administrador de datos, Ejecutivo DM, Administradores de seguridad	Consejo de gobierno de datos	Administrador de datos, Departamento legal, Seguridad de TI
5.2 Definir la política de seguridad de datos (P)	Política de seguridad de datos	Administrador de datos, Ejecutivo DM, Administradores de seguridad	Consejo de gobierno de datos	Administrador de datos, Departamento legal, Seguridad de TI
5.3 Definir estándares de seguridad de datos (P)	Normas de Seguridad de Datos	Administrador de datos, Ejecutivo DM, Administradores de seguridad	Consejo de gobierno de datos	Administrador de datos, Departamento legal, Seguridad de TI

Actividades	Entregables	Roles responsables	Roles de aprobación	Roles de contribución
5.4 Definir los controles y procedimientos de seguridad de datos (D)	Controles y Procedimientos de Seguridad de Datos	Administradores de seguridad	Ejecutivo DM	Administrador de datos, Seguridad de TI
5.5 Administrar usuarios, contraseñas y pertenencia a grupos (C)	Cuentas de usuario, contraseñas, Los grupos de funciones	Administradores de seguridad, DBAs	Gestión	Productores de datos, Consumidores de datos, Centro de ayuda
5.6 Administrar el acceso de a Vistas de datos y Permisos (C)	Vista de acceso a datos Permisos de recursos de datos	Administradores de seguridad, DBAs	Gestión	Los productores de datos, Consumidores de datos, Desarrolladores de software, Gestión, Centro de ayuda
5.7 Monitorear la autenticación del usuario y comportamiento de acceso (C)	Registros de acceso a datos, Alertas de Notificación de Seguridad, Informes de seguridad de datos	Administradores de seguridad, DBAs	Ejecutivo DM	Administrador de datos, Centro de ayuda
5.8 Clasifique Información Confidencialidad (C)	Documentos clasificados, Bases de datos clasificados	Autores de documentos, Diseñadores de informes, Administrador de datos	Gestión	Administrador de datos
5.9 Seguridad de los datos de auditoría (C)	Informes de Auditoría de Seguridad de Datos	Auditores de seguridad de datos	Consejo de gobierno de datos, Ejecutivo DM	Administradores de seguridad, DBAs, Administrador de datos

Tabla 7.1 Resumen del proceso de la gestión de seguridad de datos

7.4.3 Cuestiones de organización y cultura

P1: ¿Cómo puede la seguridad de datos realmente tener éxito?

R1: El éxito de la seguridad de los datos está profundamente incorporada a la cultura corporativa, pero esto no es el caso de muchas empresas. Las organizaciones a menudo terminan siendo reactiva en la gestión de la seguridad de datos en lugar de ser proactivo. El nivel de madurez en la gestión de la seguridad de datos se ha incrementado en los últimos años, pero todavía hay oportunidad de mejora. Las brechas de seguridad de datos han demostrado que las empresas todavía están luchando y vacilante en que se organicen. En el lado positivo, las regulaciones introducidas recientemente están aumentando la rendición de cuentas, auditabilidad y la sensibilización sobre la importancia de la seguridad de los datos.

P2: ¿Puede haber una buena seguridad al tiempo que permite el acceso?

R2: La protección y seguridad de los datos sin sofocar el acceso del usuario a los datos es una tarea de enormes proporciones. Las organizaciones con una cultura de gestión de procesos les resultará relativamente menos difícil contar con un marco formidable para la gestión de seguridad de los datos en su lugar. Evaluar periódicamente las políticas de seguridad de datos, procedimientos y actividades para encontrar el mejor equilibrio posible entre los requisitos de seguridad de datos de todos los interesados.

P3: ¿Qué significa realmente la seguridad de datos?

R3: La seguridad de datos significa diferentes cosas para diferentes personas. Ciertos elementos de datos pueden ser considerados sensibles en algunas organizaciones y culturas, pero no en otros. Ciertos individuos o roles pueden tener derechos y responsabilidades adicionales que ni siquiera existen en otras organizaciones.

P4: ¿Aplica para todo mundo la realización de las medidas de seguridad de datos?

R4: La aplicación de medidas de seguridad de datos de manera inconsistente o inadecuada dentro de una organización puede conducir a la insatisfacción de los empleados y el riesgo para la organización. Seguridad basada en roles depende de la organización para definir y asignar los roles y aplicarlas de forma coherente.

P5: ¿Los clientes y los empleados deben participar en la seguridad de datos?

R5: La implementación de medidas de seguridad de datos sin tener en cuenta las expectativas de los clientes y empleados puede dar lugar a la insatisfacción de los empleados, la insatisfacción del cliente y el riesgo de la organización. Cualquier medida de seguridad de datos o proceso deben tener en cuenta el punto de vista de los que va a trabajar con esas medidas y procesos, con el fin de garantizar el mayor cumplimiento.

P6: ¿Cómo realmente evitar violaciones de la seguridad?

R6: La gente tiene que entender y apreciar la necesidad de seguridad de los datos. La mejor manera de evitar violaciones de la seguridad de datos es crear conciencia y comprensión de los requisitos de seguridad, políticas y procedimientos. Las organizaciones pueden crear conciencia y aumentar el cumplimiento a través de:

- Promoción de las normas a través de la formación en las iniciativas de seguridad en todos los niveles de la organización. Siga el entrenamiento con mecanismos de evaluación como pruebas en línea que se enfocaron en la mejora de la concienciación de los empleados. Dicha capacitación y las pruebas deben ser obligatorios e hicieron un pre-requisito para la evaluación del desempeño de los empleados.

- Definición de políticas de seguridad de datos para grupos de trabajo y departamentos que complementan y se alinean con las políticas de la empresa. La adopción de un modo de pensar 'actuar local "ayuda a comprometer a la gente de manera más activa.

- Enlaces a la seguridad de datos dentro de las iniciativas de la organización. Las organizaciones deben incluir métricas objetivas para las actividades de seguridad de datos en sus mediciones de cuadro de mando integral y evaluaciones de proyectos.

- Inclusión de los requisitos de seguridad de datos en los acuerdos de nivel de servicio y la externalización de las obligaciones contractuales.

- Énfasis en los requisitos legales, contractuales y reglamentarios aplicables a su industria de la construcción de un sentido de urgencia y un marco interno de gestión de la seguridad de datos.

P7: ¿Cuál es el principio de una guía principal para la seguridad de los datos?

R7: El éxito en la gestión de la seguridad de datos depende de ser proactivo acerca de involucrar a las personas, la gestión del cambio y superar los obstáculos culturales.

7.5 Lectura recomendada

Las referencias que figuran a continuación proporcionan lectura adicional que soporta el material presentado en el Capítulo 7. Estas lecturas recomendadas también se incluyen en la bibliografía al final de la guía.

7.5.1 Textos y Artículos

Afyouni, Hassan A. Database Security and Auditing: Protecting Data Integrity and Accessibility. Course Technology, 2005. ISBN 0-619-21559-3.

Anderson, Ross J. Security Engineering: A Guide to Building Dependable Distributed Systems. Wiley, 2008. ISBN 0-470-06852-6.

Axelrod, C. Warren. Outsourcing Information Security. Artech House, 2004. ISBN 0-58053-531-3.

Calder, Alan and Steve Watkins. IT Governance: A Manager's Guide to Data Security and BS 7799/ISO 17799, 3rd Edition. Kogan Page, 2005. ISBN 0-749-44414-2.

Castano, Silvana, Maria Grazia Fugini, Giancarlo Martella, and Pierangela Samarati. Database Security. Addison-Wesley, 1995. ISBN 0-201-59375-0.

Dennis, Jill Callahan. Privacy and Confidentiality of Health Information. Jossey-Bass, 2000. ISBN 0-787-95278-8.

Gertz, Michael and Sushil Jajodia. Handbook of Database Security: Applications and Trends. Springer, 2007. ISBN 0-387-48532-5.

Jaquith, Andrew. Security Metrics: Replacing Fear, Uncertainty and Doubt. Addison-Wesley, 2007. ISBN 0-321-349998-9.

Landoll, Douglas J. The Security Risk Assessment Handbook: A Complete Guide for Performing Security Risk Assessments. CRC, 2005. ISBN 0-849-32998-1.

Litchfield, David, Chris Anley, John Heasman, and Bill Frindlay. The Database Hacker's Handbook: Defending Database Servers. Wiley, 2005. ISBN 0-764-57801-4.

Mullins, Craig S. Database Administration: The Complete Guide to Practices and Procedures. Addison-Wesley, 2002. ISBN 0-201-74129-6.

Peltier, Thomas R. Information Security Policies and Procedures: A Practitioner's Reference, 2nd Edition. Auerbach, 2004. ISBN 0-849-31958-7.

Shostack, Adam and Andrew Stewart. The New School of Information Security. Addison-Wesley, 2008. ISBN 0-321-50278-7.

Thuraisingham, Bhavani. Database and Applications Security: Integrating Information Security and Data Management. Auerbac Publications, 2005. ISN 0-849-32224-3.

Whitman, Michael R. and Herbert H. Mattord. Principles of Information Security, Third Edition. Course Technology, 2007. ISBN 1-423-90177-0.

7.5.2 Mayor privacidad y las normas de seguridad

Las principales regulaciones de privacidad y seguridad que afectan a los estándares de seguridad de datos se enumeran a continuación.

7.5.2.1 Leyes de privacidad no estadounidenses:

- **Argentina: Ley de Protección de Datos de Carácter Personal de 2000 (también conocido como Habeas Data).**

- **Austria: Ley de Protección de Datos de 2000, el austriaco Gaceta de Leyes Federales Parte I N° 165/1999 (DSG 2000).**

- **Australia: Ley de Privacidad de 1988.**

- **Brasil: Privacidad rige actualmente por el artículo 5 de la Constitución de 1988.**

- **Canadá: La Ley de Privacidad - julio de 1983, de Protección de Información y la Ley de Datos Electrónicos (PIPEDA) de 2000 (proyecto de ley C-6).**

- Chile: Ley de Protección de Datos de Carácter Personal, agosto de 1998.

- Columbia: Ninguna ley específica privacidad, pero la constitución colombiana ofrece a cualquier persona el derecho de actualizar y acceder a su información personal.

- República Checa: Ley de Protección de Datos de Carácter Personal (abril de 2000) N ° 101.

- Dinamarca: Ley de Procesamiento de Datos de Carácter Personal, la Ley Nº 429, mayo de 2000.

- Estonia: Ley de Protección de Datos de Carácter Personal, junio de 1996, Consolidado en julio de 2002.

- Unión Europea: la Directiva de Protección de Datos de 1998.

- Unión Europea: Privacidad en Internet Ley de 2002 (Directiva 2002/58 / CE).

- Finlandia: Ley de enmienda de la Ley de datos personales (986) 2000.

- Francia: Ley de Protección de Datos de 1978 (revisada en 2004).

- Alemania: Ley Federal de Protección de Datos de 2001.

- Grecia: Ley No.2472 sobre la protección de las personas con respecto al tratamiento de datos personales, abril de 1997.

- Hong Kong: Personal Ordenanza de datos (la "Ordenanza").

- Hungría: Ley LXIII de 1992 sobre la Protección de Datos Personales y la Publicidad de los datos de los intereses públicos.

- Islandia: Ley de Protección de la Persona; Procesamiento de Datos de Carácter Personal (enero 2000).

- Irlanda: Ley de Protección de Datos (Enmienda), Número 6 de 2003.

- India: Ley de Tecnologías de la Información de 2000.

- Italia: Código de Protección de Datos de 2003 Italia: Procesamiento Ley de datos personales, enero de 1997, de.

- Japón: Ley de Protección de Datos de Carácter Personal (LOPD).

- Japón: Ley para la Protección de Informática Procesado de Datos mantienen organismos administrativos, diciembre de 1988.

- Corea: Ley de Protección de Datos Personales Ley de Organismos Públicos de la Información y Uso de la red de comunicación.

- Letonia: Ley de Protección de Datos de Carácter Personal, 23 de Marzo del 2000.

- Lituania: Ley de Protección Legal de Datos de Carácter Personal (junio de 1996).

- Luxemburgo: Ley de 2 de agosto de 2002 sobre la Protección de las personas en relación con el tratamiento de datos personales.

- Malasia: Derecho Común principio de confidencialidad Proyecto de Protección de Datos Personales Bill Bancario y la Ley de Instituciones Financieras de 1989 las disposiciones de privacidad.

- Malta: Ley de Protección de Datos (Ley XXVI de 2001), enmendada el 22 de marzo de 2002, 15 de noviembre 2002 y 15 de julio del 2003.

- Nueva Zelanda: Ley de Privacidad, mayo de 1993; Privacidad Ley de Enmienda, de 1993; Privacidad Enmienda Ley de 1994.

- Noruega: Ley de datos personales (abril de 2000) - Ley de 14 de abril 2000, Nº 31 relativo al tratamiento de datos personales (Ley de datos personales).

- Filipinas: Ninguna ley general de protección de datos, pero no es un derecho reconocido de la intimidad en el derecho civil.

- Polonia: Ley de Protección de Datos de Carácter Personal (agosto de 1997).

- Singapur: El Código de comercio electrónico para la Protección de Información Personal y Comunicaciones de Consumidores de Comercio de Internet.

- República Eslovaca: Ley Nº 428 de 3 de julio de 2002 sobre Protección de Datos de Carácter Personal.

- Eslovenia: Ley de Protección de Datos de Carácter Personal, RS Nº 55/99.

- Corea del Sur: La Ley de Promoción de la Información y las Comunicaciones uso de la red y protección de datos de 2000.

- España: LEY ORGÁNICA 15/1999, de 13 de diciembre, de Protección de Datos de Carácter Personal.

- Suiza: La Ley Federal de Protección de Datos de 1992.

- Suecia: Ley de Protección de Datos de Carácter Personal (1998: 204), 24 de octubre de 1998.

- Taiwán: Procesado Ley de Protección de datos personales - sólo se aplica a las instituciones públicas.

- Tailandia: Ley de Información Oficial (1997) para las agencias estatales (proyecto de ley de protección de datos personales en estudio).

- Vietnam: La Ley de Transacciones Electrónicas (Proyecto: Finalizado en 2006).

7.5.2.2 Leyes de privacidad estadounidenses:

- Ley de Estadounidenses con Discapacidades (ADA).

- Ley de Política de Comunicaciones por Cable de 1984 (Ley de Cable).

- Senado de California Bill 1386 (SB 1386).

- Ley de Protección de Internet de Niños del 2001 (CIPA).

- Ley de Protección de Privacidad Infantil en Internet 1998 (COPPA).

- Asistencia de comunicaciones Acta de Aplicación de la Ley de 1994 (CALEA) para.

- Fraude informático y Ley de Abuso de 1986 (CAFA).

- Ley de Seguridad Informática de 1987 - (Reemplazado por la Ley de Gestión de Seguridad de la Información Federal (FISMA).

- Ley de Reporte de Crédito al Consumidor de Reforma de 1996 (CCRRA) - Modificar la justa Ley de informes crediticios (FCRA).

- Control del Asalto de (CAN-SPAM) de 2003 Pornografía No Solicitados y Marketing.

- Ley de Transferencia Electrónica de Fondos (EFTA).

- Feria y Crédito Precisa Ley de Transacciones (FACTA) de 2003.

- La Justa Ley de informes crediticios.

- Ley de Gestión de la Información de Seguridad Federal (FISMA).

- Ley de la Comisión Federal de Comercio (FTCA).

- Ley de Protección de Privacidad 1994 para el conductor.

- Comunicación electrónica de acto privacidad de 1986 (ECPA).

- La libertad de información electrónica de acto de 1996 (E-FOIA)

- Feria de Ley de informes crediticios de 1999 (FCRA).

- Derechos de Educación Familiar y Ley de la Privacidad de 1974 (FERPA, también conocida como la Enmienda Buckley).

- Ley de Modernización de Gramm-Leach-Bliley Servicios Financieros de 1999 (GLBA).

- Ley de Privacidad de 1974.

- Ley de Protección de la Privacidad de 1980 (PPA).

- Ley del Derecho a la Privacidad Financiera de 1978 (RFPA).

- Ley de Telecomunicaciones de 1996.

- Ley de protección de los consumidores de la telefonía de 1991 (TCPA).

- Unir y Fortalecer América por los instrumentos adecuados necesarios para interceptar y obstruir la Ley de Terrorismo de 2001 (Ley Patriota de EE.UU.).

- Ley de Protección de Privacidad de Video de 1988.

7.5.2.3 Regulaciones de privacidad y seguridad en la industria especifica:

Servicios financieros: Ley Gramm-Leach-Bliley (GLBA), PCI Estándar de Seguridad de Datos.

Salud y Productos Farmacéuticos: (Ley de Responsabilidad de 1996 Portabilidad del Seguro de Salud y) y la FDA 21 CFR Parte 11 HIPAA.

Infraestructura y Energía: FERC y Normas de Seguridad Cibernética del NERC, el Programa de Seguridad Cibernética Sector Químico y Aduanera y Comercial contra el Terrorismo (C-TPAT).

EE.UU. Gobierno Federal: FISMA y Lineamientos relacionados NSA y el NIST Standard.

CAN-SPAM - La ley federal respecto de correo electrónico no solicitado.

8 Administración de datos maestros y referenciales

La administración de datos maestros y referenciales es la sexta función de administración de datos en el marco de administración de datos tal como se muestra en las figuras 1.3 y 1.4. Es la quinta función de la administración de datos que interactúa y que está influenciada por la función de Gobierno de Datos. El Capítulo 8 define la función de administración de datos maestros y referenciales y explica las Actividades y Conceptos relacionados con la administración de datos maestros y referenciales.

8.1 Introducción

En cualquier organización, diferentes grupos, procesos, y sistemas necesitan la misma información. Los datos creados en los procesos suministran el contexto para creación de datos en procesos subsiguientes. Sin embargo, los diferentes grupos utilizan los mismos datos para propósitos diferentes. Los departamentos de fabricación, de ventas y de finanzas se preocupan por la venta del producto pero cada departamento tiene diferentes expectativas con respecto a la calidad de los datos. Tales requerimientos con propósitos específicos llevan a las organizaciones a crear aplicaciones con propósitos específicos que utilizan los contenidos de datos similares pero con inconsistencias y en formatos diferentes. Estas inconsistencias tienen un impacto dramáticamente negativo sobre toda la calidad de los datos.

La Administración de los datos maestros y referenciales es la conciliación y el mantenimiento continuo de los datos maestros y de los datos referenciales.

- *La Administración de datos referenciales* es el control del dominio de los valores definidos (también conocido como vocabulario), incluyendo el control sobre los términos estándares, los valores de los códigos y otros identificadores únicos, las definiciones de negocio para cada valor, las relaciones de negocios dentro y entre las listas de los dominios de valores; así como también el uso consistente y compartido de los valores de los datos referenciales relevantes, precisos y oportunos para la clasificación y categorización los datos.

- *La Administración de datos maestros* es el control de los valores de los datos maestros para asegurar el uso consistente, compartido y contextual de la versión de la verdad sobre las entidades esenciales del negocio, en los diferentes sistemas de la empresa.

Los datos referenciales y los datos maestros proveen el contexto para los datos de una transacción, por ejemplo una transacción de venta a un cliente identifica el cliente, el empleado que hace la venta y el producto o servicio vendido, así como también datos referenciales adicionales, tales como el estatus de la transacción y cualquier código contable aplicable. Otros elementos de datos tales como el tipo de producto y el trimestre de la venta, pueden ser derivados.

Al momento de la publicación de esta guía, ningún término relacionado con la administración de datos maestros y referenciales ha sido popularizado. En ciertos casos, uno u otro termino es utilizado para referirse a esta función. En cualquier conversación que se utilice estos términos es importante que cada participante aclare el significado de cada termino.

El diagrama de contexto de la administración de datos maestros y de datos referenciales se muestra en la Figura 8.1. La calidad de los datos de una transacción depende mucho de la calidad de los datos referenciales y de los datos maestros. La mejora de la calidad de los datos referenciales y de los datos maestros influirá en la mejora de la calidad de todos los datos de la empresa y tendrá un impacto importante en la confianza de las empresas sobre sus propios datos.

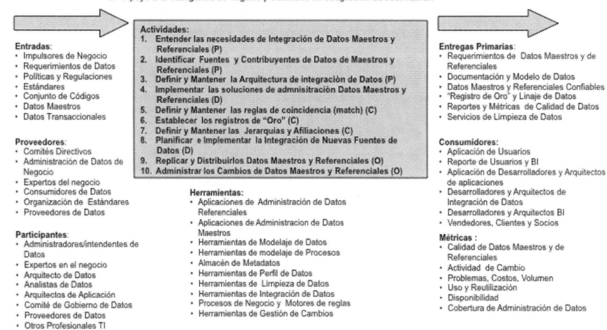

6. Administración de Datos Maestros y Referenciales

Definición: Planificación, implementación, y control de actividades para asegurar las consistencia con una " versión de oro" de valores de datos contextuales.

Metas:
1. Proporcionar una fuente autorizada de reconciliación, datos maestros de alta calidad y referenciales.
2. Bajos costos y baja complejidad a través de reutilización y apalancamiento de estándares.
3. Apoyo a la Inteligencia de negocio y esfuerzos de integración de información.

Entradas:
- Impulsores de Negocio
- Requerimientos de Datos
- Políticas y Regulaciones
- Estándares
- Conjunto de Códigos
- Datos Maestros
- Datos Transaccionales

Proveedores:
- Comités Directivos
- Administración de Datos de Negocio
- Expertos del negocio
- Consumidores de Datos
- Organización de Estándares
- Proveedores de Datos

Participantes:
- Administradores/intendentes de Datos
- Expertos en el negocio
- Arquitecto de Datos
- Analistas de Datos
- Arquitectos de Aplicación
- Comité de Gobierno de Datos
- Proveedores de Datos
- Otros Profesionales TI

Actividades:
1. Entender las necesidades de Integración de Datos Maestros y Referenciales (P)
2. Identificar Fuentes y Contribuyentes de Datos de Maestros y Referenciales (P)
3. Definir y Mantener la Arquitectura de integración de Datos (P)
4. Implementar las soluciones de admnisitración Datos Maestros y Referenciales (D)
5. Definir y Mantener las reglas de coincidencia (match) (C)
6. Establecer los registros de "Oro" (C)
7. Definir y Mantener las Jerarquias y Afiliaciones (C)
8. Planificar e Implementar la Integración de Nuevas Fuentes de Datos (D)
9. Replicar y Distribuirlos Datos Maestros y Referenciales (O)
10. Administrar los Cambios de Datos Maestros y Referenciales (O)

Herramientas:
- Aplicaciones de Administración de Datos Referenciales
- Aplicaciones de Administracion de Datos Maestros
- Herramientas de Modelaje de Datos
- Herramientas de modelaje de Procesos
- Almacén de Metadatos
- Herramientas de Perfil de Datos
- Herramientas de Limpieza de Datos
- Herramientas de Integración de Datos
- Procesos de Negocio y Motores de reglas
- Herramientas de Gestión de Cambios

Entregas Primarias:
- Requerimientos de Datos Maestros y de Referenciales
- Documentación y Modelo de Datos
- Datos Maestros y Referenciales Confiables
- "Registro de Oro" y Linaje de Datos
- Reportes y Métricas de Calidad de Datos
- Servicios de Limpieza de Datos

Consumidores:
- Aplicación de Usuarios
- Reporte de Usuarios y BI
- Aplicación de Desarrolladores y Arquitectos de aplicaciones
- Desarrolladores y Arquitectos de Integración de Datos
- Desarrolladores y Arquitectos BI
- Vendedores, Clientes y Socios

Métricas:
- Calidad de Datos Maestros y de Referenciales
- Actividad de Cambio
- Problemas, Costos, Volumen
- Uso y Reutilización
- Disponibilidad
- Cobertura de Administración de Datos

Actividades: (P) – Planificación (C) – Control (D) – Desarrollo (O) - Operacional

Figura 8.1 Diagrama de contexto de la Administración de datos maestros y referenciales

Por lo tanto, todos los programas de administración de datos maestros están enfocados en programas de mejora de la calidad de los datos y requieren de todas las actividades de la administración de calidad de los datos descritas en el Capitulo 12. Estos programas dependen, también, de las actividades de administración/intendencia de datos y de gobierno de datos descritas en el capitulo 3. La administración de datos maestros y referenciales es más exitosa cuando esta basada en los programas de mejora continua de la calidad de datos y no en proyectos aislados.

El costo y la complejidad de cada programa es determinado por la palanca o impulsores del negocio que exige de este esfuerzo. Las dos palancas más comunes que impulsan la administración de los datos maestros y referenciales son:

- Mejorar la calidad de los datos y su integración a través de las fuentes de datos, de las aplicaciones y de las tecnologías

- Proporcionar una visión consolidada de 360 grados de la información que contemple los componentes importantes del negocios, las funciones y los productos, en particular para asegurar la calidad de los reportes y de los análisis.

Dado el costo y la complejidad del esfuerzo, la implementación de cualquier solución debe estar basada en un claro propósito de negocio, soportada por los estándares existentes así como también por las lecciones aprendidas de proyectos anteriores y en alianza estrecha con los intendentes de datos de la empresa.

8.2 Actividades y conceptos

A pesar que la administración de los datos maestros y de los datos referenciales comparten propósitos similares y actividades comunes, hay algunas diferencias entre ambas funciones. En la administración de los datos maestros, el intendente de los datos de la empresa mantiene una lista de los valores de los datos validos (código y otros) así como también sus significados a través de definiciones internas o de fuentes externas. El intendente de datos de la empresa también administra las relaciones entre los valores de los datos referenciales y particularmente su jerarquía.

La administración de los datos maestros requiere la identificación y/o el desarrollo de los registros de oro (Golden records) de la verdad para cada producto, lugar, persona u organización. En algunos casos, un sistema de registros suminista los datos definitivos para una instancia. Sin embargo, incluso un sistema puede accidentalmente producir mas de un registro de una misma instancia. Una variedad de técnicas son utilizadas para determinar, de la mejor manera, el dato más exacto y oportuno de la instancia.

Una vez que los valores mas precisos, actuales y relevantes sean establecidos, los datos maestros y los datos referenciales se disponen para ser compartidos y utilizados tanto por los sistemas transaccionales como por los ambientes de almacenes de datos (Data Warehouse) /inteligencia de negocio. Algunas veces los datos son replicados y propagados desde una base de datos maestra hacia una o varias bases de datos. Otras aplicaciones pueden leer los datos maestros y los datos referenciales directamente desde la base de datos maestra.

La administración de datos maestros y de datos referenciales se realiza tanto en los ambientes de procesamiento transaccional (OLTP) como también en los ambientes de almacenes de datos y de inteligencia de negocio. Idealmente, todas las bases de datos de los procesos transaccionales utilizan el mismo registro de Oro (Golden Records) y sus valores. Desafortunadamente, la mayoría de las organizaciones tienen inconsistencias en los datos maestros y en los datos referenciales utilizados por sus sistemas transaccionales, y esto necesita el uso de los sistemas de almacenes de datos (Data Warehouse) para identificar no solo el sistema de registros mas exacto sino también los valores de los datos maestros y los referenciales mas correctos. La mayor parte de los costos relativos a los almacenes de datos corresponden a la limpieza y a la reconciliación de los datos maestros y de los datos referenciales extraídos de diferentes fuentes. Algunas veces las organizaciones deben, inclusive, realizar paulatinamente los cambios de los datos referenciales en tablas dimensionales, tales como jerarquías organizacionales y de productos, dentro del ambiente de los almacenes de datos/inteligencia de negocio, en lugar de mantener los datos en una base de datos operacional con replicas en otras bases de datos operacionales o en otros almacenes de datos.

Para compartir efectivamente los datos maestros y los datos referenciales consistentes a través de las aplicaciones, las organizaciones necesitan entender:

- ¿Quién necesita qué información?

- ¿Qué datos están disponibles a partir de las diferentes fuentes de datos?

- ¿Cómo se diferencian los datos de fuentes diferentes? ¿Qué valores son los más válidos (los más precisos, oportunos y relevantes)?

- ¿Cómo pueden ser reconciliadas las inconsistencias en dicha información?

- ¿Cómo compartir eficazmente y efectivamente los valores más válidos?

8.2.1 Datos referenciales

Los datos referenciales son datos utilizados para clasificar o categorizar otros datos. Usualmente, las reglas de negocio definen los valores de los datos referenciales a partir de uno o varios valores permitidos. El conjunto de valores de los datos permitidos conforma un dominio de valor. Algunas organizaciones definen, internamente, los dominios valores de los datos referenciales; tales como el status de una orden: Nueva, En progreso, Cerrada, Cancelada, etc. Otros dominios de valores de los datos referenciales son definidos externamente como en el caso del gobierno o de los estándares de la industria; como por ejemplo las dos letras utilizadas para abreviar el código postal de los estados utilizados por los servicios postales de los Estados Unidos, tal como CA para California.

Más de un conjunto de dominios de valores de los datos referenciales, pueden referirse al mismo dominio conceptual. Cada valor es único dentro de su propio domino de valor. Por ejemplo, cada estado puede tener:

- Un nombre oficial ("California").

- Un nombre legal ("Estado de California").

- Un abreviación estándar del código postal ("CA").

- Un código estándar ("US-CA") de la Organización Internacional de Normalización (ISO).

- EL código ("06") de los estándares de procesamiento de la información de los Estados Unidos.

En todas las organizaciones, el dato referencial existe, virtualmente, en cada base de datos a lo largo de la organización. Las tablas de referencia (algunas veces llamadas tablas de código) se relacionan, a través de claves foráneas, con otras tablas de base de datos relacionales, y las funciones de integridad referencial, pertenecientes al sistema de administración de bases de datos, asegura que solo los valores validos de las tablas de referenciales sean utilizados en otras tablas.

Algunos conjuntos de datos referenciales son listas de valores de solo dos columnas, que relacionan un código de valor con una descripción del código, tal como se muestra en la Tabla 8.1. El valor del código, tomado de la lista de códigos de país del ISO 3166-1993, es el identificador primario, y es el valor de referencia que aparece en otros contextos. La descripción del código es el nombre mas significativo o la etiqueta desplegada en el lugar del código en las pantallas, listas drop-down, y en los reportes.

Código	Descripción
EUA	Estados Unidos de América
GB	Reino Unido (Gran Bretaña)

Tabla 8.1 Muestra de los Datos referenciales de código de país ISO

Es de notar, que en este ejemplo, el valor del código del Reino Unido es GB de acuerdo a los estándares internacionales, y no UK a pesar que UK eses una forma corta común utilizada en muchas comunicaciones.

Algunos conjuntos de datos referenciales establecen referencias cruzadas con múltiples valores de código que representan la misma cosa. Diferentes base de datos de aplicaciones pueden utilizar un conjunto de códigos diferentes para representar el mismo atributo conceptual. Un conjunto de datos maestros de referencia cruzada permite la traducción de un código a otro. Se debe notar que los códigos numéricos, tales como los códigos numéricos de estado FIPS mostrados en la Tabla 8.2, son limitados a valores numéricos, pero las funciones aritméticas no pueden ser utilizadas con estos números.

Código del estado USPS	Código del estado ISO	Código Número del Estado FIPS	Abreviación del estado	Nombre del Estado	Nombre formal del estado
CA	US-CA	06	Calif.	California	Estado de California
KY	US-KY	21	Ky.	Kentucky	Mancomunidad de Kentucky
WI	US-WI	55	Wis.	Wisconsin	Estado de Wisconsin

Tabla 8.2 Muestra de los datos de referencia cruzados para códigos de Estado

Algunos conjuntos de datos referenciales también incluyen definiciones de negocio para cada valor. Las definiciones proporcionan información que las etiquetas sola no suministra. Las Definiciones se muestran raras veces en los reportes o en las listas desplegables, pero pueden aparecer en la función de ayuda (Help) de las aplicaciones, para mostrar el uso apropiado de los códigos de acuerdo al contexto.

Utilizando como ejemplo el estatus de los tickets de los centros de ayuda (Help desk) en la tabla 8.3, sin una definición de lo que significa el código del valor, el seguimiento el estatus del ticket no puede realizarse de una manera efectiva y correcta. Este tipo de diferenciación es especialmente necesaria para las clasificaciones que guían los cálculos de las métricas de desempeño y de otras analíticas de inteligencia negocio.

Código	Descripción	Definición
1	Nuevo	Indica que un ticket ha sido recientemente creado sin un recurso asignado
2	Asignado	Indica que un ticket tiene un recurso asignado
3	Trabajo en Progreso	Indica que el recurso asignado comenzó a trabajar en el ticket
4	Resuelto	Indica que se asume que la solicitud fue completada por el recurso asignado
5	Cancelado	Indica que la solicitud fue cancelada luego de una interacción con el solicitante
6	Pendiente	Indica que la solicitud no puede ser procesada sin una información adicional
7	Completada	Indica que la solicitud fue completada y verificada por el solicitante

Tabla 8.3 Muestra de los datos referenciales de un centro de ayuda (Help desk)

Algunos conjuntos de datos referenciales definen una taxonomía de los valores de los datos especificando las relaciones jerárquicas entre los valores de datos, utilizando la clasificación de productos y servicios de estándar universal (Universal Standard Products and Service Classification – UNSPSC) como se muestra en la tabla 8.4. La utilización de los datos referenciales taxonómicos permite la captura de información a diferentes niveles de especificidad y a su vez, cada nivel suministra una visión precisa de la información.

Los datos referenciales taxonómicos pueden ser importantes en muchos contextos y significativamente en la clasificación de contenido, en la navegación multifacética y en la inteligencia de negocio. En una base de datos relacional tradicional, los datos referenciales taxonómicos estarían guardado en una relación recursiva. Las herramientas de administración de la taxonomía usualmente mantienen información jerárquica entre otras cosas.

Valor de código	Descripción	Código Padre
10161600	Plantas Florales	10160000
10161601	Plantas Rosales	10161600
10161602	Plantas Poinsettias	10161600
10161603	Plantas Orquídeas	10161600
10161700	Flores cortadas	10160000
10161705	Rosas cortadas	10161700

Tabla 8.4 Muestra de Datos referenciales jerárquicos

Los metadatos de los conjuntos de datos referenciales pueden documentar:

- El significado y el propósito de cada dominio de los valores de los datos referenciales.

- Las tablas referenciales y las bases de datos donde aparezcan los datos referenciales.

- La fuente de los datos de cada tabla.

- La versión disponible actualmente.

- Cuando fue la ultima actualización de los datos.

- Cómo es el mantenimiento de los datos de cada tabla.

- Quién es responsable de la calidad de los datos y de los metadatos.

Los dominios de valores de datos referenciales cambian lentamente. Los intendentes de datos del negocio deben mantener los valores de los datos referenciales y los metadatos asociados, incluyendo los valores de códigos, las descripciones estándar y las definiciones de negocio. También deben comunicar a los consumidores cualquier nueva inclusión así como también los cambios en los conjuntos de los datos referenciales.

Los intendentes de datos de negocio no sólo actúan como la autoridad responsable de los conjuntos de datos referenciales definidos internamente, sino también como la autoridad responsable de los conjuntos de datos referenciales estándar definidos externamente; realiza el seguimiento de los cambios y trabaja con los profesionales de datos para actualizar los datos referenciales definidos externamente, cuando estos cambian.

8.2.2 Datos Maestros

Los datos maestros son datos relativos a las entidades de negocio que suministran el contexto a las transacciones de negocio. A diferencia de los datos referenciales los valores de los datos maestros, no están no limitados, usualmente, a dominio de valores pre-definido. Sin embargo, las reglas de negocio, típicamente, fijan el formato y los rangos permitidos de los valores de los datos maestros. Los datos maestros organizacionales comunes incluyen datos sobre:

- Las partes incluyendo a individuos, organizaciones y sus funciones, tales como clientes, ciudadanos, pacientes, vendedores, proveedores, socios comerciales, competidores, empleados, estudiantes y otros.

- Los productos, tanto internos como externos.

- Las estructuras financieras, como las cuentas del libro mayor, centros de costo, centros de beneficio y otros.

- Lugares, como direcciones.

Los datos maestros conforman la autoridad, son los datos mas disponibles y mas precisos acerca de las entidades claves de negocio, y son utilizados para establecer el contexto de los datos transaccionales. Los valores de datos maestros son considerados de Oro.

El término administración de datos maestros tiene sus raíces en el archivo maestro, una frase utilizada antes de la aparición de las bases de datos y se convirtió en un término común. Algunos creen que la administración de datos maestros (MDM) es un término de moda, que pronto será sustituido por otra nueva palabra de moda. Sin embargo, la necesidad de datos maestros y de datos referenciales de alta calidad es inmediata y las técnicas y las actividades de la Administración de los datos maestros y referenciales serán valiosas todavía, por mucho años.

La administración de datos maestros es el proceso de definición y mantenimiento de la manera en que los datos maestros serán creados, integrados, mantenidos y utilizados a través de la empresa. Los desafíos de MDM son: 1) determinar con gran precisión, los valores de datos de Oro a partir de valores de datos potencialmente conflictivos, y 2) utilizar los valores de Oro en lugar de otros datos menos precisos. Los sistemas de administración de datos maestros tratan de determinar los valores de los datos de Oro y luego los ponen disponibles donde se necesiten.

El MDM puede ser implementado a través de herramientas de integración de datos (como el ETL), de herramientas de limpieza de datos, almacenes de datos operacionales (ODS) que sirven como centros de datos maestros, o aplicaciones especializadas de MDM. Hay tres áreas primarias de interés para el MDM:

1. Identificación de registros duplicados dentro y a través de las fuentes de datos para construir y mantener los identificadores (Ids) globales y referencias cruzadas asociadas, que permiten la integración de la información.

2. La reconciliación a través de diferentes fuentes de datos y proporcionar el "registro de Oro" o la mejor versión de la verdad. Estos registros consolidados proporcionan una visión combinada de la información a través de los sistemas y buscan corregir las inconsistencias en los nombres y en las direcciones.

3. El suministro del acceso a los datos de Oro a través de las aplicaciones, ya sea a través de la lectura directa o por la replicación de los datos de los OLTP y de las bases de datos de DW/BI.

MDM desafía a las organizaciones en descubrir:

- ¿Cuáles son los roles, organizaciones, lugares y cosas importantes que son referenciados repetidamente?

- ¿Qué datos describen a la misma persona, organización, lugar o cosa?

- ¿Dónde se almacenan estos datos? ¿Cuál es la fuente de los datos?

- ¿Qué datos son más precisos? ¿Qué fuente de datos es más fiable y creíble? ¿Qué datos son los más actualizados?

- ¿Qué datos son relevantes para necesidades específicas? ¿Cómo se superponen estas necesidades o conflictos?

- ¿Qué fuentes de datos múltiples pueden ser integradas para crear una vista más completa y proporcionar una comprensión más integral de la persona, organización, lugar o cosa?

- ¿Qué reglas de negocio se pueden establecer para automatizar la mejora de la calidad de datos maestros, haciendo que coincida e integrando los datos de una misma persona, organización, lugar o cosa?

- ¿Cómo identificamos y restauramos los datos que fueron inapropiadamente seleccionados y fusionados?

- ¿Cómo ofrecemos nuestros valores de datos de oro a otros sistemas a través de la empresa?

- ¿Cómo identificamos dónde y cuándo los datos diferentes a los valores de oro se utilizan?

Los diferentes grupos que interactúan con las diferentes partes tienen diferentes necesidades y expectativas sobre la calidad de los datos. Muchas inconsistencias en los datos no pueden ser resueltas a través de programas automatizados y necesitan ser resueltos a través del Gobierno de Datos.

Los requerimientos de la solución MDM pueden ser diferentes, dependiendo del tipo de datos maestros (partes, financiera, producto, ubicación, etc.) y el tipo de soporte que necesitan las transacciones. La implementación de las diferentes arquitecturas de las solución debe estar basada en las necesidades de la solución, en la estructura de la organización y en las palancas de negocios relativas al MDM. Los centros de datos y las aplicaciones MDM pueden especializarse en la administración de áreas temáticas especificas de datos maestros.

8.2.2.1 Datos maestros de las Partes

Los datos maestros de las partes incluyen datos sobre los individuos, las organizaciones y las funciones que desempeñan en las relaciones de negocio. En el ámbito comercial, esto incluye clientes, empleados, proveedores, socios y los datos de la competencia. En el sector público, la atención se centra en los datos sobre los ciudadanos. En el cumplimiento de la ley, la atención se centra en los sospechosos, testigos y víctimas. En las organizaciones sin fines de lucro, la atención se centra en los miembros y donantes. En el sector de la salud, la atención se centra en los pacientes y proveedores, mientras que en la educación, la atención se centra en los estudiantes y profesores.

Los sistemas de administración de las relaciones con los clientes (CRM) realizan MDM de datos de los clientes, además de otras funciones de negocio. El MDM para los datos de los clientes es también llamada Integración de los datos del cliente (CDI). La base de datos CRM proporcionan la información más completa y precisa sobre cada cliente. Los sistemas de CRM comparan los datos del cliente de múltiples fuentes. Un aspecto esencial de CRM es identificar la duplicación, la redundancia y los datos contradictorios sobre un mismo cliente.

- ¿Pertenece estos datos a un solo cliente o dos clientes diferentes?

- Si los datos son de un mismo cliente, que valores de datos están en conflictos y cuales son los más precisos? ¿Qué fuentes de datos son la más confiables?

Otros sistemas pueden realizar funciones similares al MDM para individuos, organizaciones y roles. Por ejemplo, los sistemas de administración de recursos humanos (HRM) administran datos maestros sobre los empleados y los solicitantes de empleo. Los sistemas de administración de proveedores administran datos maestros sobre los proveedores.

Independientemente de la industria, la administración de los datos maestros de grupos plantea desafíos únicos debido a:

- La complejidad de las funciones y relaciones que desempeñan los individuos y las organizaciones.

- Las dificultades para disponer de identificaciones únicas.

- El elevado número de fuentes de datos.

- La importancia del negocio y el impacto potencial de los datos.

MDM es particularmente difícil para los grupos que comportan múltiples roles.

8.2.2.2 Datos Maestros de Finanzas

Los datos maestros de finanzas incluyen datos sobre las unidades de negocio, centros de costo, centros de beneficios, cuentas contables, presupuestos, proyecciones y proyectos. Por lo general, un sistema de planificación de recursos empresariales (ERP) sirve como el eje central para los datos principales de finanzas (plan de cuentas), con los detalles del proyecto y de las transacciones creadas y mantenidas en uno o más radios de aplicaciones. Esto es especialmente común en las organizaciones con funciones de apoyo (back end) distribuidas.

Las soluciones de finanzas MDM se centran no sólo en la creación, el mantenimiento y el intercambio de información, sino también la simulación de cómo los cambios en los datos financieros existentes, pueden afectar diferentes procesos de una organización tales como la elaboración de presupuestos y de proyecciones. Las simulaciones de los datos maestros de finanzas son a menudo parte de los reportes de inteligencia de negocio, y de los módulos de análisis y planificación en el contexto de un enfoque de administración jerárquica. Se deben modelar distintas versiones de estructuras financieras para comprender los posibles impactos financieros. Una vez que se haya tomado una decisión, los cambios estructurales acordados pueden ser difundidos a todos los sistemas apropiados.

8.2.2.3 Datos maestros de Producto

Los datos maestros de producto pueden centrarse en los productos y servicios internos a una organización o de todo un sector industrial incluyendo productos y servicios de la competencia. Los datos maestros de productos pueden existir en formato estructurado o no estructurado. Esto puede incluir información sobre el ensamblaje de los componentes de una lista de materiales (Bill of material), sobre el uso de las partes/ingredientes, versiones, parches fijos, precios, términos sobre descuentos, productos auxiliares, manuales, documentos de diseño e imágenes (dibujos CAD), recetas (instrucciones de fabricación), y procedimientos estándares de operación. Los sistemas especializados o las aplicaciones ERP pueden permitir la administración de datos maestros de producto.

La administración del ciclo de vida del producto (PLM) se enfoca en la administración del ciclo de vida de un producto o servicio desde su concepción (tal como la investigación), a través de su desarrollo, la fabricación, la venta/entrega, servicio y su eliminación. Las organizaciones implementan los sistemas PLM por ciertas razones. El PLM puede ayudar a reducir el tiempo de puesta en mercado (time to market) mediante el uso de la información existente, mientras se mejora la calidad de los datos en general. En las industrias con ciclos de desarrollo de productos largos (entre 8 y 12 años, en la industria farmacéutica), los sistemas PLM permiten llevar un seguimiento de los costos incurridos en los procesos así como también el seguimiento de los acuerdos legales tales como los conceptos inherentes a los productos desde una idea hasta muchos productos potenciales bajo diferentes nombres y potencialmente con diferentes acuerdos de licencias.

8.2.2.4 Datos maestros de Ubicación

Los datos maestros de ubicación ofrecen la capacidad de rastrear y compartir la información referencial sobre diferentes geografías y crear relaciones jerárquicas o territoriales basadas en la información geográfica con el fin de soportar otros procesos. La distinción entre los datos referenciales y datos maestros se refiere esencialmente a los datos de ubicación y a los datos maestros de ubicación:

- Los datos referenciales de ubicación normalmente incluyen datos geopolíticos, como países, estados/provincias, condados, ciudades/pueblos, códigos postales, regiones geográficas, zonas de venta y así sucesivamente.

- Los datos maestros de ubicación incluyen la dirección civil de las partes del negocio así como también su ubicación, y las coordenadas de posicionamiento geográfico, como latitud, longitud y altitud.

Diferentes industrias requieren datos de geográficos especializados (datos geográficos sobre fallas sísmicas, llanuras de inundación, el suelo, la precipitación anual y las áreas de riesgo de fenómenos meteorológicos extremos) y datos sociológicos relacionados (población, grupo étnico, ingreso y riesgo de terrorismo), generalmente suministrados por fuentes externas.

8.2.3 Entendiendo las necesidades de integración de los datos maestros y referenciales

Los requerimientos sobre los datos maestros y los datos referenciales son relativamente fáciles de descubrir y entender en el caso de una sola aplicación. Es mucho más difícil desarrollar una comprensión de estas necesidades para todas las aplicaciones y especialmente en toda la empresa. Analizando las causas fundamentales de un problema de calidad de datos generalmente se descubren los requerimientos para la integración de los datos referenciales y de los datos maestros. Las organizaciones que han administrado exitosamente los datos referenciales y los datos maestros se han enfocado en una sola área temática a la vez. Ellos analizan todas las ocurrencias de algunas entidades comerciales, a través de todas las bases de datos físicos y para diferentes patrones de uso.

8.2.4 Identificar las fuentes y colaboradores de datos maestros y referenciales

Las organizaciones exitosas entienden primero las necesidades de datos maestros y referenciales. Luego realizan el trazado de estos datos para identificar las bases de datos fuentes originales y provisionales, los archivos, las aplicaciones, las organizaciones, e incluso los roles individuales que crean y mantienen los datos. Entender las necesidades relativas a las fuentes de datos y su destino "down-stream" es necesario para asegurar la calidad de los datos desde su origen.

8.2.5 Definir y mantener la arquitectura de integración de datos

Como se discutió en el capítulo 4, la arquitectura integrada de datos efectiva, permite el control del acceso compartido, la replicación y el flujo de datos afín de asegurar la calidad de datos y su consistencia particularmente para los datos maestros y los datos referenciales. Sin una arquitectura integrada de datos, la administración local de los datos maestros y referenciales se realiza en silos lo que inevitablemente produce redundancia e inconsistencias en los datos.

Existen varios enfoques básicos de arquitectura para la integración de los datos maestros y referenciales. Algunas veces fuentes de datos confiables son fácilmente identificadas y son oficialmente establecidos como sistemas de registro.
 Un sistema de administración de códigos puede ser el sistema de registro para muchos conjuntos de datos referenciales. Su base de datos podría ser la base de registros. En la figura 8.2, la base de datos de registro sirve como un distribuidor de datos referenciales que suminista datos referenciales a otras aplicaciones y a otras bases de datos. Algunas

aplicaciones pueden leer los datos maestros y referenciales directamente a partir de la base de datos de registros. Otras aplicaciones se suscriben para publicar y replicar datos desde la base de datos de registro. Las aplicaciones que leen directamente a partir del distribuidor de datos deben administrar su propia integridad referencial en el código de la aplicación, mientras que las aplicaciones de base de datos con datos replicados pueden implementar la integridad referencial a través del sistema manejador de base de datos de DBMS.

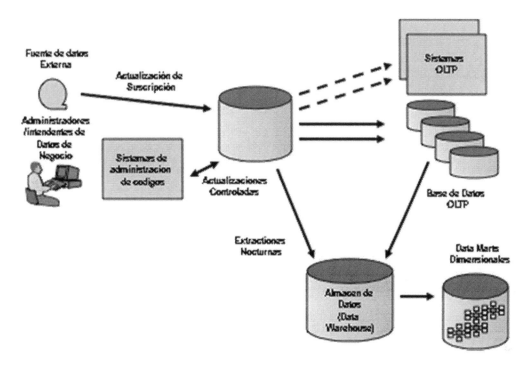

Figura 8.2 Ejemplo de arquitectura de Administración de datos referenciales

Los datos replicados actualizan otras bases de datos en tiempo real, actualizaciones coordinadas (síncronos). Comúnmente los datos replicados son enviados a otras bases de datos de aplicaciones a través de un enfoque suscripción-y-publicación en casi tiempo real (actualizaciones asíncronas) a medida que se realizan cambios en la base de datos de registro. En otras circunstancias, los datos generados (Snapshot) se pueden replicar, según sea necesario (Pulled) en la base de datos de registro. Por ejemplo, el sistema de reclamos de una compañía de seguros podría ser un paquete de aplicación comprado con su propia base de datos, con una política de replicación de datos utilizando la política de la base de datos de registros a medida que los reclamos van siendo procesados, y reflejando el estado actual de la política en ese momento.

Cada área temática de datos maestros probablemente tendrá su propio sistema único de registros. El sistema de recursos humanos por lo general sirve como el sistema de registro para datos de los empleados. Un sistema CRM puede servir como el sistema de registro de datos de los clientes, mientras que un sistema ERP podría servir como el sistema de registro de los datos financieros y de productos. La base de datos de cada sistema puede servir como distribuidor de datos maestros autorizados para los datos maestros relativos a su especialización.

Sólo la base de datos maestros o referenciales de registro debe ser el sistema fuente para la replicación de los datos referenciales o maestros que son suministrados a los almacenes de datos y los data marts, como se muestra en la Figura 8.3. Las actualizaciones de la base de datos maestros o referenciales de registro deben realizarse en los almacenes de datos y datos marts.

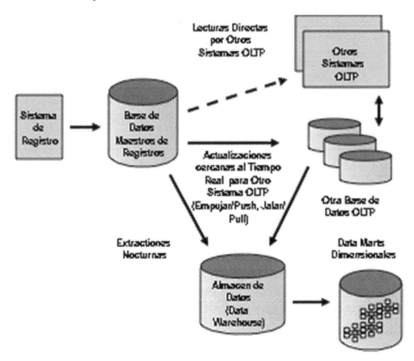

Figura 8.3 Ejemplo de arquitectura de administración de datos maestros

Tener muchas bases de datos de autorizadas de registro puede crear un entorno de integración de datos muy complejo. Una alternativa para la implementación del diseño básico del distribuidor (Hub) de datos es que cada base de datos de registro proporcione sus datos referenciales autorizados en un almacén de datos operativos de datos maestros (ODS) que sirven como el distribuidor de todos los datos referenciales y maestros para todas las aplicaciones OLTP. Algunas aplicaciones pueden incluso utilizar las ODS como su base de datos de divulgación, mientras que otras aplicaciones tienen sus propias bases de datos de aplicaciones especializadas con datos replicados a partir del distribuidor de datos ODS utilizando el enfoque de "suscripción y publicación".

En la Figura 8.4, cuatro sistemas diferentes de registro (A, B, C y D) abastecen cuatro áreas temáticas maestras diferentes. El sistema A no necesita datos de los sistemas B, C y D y así proporciona actualizaciones directas de los datos maestros "A" sin su propia base de datos. Los sistemas B, C y D tienen sus propias bases de datos de aplicación. El sistema B lee los datos maestros de A directamente del ODS, y suministra los datos maestros de B al ODS. El sistema C suministra los datos maestros de C al ODS. Tal como el sistema B, el también lee los datos maestros de A directamente del ODS, pero se suscribe para replicar los datos maestros de B a partir del ODS. El sistema D suministra los datos maestros de D al ODS y se retroalimenta a partir del ODS de los datos maestros, en las ares temáticas A,B y C.

La principal ventaja de este diseño es la estandarización de las interfaces con el ODS y la eliminación de las interfaces punto a punto. Esta ventaja simplifica los cambios de los mantenimientos.

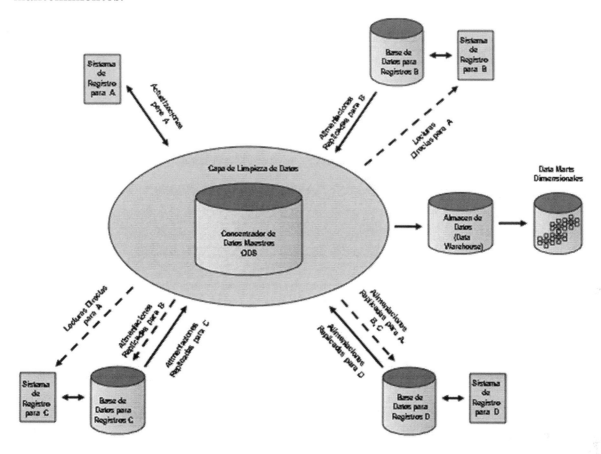

Figura 8.4 Concentrador/distribuidor de almacén de datos operacional (ODS) de datos maestros y referenciales

El modelo de concentrador/distribuidor (Hub) de datos es particularmente útil cuando no existe un sistema claro de registro para los datos maestros. En este caso, varios sistemas suministran datos. Los nuevos datos o las actualizaciones a partir de un sistema puede necesitar la conciliación con datos ya suministrados por otro sistema. El ODS se convierte en una fuente primaria (quizá única) para los almacenes de datos (Data Warehouse), reduciendo la complejidad de las extracciones y el tiempo de procesamiento para la transformación de datos, su limpieza y la conciliación. Por supuesto, los almacenes de datos deben reflejar los cambios históricos realizados en el ODS, mientras que el ODS puede requerir solo reflejar el estado actual.

La arquitectura de integración de datos también debe proporcionar servicios de integración de datos comunes, como se muestra en la Figura 8.5. Estos servicios incluyen:

- Procesamiento de solicitudes de cambio, incluyendo la revisión y la aprobación.

- Los controles de calidad de datos en los datos maestros y referenciales adquiridos externamente.

- La aplicación consistente de las reglas de calidad de datos y de las reglas de coincidencia (matching).

- Patrones consistentes de procesamiento.

- Los metadatos consistentes con el mapeo, las transformaciones, los programas y macro-trabajos (Jobs).

- La auditoría consistente, la resolución de errores y los datos de monitoreo del desempeño.

- Enfoques coherentes para la replicación de datos (incluyendo "suscripción y publicación").

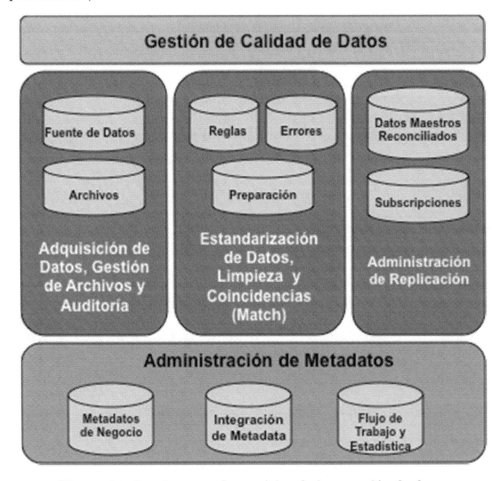

Figura 8.5 Arquitectura de servicios de integración de datos

Para conciliar efectivamente datos maestros y datos referenciales inconsistentes, es importante tanto la identificación de como los elementos de datos con inconsistencias se representan de manera inconsistente y determinar cuál es la mejor representación de dichos datos. El establecimiento de estándares para los datos maestros puede ser una tarea que consume tiempo ya que puede implicar múltiples participantes. La capacitación también puede ser necesaria para quienes han utilizado los datos en otros formatos. Aplicar los mismos estándares a los datos, independientemente de la tecnología de integración, permite la estandarización efectiva, el intercambio y la distribución de los datos maestros y de los datos referenciales.

8.2.6 Implementación de soluciones para la administración de datos maestros y de datos referenciales

Las soluciones de administración de datos maestros y referenciales no pueden ser implementadas de la noche a la mañana. Dada la variedad, la complejidad y la inestabilidad de los requerimientos, ninguna solución simple o proyecto de implementación sencillo probablemente satisfaga todas la necesidades de administración de datos maestro y datos referenciales. Las organizaciones deberían prever la implementación de las soluciones de administración de datos maestros y referenciales iterativamente e incrementalmente a través de varios proyectos y faces relacionadas, guiados por su arquitectura, las prioridades del negocio y la hoja de ruta de un programa de implementación.

Algunas organizaciones pueden tener un sistema de administración de código centralizado que proporciona a los intendentes (Steward) de datos de negocio funciones comunes y consistentes para el mantenimiento de los valores de los datos referenciales de oro y autorizados. El sistema de administración de código sirve como sistema de registros para los datos referenciales que están bajo su control. Otros sistemas que requieren acceso a datos referenciales o bien los leen directamente a partir de una base de datos de administración de código o bien reciben replicas de datos desde una base de datos central de administración de códigos e inclusive sus actualizaciones. Estos otros sistemas se incluyen tanto los sistemas de administración de transacciones como los almacenes de datos. A pesar de los esfuerzos, estos sistemas rara vez tienen un alcance amplio y de alguna manera, persisten porciones de datos referenciales no administrados.

Algunos proveedores ofrecen aplicaciones para la administración de datos maestros. Típicamente, estas aplicaciones son especializadas en la integración de datos del cliente (CDI), la integración de los datos de productos (PDI) u otros datos maestros de otras áreas temáticas, tales como otras partes, localidades y estructuras financieras. Algunos, también, administran relaciones jerárquicas en ambientes de inteligencia de negocio. Otros proveedores promueven la utilización de sus productos de software de integración de datos y servicios de implementación para crear soluciones de administración de datos maestros personalizados para la organización.

8.2.7 Definir y mantener reglas de coincidencia (Match)

Uno de los más grandes desafíos la gerencia de los datos maestros es la coincidencia, la fusión y el enlace de datos sobre la misma persona, grupo, lugar o cosa, a partir de múltiples sistemas. La coincidencia (matching) es particularmente desafiante para los datos sobre las personas. Diferentes identificadores en diferentes sistemas relacionan a individuos (y organizaciones en menor medida), algunas veces para diferentes roles y a veces para el mismo rol. Las coincidencias buscan eliminar la redundancia, para mejorar la calidad del dato y suministrar información que sea más comprensible.

La conciencia de datos (Data Matching) se debe realizar aplicando reglas de inferencia. Las herramientas de limpieza de datos y las aplicaciones MDM frecuentemente incluyen motores de deducción de coincidencias que son utilizados para coincidir (match) datos. Estas herramientas dependen de reglas de coincidencia, incluyendo la aceptación de coincidencias a diferentes niveles de confiabilidad.

Algunas coincidencias ocurren con un alto nivel de confiabilidad, basado en coincidencia de datos exactas a través de múltiples campos. Otras coincidencias son sugeridas con menor nivel de confiabilidad debido a conflictos de valores. Por ejemplo:

- Si dos registros tienen el mismo apellido, nombre, fecha de nacimiento y número de seguro social, pero difiere la dirección de la calle, ¿ Seria correcto asumir que se trata de la misma persona que ha cambiado su dirección postal?

- Si dos registros tienen el mismo número de seguro social, dirección y nombre, pero el apellido es distinto, ¿Seria correcto asumir que son de la misma persona que ha cambiado su apellido? ¿Incrementaría o disminuiría la probabilidad utilizando su sexo y su edad?

- ¿Cómo cambiarían estos ejemplos, si el número de seguro social es desconocido para uno de los registros? ¿Qué otros identificadores son útiles para determinar la probabilidad de coincidencia? ¿Cuál es el nivel de confianza necesario para que una organización convalide una coincidencia?

A pesar de los mejores esfuerzos, las decisiones relativas a las coincidencias a veces resultan ser incorrectos. Es esencial para mantener la historia de las coincidencias que estas puedan ser invalidados cuando se detecte que son incorrectas. La métrica tasa de coincidencia permite a las organizaciones monitorear el impacto y la efectividad de sus reglas de inferencia para las coincidencias.

Se deben establecer reglas de coincidencia para tres escenarios principales con sus diferentes flujos de trabajo asociados:

- *Las reglas de identificación de coincidencias duplicadas (Duplicate identification match rules)*, se enfoca en un especifico conjunto de campos que identifican unívocamente una entidad e identifica oportunidades de fusión sin tomar acciones automáticas. Los intendentes de datos del negocio pueden revisar estas ocurrencias y decidir tomar acción en cada caso.

- *Las reglas de fusión de coincidencias (Match-merge rules)*, hacen coincidir registros y fusionan los datos a partir de estos registros en un registro simple, unificado, reconciliado y comprensible.

- *Las reglas de enlace de coincidencias (Match-linck rules)* identifican y entrelazan los registros que se relacionan con el registro maestro sin necesidad de actualizar el contenido del registro entrelazado. Las reglas de enlace de coincidencias son mas fácil de implementar y mucho mas fácil de revertirlas.

Las reglas de fusión de coincidencias (Match-merge rules) son complejas debido a la necesidad de identificar gran cantidad de casos posibles, con diferentes niveles de confianza y credibilidad en los valores de los datos de los diferentes campos de información en las diferentes fuentes. Los desafíos relativos a las reglas de fusión de coincidencia son 1) la complejidad operativa para conciliar los datos y 2) el costo de revertir la operación, si hay una falsa fusión.

Por otro lado, el enlace de coincidencias (Match-link) es una simple operación, que actúa sobre una tabla de referencias cruzadas y no sobre campos individuales del registro del dato maestro fusionado, a pesar de esto, presentar información comprensible a partir de múltiples registros puede ser mas difícil.

Periódicamente, las reglas de fusión de coincidencias y de enlace de coincidencias deben ser reevaluadas porque los niveles de confianza cambian a través del tiempo. Muchos motores de coincidencia de datos suministran correlaciones estadísticas de valores de datos para ayudar a fijar los niveles de confianza.

Se debe asignar identificadores globales (Global IDs) para enlazar y reconciliar los registros que coinciden sobre la misma persona a partir de diferentes fuentes de datos. Los identificadores globales se deben generar a partir de un solo sistema autorizado, así cada valor será único. En consecuencia, se deben asignar identificadores globales (Global IDs) a los registros a través de los sistemas para realizar referencias cruzadas, para hacer coincidir datos con diferentes identificadores a pesar de que se trate de la misma persona.

8.2.8 Establecer registros de oro (Golden Records)

Las técnicas utilizadas para establecer datos referenciales precisos y completos son diferentes a las técnicas utilizadas para proporcionar los datos maestros precisos y completos. Dado que los conjuntos de datos referenciales son dominios de valores con valores variables, cada conjunto de datos referenciales se debe administrar como un vocabulario controlado. Establecer valores a los datos maestros de oro exige un mayor nivel de inferencias, la aplicación de reglas de coincidencias y la revisión de los resultados.

8.2.8.1 Administración de vocabulario y de datos referenciales

Un vocabulario es una colección de términos/conceptos y sus relaciones. Los términos/conceptos son descritos a muchos niveles de detalle. Estas relaciones pueden o no ser estrictamente jerárquicas. El intendente de datos de negocio mantiene los vocabularios y sus conjuntos de datos referenciales asociados (códigos, etiquetas, significados, asociaciones). La administración del vocabulario implica la definición, las fuentes, la importación y el mantenimiento de un vocabulario y sus datos referenciales asociados.

El ANSI/NISO Z39.19-2005, el cual proporciona las guías para la construcción, el formato y la administración de vocabularios monolingües controlados, describe la administración de vocabulario como una forma de "mejorar la efectividad de los sistemas de almacenamiento y recuperación de información, de los sistemas de navegación Web y de otros ambientes que buscan identificar y localizar el contenido deseado a través de algún tipo de descripción utilizando un lenguaje. El propósito principal del control de vocabulario es lograr una descripción coherente de la la descripción de los objetos de contenido y facilitar su recuperación".

Algunas de las preguntas clave que deben hacerse para realizar la administración de vocabulario son:

- ¿Qué conceptos de información (atributos de datos) soportara este vocabulario?

- ¿Quién es la audiencia de este vocabulario? ¿Qué procesos soportan y que roles juegan?

- ¿Por qué es necesario el vocabulario? ¿Apoyara las aplicaciones, la administración de contenidos, los análisis y otros?

- ¿Quién identifica y aprueba los términos de vocabulario y el vocabulario preferidos?

- ¿Cuáles son los diferentes grupos de vocabularios, actualmente, utilizados para clasificar esta información? ¿Dónde están localizados? ¿Cómo fueron creados? ¿Quiénes son sus expertos del dominio temático (SME)? ¿Hay alguna preocupación de seguridad o privacidad para alguno de ellos?

- ¿Existen estándares que pueden ser aprovechados para satisfacer esta necesidad? ¿Hay algún problema en utilizar un estándar externo vs. interna? ¿Con qué frecuencia se actualiza los estándares y cuál es el nivel de cambio en cada actualización? Son estándares accesibles fácilmente para importar/mantener el formato de una manera rentable?

La comprensión de las respuestas a estas preguntas permitirá una integración de datos más eficaz.

La actividad más importante en la administración de vocabulario es la identificación de la lista estándar de términos preferidos y sus sinónimos (términos equivalentes). El perfilado de datos (Data profiling) puede ayudar a evaluar los valores y las frecuencias de términos con el fin de evaluar el riesgo potencial y la complejidad en la administración de vocabulario.

La administración del vocabulario requiere de un Gobierno de Datos, que permita a los administradores/intendentes de datos evaluar las necesidades de las partes interesadas y los impactos de los cambios propuestos, antes de tomar decisiones colaborativas y formalmente aprobadas.

8.2.8.2 Definiendo los valores de Oro de los Datos maestros

Los valores de datos de Oro son los valores de los datos que se consideran los más precisos, actuales y relevantes para ser compartidos, consistentemente entre las aplicaciones. Las organizaciones determinan los valores de oro mediante el análisis de la calidad de los datos, y aplicando las reglas de calidad de datos y las reglas de coincidencia, e incorporando controles de calidad de datos en las aplicaciones que captan, crean y actualizan datos.

Las aplicaciones pueden asegurar el respeto a las reglas de calidad de datos, incluyendo:

- La incorporación de chequeos simples de edición con los datos referenciados y las reglas claves de negocio.

- Asegurar que los nuevos registros, como las direcciones, que están siendo introducidos no existen en el sistema a través de la aplicación de la estandarización de datos y la automatización de la búsqueda automática antes de la creación

- Crear indicaciones para el utilizador, cuando los datos no son conformes con la precisión esperada (esta dirección no existe), y al mismo tiempo proveer alguna forma para registrar excepciones que puedan ser auditadas en un futuro.

Se deben establecer métricas de calidad de datos para fijar las expectativas, medir las mejoras y ayudar a identificar las causas fundamentales de los problemas de calidad de datos. Evaluar la calidad de los datos a través de una combinación de actividades de perfil de datos y de verificación de la adherencia a las reglas de negocio.

La estandarización de los términos y de las abreviaciones es un tipo de actividad de limpieza de datos para asegurar que ciertos términos y formas cortas de estos términos aparecen consistentemente en el conjunto de datos estandarizado, como se muestra en la Figura 8.5. Las herramientas de limpieza de datos típicamente proveen diccionarios de estandarización de direcciones que traducen diferentes palabras y abreviaciones a una palabra o abreviatura estándar. Por ejemplo, "St", "Str", "Street" pueden asociarse a "St.". A veces la misma abreviatura será utilizada para mas de un termino, como por ejemplo, "Saint" puede ser abreviado como "St.", hacer cualquier traducción inversa en forma automática a partir de la abreviatura de la palabra completa es extremadamente difícil. Muchos otros nombres pueden necesitar estandarización, como por ejemplo los nombres de organizaciones (U., Univ, Universidad, etc.) y nombres de productos. Todos los consumidores de datos deben tener fácil acceso a las definiciones de las abreviaturas estándares.

ID Fuente	Nombre	Dirección	Teléfono
123	John Smith	123 Main, Dataland, SQ 98765	
234	J. Smith	123 Main, Dataland, SQ	2345678900

Fuente de datos

ID Fuente	Nombre	Dirección	Teléfono
123	John Smith	123 Main St., Dataland, SQ 98765	
234	J. Smith	123 Main St., Dataland, SQ 98765	+1 234 567 9800

Datos limpiados/estandarizados

Tabla 8.5 Ejemplo de normalización de datos

Exponer un conjunto de reglas de calidad de datos en el ambiente de integración (ETL, servicios web etc.) permitirá que cualquier fuente de datos le sea aplicado un conjunto de reglas estándares de validación.

Una vez que los datos sean estandarizados y limpiados, la próxima etapa es lograr la reconciliación de datos redundantes a través de la aplicación de las reglas de coincidencia.

8.2.9 Definir y mantener las jerarquías y las afiliaciones

Los vocabularios y sus conjuntos de datos referenciales asociados a menudo no son mas que listas de términos preferidos y sus sinónimos. También pueden incluir relaciones jerárquicas entre los términos. Estas relaciones pueden ser clasificaciones que van de lo general a lo específico ("es una clase de" relaciones) o ensamblajes parte-todo ("es una parte de las" relaciones). También puede haber relaciones no jerárquicas entre los términos que vale la pena identificar.

La administración de la afiliación es el establecimiento y mantenimiento de relaciones entre los registros de datos maestros. Los ejemplos incluyen las afiliaciones de propiedad (como la empresa X es una filial de la empresa Y, una relación padre-hijo) u otras asociaciones (como la persona XYZ trabaja en la empresa X). La administración de jerarquías específicamente dentro de un ambiente de inteligencia de negocios a veces es llamada administración de jerarquía de dimensiones.

8.2.10 Planificar e implementar la integración de nuevas fuentes de datos

La integración de las nuevas fuentes de datos referenciales implica (entre otras tareas):

- Recibir y responder a las nuevas solicitudes de adquisición de datos de los diferentes grupos.

- Realizar los servicios de evaluación de calidad de datos utilizando herramientas de limpieza y perfilado de datos.

- La evaluación de la complejidad y del costo de la integración de datos.

- Realizar seguimientos a la adquisición de datos y a sus impactos sobre las reglas de coincidencias.

- Determinar quién será responsable de la calidad de datos.

- Capturar las métricas de calidad de datos.

8.2.11 Replicar y distribuir datos maestros y datos referenciales

Los datos referenciales y maestros se pueden leer directamente desde una base de datos de registro, o pueden ser replicados a partir de una base de datos de registros hacia otra base de datos de aplicaciones de procesamiento de transacciones, y almacenes de datos de inteligencia de negocio. Replicando los datos, la base de datos de aplicaciones puede asegurar más fácilmente la integridad referencial. En otras palabras, la base de datos puede asegurar que solo los códigos de datos referenciales validos y los identificadores de los datos maestros sean utilizados como valores de claves foráneas en otras tablas, suministrando el contexto a los datos relacionados. Los procedimientos de integración de datos deben asegurar la replicación oportuna y la distribución de datos referenciales y de datos maestros, para las bases de datos de aplicaciones.

Los datos referenciales aparecen mas comúnmente como lista de selección en las aplicaciones. Los valores de los datos referenciales, aparecen también, como criterios de búsqueda en los motores de administración de contenido. Los valores de datos referenciales encontrados en documentos non estructurados son indexados a menudo para permitir búsquedas rápidas.

8.2.12 Administración de Cambios de datos maestros y de datos referenciales

En un ambiente de datos maestros administrados, individuos específicos juegan el papel de administrador/intendente de datos del negocio. Estas personas, tienen la autoridad para crear, actualizar y retirar valores de datos referenciales y en menor medida, en algunas circunstancias, valores de datos maestros. Los administradores de datos de negocio trabajan con profesionales de datos para asegurar la mas alta calidad de los datos maestros y de los datos referenciales. Muchas organizaciones definen roles y responsabilidades más específicos, con personas que realizan a menudo mas de una función.

El control de cambio formal para el vocabulario controlado t su datos referenciales se realiza siguiendo un proceso básico de solicitud de cambio:

1. Crear y recibir una solicitud de cambio.

2. Identificar los grupos de interés relacionados y comprender sus intereses.

3. Identificar y evaluar los impactos del cambio propuesto.

4. Decidir aceptar o rechazar el cambio, o recomendar una decisión a la administración o gobierno.

5. Revisar y aprobar o rechazar la recomendación, si es necesario.

6. Comunicar la decisión a las partes interesadas antes de hacer el cambio.

7. Actualizar los datos.

8. Informar a los interesados que el cambio se ha realizado.

Los cambios en los datos referenciales internos o externos pueden ser menores o mayores. Por ejemplo, las listas de códigos de países pasan por revisiones menores como los cambios de espacio geopolítico. Cuando la Unión Soviética se dividió en muchos estados independientes, el término para la Unión Soviética era obsoleto y con una fecha de fin de la vida y entonces se añadió nuevos términos para los nuevos países. Por otro lado, los códigos de diagnóstico ICD-9 utilizado durante muchos años están siendo reemplazadas por un nuevo conjunto de los códigos de diagnóstico ICD-10 con datos sustancialmente diferentes. Administrar un cambio mayor como este, debe realizarse como un proyecto pequeño, identificando las partes interesadas y los sistemas impactados tales como las aplicaciones, la integración, los reportes etc.

Por supuesto, cualquier cambio en datos referenciales que hayan sido replicados en otros lugares también deben ser aplicados a los datos replicados.

A veces los términos y códigos son retirados. Dichos código continuaran apareciendo en el contexto de los datos transaccionales, y puede ser que los códigos no desaparezcan a causa de la integridad referencial. Los códigos encontrados en un almacén de datos también representan la verdad histórica. Por lo tanto, las tablas de códigos requieren fechas de vigencia y columnas de fecha de expiración, así la lógica de las aplicaciones debe referirse a códigos validos vigentes cuando se definen nuevas relaciones con claves foráneas.

A veces, códigos son agregados a las tablas de código antes de su validación. Por ejemplo, nuevos códigos que son efectivo a partir del 1ro de Enero, pueden ser agregados a su tabla en producción en Diciembre, pero no pueden ser utilizados por la aplicación hasta el nuevo año.

Relacionando los nuevos códigos con los nuevos, un almacén de datos puede representar no solo como los datos han sido agregados históricamente, sino también como el pasado puede ser restituido de acuerdo con las estructuras de código actuales.

Se debe evaluar cuidadosamente el impacto de los cambios en los datos referenciales. Si un término esta siendo retirado, todos los consumidores de dichos datos deben ser informados para reducir el impacto de dicho retiro. Los cambios en las relaciones pueden afectar la integración existente y las reglas de agregación. Los cambios a los meta-datos referenciales (definiciones de negocio, fuentes de datos, asignación del intendente de datos del negocio etc.) deben ser controlados, y en algunos casos, revisados para su aprobación, en función del impacto.

La clave para una administración de los datos maestros exitosa es el soporte de la gerencia ante el abandono al control de los datos compartidos. Para apoyar este soporte, se debe proveer canales para recibir y responder a las demandas de cambios a los datos maestros y a los datos referenciales. Estos mismos canales también deberían recibir y responder otras tipos de solicitudes, incluyendo:

- Solicitudes de nuevas fuentes de datos que requieren incluir nueva información en los ambiente de datos administrados.

- Solicitudes de búsqueda de contenido de datos, cuando haya algún desacuerdo sobre la calidad de datos, de alguna información. Para responder a estas solicitudes, el intendente de datos del negocio y el profesional de datos necesitan revisar a partir de donde y de quien procede la información y luego hacer seguimiento rápido de las acciones correctivas o de clarificación.

- Solicitudes de cambios de especificación de datos para cambiar definiciones de negocio o de estructuras de datos. Tales cambios pueden tener un impacto en cascada en los ambientes de las aplicaciones y de inteligencia de negocio. Los arquitectos de datos, los arquitectos de aplicaciones y los intendentes de datos de negocio deben revisar estas solicitudes y el comité de gobierno de datos puede ser solicitado para tomar una decisión relativa a una solicitud.

8.3 Resumen

Los Principios guías para la implementación de la administración de los datos maestros y los datos referenciales en una organización, una tabla de resumen con cada rol para cada actividad de la administración de los datos maestros y de los datos referenciales y consideraciones organizacionales y culturales que deben tomar en cuenta durante la administración de los datos maestros y de los datos referenciales, son resumidos a continuación.

8.3.1 Principios Guías

La implementación de la función de administración de datos maestros y referenciales en una organización sigue seis principios guías:

1. Los datos referenciales y los datos maestros compartidos pertenecen a la organización, y no a una aplicación o servicio en particular.

2. La administración de los datos maestros y de datos referenciales es un programa continuo de mejora de la calidad de los datos; sus objetivos no pueden ser alcanzados por un proyecto especifico.

3. Los administradores/intendentes de datos de negocios son las autoridades responsables de controlar los valores de datos referenciales. Administradores/intendentes de datos de negocios trabajan con

s de datos para mejorar la calidad de los datos referenciales y maestros.

4. Los valores de datos de oro representan los mejores esfuerzos de la organización para determinar los valores de los datos más exactos, actuales y relevantes para su uso contextual. La incorporación de nuevos datos puede provocar que la hipótesis anterior sea falsa. Por lo tanto, la aplicación de las reglas de coincidencias deben aplicarse con cuidado para asegurar que cualquier cambio que se haga pueda ser revertido.

5. Replicar los valores de datos maestros sólo a partir de la base de datos de registro.

6. Solicitar, comunicar y en algunos casos, aprobar los cambios a los valores de los datos referenciales antes de su implementación.

8.3.2 Resumen del proceso

El Resumen del Proceso para la función de administración de datos referenciales y de datos maestros se muestra en la Tabla 8.6. Los resultados, los responsables, los aprobadores y los colaboradores se muestran para cada actividad de la función de administración de datos referenciales y maestros. La tabla también se muestra en el Apéndice A9.

Actividades	Resultados	Responsables	Aprobador	Colaboradores
6.1 Entender las necesidades de integración de datos referenciales (P)	Requerimientos de datos maestros y de datos referenciales	Analista de negocios	Integrantes del comité de gobierno de datos	Administrador /intendente de datos de negocio, Expertos de negocio (SME)
6.2 Identificar fuentes de datos referenciales y los colaboradores (P)	Descripción y Evaluación de Fuentes y Colaboradores	Arquitectos de datos, Administrador/ intendente de datos	Comité de gobierno de datos	Analista de datos, Expertos del negocio (SME)
6.3 Definir y mantener la arquitectura de integración de datos (P)	Arquitectura de integración de datos maestros y referenciales y plan de trabajo	Arquitectos de datos	Comité de gobierno de datos	Arquitectos de aplicación, Administrador/ intendente de datos
	Especificaciones de diseño de los servicios de integración de datos	Arquitectos de datos, Arquitectos de aplicación	Gerencia TI	Otros profesionales TI, otros participantes

Actividades	Resultados	Responsables	Aprobador	Colaboradores
6.4 Implementar las soluciones de Administración de datos maestros y de referenciales (D)	Base de datos y aplicaciones de administración de datos de referenciales, Bases de datos y aplicación de administración de datos maestros	Arquitectos de aplicación, Arquitectos de datos	Comité de gobierno de datos	Otros profesionales TI
	Servicios de calidad de datos	Arquitectos de aplicación, Arquitectos de datos	Comité de gobierno de datos	Analista de datos, Otros profesionales TI
	Servicios de replicación de datos para almacenes de datos	Arquitectos de datos, Arquitectos de aplicación, Desarrolladores de integración	Comité de gobierno de datos	Analista de datos, Otros profesionales TI
	Replicación de datos, Servicios para Almacenamiento de datos			
6.5 Definir y mantener las reglas de coincidencia (match) (P)	Reglas de coincidencia de registros (Especificaciones funcionales)	Analistas de negocio, Arquitectos de datos, Administrador de datos de negocio	Comité de gobierno de datos	Arquitectos de aplicación, Expertos del negocio (SME)
6.6 Establecer los registros de Oro (C)	Datos maestros y referenciales confiables	Administrador/ intendente de datos	Actores del negocio implicados	Analista de datos, Arquitectos de datos, Expertos del negocio (SME), Otros profesionales TI
	Referencia cruzada de datos	Administrador/ intendente de datos	Actores de negocio implicados	Analista de datos, Expertos del negocio (SME)
	Reportes Linaje de datos	Arquitectos de datos	Administrador /intendente de datos	Analista de datos

Actividades	Resultados	Responsables	Aprobador	Colaboradores
	Reporte de calidad de datos	Analista de datos	Administrador /intendente de datos Actores de negocio implicados	Arquitectos de datos
6.7 Definir y mantener las jerarquías y afiliaciones (C)	Jerarquías y afiliaciones definidas	Administrador/ intendente de datos	Actores de negocio implicados	Analista de datos, Proveedor de datos
6.8 Planificar e implementar la integración de nuevas fuentes de datos (D)	La calidad de las fuentes de Datos y la evaluación de la integración	Analista de datos, Arquitectos de datos, Arquitectos de aplicación	Administrador de datos, Gerencia TI	Proveedor de datos, Expertos del negocio (SME)
	Nueva fuente de datos integrada	Arquitectos de datos, Arquitectos de aplicación	Administrador /intendente de datos Actores de negocio implicados	Analista de datos, Otros profesionales TI
6.9 Replicar y distribuir datos maestros y referenciales (O)	Datos replicados	Arquitectos de datos, Arquitectos de aplicación	Administrador /intendente de datos Actores de negocio implicados	Analista de datos, otros profesionales TI
6.10 Administrar los Cambios de datos maestros y referenciales (C)	Procedimientos de solicitud de cambios	Arquitectos de datos	Comité de gobierno de datos, Administrador de datos	Otros profesionales TI, Actores de negocio implicados
	Solicitudes de Cambio y Respuestas	Administrador/ intendente de datos	Comité de gobierno de datos	Actores de negocio implicados, Analista de datos, Arquitectos de datos, Arquitectos de aplicación

Actividades	Resultados	Responsables	Aprobador	Colaboradores
	Métricas relativas a las solicitudes de cambios	Arquitectos de datos	Comité de gobierno de datos, Administrador /intendente de datos	Analista de datos, Otros profesionales TI

Tabla 8.6. Resumen del proceso de administración de datos maestros y referenciales

8.3.3 Consideraciones Organizacionales y Culturales

Q1: ¿Cuál es el objetivo principal de administración de datos maestros?

R1: Las soluciones MDM efectivas exigen un foco continuo sobre las personas. Las diferentes partes implicadas tienen diferentes necesidades, diferentes expectativas, diferentes actitudes y diferentes hipótesis sobre los datos y sobre la importancia de mejorar la calidad de los datos. Los profesionales de datos necesitan ser excelentes oyentes, para captar los mensajes explícitos e implícitos comunicados por las partes interesadas. Los profesionales de datos también necesitan ser buenos negociadores, para lograr pequeños acuerdos que permitan a las personas tener la misma comprensión profunda de las necesidades y de la problemática de la empresa. Los profesionales de datos deben respetar y no pueden minimizar las perspectivas locales y las necesidades en este proceso.

Q2: ¿Los procedimientos y prácticas necesitan ser cambiados con el fin de mejorar la calidad de los datos referenciales y maestros?

R2: Mejorar la calidad de los datos referenciales y maestros, sin duda, necesitaran cambios en los procedimientos y prácticas tradicionales. Cada organización es única y hay muy pocos o ningún enfoque que funcione bien en todas partes. Las soluciones deben tener un alcance definido y deben ser implementadas en base tanto en el nivel actual de preparación de la organización como en las necesidades evolutivas del futuro.

P3: ¿Cuál es el aspecto más difícil de implementar en la administración de datos maestros y referenciales?

R3: Quizás el cambio cultural más desafiante es determinar cuales individuos son los responsables de la toma de decisiones – los intendentes de datos, los arquitectos, los gerentes y los ejecutivos – y cuales decisiones deben ser tomadas por el equipo de intendentes/administradores de datos, el comité de programas, y el comité de gobierno de datos, de una manera colaborativa. El Gobierno de datos debe involucrar a las diferentes partes implicadas en la toma y en el soporte a las decisiones que los afectan. Sin un gobierno de datos y una intendencia de datos eficaz, las soluciones MDM serán otros servicios mas de integración dentro de la organización TI, incapaz de entregar todo su potencial ni de satisfacer las expectativas de la organización. .

8.4 Lectura recomendada

Las referencias que figuran a continuación proporcionan una lectura adicional que soporta el material presentado en el capítulo 8. Estas lecturas recomendadas también se incluyen en la bibliografía al final de la Guía.

Bean, James. XML for Data Architects: Designing for Reuse and Integration. Morgan Kaufmann, 2003. ISBN 1-558-60907-5. 250 Paginas.

Berson, Alex and Larry Dubov. Master Data Management and Customer Data Integration for a Global Enterprise. McGraw-Hill, 2007. ISBN 0-072-26349-0. 400 Paginas.

Brackett, Michael. Data Sharing Using A Common Data Architecture. New York: John Wiley & Sons, 1994. ISBN 0-471-30993-1. 478 Paginas.

Chisholm, Malcolm. Managing Reference Data in Enterprise Databases: Binding Corporate Data to the Wider World. Morgan Kaufmann, 2000. ISBN 1-558-60697-1. 389 Paginas.

Dreibelbis, Allen, Eberhard Hechler, Ivan Milman, Martin Oberhofer, Paul van Run, and Dan Wolfson. Enterprise Master Data Management: An SOA Approach to Managing Core Information. IBM Press, 2008. ISBN 978-0-13-236625-0. 617 Paginas.

Dyche, Jill and Evan Levy. Customer Data Integration: Reaching a Single Version of the Truth. John Wiley & Sons, 2006. ISBN 0-471-91697-8. 320 Paginas.

Finkelstein, Clive. Enterprise Architecture for Integration: Rapid Delivery Methods and Techniques. Artech House Mobile Communications Library, 2006. ISBN 1-580-53713-8. 546 Paginas.

Loshin, David. Master Data Management. Morgan Kaufmann, 2008. ISBN 98-0-12-374225-4. 274 Paginas.

Loshin, David. Enterprise Knowledge Management: The Data Quality Approach. Morgan Kaufmann, 2001. ISBN 0-124-55840-2. 494 Paginas.

National Information Standards Association (NISO), ANSI/NISO Z39.19-2005: Guidelines for the Construction, Format, and Management of Monolingual Controlled Vocabularies. 2005. 172 Paginas. www.niso.org

9 Data Warehousing e inteligencia de negocios

Data Warehousing e inteligencia de negocios es la séptima Función de Gestión de Datos del marco que se muestra en las figuras 1.3 y 1.4. Es además la sexta función que interactúa y está influenciada por la de Gobierno Datos. El capítulo 9 define la función data warehousing e inteligencia de negocios y explica las actividades y conceptos que involucra.

9.1 Introducción

Un Data Warehouse (DW), Bodega de Datos o Almacén de Datos es una combinación de dos componentes principales. El primero es una base de datos integrada para el soporte a la toma de decisiones. El segundo está relacionado con los programas computacionales utilizados para recolectar, limpiar, transformar y almacenar datos de diversas fuentes operacionales y externas. Ambas partes se combinan para soportar los requerimientos históricos, analíticos y de inteligencia de negocios (BI por sus siglas en inglés: *Business Intelligence*). Un DW también puede incluir *Data Marts* conformes, que son subconjuntos del DW principal. En un contexto más amplio, un DW incluye cualquier repositorio o extractor utilizado para apoyar la entrega de datos para fines de inteligencia de negocios.

Un *Enterprise Data Warehouse* (EDW), Bodega de Datos Empresarial o Almacén de Datos empresarial, es una bodega centralizada, diseñada para atender las necesidades de inteligencia de negocios de toda la organización. Una bodega de datos empresarial respeta el modelo de datos de la organización para garantizar la consistencia de las actividades de toma de decisiones a lo largo de toda la empresa.

Data Warehousing es el término utilizado para describir los procesos operacionales de extracción, limpieza, transformación y carga —y los procesos de control asociados—que mantienen los datos almacenados en el DW. Los procesos de *data warehousing* se enfocan en habilitar contextos de negocio históricos e integrados, a partir de los datos operativos, mediante la aplicación de reglas de negocio y el mantenimiento de las relaciones apropiadas entre los datos. *Data Warehousing* también incluye procesos que interactúan con los repositorios de metadatos.

Data Warehousing es una solución tecnológica que soporta la inteligencia de negocios (BI). Inteligencia de negocios es un conjunto de capacidades empresariales. BI significa muchas cosas, entre ellas:

1. Consulta, análisis y actividades de reportes para monitorear y entender la salud financiera de la operación y tomar decisiones empresariales sobre la organización.

2. Consulta, análisis, procesos y procedimientos de reportes.

3. Un sinónimo para el entorno de inteligencia de negocios.

4. El segmento de mercado de las herramientas de software de inteligencia de negocios.

5. Análisis estratégicos y operativos, y reportes sobre datos operativos organizacionales para apoyar la toma de decisiones de negocio, gestión de riesgos y cumplimiento.

6. Un sinónimo de sistemas de apoyo a las decisiones (DSS por sus siglas en inglés: *Decision Support Systems*).

Data Warehousing e inteligencia de negocios (DW-BIM por sus siglas en inglés) es la recopilación, integración y presentación de datos para propósitos de análisis de negocio y toma de decisiones. DW-BIM se compone de actividades que soportan todas las fases del ciclo de vida de soporte a las decisiones que provee contexto, mueve y transforma datos desde las fuentes a un repositorio destino común y luego proporciona diversos medios de acceso, manipulación y presentación de reportes sobre un conjunto de datos integrado.

La Figura 9.1 Describe el contexto de *Data Warehousing e inteligencia de* negocios

7. Data Warehousing e Inteligencia de Negocios

Definición: Procesos de planeación, implementación, y control para proporcionar datos de apoyo a la toma de decisiones y soportar a las personas encargadas de reportes, consultas y análisis.

Metas:
1. Apoyar y habilitar análisis de negocio efectivos y procesos de toma de decisiones.
2. Construir y mantener el ambiente/infraestructura para soportar actividades de inteligencia de negocio, apalancando específicamente todas las otras funciones de gestión de datos para que de manera rentable se entreguen datos integrados y consistentes para todas la actividades de inteligencia de negocios.

Entradas:
- Motivadores de Negocio
- Datos de BI y Accesos
- Requerimientos de Calidad de Datos
- Requerimientos de Seguridad de Datos
- Arquitectura de Datos
- Arquitectura Técnica
- Lineamientos y Estándares de Modelado de Datos
- Datos Transaccionales
- Datos Maestros y de Referencia
- Datos de Industria y Externos

Proveedores:
- Ejecutivos y Gerentes
- Expertos en la Materia
- Consejo de Gobierno de Datos
- Consumidores de la Información (Internos y Externos)
- Productores de Datos
- Arquitectos y Analistas de Datos

Actividades:
1. Entender las Necesidades de Información de Inteligencia de Negocios (P)
2. Definir y Mantener el DW / la arquitectura de BI (P)
3. Implementar Data Warehouses y Datos Marts (D)
4. Implementar Herramientas BI e Interfaces de Usuarios (D)
5. Procesar Datos para Inteligencia de Negocios (O)
6. Monitorear y Ajustar Procesos de Data Warehousing (C)
7. Monitorear y Ajustar Actividades y Desempeño de BI (C)

Participantes:
- Ejecutivos y Gerentes de Negocio
- Ejecutivos de Gestión de Datos y Otros Gerentes de TI
- Gerente de Programas de BI
- Expertos en la materia y otros consumidores de Información
- Administradores o Custodios de los Datos
- Gerentes de Proyectos
- Arquitectos y Analistas de Datos
- Especialistas de Integración de Datos (ETL)
- Especialistas de BI
- Administradores de Base de Datos
- Administradores de Seguridad de Datos
- Analistas de Calidad de Datos

Herramientas:
- Sistema de Administración de Bases de Datos
- Herramientas de Perfilamiento de Datos
- Herramientas de Integración de Datos
- Herramientas de Limpieza de Datos
- Herramientas de Inteligencia de Negocios
- Aplicaciones Analíticas
- Herramientas de Modelamiento de Datos
- Herramientas de Gestión del desempeño
- Repositorio de Metadatos
- Herramientas de Calidad de Datos
- Herramientas de Seguridad de Datos

Entregas Primarias:
- Arquitectura DW/BI
- Data Warehouses
- Data Marts y Cubos multidimensionales
- Tableros de control e Indicador de Resultados
- Aplicaciones Analíticas
- Archivos (para herramientas de minería de datos y estadística)
- Herramientas de BI y Ambientes de Usuarios
- Retroalimentación de Calidad de Datos
- Mecanismo/bucle

Consumidores:
- Trabajadores de Conocimiento
- Gerentes y Ejecutivos
- Consumidores externos y Sistemas
- Consumidores internos y Sistemas
- Profesionales de Datos
- Otros Profesionales de TI

Métricas:
- Uso de Métricas
- Satisfacción de Cliente/Usuario
- Porcentaje de área de cobertura de la materia
- Métricas de Respuesta/Desempeño

Actividades: (P) – Planeación (C) – Control (D) – Desarrollo (O) - Operacional

Figura 9.1 Diagrama de contexto *Data Warehousing* e Inteligencia de Negocios

Los objetivos de DW-BIM incluyen:

- Proporcionar un almacenamiento integrado de los datos requeridos actuales e históricos, organizado por áreas.

- Garantizar datos creíbles y de calidad para todas las capacidades de acceso.

- Asegurar un ambiente estable, de alto desempeño y confiable para la adquisición, administración y acceso a datos.

- Proporcionar un ambiente de acceso a datos fácil de usar, flexible y comprensible.

- Entregar contenido y acceso a los datos de forma apropiada para los objetivos de la organización.

- Apalancar, en lugar de duplicar, funciones relevantes de gestión de datos, como Referencia y Gestión de Datos Maestros, Gobierno de Datos, Calidad de datos y Metadata.

- Proveer un punto empresarial para la entrega de datos como apoyo a las decisiones, políticas, procedimientos, definiciones y normas que surgen del gobierno de datos.

- Definir, construir y soportar todos los repositorios de datos, procesos de datos, infraestructura de datos y herramientas de datos que contienen datos integrados, post-transaccionales y refinados, los cuales se utilizan para visualización, análisis o solicitud de cumplimiento.

- Integrar datos recientemente descubiertos como resultado de los procesos de BI en el DW para futuros análisis y uso de inteligencia de negocios.

9.2 Actividades y conceptos

El propósito de esta sección es proporcionar algunos conceptos y definiciones fundamentales de DW-BIM, antes de entrar en el detalle de actividades específicas. Se presenta un breve recorrido por la historia de DW-BIM y un panorama general de sus componentes típicos. Esta sección continúa con una explicación de algunos términos generales de DW-BIM y una breve introducción y antecedentes del modelado dimensional y su terminología, las cuales conducen a las actividades señaladas en la Figura 9.1.

9.2.1 Almacenamiento de datos - Una breve retrospectiva y un recorrido histórico

En cualquier discusión ya sea larga o corta sobre el almacenamiento de datos, dos nombres invariablemente se nos viene a la mente -Bill Inmon y Ralph Kimball. Cada uno ha hecho contribuciones significativas que permitieron avanzar y dar forma a la práctica del *Data Warehousing*. Aquí se presenta una breve introducción a sus contribuciones más importantes, junto con algunas comparaciones y contrastes de sus planteamientos.

9.2.1.1 Características clásicas de un Data Warehouse – Versión Inmon

En la década de 1990 Bill Inmon definió un *Data Warehouse* como "una colección de datos históricos, detallados y resumidos, orientados a temas, integrados, variables en el tiempo y no volátiles, utilizados para apoyar los procesos de toma de decisiones estratégicas de la empresa."

Estas características clave muestran una distinción clara de la naturaleza de los datos de un *Data Warehouse* en comparación con los sistemas operativos típicos, y aún hoy se mantienen en gran medida como características distintivas de los *Data Warehouses*.

- Orientado a temas: La orientación a temas de un *Data Warehouse* se refiere a la organización de los datos a lo largo de las principales líneas de negocio de la organización. El *Data Warehouse* no es ni funcional ni orientado a aplicaciones. El *Data Warehouse* se debe diseñar para satisfacer las necesidades de datos de la empresa y no los requerimientos analíticos específicos de un departamento en particular.

- Integrado: La integración se refiere a la unificación y coherencia de los datos almacenados en el *Data Warehouse*, y abarca muchos aspectos, incluyendo estructuras clave, codificación y decodificación de las estructuras, definiciones de los datos, convenciones de nombramiento y así sucesivamente. Implícito a esta integración, está el identificar los sistemas que registran todos los datos que hacen parte del alcance del DW. La construcción del *Data Warehouse* no se trata simplemente de copiar los datos desde el ambiente operativo al DW. La consolidación de datos desde diversas fuentes en un único repositorio resulta en una bodega de datos, pero no es todo lo que implica un *Data Warehouse*.

- Variable en el tiempo: La variación en el tiempo de un *Data Warehouse* hace referencia a que cada registro en el *data warehouse* es fidedigno con relación a un momento en el tiempo, y a menudo sale a la luz como un elemento de tiempo en la estructura clave del DW. Por lo tanto, hay que pensar en el *Data Warehouse* como un registro histórico de fotos o *snapshots* de los datos, donde cada foto tiene un momento en el tiempo en que sus datos son fidedignos, a pesar de que después pueda haber cambiado.

- No volátil: La no volatilidad del DW se refiere al hecho de que durante un procesamiento normal de datos, nunca se producen cambios, en lo absoluto, a los registros ya almacenados, y se llegasen a ocurrir, se producen como una excepción. La combinación profunda de los datos operativos actuales con datos históricos y detallados en el DW desafía la naturaleza no volátil del *Data Warehouse*. Esta mezcla es necesaria para apoyar los procesos de toma de decisiones tanto tácticas como estratégicas. La tendencia histórica y sus impactos están cubiertos en la sección 9.2.4.1, *Data Warehousing* activo.

- Datos detallados y resumidos: Los datos en el *Data Warehouse* deben contener datos detallados, que representan las transacciones a nivel atómico de la empresa, así como también debe contener los datos resumidos. Nota: En las primeras versiones de este enfoque, las restricciones de costo y espacio impulsaron la necesidad de datos resumidos. Hoy en día, las consideraciones de rendimiento son casi exclusivamente las únicas que justifican el resumen de los datos.

- Histórico: Mientras los sistemas operativos misionalmente se centran en los datos actuales, un sello distintivo de los *Data Warehouses* es que contienen una gran cantidad de datos históricos (normalmente de 5 a 10 años). La mayor parte de estos datos está típicamente a un nivel resumido. Entre más antiguo el dato, normalmente es más resumido.

9.2.1.2 Características clásicas de un Data Warehouse- Versión Kimball

Ralph Kimball tomó un enfoque diferente, definiendo un *Data Warehouse* simplemente como "una copia de los datos transaccionales específicamente estructurados para consulta y análisis." La copia, para diferenciarlos de los sistemas operativos o transaccionales, tiene una estructura diferente (el modelo de datos dimensional) para permitir a los usuarios del negocio comprender y utilizar los datos de manera exitosa y para hacer frente a rendimiento de las consultas que se realizan en el DW. Los *Data Warehouses* siempre contienen más que sólo los datos transaccionales— Los datos de referencia o metadata son necesarios para dar contexto y un mejor entendimiento a las transacciones. Sin embargo, los datos transaccionales son la gran mayoría de los datos en un *Data Warehouse*.

Los modelos de datos dimensionales son modelos de datos relacionales. Simplemente no cumplen consistentemente con las reglas de normalización. Los modelos de datos dimensionales reflejan los procesos de negocio de forma más simple que los modelos normalizados.

9.2.2 Arquitectura y Componentes DW / BI

Esta sección presenta los principales componentes que se encuentran en la mayoría de los ambientes DW / BI, proporcionando una visión general del panorama presentado por Inmon y Kimball. El primer enfoque es la fábrica de información corporativa, de Inmon. El segundo es el de Kimball, quien se refiere a las piezas de ajedrez del "DW". Ambos puntos de vista y sus componentes se describen y contrastan a continuación.

9.2.2.1 Fabrica de información corporativa de Inmon

Inmon, junto con Claudia Imhoff y Ryan Sousa, identificó y escribió acerca de los componentes de una arquitectura de datos corporativa para DW-BIM y lo denominó la "Fabrica de Información Corporativa " (CIF por sus siglas en inglés: *Corporate Information Factory*). Estos componentes aparecen en las tablas que siguen a la Figura 9.2.

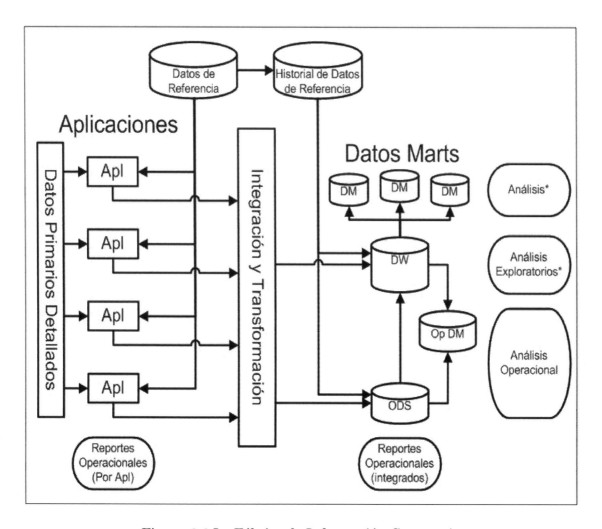

Figura 9.2 La Fábrica de Información Corporativa

La Tabla 9.1 enumera y describe los componentes básicos de Arquitectura DW/BI de la Fábrica de información Corporativa.

Etiqueta – Nombre	Descripción
Datos primarios detallados	Datos Operativos/Transaccionales de la empresa. Los datos brutos detallados proporcionan los datos fuente para ser integrados en el repositorio de datos operativos (ODS por sus siglas en inglés: *Operational Data Store*) y los componentes del DW. Estos datos pueden estar en una base de datos o cualquier otro formato de almacenamiento.
Integración y Transformación	Esta capa de la arquitectura es en la que los datos no integrados de las diversas aplicaciones fuente son almacenados, combinados/integrados y transformados a la representación corporativa en el DW.

Datos de referencia	Los Datos de referencia fueron los precursores de lo que actualmente se conoce como Gestión de datos maestros (MDM por sus siglas en inglés: *Master Data Managament*). El objetivo era permitir el almacenamiento y acceso compartido de datos importantes y de uso frecuente. El enfoque y entendimiento compartido de los datos en el DW, simplifican las tareas de integración.
Datos de referencia históricos	Cuando se hacen necesarios datos de referencia actuales para los sistemas transaccionales, y al mismo tiempo es crítico la presentación de datos históricos integrados y exactos, es necesario capturar datos de referencia y poder identificarlos en cualquier punto del tiempo. Una mayor discusión sobre datos de referencia se presenta en el Capítulo 8 Administración de datos maestros y de referencia.
Repositorio de datos operativos (ODS por sus siglas en inglés: *Operational Data Store*)	El enfoque de la integración de datos es satisfacer las necesidades de información operativas que requieren datos de múltiples sistemas transaccionales. Las principales características distintivas de un ODS en comparación con un DW es que los primeros incluyen los datos actuales, frente a los datos históricos de un DW y que los datos del ODS son volátiles vs. datos no volátiles del DW. Nota: El ODS es una parte opcional de la arquitectura CIF, el cual es utilizado dependiendo de las necesidades operativas específicas de la organización y es reconocido como un componente que muchas empresas omiten.
Datamarts Operativos (Oper-Mart)	Un Data Mart se centra en el apoyo de decisiones tácticas. Las características principales del Oper-Mart incluyen datos actuales frente a los datos históricos del DW, análisis tácticos vs. análisis estratégicos del DW y procedencia de los datos de un ODS en lugar de sólo del DW. El Oper-Mart fue una adición posterior a la arquitectura CIF.
Data Warehouse (DW), Bodega de datos o Almacén de datos	El DW es un recurso corporativo integral, cuyo objetivo principal es proporcionar un único punto de integración para los datos de la organización con el fin de apoyar decisiones gerenciales, análisis estratégicos y procesos de planeación. Los datos fluyen en un DW desde los sistemas transaccionales y ODS y luego hacia los Data Marts, por lo general sólo en una dirección. Los datos que necesitan correcciones son rechazados, corregidos en su fuente y re-alimentan a través del sistema.
Data Marts (DM)	El propósito de los Data Marts es proporcionar datos para procesos de toma de decisiones y actividades de procesamiento de información. Busca además brindar un acceso personalizado y diseñado para las necesidades de un determinado departamento o para una necesidad analítica común.

Tabla 9.1 Descripciones de los componentes de la Fábrica de Información Corporativa

La Tabla 9.2 proporciona un contexto del alcance y propósito de cada uno de los componentes de la Fábrica de Información Corporativa y presenta unas notas aclaratorias.

Componente	Alcance / Propósito	Notas
Aplicaciones	Reportes operativos aislados	Limitado a los datos dentro de una misma aplicación.
ODS	Informes operativos integrados	Reportes que requieren datos de múltiples de sistemas fuente. Por lo general, tienen una orientación más operativa que analítica, con pocos datos históricos.
DW	Análisis Exploratorio	Contar con el conjunto completo de los datos de la organización permite el descubrimiento de nuevas relaciones e información. Muchas herramientas de BI de minería de datos trabajan con extractos del DW en archivo plano, que también descargan carga de procesamiento del DW.
Oper-Mart	Análisis táctico	Análisis de información basado en los datos actuales con un enfoque táctico. Se emplean técnicas de modelado de datos dimensionales.
DataMart	Analíticos - apoyo a las decisiones clásicas de la gerencia y a análisis estratégicos	El enfoque reciente de Inmon estaba en "el análisis por departamentos", que fue aplicado para situaciones reales, tales como oportunidades políticas y de financiación. Trabajos posteriores ampliaron los conceptos a las necesidades comunes de análisis que cruzan los límites departamentales.

Tabla 9.2 Alcance y propósito de los componentes de la Fábrica de Información Corporativa

La Tabla 9.3 ofrece una comparación y contraste desde una perspectiva de negocio y aplicación para los cuatro componentes principales de la Fábrica de Información Corporativa: Aplicaciones, ODS, DW y Data Marts.

Tenga en cuenta las siguientes observaciones generales sobre el contraste entre la información en el DW y Data Marts, en comparación con la información en las aplicaciones:

- El objetivo se desplaza de un objetivo orientado a la operación, a un objetivo orientado al análisis.

- Los usuarios finales suelen ser responsables de tomar decisiones en lugar de hacedores (trabajadores de primera línea).

- El uso del sistema es más personalizado que un uso de transacciones fijas para la operación.

- Los requerimientos sobre el tiempo de respuesta son más flexibles porque las decisiones estratégicas otorgan más tiempo que la operación diaria.

- Se involucran muchos más datos en cada operación/consulta o proceso

	Datos de aplicación	ODS	DW	Data Mart
Propósitos de negocio	Función de negocio específica	Necesidades operativas integradas	Repositorio central de datos, integración y reutilización	Análisis: Departamental (Inmon) Proceso de negocio (Kimball) Medidas de negocio (Wells)
Orientación del sistema	Operación (Ejecución)	Operación (Reportes)	Infraestructura	Informativo, analítico (DSS)
Usuarios Objetivo	Usuarios finales: Oficinista (Operaciones diarias)	Gerentes de negocio: Tomadores de Decisiones Tácticas	Sistemas: Data Marts, Minería de Datos	Ejecutivos: Métricas de desempeño /Métricas empresariales Alta Dirección: Métricas organizacionales Gerentes medios: Métricas de procesos Trabajadores del conocimiento: Actividades

	Datos de aplicación	ODS	DW	Data Mart
Cómo se utiliza el sistema	Operaciones fijas	Informes Operativos	Organizar, almacenar, Alimentar	Personalizado
Disponibilidad del sistema	Alta	Media	Varia	Flexible
Tiempo de respuesta típico	Segundos	Segundos a minutos	Más Largo (Por lotes)	Segundos a horas
Número de registros en una operación	Limitado	Pequeño a mediano	Largo	Largo
Cantidad de datos por Proceso	Pequeña	Media	Larga	Larga
Ciclo de Vida de Desarrollo del Sistema (SDLC por sus siglas en inglés *System Development Life Cycle*)	Clásico	Clásico	Clásico	Modificado

Tabla 9.3 Componentes de la Fábrica de Información Corporativa – Vista de Negocio/Aplicación

La Tabla 9.4 ofrece una comparación y contraste, esta vez desde una perspectiva de datos, para los cuatro componentes principales de la Fábrica de Información Corporativa: Aplicaciones, ODS, DW y Data Marts.

La Tabla 9.4 representa un marco clásico, especialmente en las filas de Cantidad de Historia y Latencia, en donde la mayoría de los procesos del DW tienen una alta latencia y a menudo, se hace un procesamiento por lotes durante la noche. La combinación de la presión continúa del negocio, los requerimientos de con disponibilidad cada vez más rápida y la mejora en la tecnología subyacente, están borrando las líneas y requiriendo avances en el enfoque y diseño arquitectónico. Estos temas se tratan brevemente en la Sección 9.2.4.1, *Data Warehousing* activo.

	Aplicación	ODS	DW	Data Mart
Orientación	Funcional	Materia específica	Materia específica	Materia específica limitada
Vista	Aplicación	Corporativo (Operaciones)	Corporativo (Histórico)	Enfoque de análisis

	Aplicación	ODS	DW	Data Mart
Integración	Específico de una aplicación, No integrado.	Datos corporativos integrados	Datos corporativos integrados	Sub-conjunto Integrado
Volatilidad	Alto nivel, Creación / Lectura / Actualización / Borrado (CRUD por sus siglas en inglés: *Create, Read, Update, Delete*)	Volátil	No volátil	No volátil
Tiempo	Valor Actual	Valor Actual	Variación del tiempo	Variación del tiempo
Nivel de detalle	Sólo detalle	Sólo detalle	Detalle + Resumen	Detalle + Resumen
Cantidad de historia*	30 a 180 días	30 a 180 días	5-10 años	1-5 años
Latencia*	Tiempo real o cercano al tiempo real (NRT por sus siglas en inglés *Near Real Time*)	NRT	> 24 horas	1 día a 1 mes
¿Normalizado?	Si	Si	Si	No
Modelado	Relacional	Relacional	Relacional	Dimensional

Tabla 9.4 Componentes de la Fábrica de Información Corporativa – Vista de Datos

Tenga en cuenta las siguientes observaciones generales sobre el contraste entre la información en el DW y Data Marts, en comparación con la información en las aplicaciones:

- Los datos son por tema vs. orientación funcional.

- Datos Integrados vs silos de datos.

- Datos variantes en el tiempo vs. valores actuales.

- Mayor latencia en los datos.

- Más historia está disponible.

9.2.2.2 Desarrollo de Negocios del ciclo de vida de Kimball y piezas de ajedrez de DW

Ralph Kimball denominó su enfoque El Ciclo de vida de Dimensiones de Negocio; sin embargo, se conoce comúnmente como el Método de Kimball. Según cita su consejo de diseño #49*, "Elegimos la etiqueta El Ciclo de vida de Dimensiones de Negocio, porque refuerza nuestros principios básicos de un *Data Warehouding* exitoso basado en nuestras experiencias colectivas desde mediados de la década de 1980".

El Ciclo de vida de Dimensiones Negocio está basado en tres principios:

- Orientación al Negocio: Tanto para atender requerimientos inmediatos de negocio, como para contar con datos de largo plazo, integrados y consistentes.

- Modelos de datos dimensionales y atómicos: Tanto para facilitar la comprensión del usuario de negocio, como para obtener un mejor rendimiento en las consultas.

- Evolución iterativa de gestión: Gestionar los cambios y mejoras en el *Data Warehouse*, almacén o bodega de datos, como proyectos individuales y finitos, a pesar de que nunca haya fin para la serie de estos proyectos.

Los defensores del Ciclo de vida de Dimensiones de Negocio solicitan utilizar un diseño de tablas de dimensiones y hechos conforme. El proceso de desarrollo debe cumplir con una taxonomía organizacional y con unas reglas de negocio consistentes, para que las partes del *Data Warehouse,* almacén o bodega de datos, se conviertan en componentes reutilizables que ya estén integrados.

La figura 9.3 es una representación de lo que Kimball llama como las fichas de ajedrez del *Data Warehouse,* almacén o bodega de datos (Adaptado de las figuras del libro *The Data Warehouse Toolkit*, Segunda edución, Ralph Kimball y Margy Ross, John Wiley & Sons, 2002). Tenga en cuenta que el uso que dio Kimball al término " *Data Warehouse*" ha sido más inclusivo y amplio que el de Inmon. En el siguiente diagrama, Kimball utiliza el término *Data Warehouse* para abarcar todo, tanto en el área de preparación de datos, como en el área de presentación de datos.

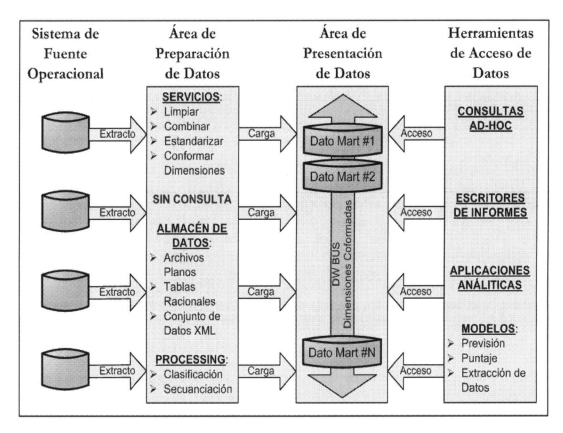

Figura 9.3 Componentes críticos del *Data Warehouse* de Kimball

La Tabla 9.5 Describe los componentes básicos de las fichas de ajedrez del *Data Warehouse* de Kimball

Nombre	Descripción
Sistemas Fuente	Aplicaciones transaccionales de la empresa. Estos proporcionan los datos de origen para integrarse en los componentes de SAO y DW. Equivalente a las aplicaciones de la Fábrica de Información Corporativa .

Nombre	Descripción
Área de organización de datos	Kimball utiliza hábilmente la analogía de una "cocina" para referirse a esta zona como aquella donde se preparan los datos detrás de las escenas para su presentación. Él se refiere a ella como la serie completa de todos los procesos de almacenamiento y ETL que se interponen entre los sistemas de origen y el área de presentación de los datos.
	La diferencia clave con el enfoque de arquitectura es que el enfoque de Kimball siempre ha estado en el extremo de la presentación eficiente de los datos analíticos. Con ese alcance, menor que el de la Fábrica de Información Coporativa de Inmon, el área de preparación de datos se convierte en un espacio para los procesos necesarios para integrar y transformar los datos para su presentación.
	Similar a la combinación de dos componentes de la Fábrica de Información corporativa: Integración y Transformación y DW.
	Nota: En los últimos años, Kimball ha reconocido que un DW empresarial puede encajar en la arquitectura dentro de su área de organización de Datos.
Área de presentación de datos	Similar a los Data Mart, con una diferencia clave de arquitectura, esta área tiene la intención de comportarse como un integrador, algo como el Bus del DW, con dimensiones compartidas conformes, unificando múltiples Data Marts.
Herramientas de acceso a datos	Centrarse en las necesidades y requisitos de los clientes finales/consumidores de los datos ha sido un sello distintivo del enfoque de Kimball. Estas necesidades se traducen en criterios de selección a partir de una amplia gama de herramientas de acceso a los datos, utilizando las herramientas adecuadas para cada tarea.
	En el modelo de Inmon, las herramientas de acceso a los datos están fuera de la arquitectura del DW.

Tabla 9.5 Componentes de las piezas de ajedrez de Kimball

9.2.3 Inteligencia de Negocios (BI) Táctica, Estratégica y Operativa

BI Táctica es la aplicación de las herramientas de BI para analizar las tendencias de negocios mediante la comparación de una métrica con ella misma en un mes o año anterior o para analizar los datos históricos con el fin de descubrir las tendencias que necesitan atención. BI tácita se utiliza para apoyar las decisiones de negocio a corto plazo.

BI Estratégico ha implicado clásicamente proporcionar métricas para ejecutivos, a menudo en combinación con algún método formal de gestión del rendimiento empresarial, para ayudarles a determinar si la corporación está cumpliendo sus objetivos. BI estratégico se utiliza para apoyar las metas y objetivos corporativos a largo plazo.

BI Operativo ofrece BI a las líneas del frente de la empresa, donde las capacidades analíticas guían las decisiones operativas. BI operacional se utiliza para gestionar y optimizar las operaciones comerciales. BI Operativo fue el último de estos tres enfoques en evolucionar en la industria. Implica el acoplamiento de las aplicaciones de BI con las funciones y los procesos operativos, con el requerimiento de una muy baja latencia (captura y entrega de datos cercano al tiempo real). Por lo tanto, enfoques como arquitectura orientada a servicios (SOA) se hacen necesarios para apoyar el funcionamiento de BI Operativo. Algunos de estos enfoques se discuten en la Sección 9.2.4.1.

9.2.4 Tipos de almacenamiento de datos

Los tres tipos principales de almacenamiento de datos se describen en las siguientes secciones.

9.2.4.1 Almacenamiento de datos activo

Los almacenes de datos que sirven para BI táctico y estratégico han existido durante muchos años, a menudo con una frecuencia de carga diariamediante servicios nocturnos de carga por lotes. Estas arquitecturas eran muy dependientes de una de las características originales de los datos propuestas por Inmon, tales como datos no volátiles.

Con el inicio de BI Operativo (y otros requisitos generales de la empresa) presionando por menor latencia y mayor integración en tiempo real o cercana al tiempo real, surgieron nuevos enfoques arquitectónicos para hacer frente a la inclusión de datos volátiles. Una aplicación común de BI operativo es la máquina bancaria automatizada de aprovisionamiento de datos (ABM por sus siglas en inglés *Automated Banking Machine*). Al realizar una transacción bancaria, los saldos históricos y los nuevos saldos resultantes de las acciones bancarias inmediatas, deben ser presentados en tiempo real al cliente. El tratamiento completo de estos nuevos enfoques de aprovisionamiento de datos está fuera del alcance de esta introducción, pero será suficiente para introducir dos de los conceptos clave de diseño que se requieren para el aislamiento de cambios y las alternativas de ETL por lotes.

El impacto de los cambios por nuevos datos volátiles debe ser aislado de la mayor parte de los datos históricos, no volátiles en el DW. Enfoques arquitectónicos típicos de aislamiento incluyen una combinación de construcción de particiones y el uso de consultas de unión para las diferentes particiones, cuando sea necesario.

Muchas alternativas para hacer un ETL por lotes manejan los requisitos de latencia cada más sobre los datos en el DW; algunos de estos incluyen *pipelining* y arquitectura orientada a servicios (SOA), donde los servicios de datos son diseñados y mantenidos.

9.2.4.2 Análisis Multidimensional - OLAP

Procesamiento analítico en línea (OLAP) se refiere a un método para proporcionar un rendimiento rápido para consultas analíticas multidimensionales. El término OLAP se originó, en parte, por hacer una clara distinción entre OLTP, procesamiento de transacciones en línea. La salida típica de las consultas OLAP son en forma de matriz. Las dimensiones forman las filas y columnas de la matriz; y los hechos o medidas, son los valores dentro de la matriz. Conceptualmente, esto se ilustra como un cubo. El análisis multidimensional con cubos es particularmente útil cuando hay formas conocidas en que los analistas quieren ver los resúmenes de datos.

Una aplicación común es el análisis financiero, donde los analistas quieren atravesar repetidamente jerarquías conocidas para analizar los datos; por ejemplo, la fecha (como Año, Trimestre, Mes, Semana, Día), organización (tal como Región, País, Unidad de Negocios, Departamento) y la jerarquía de productos (como categoría de producto, línea de producto, producto).

9.2.4.3 ROLAP, MOLAP, HOLAP y DOLAP

Tres aplicaciones clásicas soportan el procesamiento analítico en línea. Los nombres de éstas se relacionan con el respectivo enfoque de la base de datos subyacente: relacional, multidimensional, híbrido y base de datos.

- El procesamiento analítico en línea relacional (ROLAP): apoya OLAP utilizando técnicas que implementan multidimensionalidad en las tablas bidimensionales de los sistemas de gestión de bases de datos relacionales (RDBMS). Los esquemas en estrella son una técnica de diseño común que se utiliza en entornos ROLAP.

- El Procesamiento analítico en línea multidimensional (MOLAP): apoya OLAP utilizando la tecnología de base de datos multidimensional patentada y especializada.

- Procesamiento analítico en línea híbrido (HOLAP): Esto es simplemente una combinación de ROLAP y MOLAP. Las implementaciones HOLAP permiten que parte de los datos se almacenen en forma MOLAP y otra parte en ROLAP.

- Base de datos de procesamiento analítico en línea (DOLAP): Un cubo OLAP virtual está disponible como una función patentada especial de una base de datos relacional clásica.

9.2.5 Conceptos y terminología de modelado de datos dimensionales

El modelado de datos dimensional es la técnica de modelado preferida para el diseño de almacenes de datos. El Dr. Ralph Kimball fue pionero en muchos de los términos y las técnicas de modelado de datos dimensional. El propósito de esta sección es introducir los conceptos y términos.

El enfoque de Kimball ha estado en la presentación de los datos a los usuarios finales y en el modelado de datos dimensional, en general, se centra en lo que en buscar facilidad para que el usuario final pueda comprender y acceder a los datos. Inherente a esta técnica de diseño está la consciente disyuntiva de preferir y elegir estructuras fáciles de entender y de utilizar por el usuario final, a costa de más trabajo de implementación para los desarrolladores. Esto ayuda a contribuir al hecho de que la mayoría de los trabajos de diseño de Data Marta termina siendo en el proceso ETL.

Tabla 9.6 Contrasta las diferencias típicas en las características de los sistemas construidos desde el modelado relacional para aplicaciones transaccionales y aquellos construidos con el modelado de datos dimensional para Data Marts.

	Modelado Entidad Relación (Aplicaciones Transaccionales)	Modelado de datos dimensional (Data Marts)
Sistema típico	Operativo	Informacional, Analítico (BI)
# Los registros en una operación	Unos pocos	Muchos (Millones +)
Típico Tiempo de respuesta	Segundos	Segundos, minutos a horas
Usuarios objetivos	Personal de primera línea - Operativo	Gerencia y analistas
Orientación	Aplicación - Ejecutar el negocio	Análisis - Analizar el negocio
Disponibilidad	Alto	Flexible
Cantidad de datos por proceso	Pequeña	Grande
Horizonte de tiempo para los datos	60-180 días	Uno a muchos años
¿Cómo se utiliza el sistema?	Operaciones fijas	Análisis Fijos y Ad-Hoc (a la medida)

Tabla 9.6 Características de los sistemas para las aplicaciones transaccionales y para Data Marts

El modelado de datos dimensional es un subconjunto del modelado de datos entidad-relación y tiene los elementos básicos: entidades, atributos y relaciones. Las entidades vienen en dos tipos básicos: hechos, que proporcionan las mediciones; y las dimensiones, que proporcionan el contexto. Las relaciones en el modelado dimensional sencillo están limitadas a que todas pasen por las tablas de hechos y todas las relaciones de dimensiones a hechos son uno-a-muchos (1: M).

9.2.5.1 Tablas de hechos

Las tablas de hechos representan y contienen medidas importantes. El término "hecho" está sobrecargado, las "tablas de hechos" (entidades) contienen uno o más "hechos" (atributos que representan las medidas). Las filas de una tabla de hechos corresponden a una medida particular y son numéricas, tales como importes, cantidades, o recuentos. Algunas medidas son los resultados de los algoritmos para que los metadatos se conviertan en fundamentales para la comprensión y el uso apropiado. Las tablas de hechos ocupan la mayoría del espacio en las bases de datos (90% es una regla de oro razonable) y tienden a tener un gran número de filas.

Las tablas de hechos expresan o resuelven relaciones muchos-a-muchos entre las dimensiones. El acceso a las tablas de hechos es generalmente a través de las tablas de dimensiones.

Las tablas de hechos a menudo tienen un número de columnas de control que expresan por ejemplo: cuando se cargó la fila, para qué programa, cuál es el registro más reciente u otros estados. Estos campos ayudan a los programadores, los operadores y los súper-usuarios a navegar y validar los datos.

9.2.5.2 Tablas de dimensiones

Las tablas de dimensiones, o dimensiones para abreviar, representan los objetos importantes del negocio y contienen descripciones textuales de la empresa. Las dimensiones sirven como la principal fuente de consulta o informes. Actúan como los puntos de entrada o enlaces con las tablas de hechos, y su contenido sirve en los informes como agrupadores o etiquetas. Las dimensiones están típicamente altamente desnormalizadas y representan aproximadamente el 10% del total de los datos, como una regla de oro. La profundidad y la calidad del diseño detallado de las dimensiones determinan la utilidad analítica de los sistemas resultantes.

Todos los diseños probablemente tendrán una dimensión de fecha, una dimensión de organización o grupo como mínimo. Otras dimensiones dependen del tipo de análisis que soportan los datos en las tablas de hechos.

Las tablas de dimensiones suelen tener un pequeño número de filas y un gran número de columnas. El contenido principal de una tabla de dimensión es:

- Llaves subrogadas y no subrogadas.

- La clave principal que representa lo que se utiliza para hacer vínculos con otras tablas en el DW.

- Los elementos descriptivos, incluidos los códigos, descripciones, nombres, estados etc.

- Cualquier información de jerarquía, incluyendo múltiples jerarquías y con frecuencia descomposición por 'tipos'.

- La clave de negocio que el usuario final utiliza para identificar una fila única.

- Los campos clave para identificar el sistema fuente para fines de trazabilidad.

- Los campos de control similares a los campos de control de la tabla de hechos, pero orientados al tipo de captura histórica, como los tipos 1-3, 4 y 6 se describen a continuación.

Las dimensiones deben tener identificadores únicos para cada fila. Los dos enfoques principales para la identificación de las claves para tablas de medidas son las claves subrogadas y claves naturales.

9.2.5.2.1 Claves subrogadas

El enfoque de Kimball le da a cada dimensión una sola clave primaria, poblada por un número que no tiene relación con los datos reales. El número es una "clave sustituta" o "clave en el anonimato" y puede ser un número secuencial, o un número verdaderamente aleatorio. Las ventajas del uso de las claves subrogadas incluyen:

- Rendimiento: Los campos numéricos a veces permiten búsquedas más rápidas que otros tipos de campos.

- Aislamiento: Es un búfer para los cambios sobre campos principales de negocio. La clave subrogada pueda no necesitar cambiar si un tipo de campo o una longitud cambia en el sistema origen.

- Integración: Permite combinaciones de datos de diferentes fuentes. La clave de identificación en los sistemas de origen por lo general no tienen la misma estructura que otros sistemas.

- Mejoramiento: Valores, como "Desconocido" o "No aplicable", tienen su propio valor clave específico, además de todas las claves para las filas válidas.

- Interoperabilidad: Algunas librerías de acceso a datos y funciones GUI trabajan mejor con claves subrogadas ya que no necesitan conocimientos adicionales sobre el sistema subyacente para funcionar correctamente.

- Versionamiento: Permite varias instancias de un mismo valor en una dimensión, que es necesario para el seguimiento de los cambios en el tiempo.

- Depurado: Soporta análisis de problemas de carga y capacidades de reprocesamiento.

A cambio de estas ventajas, es necesario el procesamiento ETL adicional para asignar los valores de las claves numéricas a los valores de la fuente y para mantener las tablas de asignación.

9.2.5.2.2 Claves naturales

Para algunos sistemas, es preferible no crear campos de clave adicionales, utilizando, en su lugar, los datos que ya están presentes para identificar las filas únicas. Las ventajas de utilizar claves naturales incluyen:

- Bajos gastos: Los campos clave ya están presentes, por lo que no se requiere ningún modelado o procesamiento adicional para crearlas o poblarlas.

- Facilidad de cambio: En RDBMS donde existe el concepto de un dominio, es fácil hacer cambios globales debido a los cambios en el sistema de origen.

- Ventaja de Rendimiento: El uso de valores únicos en las claves puede eliminar algunas uniones o relaciones (joins)completamente, mejorando el rendimiento.

- Proveniencia u origen de datos: Es más fácil de rastrear a través de los sistemas, especialmente cuando los datos viajan a través de más de dos sistemas.

A cambio de estas ventajas, puede haber una necesidad de identificar múltiples campos en cada consulta como parte de la unión (join) y valores posiblemente complejos para los campos no numéricos. También, en algunos RDBMS, el uso de cadenas largas de texto puede tener un peor desempeño que los que utilizan números.

9.2.5.3 *Tipos de atributos dimensionales*

Los tres principales tipos de atributos de las dimensiones se diferencian por la necesidad de conservar copias históricas. Se nombran creativamente Tipo 1, Tipo 2 (y 2a) y Tipo 3. Existen otros dos tipos que no aparecen muy a menudo, también llamados creativamente Tipo 4 y Tipo 6 (1 + 2 + 3). Los tipos del 1 al 3 pueden coexistir dentro de la misma tabla y las acciones durante las actualizaciones dependerán de los tipos de campos que tengan actualizaciones.

9.2.5.3.1 Tipo 1 Sobrescritura

Los atributos tipo 1 son aquellos que no tienen necesidad en lo absoluto de conservar los registros históricos. El único interés es el valor actual, por lo que las actualizaciones sobrescriben por completo el valor anterior del campo en la fila. Un ejemplo del tipo 1 es 'color de pelo'. Cuando se produce una actualización, no hay necesidad de mantener el valor actual.

9.2.5.3.2 Tipo 2 Nueva fila

Los atributos tipo 2 son aquellos que necesitan todos los registros históricos. Cada vez que uno de estos campos tipo 2 sufre cambios, una nueva fila con la información actual se agrega a la tabla y el campo de la fecha de vencimiento de la fila anterior se actualiza para indicar que ya expiró. Un ejemplo es la dirección de facturación. Cuando la dirección de facturación cambia, la fila con la dirección antigua caduca y se agrega una nueva fila con la información de la dirección de facturación actual.

Tenga en cuenta que para gestionar el tipo de atributo 2 se requiere que la clave de la tabla sea capaz de manejar múltiples instancias de la misma clave natural, ya sea mediante el uso de claves subrogadas, por la adición de un valor de índice en la clave primaria, o por la adición de un valor de fecha (efectiva, de caducidad, de inserción, etc.) a la clave primaria.

9.2.5.3.3 Tipo 3 Nueva Columna

Los atributos tipo 3 son aquellos que sólo necesitan una porción seleccionada y conocida de la historia. Varios campos en la misma fila contienen los valores históricos. Cuando se produce una actualización, el valor actual se mueve al siguiente campo apropiado y el último ya no es necesario, el valor se pierde. Un ejemplo es un puntaje de crédito, en el que sólo el puntaje original es cuando la cuenta se abre, la puntuación más actual y la puntuación inmediatamente anterior son valiosas. Una actualización movería la puntuación actual a la puntuación anterior.

Otro ejemplo son los totales de facturas mensuales. Podrían haber 12 campos, llamados Mes01, Mes02, etc., o enero, febrero, etc. En el primer caso, si hay un cambio de valor, se actualiza el Mes01 y todos los demás valores se mueven hacia abajo un campo. En el último caso, cuando se actualiza un mes determinado, el usuario sabe que el mes anterior al mes en curso contiene datos del año pasado.

Un propósito útil del tipo 3 es para las migraciones de valores de atributos. Por ejemplo, una empresa decide reorganizar su jerarquía de productos, pero quiere ver las cifras de ventas, tanto para la vieja jerarquía como para la nueva por un año, para asegurarse que todas las ventas se registren adecuadamente. Tener tanto la jerarquía antigua como la nueva disponible por un periodo de tiempo permite esta transición en los datos.

9.2.5.3.4 Tipo 4 Nueva tabla

Los atributos tipo 4 son aquellos que inician un movimiento de la fila expirada a una tabla de "historia" y la fila en la tabla de "corriente" se actualiza con la información actual. Un ejemplo podría ser una tabla Proveedor, donde las filas proveedor caducado se pasan a la tabla de historia después de una actualización, por lo que la tabla dimensional principal sólo contiene filas de proveedores actuales. Este último se llama a veces una dimensión Tipo 2a.

Las recuperaciones implican plazos más complejos en un diseño de tipo 4 ya que las tablas actuales y la historia tienen que ser unidas antes de relacionarse con la tabla de hechos. Por lo tanto, es óptima cuando la gran mayoría de las consultas es para datos actuales y la tabla histórica se mantiene más para fines de auditoría que para consultas frecuentes.

9.2.5.3.5 Tipo 6 1 + 2 + 3

Los atributos tipo 6 se comportan como los tipo 2, en los que cualquier cambio en cualquier valor crea una nueva fila, pero el valor de la clave (subrogada o natural) no cambia. Una forma de implementar el tipo 6 es agregar tres campos para cada fila: fecha de vigencia, fecha de caducidad o vencimiento y un indicador de fila actual. Las consultas en busca de datos a partir de un punto determinado en el tiempo deben verificar si la fecha deseada está entre las fechas de vigencia y caducidad. Las consultas que buscan sólo los datos actuales, agregar los filtros para el indicador de fila actual. La adición de estos filtros tiene el inconveniente de requerir conocimientos adicionales para crear consultas que correctamente pidan la fila adecuada por valor de período o indicador.

Otra forma de implementar el Tipo 6 es añadir un campo de índice en lugar de un indicador de fila actual, con el valor actual de 0. Las filas actualizadas obtienen el valor de índice de cero y todas las filas añaden 1 a sus valores de índice para moverse hacia abajo. Las consultas en busca de los valores actuales utilizarían el filtro con un valor del índice igual a cero y las consultas en busca de datos anteriores seguirían utilizando las fechas de vigencia y de caducidad. Esta técnica tiene el inconveniente de que todas las filas de datos se enlazarán automáticamente a la versión índice 0 (la fila actual). Las consultas que relacionen la tabla de hechos no encontrarán ningún valor anterior de la dimensión a menos que los campos fechas de vigencia y de caducidad se incluyan en la consulta.

9.2.5.4 Esquema de estrella

Un esquema en estrella es la representación de un modelo de datos dimensional con una sola tabla de hechos en el centro conectada a una serie de tablas de dimensiones de los alrededores, como se muestra en la Figura 9.4. También se le conoce como esquema de relación en estrella, haciendo hincapié en que las relaciones de la tabla de hechos central son a través de las claves principales individuales a cada una de las tablas de dimensiones circundantes. La tabla de hechos central tiene una clave compuesta de las claves de cada dimensión.

9.2.5.5 "Snowflaking (copo de nieve)"

Snowflaking (copo de nieve) es el término dado para la desnormalización de una tabla dimensional plana de un esquema en estrella, en los respectivos componentes jerárquicos o estructuras de red. Métodos de diseño como el de Kimball van en contra del snowflaking (copo de nieve) en dos principios fundamentales: 1) se diluye la simplicidad y comprensibilidad del usuario final del esquema en estrella y 2) el ahorro de espacio suele ser mínimos.

Se reconocen tres tipos de tablas de "Snowflaking (copo de nieve)": verdaderas, estabilizadoras y puentes:

- Verdaderas: Formadas cuando una jerarquía se resuelve en tablas de niveles. Por ejemplo: una tabla dimensional de periodos diarios se resuelve en una tabla detalle de fecha y otra tabla para el mes o el año que está vinculado directamente a la tabla de la fecha.

- Tablas estabilizadoras: Formadas cuando atributos en una dimensión se relacionan con filas en otra tabla de dimensión. Por ejemplo, un campo de fecha en una dimensión (como la fecha de contratación de un empleado) se relaciona con la tabla dimensional período para facilitar las consultas que deseen ordenar empleados por fecha de contratación del año fiscal.

- Tablas puente: Formadas en dos situaciones. La primera es cuando una relación de muchos a muchos entre dos dimensiones no se puede resolver a través de una tabla de hechos . Un ejemplo es una cuenta bancaria con propietarios compartidos.

La tabla puente captura la lista de propietarios en una tabla "grupo propietario". La segunda es cuando la normalización es de profundidad variable o jerarquías desiguales. La tabla puente puede capturar cada relación padre-hijo en la jerarquía, lo que permite un recorrido más eficiente.

9.2.5.6 Grano

Kimball acuñó el término grano (Grain) para describir una sola fila de datos en una tabla de hechos. O dicho de otra manera, se refiere al nivel atómico de los datos para una transacción. Definir el grano de una tabla de hechos es uno de los pasos clave en el método de diseño dimensional de Kimball. Por ejemplo, si la tabla de hechos tiene datos de todas las transacciones de un mes de una tienda, podemos saber que el grano o el límite de los datos de la tabla de hechos no incluyen los datos correspondientes al año pasado.

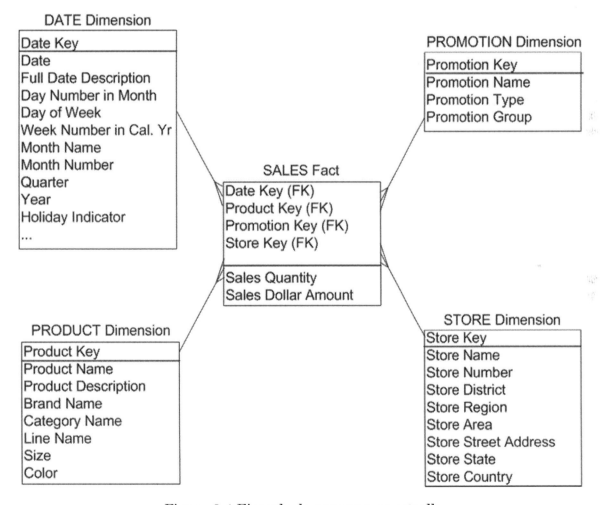

Figura 9.4 Ejemplo de esquema en estrella

9.2.5.7 Dimensiones conformes

Las dimensiones conformes son las dimensiones comunes o compartidas a través de múltiples Data Marts en el método de diseño de Kimball. Más precisamente, Kimball define dimensiones conformes cuando corresponden tanto en términos de elementos como en sus respectivos valores, o contienen un subconjunto estricto. La importancia práctica es que los encabezados de fila para cualquier conjunto de una dimensión conforme debe ser capaz de coincidir exactamente.

Por ejemplo, piense en múltiples Data Marts o tablas de hechos que vinculan directamente a la misma tabla de dimensión, o una copia directa de esa tabla de dimensión. Una actualización a esa tabla de dimensión automáticamente se muestra en todas las consultas de esos Data Marts.

La reutilización de las dimensiones conformes en otros esquemas de estrella permite un desarrollo modular del DW. Las estrellas pueden ser unidas entre sí a través de dimensiones conformes como el diseño crece. Un DW que comienza con una tabla de hechos para el departamento de cuentas por pagar, se puede adjuntar con un hecho del rendimiento del proveedor en el Departamento de Suministro a través de una dimensión del producto que tienen en común. En última instancia, las consultas apoden navegar a través de las áreas para unificar el acceso a los datos del DW en toda la empresa.

9.2.5.8 Datos conformes

Los datos conformes utilizan definiciones estandarizadas de términos a través Data Marts individuales. Diferentes usuarios de negocios podrán utilizar el mismo término en diferentes maneras. ¿"Aumento de clientes" se refiere al "delta de crecimiento" o " las adiciones nominales"? ¿Las "órdenes procesadas" se refieren a todas las ordenes, o la suma de partidas individuales?

Los desarrolladores deben ser muy conscientes de las cosas que pueden ser llamadas de igual manera, pero son conceptos diferentes a lo largo de la organización, o por el contrario lo que se denomina de manera diferente, pero en realidad son el mismo concepto en toda la organización.

9.2.5.9 Arquitectura DW-Bus y Matriz Bus

El término bus vino de la formación en ingeniería eléctrica de Kimball, donde un bus fue algo que proporciona energía común a un número de componentes eléctricos. Sobre la base de esa analogía, la arquitectura DW-bus de dimensiones conformes es lo que permite a múltiples Data Marts coexistir y conectarse mediante un bus de dimensiones compartidas conformes.

La matriz de DW-bus es una forma tabular de mostrar la intersección de los Data Marts, procesos de datos, o áreas de datos con las dimensiones compartidas conformes. La Tabla 9.7 muestra un ejemplo tabular de la arquitectura de bus. Las dimensiones conformes que aparecen en un Data Mart se marcan, por lo que una fila representa todas las dimensiones que se usan en un Data Mart. El bus aparece en múltiples Data Marts que utilizan las mismas dimensiones (la columna).

La matriz DW-bus es una herramienta de comunicación y planificación muy eficaz. Su concepto unificador es una de las contribuciones más valiosas de Kimball a la práctica DW-BIM. El concepto unificador se convierte en un documento clave de diseño. A medida que se añaden nuevas piezas de diseño, las dimensiones y los hechos actuales, junto con sus fuentes, actualización de la lógica y de la programación, deben ser revisados para su posible reutilización.

Proceso de negocio (Data Marts)	Dimensiones conformes				
	Fecha	Producto	Almacenamiento	Proveedor	Almacén
Ventas	X	X	X		
Inventario	X	X	X	X	X
Ordenes	X	X		X	

Tabla 9.7 Ejemplo de Matriz DW-Bus

9.3 Actividades DW-BIM

El almacenamiento de datos se refiere sobre todo a la parte del ciclo de vida de DW-BIM desde la fuente de datos hasta un almacén o bodega de datos común a través de todos los departamentos pertinentes, en una palabra, el contenido de los datos. BIM se ocupa de la parte del ciclo de vida desde el almacén o bodega de datos hasta el uso común y público de los mismos para un objetivo, es de cir, se ocupa de la presentación de datos.

DW y BIM se entrelazan naturalmente, así como un DW no puede ofrecer valor a la organización sin algún medio para proporcionar acceso a los datos recogidos, junto con capacidades analíticas y de reporte. A su vez, la eficacia de una capacidad de BIM es directamente dependiente de que la provisión de datos del DW sea oportuna, pertinente, integral y que tenga otros factores de calidad controlados y documentados como sea requerido.

Actividades DW-BIM se superponen con muchas de las funciones de gestión de datos que ya están incluidas en la guía. El propósito de la sección DW-BIM es articular las actividades involucradas en DW-BIM en un contexto basado en la aplicación práctica. Incluye referencias a otras funciones de gestión de datos, con las definiciones de otros lugares de la Guía, así como proporcionar conocimientos prácticos sobre los distintos métodos, herramientas y técnicas que son específicas de la función DW-BIM.

9.3.1 Entender las necesidades del negocio inteligente de información

Empezar y mantener un enfoque de negocio consistente en todo el ciclo de vida DW-BIM es esencial para el éxito. Revisar la cadena de valor de la empresa es una buena manera de entender el contexto empresarial. Los procesos de negocio específicos de la cadena de valor de una empresa proporcionan un contexto orientado al negocio en el que se enmarcan las áreas de análisis. Consulte la Sección 4.2.2.3 para más información sobre cadenas de valor y la Figura 4.4 para un buen ejemplo.

Reunir los requisitos para los proyectos de DW-BIM tiene similitudes y diferencias con la recopilación de requisitos para otros proyectos de desarrollo típicos de TI. En los proyectos de DW-BIM, por lo general es más importante entender el contexto más amplio de negocios que la zona de negocios específica, ya que la presentación de informes tiende a ser generalizada y exploratoria. El contexto empresarial general está fuertemente contrastado con los sistemas operativos, en los que durante el proceso de desarrollo se define por adelantado los detalles y requisitos de las operaciones y de los informes específicos que se precisan.

Los análisis de proyectos de DW-BIM son más ad-hoc o a la medida por naturaleza e implica hacer preguntas, las cuales, a su vez, conducen a preguntas nuevas o diferentes. Por supuesto, la consulta estará limitada por la naturaleza y la calidad de los datos disponibles. Y aunque no se conocerán las especificaciones exactas de todos los informes, lo que puede conocerse es el contexto de las preguntas, las formas en que los analistas van a querer navegar los datos.

Se debe identificar y acotar el área de negocio, y a continuación, identificar y entrevistar a las personas de negocio apropiadas. Pregunte lo que hacen y por qué. Capture preguntas específicas sobre lo que quieren hacer. Documentar cómo distinguen y categorizar los aspectos importantes de la información. Pregunte a los empresarios cómo rastrean y definen el éxito. Siempre que sea posible, define y capture métricas y fórmulas clave de rendimiento.

Capturar el vocabulario de negocios real y la terminología es la clave del éxito. La actividad de BI de recolección de requerimientos es una gran oportunidad de asociarnos con la función de gestión de Metadatos (véase el Capítulo 11) ya que es fundamental contar con un contexto de datos de negocios comprensible de extremo a extremo; a partir de las fuentes de datos iniciales, a través de todas las transformaciones, hasta la presentación final. En Resumen, los requerimientos de un proyecto DW-BIM deben enmarcar todo el contexto de las áreas de negocio y / o procesos que están en su alcance.

Primero se debe documentar el contexto empresarial y luego explorar los detalles de los datos de fuentes. Típicamente, la porción ETL puede consumir el 67% de los dólares y el tiempo de un proyecto DW-BIM. El perfilamiento de datos es muy útil y colabora con la función de calidad de los datos que es esencial (véase el Capítulo 12). La evaluación del estado de los datos de origen conduce a estimaciones iniciales precisas de la viabilidad y el alcance de los esfuerzos. La evaluación también es importante para establecer expectativas adecuadas.

Tenga en cuenta que el DW es a menudo el primer lugar donde el dolor de datos con mala calidad en los sistemas de origen y / o funciones de entrada se hace evidente. Colaborar con la función de Gobierno de Datos (ver Capítulo 3) es crítico y esencial como insumo para saber cómo manejar todas las variaciones inesperadas que inevitablemente se producen en los datos reales.

La creación de un resumen ejecutivo de las necesidades de inteligencia de negocios identificadas es una buena práctica. El resumen ejecutivo debe incluir una visión general del contexto de negocios, tener una lista de ejemplos de preguntas, debe ofrecer sus comentarios sobre la calidad de los datos existentes y el nivel de esfuerzo para la limpieza y la integración, y describir las organizaciones y áreas de negocios afines. También puede incluir un prototipo para la navegación de la solución que muestre las formas de consulta y la presentación de informes. Revise el resumen ejecutivo con el negocio para el establecimiento de prioridades en el programa de DW-BIM.

Al iniciar un programa de DW-BIM, una buena manera de decidir por dónde empezar es utilizando una simple evaluación de impacto en el negocio y la viabilidad técnica. La viabilidad técnica tendrá en cuenta las cosas como la complejidad, la disponibilidad y el estado de los datos y la disponibilidad de los expertos en la materia. Los proyectos que tienen alto impacto en los negocios y alta viabilidad técnica son buenos candidatos para el arranque.

Un aspecto muy importante es evaluar el soporte de negocio necesario, teniendo en cuente tres factores críticos de éxito:

- Patrocinio del negocio: ¿Hay patrocinio ejecutivo apropiado, es decir, un comité directivo identificado y comprometido y con financiación acorde? Proyectos DW-BIM requieren un fuerte patrocinio ejecutivo.

- Metas de Negocio y Alcance: ¿Hay una necesidad de negocio claramente identificada, un propósito y un alcance para el esfuerzo?

- Recursos del negocio: ¿Existe un compromiso por parte de la gerencia para garantizar la disponibilidad y el compromiso de los expertos en la materia? La falta de compromiso es un punto de falla y una razón suficiente para detener un proyecto DW-BIM hasta que se confirme el compromiso común.

9.3.2 Definir y mantener la arquitectura DW-BI

El capítulo 4, Gestión de arquitectura de datos, proporciona una excelente cobertura tanto de la arquitectura de datos en general, como de muchos de los componentes específicos de la arquitectura DW-BIM, incluyendo los modelos de datos empresariales (área temática, conceptual y lógica), la arquitectura tecnológica de datos y la arquitectura de integración de datos. La Sección 9.2.2 introduce los componentes clave de la arquitectura DW-BIM. La sección actual añade algunas consideraciones prácticas relacionadas con la definición y el mantenimiento de la arquitectura DW-BIM.

El éxito de la arquitectura DW-BIM requiere la identificación y puesta en común de una serie de roles clave, potenciales también para otras funciones importantes:

- Arquitecto Técnico: hardware, sistemas operativos, bases de datos y arquitectura DW-BIM.

- Arquitecto de datos: Análisis de datos, sistemas de registro, modelado de datos y mapeo de datos.

- El arquitecto ETL/ Líder de Diseño: Puesta en escena y transformación, Data Marts y horarios.

- Especialista de Metadatos: interfaces de metadatos, arquitectura de metadatos y contenidos.

- Arquitecto de aplicación BI/Líder de diseño: interfaces de las herramientas de BI y diseño de informes, suministro de metadatos, informe de la navegación y la entrega (por ejemplo push, pull, ad-hoc).

DW-BIM tiene que aprovechar muchas de las disciplinas y los componentes de las funciones del departamento de TI y de negocios de una empresa; por lo tanto, otro grupo clave de las actividades iniciales, incluye la evaluación y la integración de los procesos de negocio, arquitecturas y estándares tecnológicos apropiados, incluyendo las de:

- Servidores.

- Bases de datos.

- Copias de seguridad de base de datos (sistemas de registro) la identificación de los cierres de sesión.

- Seguridad.

- La retención de datos.

- Herramientas ETL.

- Herramientas de Calidad de Datos.

- Herramientas de metadatos.

- Las herramientas de BI.

- Seguimiento y administración de herramientas y reportes.

- Calendarios y horarios, incluyendo actividades estándar y horarios claves del calendario.

- Los procesos y procedimientos de corrección de errores.

Los requerimientos técnicos incluyendo los de rendimiento, disponibilidad y necesidades de temporización son factores clave en el desarrollo de la arquitectura DW-BIM. La arquitectura DW-BIM debe responder a las preguntas básicas sobre lo que pasa con los datos, a dónde viajan, cuándo, por qué y cómo. El "cómo" tiene que cubrir los detalles de hardware y software. Es el marco de organización para llevar todas las actividades juntas.

Las decisiones de diseño y principios sobre qué nivel de detalle tendrán los datos en el DW son prioridades clave para la arquitectura DW-BIM. La publicación de reglas claras sobre qué datos sólo estarán disponibles a través de informes operativos es fundamental para el éxito de los esfuerzos de DW-BIM. Las mejores arquitecturas DW-BIM tienen mecanismos para generar reportes de nivel transaccional y operativo a partir de datos atómicos de la DW. Tener este mecanismo es parte del arte de un buen diseño de DW. Un buen diseño permite que el DW no tenga que tener todos los detalles de nivel transaccional, pero aun así sea útil para fines analíticos.

Un ejemplo de esto, es proporcionar un mecanismo de visualización de informes operativos una partir de una clave transaccional como el número de factura. Los clientes siempre querrán todos los detalles disponibles, pero algunos de los datos operativos solo tienen valor en el contexto del informe original y no proporcionan valor analítico, como por ejemplo campos de descripción larga.

Es muy importante que la arquitectura DW-BIM se integre con la arquitectura general de los informes de la empresa. Existen diferentes técnicas de diseño, pero una técnica útil es centrarse en la definición de acuerdos de Nivel de Servicio (SLA) apropiados para el negocio. A menudo, el tiempo de respuesta, la retención de datos y la disponibilidad para los distintos requerimientos difieren mucho entre las necesidades del negocio y sus respectivos sistemas de apoyo, por ejemplo la presentación de informes operativos vs. el DW vs. los Data Marts. Varias tablas en la Sección 9.2.2 serán útiles en la consideración de varios aspectos de diseño para diferentes componentes de la arquitectura de DW-BIM.

Otro factor crítico de éxito es identificar un plan de reutilización de datos, de intercambio y de extensión. La matriz de DW-Bus introducida en la Sección 9.2.5.9 ofrece una buena manera de organizar.

Por último, ningún esfuerzo DW-BIM puede tener éxito sin la aceptación de los datos por parte del negocio. La aceptación del negocio incluye que los datos sean comprensibles, con una calidad verificable y un origen demostrable. Un acta firmada por el negocio funciona como prueba de la aceptación del usuario sobre los datos. En una sesión de cierre se pueden realizar pruebas al azar tomando datos de la herramienta BIM y comparándolos con los datos en los sistemas fuente y luego haciendo seguimiento a datos que hayan sufrido actualizaciones, viendo que se efectivamente se reflejen en el DW. El cumplimiento de estos requisitos es de suma importancia para la arquitectura DW-BIM. Considere, por adelantado, algunos pocos sub-componentes arquitectónicos críticamente importantes, junto con sus actividades de apoyo:

- Ciclo de retroalimentación de calidad de datos: ¿Qué tan fácil es la integración de los cambios necesarios en los sistemas operativos?

- metadatos completos: ¿Apoya la arquitectura el flujo integrado de metadatos completos? En particular, ¿Es transparente y está disponible el contexto y significado de los datos en toda la arquitectura? ¿La arquitectura y su diseño permite respuesta fácil cuando la empresa quiere saber: "¿Qué significa este este informe, este dato, esta métrica, etc.?"

- Origen de los datos verificable de extremo a extremo: Utilizando el lenguaje popular moderno de la televisión, ¿Es fácilmente verificable y hay evidencia de la cadena de custodia para todos los datos del DW? ¿Hay un sistema de registro para todos los datos identificados?

9.3.3 Implementar Almacenes o Bodegas de Datos (DW) y Data Marts

Los DW y Data Marts son las dos clases principales de almacenamiento de datos en la arquitectura DW-BIM.

El propósito de un almacén o bodega de datos (DW) es integrar datos de múltiples fuentes y luego entregar esos datos integrados con fines de BI. Este consumo es típicamente a través de Data Marts u otros sistemas (por ejemplo, un archivo plano para una aplicación de minería de datos). El diseño de un almacén de datos es un diseño de una base de datos relacional con técnicas de normalización. Lo ideal sería que un solo

DW integrará datos de múltiples sistemas fuente y los entregara a múltiples Data Marts.

El propósito principal de los Data Marts es proporcionar datos para análisis. Los Datas Marts exitosos deben facilitar el acceso a estos datos de una manera simple, comprensible y con un buen rendimiento. El modelado dimensional (utilizando técnicas desnormalización), introducido en la Sección 9.2.5, ha sido en gran medida la técnica seleccionada para el diseño de Data Marts orientados al usuario. Se crean Data Marts para satisfacer las necesidades de análisis especializadas. Los Datos Marts a menudo incluyen datos agregados y resumidos para apoyar un análisis más rápido. La propuesta de Kimball tiene sólo plantea Data Marts y ninguna capa de DW normalizado.

El capítulo 5 cubre el diseño detallado de datos y base de datos. Las referencias al final del capítulo proporcionan una serie de excelentes libros sobre métodos para implementar DW-BIM.

En resumen, el uso de almacenes o bodegas de datos y de Data Marts se podría considerar una aplicación de los famosos siete hábitos de Covey, como por ejemplo, iniciar con el final en mente. En primer lugar, identificar el problema que la empresa desea resolver, a continuación, identificar los detalles y lo que se necesitaría (solución final de software y el Data Mart asociado). A partir de esto, empezar a trabajar en los datos que se necesitaría integrar (almacén o bodega de datos) y en última instancia, construir todo el camino desde las fuentes de datos.

9.3.4 Implementar herramientas de negocios inteligentes e interfaces de usuarios

La madurez del mercado de BI y una amplia gama de herramientas de BI disponibles hace que sea raro que las empresas construyan sus propias herramientas de BI. * El propósito de esta sección es presentar los tipos de herramientas disponibles en el mercado BI, una visión general de su jefe características y un poco de información para ayudar a emparejar las herramientas a las capacidades a nivel de cliente apropiadas.

La implementación de la herramienta BI derecho o la interfaz de usuario (UI) se trata de identificar las herramientas adecuadas para el conjunto de derecho de usuario. Casi todas las herramientas de BI también vienen con sus propios depósitos de metadatos para gestionar sus mapas internos de datos y estadísticas. Algunos vendedores hacen estos depósitos se encuentren abiertos al usuario final, mientras que algunos permiten negocio a metadatos a introducir. Depósitos de metadatos empresariales deben enlazar, o copiar de estos depósitos para obtener una visión completa de la actividad de presentación de informes y análisis que la herramienta está proporcionando. El capítulo 11 cubre la gestión de metadatos.

9.3.4.1 Consultas y herramientas de informes

La consulta y presentación de informes es el proceso de consulta de una fuente de datos, a continuación, formatearlo para crear un informe ya sea un informe estilo de producción, como una factura o un informe de gestión.

Las necesidades dentro de las operaciones de negocios de informes suelen ser diferentes de las necesidades dentro de consultas de negocios y presentación de informes. Sin embargo, a veces, las necesidades borrosas y cruzamiento de líneas. Así como usted puede usar un martillo para conseguir un tornillo en la pared, se puede utilizar una herramienta de negocio de operaciones de reporte para la presentación de informes de gestión. Lo contrario, sin embargo, no es cierto; Rara vez se puede utilizar una consulta de negocio y herramienta de informes para elaborar reportes de operaciones comerciales. Una herramienta de consulta de negocio no sea compatible con diseños totalmente perfectos fuentes de datos normalizados, o la capacidad de programación que los desarrolladores de la demanda.

Con la consulta de negocios y presentación de informes, la fuente de datos es más a menudo un almacén de datos o datos mart (aunque no siempre). Mientras se desarrolla informes de producción, los usuarios avanzados y usuarios de negocio ocasionales desarrollan sus propios informes con herramientas de consulta de negocios. La tabla 9.8 ofrece una excelente generalización de las clases de mapeo de las herramientas de BI a sus respectivas clases principales de los usuarios. En él se compara algunas características adicionales que ayudan a distinguir informes comerciales de operaciones al estilo de los informes de consultas de negocios y estilo de presentación de informes. Estas características son de ninguna manera absoluta y que no encontrará necesariamente herramientas de proveedores que se ajustan con precisión tampoco. Los reportes de operaciones comerciales no son necesariamente pixel-perfecto, aunque algunos son. Utilice los informes generados con herramientas de consulta de negocios individual, departamental, o de toda la empresa.

Características	Informes operacionales de negocio	Negocio e informes de consultas
Autor primario	Desarrollador IT	Usuarios avanzados o usuarios de negocios
Propósito	Preparación de documentos	Toma de decisiones
Entrega de informe	Papel o correo electrónico, incrustado en una aplicación	Portal, hoja de Cálculo, Correo electrónico
Calidad de impresión	Pixel perfecto	Calidad de la presentación histórica, Pixel perfecto
Base de Usuario	10s of 1000s	100s o 1000s
Origen de datos	OLTP – Tiempo real	Almacén de datos o data mart, ocasionalmente OLTP
Nivel de detalle de datos	Atómico	Agregados, filtrada
Alcance	Operativo	Táctico, estratégico
Uso	A menudo incrustado dentro de una aplicación OLTP	BI como una aplicación independiente

Tabla 9.8 Producción frente a reportes de negocios y consulta

En los últimos años, ha habido una tremenda coalescencia y el colapso de la del mercado con respecto a las herramientas de informes. Todos los principales proveedores de BI ahora ofrecen capacidades de informes píxel-perfecto clásicos que alguna vez fueron principalmente en el dominio de los informes de aplicación. Desde una perspectiva de costo simple, el mecanismo de entrega y la infraestructura para informes o incluso información es agnóstico con el contenido o el tipo de información. En otras palabras, es prudente que las empresas aprovechar infraestructura y mecanismos de entrega comunes. Estos incluyen la web, correo electrónico y aplicaciones para la entrega de todo tipo de información e informes, de los cuales DW-BIM es un subconjunto.

Los informes de producción cruzan el límite DW-BIM y a menudo consultan sistemas transaccionales para producir artículos operativos tales como facturas o estados de cuenta bancarios. Los desarrolladores de informes de producción tienden a ser personal de TI.

La consulta de negocios y herramientas de informes permiten a los usuarios que quieren al autor sus propios informes, o crear salidas para su uso por otros. Ellos están menos preocupados con el diseño exacto porque no están tratando de generar una factura o similares. Sin embargo, ellos quieren gráficos y tablas de forma rápida e intuitiva. Algunas herramientas se centran en la visualización innovadora de los datos como un medio para mostrar el significado en los datos con mapas de datos y paisajes de traslado de datos con el tiempo. Las funciones de formato varían dramáticamente en este segmento. Herramientas en este segmento se conocen como herramientas de consultas ad hoc. A menudo, los informes creados por los usuarios de negocios se convierten en informes estándar, no se utilizan exclusivamente para cuestiones de negocios ad hoc.

Figura 9.5 Se refiere a las clases de herramientas de BI a las respectivas clases de usuarios de BI para esas herramientas

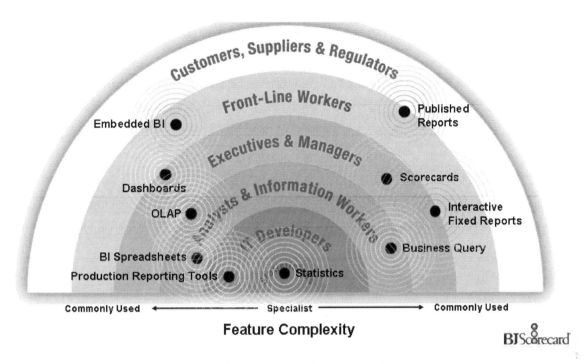

Figura 9.5 ¿Que usuarios deben utilizar y que herramientas BI?

En la definición de los grupos de usuarios de destino, hay un espectro de necesidades de BI. En primer lugar, conocer a sus grupos de usuarios y luego igualar la herramienta para los grupos de usuarios en su empresa. En un extremo, los desarrolladores de TI pueden estar más preocupados con la extracción de los datos y se centran en la funcionalidad avanzada. En el otro extremo del espectro, los consumidores de información lo desean, puede acceder rápidamente a los informes previamente elaborados y ejecutados. Estos consumidores pueden querer un cierto grado de interactividad como taladro, filtrar, ordenar, o sólo pueden querer ver un informe estático.

Tenga en cuenta que la perforación es una funcionalidad OLAP. Así que se trata de una necesidad sólo para los analistas o Usuarios avanzados, o es algo que los clientes / proveedores / usuarios casuales también quisieran, pero que tal vez no ha sido posible en el pasado?

Es necesario comprender cómo todas las clases de usuarios esperan utilizar la herramienta, incluyendo usuarios de la Web. ¿La Web simplemente es un mecanismo de entrega, o también un entorno de creación de informes? ¿Va a / ¿cómo va a proporcionar el acceso sin conexión para los informes que están disponibles a través de Internet?

Los usuarios pueden pasar de una clase de usuarios a otro como su aumento o habilidades a medida que realizan diferentes funciones de la empresa. Un gerente de la cadena de suministro, por ejemplo, puede que desee ver un informe financiero estático, sino que va a querer un informe altamente interactivo para el análisis de inventario. Un analista financiero y un gerente responsable de línea para gastos pueden ser un usuario avanzado en el análisis de los gastos totales, pero un cliente visualiza un informe estático de una factura de teléfono.

Los usuarios externos suelen mirar por los informes estáticos, como un resumen de su actividad. Cada vez más, sin embargo, las empresas están ofreciendo más extranet interactiva de informes para sus mejores clientes y proveedores más grandes. Trabajadores de primera línea pueden utilizar, informes estáticos publicados o de una pepita de información incrustada dentro de una aplicación. Los ejecutivos y gerentes utilizarán una combinación de informes fijos, cuadros de mando e indicadores de resultados. Los administradores y usuarios avanzados tienden a querer perforar en estos informes rebanada y dados los datos para identificar la causa raíz de los problemas.

9.3.4.2 Herramientas de procesamiento analítico en línea (OLAP)

OLAP proporciona análisis interactivo, multi-dimensional con diferentes dimensiones y diferentes niveles de detalle. La Sección 9.2.3.2, multi-dimensional Análisis-MOLAP, presentó brevemente este tema. Esta sección cubre las herramientas OLAP, que prevén la disposición de los datos en cubos OLAP para el análisis rápido.

Normalmente, los cubos en las herramientas de BI se generan a partir de una estrella (o "snowflaking (copo de nieve)") esquema de base de datos. Los cubos OLAP consisten en hechos numéricos, llamadas medidas, a partir de las tablas de hechos. Estos cubos pueden ser virtuales bajo demanda o lote empleado. Las dimensiones categorizar sus hechos en el esquema respectivo (ver Sección 9.2.2).

El valor de las herramientas y cubos OLAP es la reducción de la probabilidad de confusión y la interpretación errónea, alineando el contenido de los datos con el modelo mental del analista. El analista puede navegar a través de la base de datos y una pantalla para un determinado subconjunto de los datos, cambiar las orientaciones de los datos y la definición de los cálculos analíticos. Rebanada-y-los datos es el proceso iniciado por el usuario de la navegación llamando por página se muestra de forma interactiva, a través de la especificación de cortes a través de rotaciones y perforado hacia abajo/arriba. Operaciones OLAP comunes incluyen porción y dado, profundizar, replegar, desplegarse y el pivote.

• Rebanada: Una rebanada es un subconjunto de una matriz multi-dimensional correspondiente a un único valor para uno o más miembros de las dimensiones no en el subconjunto.

• Dados: La operación dados es un trozo de más de dos dimensiones de un cubo de datos, o más de dos cortes consecutivos.

• Profundizado/Arriba: La perforación hacia abajo o hacia arriba es una técnica analítica específica mediante el cual el usuario navega entre niveles de datos, que van desde los más resumido (arriba) para la más detallada (abajo).

• Desplegado: Un enrollable implica el cálculo de todas las relaciones de los datos para una o más dimensiones. Para ello, definir una relación computacional o fórmula.

• Pivote: Para cambiar la orientación tridimensional de una pantalla de informe o página.

9.3.4.3 Aplicaciones analíticas

Henry Morris de IDC primero acuñó el término "aplicaciones analíticas" a mediados de la década de 1990, aclarando en qué se diferencian de OLAP y BI herramientas en general. Las aplicaciones analíticas incluyen la lógica y los procesos para extraer datos de los sistemas de origen muy conocidos, tales como los sistemas ERP vendedor, un modelo de datos para el mercado de datos y los informes predefinidos y cuadros de mando. Las aplicaciones analíticas proporcionan a las empresas una solución pre-construidos para optimizar un área funcional (gestión de personas, por ejemplo) o verticales (análisis por menor, por ejemplo) de la industria.

Los diferentes tipos de aplicaciones analíticas incluyen cliente, financiera, cadena de suministro, fabricación y aplicaciones de recursos humanos.

El enfoque de comprar o construir una gran influencia en los matices dentro de aplicaciones analíticas. Cuando usted compra una aplicación analítica, usted compra el modelo de datos y cubos e informes con las métricas funcionales pre-construidos. Estos compran aplicaciones que dicen lo que es importante, lo que debe haber un seguimiento y proporcionar algunas de las tecnologías para ayudarle a conseguir a valorar más rápido. Por ejemplo, con una herramienta de BI en general, a determinar cómo y si se debe calcular medidas comerciales, como la venta promedio por visita a la tienda y en la que los informes que desea que aparezca. Una aplicación analítica pre-construido ofrece esto y otras métricas para usted. Algunas aplicaciones analíticas construcción proporcionan un entorno de desarrollo para el ensamblaje de aplicaciones.

La propuesta de valor de aplicaciones analíticas se encuentra en la guía de inicio rápido, como el tiempo de comercialización acortada y entrega. Algunas de las preguntas clave para la evaluación de aplicaciones analíticas son:

9.3.4.4 Ejecución paneles de gestión y cuadros de mando

Los cuadros de mando son dos formas de presentar la información de manera eficiente desempeño. Normalmente, los cuadros de mando están orientados más hacia la presentación dinámica de la información operativa, mientras los indicadores de resultados son representaciones más estáticas de las metas organizacionales, tácticas o estratégicas de largo plazo. Los indicadores de resultados se centran en una métrica dada y compararlos con un objetivo, que a menudo reflejan un estado sencillo de rojo, amarillo y verde para las metas, con base en las reglas de negocio; tableros de instrumentos típicamente presentes varios números de muchas maneras diferentes.

Normalmente, los cuadros de mando están divididos en 4 cuadrantes o puntos de vista de la organización: Finanzas, Clientes, Medio Ambiente y empleados, aunque hay flexibilidad, en función de las prioridades de la Organización. Cada uno tendrá una serie de indicadores que se reportan y una tendencia a diversos objetivos establecidos por los altos ejecutivos. La varianza de los objetivos se muestra, por lo general con una de las causas o comentario que acompaña a cada métrica. Los informes son por lo general en un intervalo establecido y la propiedad de cada métrica se asigna por lo que las expectativas de mejora del rendimiento se pueden hacer cumplir.

En su libro sobre paneles de rendimiento, Wayne Eckerson ofrece cobertura en profundidad de los tipos y las arquitecturas de cuadros de mando. El propósito de presentar esta información es proporcionar un ejemplo de la forma en diversas técnicas de BI se combinan para crear un ambiente rico BI integrado. La figura 9.6 es una adaptación de una publicación TDWI relacionado *.

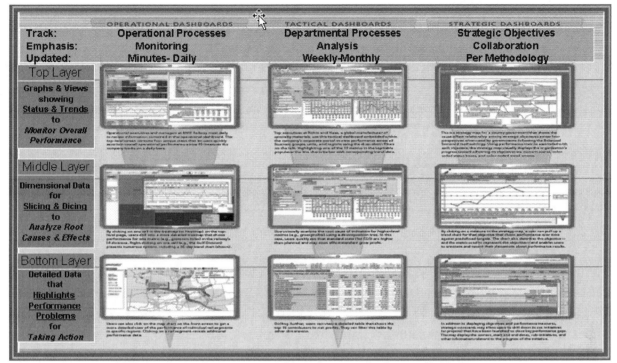

Figura 9.6 6 Los tres cuadros de mando de rendimiento

9.3.4.5 Herramientas de Gestión de Rendimiento

Aplicaciones de gestión del rendimiento incluyen el plan del presupuesto, planificación y consolidación financiera. Ha habido una serie de grandes adquisiciones en este segmento, como los proveedores de ERP y los proveedores de BI ven grandes oportunidades de crecimiento aquí y creen BI y Gestión del Rendimiento están convergiendo. En el lado de compra del cliente, el grado en que los clientes comprar BI y gestión del rendimiento del mismo proveedor depende de las capacidades del producto, sino también en el grado en que el CFO y CIO cooperan. Es importante tener en cuenta que el presupuesto y la planificación no se aplica sólo a las métricas financieras, pero a fuerza de trabajo, el capital y así sucesivamente, también.

9.3.4.6 Análisis Predictivo y Herramientas de extracción de Datos

La extracción de datos es un tipo particular de análisis que revela patrones en los datos utilizando varios algoritmos. Mientras que las herramientas de consulta y de información estándar requieren hacer una pregunta específica, una herramienta de minería de datos ayudará a los usuarios a descubrir las relaciones o muestran patrones de una manera más exploratoria. El análisis predictivo ("que-si" análisis) permite a los usuarios crear un modelo, prueban el modelo basado en datos reales y luego proyectar resultados futuros. Motores subyacentes pueden ser las redes neuronales o inferencia.

Utilice la extracción de datos en el análisis predictivo, detección de fraudes, análisis de causa raíz (a través de la agrupación), la segmentación de clientes y de puntuación y análisis de la cesta de mercado. Aunque la minería de datos es un segmento del mercado de BI, que sigue siendo una aplicación reservada a usuarios especializados. En el pasado, los estadísticos han extraído en gran parte de datos de los sistemas de origen y almacenes de datos para realizar análisis fuera del entorno de BI. Asociaciones recientes entre vendedores BI y DB están ofreciendo más estrechos e integradora de procesamiento analítico y las capacidades DB. Normalmente extractos de archivos planos se utilizan para entrenar el motor y luego se realiza una carrera completa en una base de datos fuente, la elaboración de informes estadísticos y gráficos.

Tenga en cuenta que una buena estrategia para la interfaz con muchas herramientas de minería de datos es trabajar con los analistas de negocio para definir el conjunto de datos necesarios para el análisis y luego organizar un extracto de archivo periódico. Esta estrategia descarga el procesamiento de múltiples pasadas intensa involucrados en la minería de datos del DW y herramientas de minería de datos de muchos que trabajan con entradas basados en archivos, también.

9.3.4.7 Visualización y Herramientas avanzadas de descubrimiento

Herramientas avanzadas de visualización y de descubrimiento a menudo utilizan una arquitectura en-memoria para permitir a los usuarios interactuar con los datos de una forma muy visual e interactiva. Patrones en un gran conjunto de datos pueden ser difíciles de reconocer en una pantalla de números. Un patrón puede ser recogido visualmente bastante rapidez, cuando miles de puntos de datos se cargan en un sofisticado despliegue en una sola página de pantalla.

La diferencia en estas herramientas frente a la mayoría de los productos de tablero de instrumentos está por lo general en:

1. El grado de análisis y visualización sofisticados tipos, tales como pequeños múltiplos, líneas de chispa, mapas de calor, histogramas, diagramas en cascada, gráficos de bala y así sucesivamente.

2. El cumplimiento de las mejores prácticas de acuerdo con la comunidad visualización.

3. El grado de interactividad y el descubrimiento visual frente a la creación de un gráfico en una pantalla de datos tabulares.

9.3.5 Procesamiento de Datos para la Inteligencia de Negocios

La mayor parte de la obra en cualquier esfuerzo DW-BIM está en la preparación y elaboración de los datos. Esta sección presenta algunos de los componentes arquitectónicos y sub-actividades involucradas en el procesamiento de datos para BI.

9.3.5.1 Áreas de almacenamiento intermedio

Un área de ensayo es el almacén de datos intermedia entre una fuente de datos original y el repositorio de datos centralizado. Todos los de limpieza, transformación, la reconciliación y las relaciones necesarias suceden en esta zona.

Las arquitecturas avanzadas implementan estos procesos de una manera bien definida y progresiva. Dividir el trabajo reduce la complejidad global y hace la depuración mucho más simple. Tener un área inicial de puesta en escena es una simple estrategia común a descargar un conjunto completo de datos del sistema de origen respectivo en que está, es decir, sin transformaciones.

Un mecanismo de captura de cambios reduce el volumen de los conjuntos de datos transmitidos. Varios meses a unos cuantos años de datos se pueden almacenar en esta área inicial puesta en escena. Los beneficios de este enfoque son:

- Mejorar el rendimiento del sistema de origen al permitir historial limitado que se almacena allí.

- Captura proactiva de un conjunto completo de datos, permitiendo a las necesidades futuras.

- Reducir al mínimo el tiempo y el impacto en el rendimiento del sistema de origen por tener un solo extracto.

- Creación proactiva de un almacén de datos que no está sujeto a las limitaciones del sistema de transacciones.

Utilice componentes de diseño posteriores a filtrar los datos sólo se necesitan para las prioridades del negocio y hacer iterativo, progresiva, de conformidad y la normalización. Los diseños que permiten una separación adicional de conformar datos, como conforme tipos y conjuntos de valores, de la fusión y la normalización serán más simples de mantener. Muchas arquitecturas nombran esta integración y transformación de datos para distinguirla de la zona de sólo copia puesta en escena simple.

9.3.5.2 Fuentes y Objetivos de cartografía

Mapeo fuente-destino es la actividad de documentación que define los detalles de tipos de datos y reglas de transformación para todas las entidades y elementos de datos requeridos y de manera individualizada para cada objetivo. DW-BIM agrega requisitos adicionales a este proceso clásico fuente-destino de mapa encontrado como un componente de cualquier migración de datos típicos. En particular, uno de los objetivos del esfuerzo de DW-BIM debe ser proporcionar un linaje completo para cada elemento de datos disponible en el entorno BI todo el camino de vuelta a su respectiva fuente (s)

La parte más difícil de cualquier esfuerzo de mapeo es la determinación de enlaces válidos entre elementos de datos en múltiples sistemas equivalentes. Considere el esfuerzo para consolidar los datos en un EDW desde múltiples sistemas de facturación o gestión de pedidos. Lo más probable es que las tablas y campos que contienen datos equivalentes no tienen los mismos nombres o estructuras. Una taxonomía sólido es necesario para que coincida con los elementos de datos en diferentes sistemas en una estructura consistente en el EDW. Fuentes de oro o el sistema de la fuente (s) de registro deben ser firmados por el negocio.

9.3.5.3 Limpieza de datos y Transformaciones (Adquisición de Datos)

La limpieza de datos se centra en las actividades que corrigen y mejoran los valores de dominio de los elementos de datos individuales, incluida la aplicación de las normas. La limpieza es especialmente necesaria para las cargas iniciales en los que interviene la historia significativa. La estrategia preferida es empujar la limpieza de datos y la actividad de corrección de nuevo a los sistemas de origen, siempre que sea posible.

Es necesario desarrollar estrategias de filas de datos que se cargan, pero resultan ser incorrectas. Una política para la eliminación de registros de edad pueden causar algunos estragos con tablas y claves suplentes, que expira una fila y cargar los nuevos datos como una fila completamente nueva puede ser una mejor opción.

Transformación de datos se centra en actividades que proporcionan contexto organizacional entre elementos de datos, entidades y áreas temáticas. El contexto institucional incluye referencias cruzadas, la referencia y la gestión de datos maestros (véase el capítulo 8) y las relaciones completas y correctas. La transformación de datos es un componente esencial de la capacidad de integrar datos de múltiples fuentes. Desarrollo transformación de datos requiere una amplia participación con Gobierno de Datos.

9.3.6 Supervisar y ajustar los Procesos de Almacenamiento de Datos

La transparencia y la visibilidad son los principios fundamentales que deben conducir el monitoreo DW-BIM. Cuanto más se puede exponer a los detalles de las actividades DW-BIM, más clientes finales pueden ver y entender lo que está pasando (y tener confianza en el BI) y menos apoyo directo del cliente final será requerida. Proporcionar un panel que expone el estado de alto nivel de las actividades de suministro de datos, con capacidad de drill-down, es una buena práctica que permite a un tirón de la demanda en la información por tanto el personal de apoyo y clientes. La incorporación de medidas de calidad de datos mejorará el valor de este tablero donde el rendimiento es más que sólo velocidad y sincronización.

La elaboración deberá ser supervisada en todo el sistema para los cuellos de botella y las dependencias entre procesos. Se deben emplear técnicas de optimización de bases de datos donde y cuando sea necesario, incluyendo particiones, copia de seguridad templado y estrategias de recuperación. El archivo es un tema difícil en el almacenamiento de datos. Los usuarios a menudo consideran el almacén de datos como un archivo activo, debido a las largas historias que se construyen y no están dispuestos, sobre todo si las fuentes OLAP tienen registros perdidos, para ver el almacén de datos que se dedican a archivar.

La gestión por excepción es una gran política de aplicar aquí. El envío de mensajes de éxito normalmente se traducirá en mensajes ignorados, pero el envío de mensajes de atención en caso de fallo es una adición prudente un tablero de instrumentos de monitoreo.

9.3.7 Monitorear y ajustar actividades BI y Rendimiento

Una buena práctica para el monitoreo y ajuste a punto de BI es definir y mostrar un conjunto de métricas de satisfacción del cliente. El tiempo medio de respuesta de la consulta y el número de usuarios por día / semana / mes, son ejemplos de métricas útiles para mostrar. Además de mostrar las medidas estadísticas disponibles de los sistemas, es útil para estudiar los clientes DW-BIM regularmente.

Revisión periódica de las estadísticas de uso y los patrones es esencial. Los informes que proporcionan la frecuencia y uso de los recursos de datos, consultas e informes permiten mejora prudente. Ajustar la actividad BI es análogo al principio de aplicaciones de perfiles con el fin de saber dónde están los cuellos de botella son y dónde aplicar los esfuerzos de optimización. La creación de índices y agregaciones es más eficaz cuando se hace de acuerdo con los patrones de uso y las estadísticas. Mejoras de rendimiento tremendas pueden venir de soluciones simples, tales como la publicación de los resultados diarios completados a un informe que corre cientos o miles de veces al día.

9.4 Resumen

Los Principios básicos para la implementación de almacenamiento de datos y gestión de la inteligencia de negocio en una organización, una tabla resumen de los roles para cada almacenamiento de datos y de la actividad de inteligencia de negocios y la organización y las cuestiones culturales que puedan surgir durante el almacenamiento de datos y la gestión de la inteligencia de negocio se resumen a continuación.

9.4.1 Principios Rectores

La aplicación de la función de gestión de almacenamiento de datos e inteligencia de negocios en una organización sigue once principios rectores:

1. Obtener el compromiso y apoyo ejecutivo. Estos proyectos son mano de obra intensiva.

2. Asegure el negocio de la SME's. Soporte y alta disponibilidad son necesarios para obtener los datos correctos y solución de BI útil.

3. Sé negocio enfocado y conducido. Asegúrese que el trabajo DW/BI está cumpliendo las necesidades de negocio de prioridad real y la solución de la quema de los problemas de negocio. Dejar que el negocio defina la priorización.

4. La calidad demostrable de los datos es esencial. Imprescindible para el éxito BI /DW es ser capaz de responder a preguntas básicas como "¿Por qué es esta suma X?" "¿Cómo fue que calculada?" Y "¿De dónde provienen los datos?"

5. Proporcionar valor incremental. Lo ideal es entregar en continuas segmentos 2-3 meses.

6. Transparencia y de autoservicio. El más contexto (metadatos de todo tipo), siempre, más clientes de valor derivan. Exponiendo Sabiamente información sobre el proceso reduce las llamadas y aumenta la satisfacción.

7. Un tamaño no sirve para todos. Asegúrate de encontrar las herramientas y productos adecuados para cada uno de sus segmentos de clientes.

8. Piense y arquitecto globalmente, actuar y construir localmente. Deje que la gran imagen y visión final guían la arquitectura, sino construir y entregar de forma incremental, con mucho más corto plazo y un mayor enfoque basado en proyectos.

9. Colaborar e integrarse con todos las demás iniciativas de datos, sobre todo los de Gobierno de Datos, calidad de datos y metadatos.

10. Comience con el final en mente. Deje que la prioridad de negocio y alcance de extremo-datos-entrega en el espacio BI impulsan la creación del contenido de DW. El propósito principal de la existencia de la DW es servir de seguridad de datos a los clientes de negocios final a través de las capacidades de BI.

11. Resumir y optimizar última, no la primera. Basarse en los datos atómicos y añadir agregados o resúmenes según sea necesario para el rendimiento, pero no para reemplazar el detalle.

9.4.2 Resumen del proceso

El Resumen del Proceso para la función de almacenamiento de datos y gestión de la inteligencia de negocio se muestra en la Tabla 9.9. Los entregables, roles responsables, roles que se aprueba y roles que contribuyen se muestran para cada actividad en la función de almacenamiento de datos y gestión de la inteligencia de negocios. La tabla también se muestra en el Apéndice A9.

Actividades	Entregables	Roles de responsabilidad	Roles de aprobación	Roles de contribución
7.1 Entender las necesidades del negocio inteligente de información (P)	Requerimientos de Proyectos DW-BIM	Analista de datos/BI, Gerente de programa BI, SME	Administración de datos, Ejecutivos de negocios y Gerentes	Especialistas de Metadatos, Líder de procesos de negocio
7.2 Definir la Arquitectura del Almacén de Datos/ BI (P) (igual que 2.1.5)	Almacén de datos /arquitectura de inteligencia de negocio	Arquitecto de almacenamiento de datos, Arquitecto de inteligencia de negocios	Arquitecto de datos empresariales, Ejecutivo DM, CIO, Comité directivo de arquitectura de datos, Consejo de gobierno de datos	Especialistas en inteligencia de negocios, Especialistas en Integración de Datos, DBAs, Otros Profesionales de gestión de datos, Arquitectos TI

Actividades	Entregables	Roles de responsabilidad	Roles de aprobación	Roles de contribución
7.3 Implementar el almacenamiento de datos y los datos marts (D)	Almacén de Datos, Datos Marts, cubos OLAP	Especialistas en inteligencia de negocios	Arquitecto de almacenamiento de datos, Equipos de administración de Datos	Especialistas en Integración de Datos, DBAs, Otros Profesionales de gestión de datos, Otros profesionales TI
7.4 Implementar herramientas de negocios inteligentes e interfaces de usuarios (D)	Herramientas y entornos de usuario, Consultas e informes, cuadros de mando, cuadros de mandos, aplicaciones analíticas, etc. BI	Especialistas en inteligencia de negocios	Arquitecto de almacenamiento de datos, Comité de administración de Datos, Consejo de gobierno de datos, Ejecutivos de negocios y Gerentes	Arquitecto de almacenamiento de datos, Otros Profesionales de gestión de datos, Otros profesionales TI
7.5 Procesamiento de datos para la Inteligencia de Negocios (O)	Datos integrados accesibles, Detalles de retroalimentación de la calidad de los datos	Especialistas en Integración de Datos	Administrador de datos	Otros Profesionales de gestión de datos, Otros profesionales TI
7.6 Supervisar y ajustar los procesos de almacenamiento de datos (C)	Informes de rendimiento DW	DBAs, Especialistas en Integración de Datos		Operadores TI
7.7 Monitorear y ajustar sintonía BI y rendimiento (C)	Informes de rendimiento de BI, nuevos índices, Nuevas Agregaciones	Especialistas en inteligencia de negocios, DBAs, Analistas de Inteligencia de Negocios		Otros Profesionales de gestión de datos, Operadores TI, Auditores TI

Tabla 9.9 DW and BI Management Resumen del proceso

9.4.3 Cuestiones de organización y cultura

P1: No puedo obtener soporte / CIO CEO. Qué puedo hacer?

R1: Trate de descubrir lo que sus problemas de negocio candentes y los problemas son y alinear su proyecto con el suministro de soluciones a esos.

P2: ¿Cómo puedo equilibrar las presiones de la ejecución de los proyectos individuales con las metas del programa DW / BI concepto de creación de datos e infraestructura reutilizables?

R2a: construir infraestructura reutilizable y los datos de una pieza a la vez.

R2b: Utilice la matriz de bus DW- como herramienta de comunicación y mercadotecnia. En un proyecto por proyecto, negociar un dar y recibir - por ejemplo, "Aquí están las dimensiones conformado por otros proyectos que se han desarrollado y que se llega a beneficiarse."; y "Aquí están los que estamos pidiendo este proyecto para contribuir a la construcción para que otros proyectos futuros pueden beneficiarse."

R2c: No aplique el mismo rigor y los gastos generales a todas las fuentes de datos. Flexibilizar las normas / sobrecarga para una sola fuente, los datos específicos del proyecto. Utilice las prioridades del negocio para determinar dónde aplicar rigor extra. En resumen, utilizar el clásico regla 80/20: 80% del valor proviene de 20% de los datos. Determine lo que el 20% es y lo enfoque.

9.5 Lectura recomendada

Las referencias que figuran a continuación proporcionan lectura adicional que soporta el material presentado en el Capítulo 9. Estas lecturas recomendadas también se incluyen en la bibliografía al final de la Guía.

9.5.1 Almacenamiento de datos

Adamson, Christopher. Mastering Data Warehouse Aggregates: Solutions for Star Schema Performance. John Wiley & Sons, 2006. ISBN 0-471-77709-9. 345 paginas.

Adamson, Christopher and Michael Venerable. Data Warehouse Design Solutions. John Wiley & Sons, 1998. ISBN 0-471-25195-X. 544 paginas.

Adelman, Sid and Larissa T. Moss. Data Warehouse Project Management. Addison-Wesley Professional, 2000. ISBN 0-201-61635-1. 448 paginas.

Adelman, Sid and others. Impossible Data Warehouse Situations: Solutions from the Experts. Addison-Wesley, 2002. ISBN 0-201-76033-9. 432 paginas.

Brackett, Michael. The Data Warehouse Challenge: Taming Data Chaos. New York: John Wiley & Sons, 1996. ISBN 0-471-12744-2. 579 paginas.

Caserta, Joe and Ralph Kimball. The Data Warehouse ETL Toolkit: Practical Techniques for Extracting, Cleaning, Conforming and Delivering Data. John Wiley & Sons, 2004. ISBN 0-764-56757-8. 525 paginas.

Correy, Michael J. and Michael Abby. Oracle Data Warehousing: A Practical Guide to Successful Data Warehouse Analysis, Build and Roll-Out. TATA McGraw-Hill, 1997. ISBN 0-074-63069-5.

Covey, Stephen R. The 7 Habits of Highly Effective People. Free Press, 2004. ISBN 0743269519. 384 paginas.

Dyche, Jill. E-Data: Turning Data Into Information With Data Warehousing. Addison-Wesley, 2000. ISBN 0-201-65780-5. 384 paginas.

Gill, Harjinder S. and Prekash C. Rao. The Official Guide To Data Warehousing. Que, 1996. ISBN 0-789-70714-4. 382 paginas.

Hackney, Douglas. Understanding and Implementing Successful Data Marts. Addison Wesley, 1997. ISBN 0-201-18380-3. 464 paginas.

Imhoff, Claudia, Nicholas Galemmo and Jonathan G. Geiger. Mastering Data Warehouse Design: Relational and Dimensional Techniques. John Wiley & Sons, 2003. ISBN 0-471-32421-3. 456 paginas.

Imhoff, Claudia, Lisa Loftis and Jonathan G. Geiger. Building the Customer-Centric Enterprise: Data Warehousing Techniques for Supporting Customer Relationship Management. John Wiley & Sons, 2001. ISBN 0-471-31981-3. 512 paginas.

Inmon, W. H. Building the Data Warehouse, 4th Edition. John Wiley & Sons, 2005. ISBN 0-764-59944-5. 543 paginas.

Inmon, W. H. Building the Operational Data Store, 2nd edition. John Wiley & Sons, 1999. ISBN 0-471-32888-X. 336 paginas.

Inmon, W. H., Claudia Imhoff and Ryan Sousa. The Corporate Information Factory, 2nd edition. John Wiley & Sons, 2000. ISBN 0-471-39961-2. 400 paginas.

Inmon, W. H. and Richard D. Hackathorn. Using the Data Warehouse. Wiley-QED, 1994. ISBN 0-471-05966-8. 305 paginas.

Inmon, William H., John A. Zachman and Jonathan G. Geiger. Data Stores, Data Warehousing and the Zachman Framework. McGraw-Hill, 1997. ISBN 0-070-31429-2. 358 paginas.

Kimball, Ralph and Margy Ross. The Data Warehouse Toolkit: The Complete Guide to Dimensional Modeling, 2nd edition. New York: John Wiley & Sons, 2002. ISBN 0-471-20024-7. 464 paginas.

Kimball, Ralph, Laura Reeves, Margy Ross and Warren Thornwaite. The Data Warehouse Lifecycle Toolkit: Expert Methods for Designing, Developing and Deploying Data Warehouses. John Wiley & Sons, 1998. ISBN 0-471-25547-5. 800 paginas.

Kimball, Ralph and Richard Merz. The Data Webhouse Toolkit: Building the Web-Enabled Data Warehouse. John Wiley & Sons, 2000. ISBN 0-471-37680-9. 416 paginas.

Mattison, Rob, Web Warehousing & Knowledge Management. McGraw Hill, 1999. ISBN 0-070-41103-4. 576 paginas.

Morris, Henry. *Analytic Applications and Business Performance Management.* DM Review Magazine, March, 1999. www.dmreview.com. Note: www.dmreview.com is now www.information-management.com.

Moss, Larissa T. and Shaku Atre. Business Intelligence Roadmap: The Complete Project Lifecycle for Decision-Support Applications. Addison-Wesley, 2003. ISBN 0-201-78420-3. 576 paginas.

Poe, Vidette, Patricia Klauer and Stephen Brobst. Building A Data Warehouse for Decision Support, 2nd edition. Prentice-Hall, 1997. ISBN 0-137-69639-6. 285 paginas.

Ponniah, Paulraj. Data Warehousing Fundamentals: A Comprehensive Guide for IT Professionals. John Wiley & Sons – Interscience, 2001. ISBN 0-471-41254-6. 528 paginas.

Westerman, Paul. Data Warehousing: Using the Wal-Mart Model. Morgan Kaufman, 2000. ISBN 155860684X. paginas Paginas.

9.5.2 Inteligencia de negocios

Biere, Mike. Business Intelligence for the Enterprise. IBM Press, 2003. ISBN 0-131-41303-1. 240 paginas.

Eckerson, Wayne W. Performance Dashboards: MEassuring, Monitoring, and Managing Your Business. Wiley, 2005. ISBN-10: 0471724173. 320 paginas.

Bischoff, Joyce and Ted Alexander. Data Warehouse: Practical Advice from the Experts. Prentice-Hall, 1997. ISBN 0-135-77370-9. 428 paginas.

Howson, Cindi. "The Business Intelligence Market". http://www.biscorecard.com/. Requires annual subscription to this website.

Malik, Shadan. Enterprise Dashboards: Design and Best Practices for IT. Wiley, 2005. ISBN 0471738069. 240 paginas.

Moss, Larissa T., and Shaku Atre. Business Intelligence Roadmap: The Complete Project Lifecycle for Decision-Support Applications. Addison-Wesley, 2003. ISBN 0-201-78420-3. 576 paginas.

Vitt, Elizabeth, Michael Luckevich and Stacia Misner. **Business Intelligence**. Microsoft Press, 2008. ISBN 073562660X. 220 paginas.

9.5.3 Exploracion de datos

Cabena, Peter, Hadjnian, Stadler, Verhees and Zanasi. Discovering Data Mining: From Concept to Implementation. Prentice Hall, 1997. ISBN-10: 0137439806

Delmater, Rhonda and Monte Hancock Jr. <u>Data Mining Explained, A Manager's Guide to Customer-Centric Business Intelligence</u>. Digital Press, Woburn, MA, 2001. ISBN 1-5555-8231-1.

Rud, Olivia Parr. <u>Data Mining Cookbook: Modeling Data for Marketing, Risk and Customer Relationship Management</u>. John Wiley & Sons, 2000. ISBN 0-471-38564-6. 367 paginas.

9.5.4 OLAP

Thomsen, Erik. <u>OLAP Solutions: Building Multidimensional Information Systems, 2nd edition</u>. Wiley, 2002. ISBN-10: 0471400300. 688 paginas.

Wremble, Robert and Christian Koncilia. <u>Data Warehouses and Olap: Concepts, Architectures and Solutions</u>. IGI Global, 2006. ISBN: 1599043645. 332 paginas.

http://www.olapcouncil.org/research/resrchly.htm

Moss, Larissa T. y Shaku Atre. Inteligencia de Negocios Plan de trabajo: El ciclo de vida del proyecto completo para aplicaciones de soporte de decisiones. Addison-Wesley, 2003. ISBN 0-201-78420-3. 576 páginas.

Poe, Vidette, Patricia Klauer y Stephen Brobst. La construcción de un almacén de datos para apoyar las decisiones, segunda edición. Prentice-Hall, 1997. ISBN 0-137-69639-6. 285 páginas.

Ponniah, Paulraj. Data Warehousing Fundamentos: Una guía completa para profesionales de TI. John Wiley & Sons - Interscience, 2001. ISBN 0-471-41254-6. 528 páginas.

Westerman, Paul. Data Warehousing: Usando el modelo Wal-Mart. Morgan Kaufman, 2000. ISBN 155860684X. 297 páginas.

9.5.2 Inteligencia de Negocios

Biere, Mike. Business Intelligence para la Empresa. IBM Press, 2003. ISBN 0-131-41303-1. 240 páginas.

Eckerson, Wayne W. paneles de rendimiento: midiéndolo, Seguimiento y Gestión de su negocio. Wiley, 2005. ISBN-10: 0471724173. 320 páginas.

Bischoff, Joyce y Ted Alexander. Data Warehouse: Consejos prácticos de los expertos. Prentice-Hall, 1997. ISBN 0-135-77370-9. 428 páginas.

Howson, Cindi. "El mercado de Business Intelligence". http://www.biscorecard.com/. Requiere suscripción anual a este sitio web.

Malik, Shadan. Dashboards Empresa: Diseño y Buenas Prácticas para ello. Wiley, 2005. ISBN 0471738069. 240 páginas.

Moss, Larissa T. y Shaku Atre. Inteligencia de Negocios Plan de trabajo: El ciclo de vida del proyecto completo para aplicaciones de soporte de decisiones. Addison-Wesley, 2003. ISBN 0-201-78420-3. 576 páginas.

Vitt, Elizabeth, Michael Luckevich y Stacia Misner. Business Intelligence. Microsoft Press, 2008. ISBN 073562660X. 220 páginas.

9.5.3 Exploración de Datos

Cabena, Peter, Hadjnian, Stadler, Verhees y Zanasi. El descubrimiento de la minería de datos: del concepto a la implementación. Prentice Hall, 1997. ISBN-10: 0137439806

Delmater, Rhonda y Monte Hancock Jr. minería de datos Explicación, Guía de un Gerente de Customer-Centric Business Intelligence. Prensa digital, Woburn, MA, 2001. ISBN 1-5555-8231-1.

Rud, Olivia Parr. Data Mining Cookbook: Modelado de Datos de Marketing, Riesgos y Gestión de las relaciones. John Wiley & Sons, 2000. ISBN 0-471-38564-6. 367 páginas.

9.5.4 OLAP

Thomsen, Erik. Soluciones OLAP: Edificio Multidimensional de Sistemas de Información, segunda edición. Wiley, 2002. ISBN-10: 0471400300. 688 páginas.

Wremble, Robert y Christian Koncilia. Almacenes de Datos y Olap: conceptos, arquitecturas y soluciones. IGI Global, 2006. ISBN: 1599043645. 332 páginas.

http://www.olapcouncil.org/research/resrchly.htm

10 Gestión de contenidos y documentación

Gestión de contenidos y documentación es la octava función de gestión de datos en el marco de gestión de datos que se muestra en las figuras 1.3 y 1.4. Es la séptima función de gestión de datos que interactúa con y está influenciado por la función de Gobierno de Datos. El capítulo 10 define la función de gestión de documentos y contenidos y explica las actividades y conceptos involucrados en la documentación y contenidos.

10.1 Introducción

La gestión de documentación y de contenidos es el control sobre la captura, almacenamiento, acceso y uso de los datos y la información almacenada fuera de las bases de datos relacionadas. La gestión de documentación y de contenidos se centra en la integridad y el acceso. Por lo tanto, es más o menos equivalente a la gestión de las operaciones de datos para bases de datos relacionadas. Dado que la mayoría de datos no estructurados tiene una relación directa con los datos almacenados en archivos estructurados y bases de datos relacionadas, las decisiones de gestión deben proveer consistencia a través de las tres áreas. Sin embargo, la gestión de documentos y de contenidos se ve más allá del enfoque puramente operativo. Su enfoque estratégico y táctico se superpone con otras funciones de gestión de datos para hacer frente a la necesidad de Gobierno de Datos, arquitectura, seguridad, manejo de metadatos y calidad de los datos para los datos no estructurados.

Como su nombre lo indica, la gestión de documentos y de contenidos incluye dos sub-funciones:

- La gestión de documentos es el almacenamiento, inventario y control de los documentos electrónicos y en papel. Considere la posibilidad de que cualquier archivo o grabar un documento; y gestión de documentos incluye la gestión de documentos. La gestión de documentos abarca los procesos, técnicas y tecnologías para el control y la organización de documentos y registros ya sea almacenada electrónicamente o en papel.
- La gestión de contenidos se refiere a los procesos, técnicas y tecnologías para organizar, categorizar y estructurar el acceso al contenido de la información, lo que resulta en la recuperación y la reutilización efectiva. La gestión de contenidos es particularmente importante en el desarrollo de sitios web y portales, pero las técnicas de indexaciones basadas en palabras clave y la organización sobre la base de las taxonomías, puede ser aplicada a través de plataformas tecnológicas. A veces, la gestión de contenidos se conoce como gestión de contenidos empresariales (ECM), lo que implica el alcance de la gestión de contenidos a toda la empresa.
- En general, la gestión de documentos se refiere a archivos con menor conciencia del contenido del archivo. El contenido de la información dentro de un archivo puede orientar cómo manejar ese archivo, pero la gestión de documentos trata el archivo como una sola entidad. La gestión de contenidos mira dentro de cada

archivo y trata de identificar y utilizar los conceptos incluidos en el contenido de la información de un archivo.

El diagrama de contexto para documentos y gestión de contenidos se muestra en la Figura 10.1.

8. Gestión de Documentos y Contenido

Definición: Planificación, implementación, y control de actividades para almacenar, proteger, y acceso a datos encontrados dentro de archivos electrónicos y registros físicos (incluyendo textos, graficas, imágenes, audio , y video.

Metas:
1. Resguardar y asegurar la disponibilidad de datos activos almacenados en formatos menos estructurados.
2. Permitir recuperación efectiva y eficiente y el uso de los datos y la información en formatos sin estructura.
3. Cumplir con obligaciones legales y expectativas de clientes.
4. Asegurarse de la continuidad de negocio a través de retención, recuperación y conversión.
5. Controlar los costos de operación de almacenaje de documentos.

Actividades:
1. **Gestión de Documentos/Registros**
    1. Plan para Gestión de Documentos/Registros (P)
    2. Implementar Documentos/ Gestión de Sistemas de Registros para Adquisición, Almacenaje, Acceso, y Controles de Seguridad (O, C)
    3. Respaldar y Recuperar los Documentos/Registros (O)
    4. Retener y Disponer de Documentos/Registros (O)
    5. Gestión de Auditoría de Documentos/Registros (C)
2. **Gestión de Contenido**
    1. Definir y Mantener la Taxonomía de la Empresa (P)
    2. Documentos/Índice de Información de Contenido de Metadatos(O)
    3. Proporcionar Acceso y Recuperación de Contenido (O)
    4. Gobernar para Contenido de Calidad (C)

Entradas:
- Documentos de Texto
- Reportes
- Hojas de Cálculo
- Correo electrónico
- Mensajes Instantáneos
- Faxes
- Correos de Voz
- Imágenes
- Grabaciones de Video
- Grabaciones de Audio
- Archivos Impresos
- Microficha
- Graficas

Proveedores:
- Empleados
- Partes Externas

Participantes:
- Todos los Empleados
- Administradores de Datos
- Profesionistas DM
- Gestión de Registros de Personal
- Otros Profesionistas TI
- Ejecutivos de Gestión de Datos
- Otros Administradores TI
- Director de Información
- Director de Conocimiento

Herramientas:
- Documentos Almacenados
- Herramientas de Productividad de Oficina
- Imagen y Flujo de Trabajo
- Herramientas de Gestión
- Herramientas de Gestión de Registros
- Herramientas de Desarrollo XML
- Herramientas de Colaboración
- Internet
- Sistemas de Correo

Entregas Primarias:
- Registros administrados en varios formatos de medios
- Registros E-Discovery
- Cartas y Correos electrónicos salientes
- Contratos y documentos financieros
- Políticas y Procedimientos
- Pistas y Registros de Auditoría
- Minutas de Juntas
- Reportes Formales
- Memorandos Significativos

Consumidores:
- Negocios y usuarios TI
- Agencias regulatorias de gobierno
- Alta dirección
- Clientes externos

Métricos :
- Retorno de la inversión
- Clave de Indicadores de Rendimiento
- Indicador Balanceado de Resultados

Actividades: (P)– Planeación (C) - Control (D) – Desarrollo (O) - Operacional

Figura 10.1 Diagrama de contexto de Gestión de documentación y contenidos

10.2 Actividades y conceptos

Los límites entre la gestión documental y de contenidos se están difuminando como los procesos de negocio y los roles entrelazados, y los proveedores tratan de ampliar los mercados para sus productos de tecnología.

Los principios fundamentales de la gestión de datos, como se indica en esta guía, se aplican tanto a los datos estructurados y no estructurados. Los datos no estructurados es un valioso activo empresarial. El almacenamiento, la integridad, la seguridad, la calidad del contenido, el acceso y uso efectivo guían la gestión de datos no estructurados. Los datos no estructurados exigen Gobierno de Datos, la arquitectura, la seguridad de metadatos y calidad de los datos.

Un sistema de gestión de documentos es una aplicación que se utiliza para rastrear y almacenar documentos electrónicos e imágenes electrónicas de los documentos en papel. Sistemas de librerías de documentos, sistemas de correo electrónico y sistemas de gestión de imágenes son formas especializadas de un sistema de gestión de documentos. Los sistemas de gestión de documentos generalmente proporcionan almacenamiento, control de versiones, seguridad, gestión de metadatos, el contenido de la indexación y capacidades de recuperación.

Un sistema de gestión de contenidos se utiliza para recopilar, organizar, indexar y recuperar el contenido de la información; almacenar el contenido ya sea como componentes o documentos enteros, además del mantenimiento de los vínculos entre los componentes. También puede proporcionar controles de revisión de contenido de información dentro de los documentos. Mientras que un sistema de gestión de documentos puede proporcionar la funcionalidad de gestión de contenidos en los documentos bajo su control, un sistema de gestión de contenidos es esencialmente independiente de dónde y cómo se almacenan los documentos.

10.2.1 Datos no Estructurados

Los datos no estructurados son cualquier documento, archivo, gráfico, imagen, texto, informe, la formulario, video o grabación de sonido que no ha sido etiquetado o no estructurado en filas y columnas o registros. Los datos no tabulares incluyen los datos no estructurados, así como los datos marcados. Este término tiene connotaciones desleales, ya que por lo general hay un poco de estructura en estos formatos, por ejemplo, párrafos y capítulos.

Según muchas estimaciones, tanto como el 80% de todos los datos almacenados se mantienen fuera de las bases de datos relacionales. Los datos no estructurados o semi-estructurados presentan la información como almacenada en su contexto. Algunos se refieren a datos almacenados fuera de las bases de datos relacionales como datos "no tabulares". Por supuesto, siempre hay algo de estructura en los datos que proporcionan información y esta estructura puede ser incluso tabular en su presentación. Ningún término describe adecuadamente el gran volumen y diverso formato de los datos no estructurados.

Los datos no estructurados se encuentran en diferentes tipos de formatos electrónicos, incluyendo documentos de texto, correo electrónico, archivos planos, hojas de cálculo, archivos XML, mensajes transaccionales, informes, gráficos comerciales, imágenes digitales, microfichas, cintas de vídeo y grabaciones de audio. Una enorme cantidad de datos no estructurados también existe en los archivos de papel.

10.2.2 Gestión de Documentación/Registro

Gestión de registros/documentos es la gestión del ciclo de vida de los documentos importantes designados en la organización. No todos los documentos son significativos como evidencia de las actividades comerciales de la organización y el cumplimiento normativo.

Mientras que algunos la tecnología esperanza algún día permitir a un mundo sin papel, el mundo de hoy es, sin duda llena de documentos en papel y registros. La administración de registros gestiona registros en papel y microfichas/películas desde su creación o recepción a través del procesamiento, distribución, organización y recuperación de información, de acuerdo a su última tendencia. Los registros pueden ser físicas, por ejemplo, documentos, notas, contratos, informes o microfichas; electrónica, por ejemplo, contenido del correo electrónico, archivos adjuntos y mensajería instantánea; contenido en un sitio web; documentos sobre todos los tipos de medios de comunicación y hardware; y los datos capturados en las bases de datos de todo tipo. Incluso hay registros híbridos que combinan formatos como tarjetas de apertura (registro en papel con una ventana microfichas incrustada con detalles o material de apoyo).

Más del 90% de los registros creados hoy son electrónicos. El crecimiento en el correo electrónico y la mensajería instantánea ha hecho crítica la gestión de documentos electrónicos de una organización. Reglamentos y estatutos de cumplimiento, tales como la Ley Sarbanes-Oxley y E-Discovery enmiendas a las Reglas Federales de Procedimiento Civil y Bill de Canadá 198, son ahora las preocupaciones de los oficiales de cumplimiento corporativo que, a su vez, han impulsado un mayor estandarización de las prácticas de gestión de re registros dentro de una organización.

Debido a las cuestiones de la intimidad, protección de datos y de robo de identidad, los procesos de gestión de registros no deben retener ciertos datos sobre los individuos, ni el transporte de los mismos a través de las fronteras internacionales. Tanto el mercado y las presiones regulatorias resultan en mayor concentración de retención de registros en los horarios, ubicación, transporte y la destrucción.

El ciclo de vida del documento/gestión de registros incluye las siguientes actividades:

- Identificación de nuevos documentos/ registros o los ya existentes

- Creación, aprobación y ejecución de las políticas de documentos / registros.

- Clasificación de los documentos / registros.

- Documentos / Política de Retención de registros

- Almacenamiento: Corto y largo plazo de almacenamiento de documentos / registros físicos y electrónicos.

- Recuperación y Circulación: Permitir el acceso y la circulación de documentos/registros de acuerdo con las políticas, normas de seguridad,de control y los requisitos legales.

- Conservación y Disposición: Archivado y destrucción de documentos / registros de acuerdo a las necesidades de organización, estatutos y reglamentos.

Profesionales de la gestión de datos son parte interesada en las decisiones relativas a los sistemas de clasificación y retención, con el fin de apoyar la coherencia entre el nivel de negocio de base de datos estructurada que se refiere a los datos no estructurados específicos. Por ejemplo: Si los informes de salida s se consideran documentación histórica apropiada consentida, los datos estructurados en un entorno OLTP o depósito pueden ser aliviados de almacenar los datos de base del informe.

10.2.2.1 Plan para la gestión de documentos/registros

La práctica de la gestión de documentos consiste en la planificación a diferentes niveles del ciclo de vida de un documento, desde su creación o recepción, organización para la recuperación, distribución y archivo o disposición. Desarrollar sistemas de clasificación/indexación y taxonomías de modo que la recuperación de los documentos sea fácil. Crear la planificación y la política en torno a los documentos y registros en el valor de los datos a la organización y como prueba de las transacciones comerciales.

Establecer, comunicar y hacer cumplir las políticas, procedimientos y mejores prácticas para los documentos. La libertad de información en algunas jurisdicciones establecen que las agencias gubernamentales se ocupen de las solicitudes de los ciudadanos de documentos a través de un proceso muy formal. Estas organizaciones también coordinan la evaluación de los documentos y las partes, incluso de documentos, para la liberación total o parcial y el momento del lanzamiento.

En primer lugar, identificar la unidad organizativa responsable de la gestión de los documentos/registros. Esa unidad desarrolla un plan de almacenamiento de registros alojándolos a corto y largo plazo. La unidad establece y gestiona las políticas de retención de registros de acuerdo a estándares de la compañía y las regulaciones gubernamentales. Coordinar el acceso y la distribución de los registros internos como externos, e integra las mejores prácticas y flujos de procesos con otros departamentos en toda la organización. La unidad también crea un plan de continuidad de negocio para documentos vitales / registros.

Por último, la unidad desarrolla y ejecuta un plan y la política de retención de archivo, tales como registros seleccionados para la conservación a largo plazo. Los registros son destruidos al final de su ciclo de vida de acuerdo a las necesidades operativas, procedimientos, leyes y reglamentos.

10.2.2.2 Implementar Sistemas de gestión de Documento/registros para la adquisición, almacenamiento, acceso y controles de seguridad

Los documentos pueden ser creados dentro de un sistema de gestión de documentos o capturados a través de escáneres o software de OCR. Estos documentos electrónicos deben ser indexados a través de palabras clave o de texto durante el proceso de captura para que el documento se pueda encontrar. Los metadatos, tales como las fechas de creación del documento, de revisión , almacenamiento y el nombre del creador, normalmente se almacenan para cada documento. Podría ser extraído del documento de forma automática o añadido por el usuario. Los registros bibliográficos de documentos son datos estructurados descriptivos, típicamente en Máquina-Lectura de Catalogación (MARC) de formato estándar que se almacenan en bases de datos de la biblioteca local y puesto a disposición a través de catálogos compartidos en todo el mundo, cuando la privacidad y los permisos lo otorguen .

El almacenamiento de documentos incluye la gestión de estos documentos. Un depósito de documentos permite funciones de check-in y check-out, control de versiones, la colaboración, la comparación, archivo, status de estado, la migración de un medio de almacenamiento a otro y la disposición. Los documentos pueden ser categorizados para la recuperación utilizando un identificador único de documento o especificando los términos de búsqueda parciales que implican el identificador y / o partes de documentos de metadatos esperados.

Los informes pueden ser entregados a través de una serie de herramientas, incluyendo impresoras, correo electrónico, sitios web, portales y mensajería, así como a través de una interfaz de sistema de gestión de documentos. Dependiendo de la herramienta, los usuarios pueden buscar usando el , ver, descargar / check-in y out y los informes de impresión bajo demanda. Informe de gestión puede ser facilitado por la posibilidad de añadir / cambiar / eliminar informes organizados en carpetas. Retención Informe se puede ajustar para purga automática o de archivo a otro medio, tales como discos, CD-ROM, etc.

Ya que la funcionalidad necesaria es similar, muchos sistemas de gestión de documentos incluyen la gestión de activos digitales. Se trata de la gestión de activos digitales tales como audio, video, música y fotografías digitales. Las tareas implican catalogación, almacenamiento y recuperación de activos digitales.

Algunos sistemas de gestión de documentos tienen un módulo que puede soportar diferentes tipos de flujos de trabajo, tales como:

- Flujos de trabajo manuales que indican donde el usuario envía el documento.

- Basado en reglas de flujo de trabajo, donde se crean normas que dictan el flujo del documento dentro de una organización.

- Reglas dinámicas que permiten diferentes flujos de trabajo basados en el contenido.

Sistemas de gestión de documentos pueden tener un módulo de gestión de derechos en el que el administrador concede el acceso en función del tipo de documentos y credenciales de usuario. Las organizaciones pueden determinar que ciertos tipos de documentos requieren procedimientos de seguridad o de control adicionales. Las restricciones de seguridad, incluidas las restricciones de privacidad y confidencialidad, se aplican durante la creación y gestión del documento, así como durante el envío . Una firma electrónica garantiza la identidad del remitente y el documento de la autenticidad del mensaje, entre otras cosas. Algunos sistemas se centran más en el control y la seguridad de los datos y la información, en lugar de en su acceso, uso o recuperación de información, en particular en los sectores de investigación científica de inteligencia, militares, Industrias altamente competitivas o altamente reguladas, como los sectores farmacéuticos y financieros, también implementan amplias medidas de seguridad y control.

Hay esquemas de niveles de control basado en la criticidad de los datos y el daño percibido que ocurriría si los datos fueron corrompidos o no disponibles. ANSI Standard 859 (2008) tiene tres niveles de control: formal (el más rígidos), revisión, o custodia (la menos rígida).

Al tratar de establecer un control sobre los documentos, se recomienda los siguientes criterios en la norma ANSI 859. El control formal requiere la iniciación formal del cambio, a través de la evaluación del cambio profundo para el impacto, la decisión de una autoridad de cambio y el estado completo de aplicación y validación de los interesados. Control de revisión es menos formal, notificando los interesados e incrementando versiones cuando se requiere un cambio. Control de Custodia es el que simplemente requiere un almacenamiento seguro menos formal y un medio de recuperación. Tabla 10.1 muestra una lista de ejemplos de los activos de datos y posibles niveles de control.

Al determinar que controlar el nivel de aplicación a los activos de datos, ANSI 859 recomienda el uso de los siguientes criterios:

1. Costo de la prestación y la actualización del activo.

2. El impacto del proyecto, cuando el cambio tiene consecuencias significativas de costos o de horario.

3. Otras consecuencias del cambio a la empresa o proyecto.

4. Necesidad de reutilizar el activo o las versiones anteriores de los activos.

5. Mantenimiento de una historia de cambios (cuando es significativo para la empresa o el proyecto).

10.2.2.3 Copia de seguridad y recuperar documentos / registros

El sistema de gestión de documentos/registro debe incluirse como parte de las actividades de copia de seguridad y recuperación de todos los datos e información en empresas globales. Es muy importante que un documento / administrador de registros participe en la mitigación de riesgos y la gestión y la continuidad del negocio, especialmente en materia de seguridad para los registros vitales. El riesgo puede ser clasificado como amenazas que, parcial o totalmente, interrumpen una organización de llevar a cabo las operaciones normales. El uso de los sitios en línea cercanos, sitios calientes, o los sitios fríos puede ayudar a resolver algunos de los problemas. Los desastres pueden incluir cortes de energía, errores humanos, de red y fallo de hardware, mal funcionamiento de software, ataques maliciosos, así como los desastres naturales. Un Plan de Continuidad de Negocio (a veces llamado un Plan de Recuperación de Desastres) contiene políticas escritas, procedimientos e información destinadas a mitigar el impacto de las amenazas a los medios de comunicación de documentos / registros de una organización y recuperarlos en caso de un desastre, para recuperarlos en una cantidad mínima de tiempo y con un importe mínimo de interrupción.

Activo de datos	Formal	Revision	Custodia
Listas de acciones		X	
Agendas			X
Hallazgos De Auditoría		X	X
Presupuestos	X		
DD 250s			X
Propuesta Final			X
Datos financieros y reportes	X	X	X
Datos de recursos humanos		X	
Minutas de juntas			X
Notificaciones de juntas, minutas, listas de asistencia		X	X
Planes de proyectos (ncluyendo la gestión de datos y planes de gestión de configuración)	X		
Propuesta (En proceso)		X	
Calendarios	X		
Declaraciones de trabajo	X		
Estudios comerciales		X	
Material de entrenamiento	X	X	
Documentos de trabajo			X

Tabla 10.1 Niveles de muestra de control de documentos por ANSI-859

Un programa vital de registro de datos proporciona a la organización el acceso a los registros necesarios para realizar sus actividades durante un desastre y para reanudar las actividades normales después. Los registros vitales deben ser identificados, los planes desarrollados para la protección y recuperación y los planes deben ser mantenidos. Ejercicios de continuidad de negocio deben incluirse en la recuperación de registro vital. Los empleados y los directivos responsables de los registros vitales requieren capacitación. También auditorías internas deben llevarse a cabo para garantizar el cumplimiento del programa de registro vital.

10.2.2.4 Retención y Disposición de Documentos/Registros

Un programa de documento/retención de registros y disposición define el período de tiempo durante el cual deben mantenerse los documentos / registros de valor operacional, legal, fiscal o histórico. Define cuando los documentos / registros no están más activos y pueden ser transferidos a una instalación de almacenamiento secundario, como el almacenamiento fuera del sitio. El programa especifica los procesos de cumplimiento, así como los métodos y calendarios para la disposición de los documentos/registros.

Retención de documentos/registros presenta consideraciones de software. Los registros electrónicos pueden requerir el uso de las combinaciones adecuadas de las versiones de software y sistemas operativos para permitir el acceso. La instalación de nuevas versiones de software o cambios tecnológicos puede crear un riesgo de incumplimiento del sistema o pérdida completa de la legibilidad / usabilidad.

Gestores de documentos/registros deben hacer frente a las cuestiones de privacidad y protección de datos y con el robo de identidad de los registros. Aseguran que no hay retención de datos personales identificables. Esto llama la atención sobre cómo los programas de retención de registros se establecen para los documentos de destrucción / registros.

Los requisitos legales y reglamentarios se deben considerarse al establecer programas de retención de documentos/registros. Los datos digitales en los registros electrónicos hacen que sea muy adecuado para la recuperación de casos legales civiles y penales. Todos los tipos de registros electrónicos mencionados anteriormente pueden ser descubiertos por pruebas, incluido el correo electrónico, donde las personas son a menudo menos cuidadosas de lo que deberían ser.

La información de No-valor agregado debe ser removido de los almacenamientos de la organización y eliminados para evitar el desperdicio de espacio físico y electrónico, así como el coste asociado a su mantenimiento. Políticas y procedimientos de desarrollo y cumplimiento son fundamentales para una buena gestión de los registros.

Muchas organizaciones no dan prioridad a la eliminación sin valor agregado información porque:

• Las políticas no son adecuadas.

   o información no-valor añadido de una persona es otra información que es valiosa.

   o incapacidad para prever las necesidades futuras posibles que no agregan valor registros físicos y / o electrónicos actuales

• No existe compra externa (buy-in) para gestión de registros.

   o Incapacidad para decidir qué registros se desea eliminar.

   o Costo percibido de tomar una decisión y la eliminación de los registros físicos y electrónicos.

   o Espacio electrónico es barato. Comprar más espacio cuando sea necesario es más fácil que los procesos de archivo y eliminación.

10.2.2.5 Auditar la gestión de documentos/registros

La gestión de documentos/registros requiere una auditoría de manera periódica para asegurar que la información correcta llegara a las personas adecuadas en el momento adecuado para la toma de decisiones o la realización de actividades operacionales. Un ejemplo de medidas de auditoría de ejemplo se muestra en la Tabla 10.2.

Componente de Gestión Documento/Registro	Medida de Auditoría de la muestra
Inventario	Cada lugar en el inventario se identifica unívocamente.
Almacenado	Las áreas de almacenamiento de documentos físicos / registros tienen un espacio adecuado para acomodar el crecimiento.
La fiabilidad y la precisión	Controles sobre el terreno se ejecutan para confirmar que los documentos / registros son un reflejo adecuado de lo que se ha creado o recibido.
Clasificación y Esquemas de indexación	Planes de metadatos y archivo de documentos están bien descritos.
Acceso y recuperación	Los usuarios finales pueden encontrar y recuperar información crítica fácilmente.
Procesos de retención	El programa de retención se estructura de una manera lógica.
Métodos de disposición	Documentos / registros se eliminen de acuerdo a lo recomendado.
Seguridad y confidencialidad	Las infracciones de documento / confidencialidad de registro y pérdida de documentos / registros se registran como incidentes de seguridad y se manejen de forma adecuada.
Conocimiento de Organización de gestión de documentos / registros	Un training adecuado se proporcionará a los interesados y al personal en cuanto a las funciones y responsabilidades relacionadas con el documento / gestión de registros.

Tabla 10.2 Ejemplos de Medidas de auditoría

Una auditoría generalmente consiste en:

- Definición de los intereses de la organización y la identificación de los actores que componen el "por qué" de los documentos/registros de gestión.

- Recolección de datos sobre el proceso (el "cómo"), una vez que se determine lo que para examinar /mediciones y qué herramientas utilizar (como las normas, puntos de referencia, encuestas de entrevista).

- Informar de los resultados.

- Desarrollar un plan de acción de los próximos pasos y plazos.

10.2.3 Gestión de Contenidos

La gestión de contenidos es la organización, categorización y la estructura de datos/recursos para que puedan ser almacenadas, publicadas y reutilizados en múltiples formas.

El contenido incluye datos / información, que existe en muchas formas y en múltiples etapas dentro de su ciclo de vida hasta su finalización. El contenido puede ser encontrado en electrónica, papel u otros medios de comunicación. En el armado del formulario completo del contenido, parte del contenido puede llegar a haber un asunto de interés para una organización y requiere una protección diferente en su ciclo de vida como un registro.

El ciclo de vida del contenido puede ser activo, con cambios diarios a través de procesos controlados para la creación, modificación y la colaboración de contenido antes de su difusión. Dependiendo de qué tipo de contenido está involucrado, puede necesitar ser tratado formalmente (estrictamente almacenado, administrado, auditado, retenido o eliminado), o informalmente.

Normalmente, los sistemas de gestión de contenido administran el contenido de un sitio web o intranet a través de la creación, edición, almacenamiento, organización y publicación de contenidos. Sin embargo, el termino "contenido" se ha convertido más amplio en cuando a su naturaleza para incluir información no estructurada y las tecnologías que ya se tratan en este capítulo. Muchos profesionales de la gestión de datos pueden estar involucrados con los diversos conceptos de esta sección, como los aspectos de XML.

10.2.3.1 Definir y mantener las taxonomías de la empresa (Información de Arquitectura de contenido)

Existen muchas ideas acerca de lo que es la arquitectura de contenido de información o la arquitectura de informacióny lo que un arquitecto de información hace. En general, es el proceso de crear una estructura para un cuerpo de información o contenido.

Para un documento o un sistema de gestión de contenidos, el contenido de arquitectura identifica los vínculos y relaciones entre documentos y contenidos, especifica los requisitos de documentos y atributos y define la estructura del contenido de un documento o sistema de gestión de contenidos.

Para la gestión de sitios web, la arquitectura de contenido de información es específica para la producción de un sitio web. Identifica el propietario(s) del contenido publicable y el plazo de publicación. Una estructura de menús del sitio se ha diseñado utilizando un modelo de navegación común.

Al crear el contenido de arquitectura de la información, se utiliza la taxonomía de metadatos (junto con otros metadatos). Técnicas de gestión de metadatos y de modelado de datos se aprovechan en el desarrollo de un modelo de contenido.

La taxonomía es la ciencia o la técnica de clasificación. Contiene vocabulario controlado que puede ayudar con los sistemas de navegación y búsqueda. Idealmente, el vocabulario y las entidades en un modelo conceptual de datos de la empresa se deben coordinar. Las taxonomías se desarrollan desde una perspectiva ontológica del mundo.

Las taxonomías se agrupan en cuatro tipos:

- Una taxonomía plana no tiene ninguna relación entre el conjunto controlado de categorías como las categorías son iguales. Un ejemplo es una lista de países.

- Una faceta de la taxonomía parece una estrella en la que cada nodo está asociado con el nodo central. Facetas son atributos del objeto en el centro. Un ejemplo son los metadatos, donde cada atributo (creador, título, los derechos de acceso, palabras clave, versión, etc.) es una faceta de un objeto de contenido.

- Una taxonomía jerárquica es una estructura de árbol de al menos dos niveles y es bi-direccional. Ascender en la jerarquía se expande la categoría; bajando refina la categoría. Un ejemplo es la geografía, de continente a domicilio.

- Una taxonomía de red organiza el contenido en ambas categorías jerárquicas y de faceta. Cualquiera de los dos nodos en una taxonomía de red basados en sus asociaciones. Un ejemplo es un motor de recomendación (... si te gustó eso, tal vez te guste esto...). Otro ejemplo es un diccionario de sinónimos.

Una ontología es un tipo de modelo que representa un conjunto de conceptos y sus relaciones dentro de un dominio. Ambas declaraciones y diagramas declarativos utilizan técnicas de modelado de datos y pueden describir estos conceptos y relaciones. La mayoría de las ontologías describen individuos (casos), clases (conceptos), atributos y relaciones. Puede ser una colección de taxonomías y sinónimos de vocabulario común para la representación del conocimiento y el intercambio de información. Las ontologías a menudo se relacionan con una jerarquía taxonómica de clases y definiciones con la relación de subsunción, como la descomposición de la conducta inteligente en muchos módulos de comportamiento más simple y después con varias.

Modelado semántico es un tipo de modelado del conocimiento. Consiste en una red de conceptos (ideas o temas de interés) y sus relaciones. Una ontología, un modelo semántico que describe el conocimiento, contiene los conceptos y relaciones entre sí.

10.2.3.2 Documentar/Indexar información de contenido de Metadatos

El desarrollo de metadatos de contenido de los datos no estructurados puede tomar muchas formas, en su mayoría y pragmáticamente basada en:

- Formato (s) de los datos no estructurados. A menudo, el formato de los datos determina el método para acceder a los datos (tales como el índice electrónico para datos no estructurados electrónicos).

- Si ya existen herramientas de búsqueda para su uso con datos no estructurados relacionados.

- Si los metadatos es auto-documentado (como en los sistemas de archivos). En este caso el desarrollo es mínimo ya que la herramienta existente simplemente se adoptó.

- Si los métodos y sistemas existentes pueden ser adoptadas o adaptadas (como en los catálogos de bibliotecas).

- Necesidad de minuciosidad y detalle en la recuperación (como en la industria farmacéutica o nuclear). Por lo tanto, los metadatos detallados a nivel de contenido podrían ser necesarios y una herramienta capaz etiquetar contenido podrían ser necesarias.

En general, el mantenimiento de los metadatos de los datos no estructurados se convierte en el mantenimiento de una referencia cruzada de diversos planes locales para el conjunto oficial de la empresa de metadatos. Los registros directivos y profesionales de metadatos reconocen que existen métodos incorporados a largo plazo en toda la organización de documentos / registros / contenido que debe conservarse durante muchos años, pero que estos métodos son demasiado costosos para re-organizar. En algunas organizaciones, un equipo centralizado mantiene esquemas de referencias cruzadas entre los índices de gestión de registros, taxonomías incluso variante de tesauros

10.2.3.3 Proporcionar acceso al contenido y Recuperación

Una vez que el contenido ha sido descrito por metadatos/etiquetado de palabras clave y clasificada dentro de la arquitectura de la información de contenido apropiado, estará disponible para la recuperación y el uso. La búsqueda de datos no estructurados en la empresa puede ser aliviada mediante el uso de la tecnología de portal que mantiene perfiles de metadatos en los usuarios para que coincida con las áreas de contenido.

Un motor de búsqueda es un tipo de software que busca la información solicitada y recupera sitios web que tienen esos términos dentro de su contenido. Un ejemplo es Google. Tiene varios componentes: software de búsqueda del motor, software araña que vaga por la Web y almacena los localizadores uniformes de recursos (URL) de los contenidos que encuentra, la indexación de las palabras clave y el texto encontrado y las reglas para la clasificación. Los motores de búsqueda se pueden utilizar para buscar dentro de un sistema de gestión de contenidos, devolviendo contenido y los documentos que contengan las palabras clave especificadas. Dogpile.com es un motor de búsqueda que presenta los resultados de muchos otros motores de búsqueda.

Otro enfoque organizacional es utilizar profesionales para recuperar información a través de diferentes herramientas de búsqueda de organización. Estos datos no estructurados pueden utilizarse para las audiencias, recuperaciones ad hoc, consultas ejecutivas, la redacción de informes legislativos o reglamentarios, o una investigación de la Comisión de Valores, para nombrar unos pocos. Ejemplos de la herramienta de metadatos incluyen:

- Los modelos de datos utilizados como guías de los datos en una organización, con las materias asignadas a unidades organizativas.

- Sistemas de gestión de documentos.

- Las taxonomías.

- Los esquemas de referencia cruzadas entre las taxonomías.

- Los índices de colecciones (por ejemplo, un producto en particular, del mercado o de instalación).

- Los índices de archivos, ubicaciones o participaciones fuera del sitio.

- Los motores de búsqueda.

- Las herramientas de BI que incorporan datos no estructurados.

- Empresa y tesauros departamentales.

- Índices del sistema de archivos.

- Registros de control gestor de proyectos.

- Bibliotecas de los informes publicados, contenidos y bibliografías y catálogos.

- Ad hoc o colecciones regulares informes de gestión.

- Los índices de las encuestas de opinión.

- Sistemas de gestión de grabación para las audiencias y otras reuniones.

- Archivos de desarrollo del producto.

Tim Berners-Lee, el inventor de la Internet, publicó un artículo en la revista Scientific American, en Mayo de 2001, lo que sugiere la Web podría ser más inteligente: un concepto conocido como la Web Semántica. Programas de Contexto-comprensión pudieron encontrar las páginas que el usuario busca. Estos programas se basan en el lenguaje natural, información legible por máquina, los métodos de búsqueda 'difusos', Formato de Descripción de Recursos (RDF) metadatos, ontologías y XML.

El lenguaje de marcado extensible (XML) facilita el intercambio de datos a través de diferentes sistemas de información e Internet. XML pone etiquetas en los elementos de datos para identificar el significado de los datos en lugar de su formato (por ejemplo, HTML). Simple incrustación y de referencias proporcionan las relaciones entre los elementos de datos. Espacios de nombres XML proporcionan un método para evitar un conflicto de nombres cuando dos documentos diferentes utilizan los mismos nombres de los elementos. Los métodos más antiguos de marcas incluyen SGML y GML, para nombrar unos pocos.

XML proporciona un lenguaje para la representación de los datos y la información estructurada y no estructurada. El XML utiliza los metadatos para describir las reglas de contenido, estructura y comerciales de cualquier documento o base de datos.

La necesidad de la gestión de contenidos XML ha crecido. Varios enfoques incluyen los siguientes:

- XML proporciona la capacidad de integrar datos estructurados en bases de datos relacionales con datos no estructurados. Los datos no estructurados pueden ser almacenados en un BLOB DBMS relacional (objeto binario grande) o en archivos XML.

- XML puede integrar datos estructurados con datos no estructurados en documentos, informes, archivos de correo electrónico, imágenes, gráficos, audio y video. El modelado de datos debe tener en cuenta la generación de informes no estructurados de datos estructurados, e incluirlos en la creación de flujos de trabajo de calidad de datos de corrección de errores, copias de seguridad, recuperación y archivado.

- XML también puede construir portales corporativos o empresariales, (Negocio-a-Negocio (B2B), Negocio-a-cliente (B2C)), que proporcionan a los usuarios con un único punto de acceso a una variedad de contenido.

Aplicaciones informáticas no pueden procesar directamente los datos no estructurados / contenido. XML proporciona la identificación y etiquetado de los datos no estructurados / contenidos de forma que las aplicaciones informáticas pueden entender y procesarlos. De esta manera, el dato estructurado se añade al contenido no estructurado. Una especificación de una interfaz de marcado extensible (XMI) consta de reglas para generar el documento XML que contiene los metadatos reales y por lo tanto es una "estructura" para XML.

Los datos no estructurados y semi-estructurados son cada vez más importantes para el almacenamiento de datos e inteligencia de negocios. Los almacenes de datos y sus modelos de datos pueden incluir índices estructurados para ayudar a los usuarios a encontrar y analizar datos no estructurados. Algunas bases de datos incluyen la capacidad para manejar URLs para los datos no estructurados que se comportan como hipervínculos cuando se obtienen desde la tabla de base de datos.

Las estructuras RDF con clave son utilizados por los motores de búsqueda para devolver un solo conjunto de resultados de ambas bases de datos y sistemas de gestión de datos no estructurados. Sin embargo, el uso de estructuras RDF tecleadas todavía no es un métodoestándarizado de la industria.

10.2.3.4 Gobierno para contenido de calidad

La gestión de datos no estructurados requiere una colaboración eficaz entre los *steward* de datos, profesionales s de datos y administradores de registros, con una dinámica similar al gobierno de datos estructurados. Los *steward* de negocios de datos pueden ayudar a definir los portales web, taxonomías empresariales, índices de los motores de búsqueda y las cuestiones de gestión de contenidos.

El enfoque del Gobierno de Datos en una organización que puede incluir políticas de documentos y de retención de registros, las políticas de firma electrónica, formatos de informes y las políticas de distribución de informes. Los profesionales de datos implementan y ejecutan estas y otras políticas para proteger y proteger datos que se encuentran en formatos no estructurados. Una clave para la satisfacción de las necesidades de negocio de la organización es maximizar el conjunto de habilidades de sus profesionales de gestión de registros.

Alta calidad, precisa y actualizada con información ayudará en las decisiones críticas de negocio. Puntualidad en el proceso de toma de decisiones con información de alta calidad puede aumentar la ventaja competitiva y la eficacia empresarial.

Definir la calidad de cualquier registro o de cualquier contenido es tan difícil de alcanzar como lo es para datos estructurados.

- ¿Quién necesita la información? Tener en cuenta la disponibilidad de tanto los que originan la información y los que tienen que utilizarla.

- Cuando se necesita la información? Parte de la información puede ser requerida con regularidad limitada, como mensual, trimestral o anual. Información adicional puede ser necesaria todos los días o ninguna en absoluto.

- ¿Cuál es el formato de la información? Enviar un reporteen un formato que no se puede utilizar eficientemente se traduce en que la información no tenga valor real.

- ¿Cuál es el mecanismo de entrega? Una decisión debe ser tomada sobre si se debe entregar la información o para hacerla accesible electrónicamente a través de, por ejemplo, un mensaje o una página web.

10.3 Resumen

Los Principios básicos para la aplicación de gestión de documentos y contenidos en una organización, una tabla Resumen de los roles de cada documento y la actividad de gestión de contenidos y la organización y las cuestiones culturales que pueden surgir durante la gestión de documentos y contenidos se resumen a continuación.

10.3.1 Principios Rectores

La implementación de la función de gestión de documentos y contenidos en una organización sigue tres principios básicos:

- Todos los miembros de una organización tienen un papel que desempeñar en la protección de su futuro. Todo el mundo debe crear, utilizar, recuperar y disponer de registros de acuerdo con las políticas y procedimientos establecidos.

- Expertos en el manejo de registros y contenidos deben participar plenamente en la política y la planificación. Normas regulatorias y mejores prácticas pueden variar significativamente según sectores de la industria y la jurisdicción legal.
- Aunque los profesionales de la gestión de documentos no están disponibles para la organización, todo el mundo puede ser entrenado y tener una comprensión de los temas. Una vez capacitados, los stewards de negocios y otras personas pueden colaborar con un enfoque eficaz para la gestión de documentos.

10.3.2 Resumen del Proceso

El Resumen del Proceso para la función documental y de contenidos se muestra en la Tabla 10.3. Los entregables, roles responsables, roles que se aprueban y roles que contribuyen se muestran para cada actividad en la función documental y de contenidos. La tabla también se muestra en el Apéndice A9.

Actividades	Entregables	Roles responsables	Roles aprobados	Roles de contribución
8.1 Documentación y Gestión de Registros				
8.1.1 Plan para la gestión de documentos/registros (P)	Estrategia de gestión de documentos y plan de trabajo	Los administradores del sistema de documentos, gerente de registros	Consejo de gobierno de datos	Arquitectos de datos, Analista de datos, *Steward* de negocios de datos
8.1.2 Implementar Documentos/Sistemas de Gestión de Registros para la adquisición, almacenamiento, acceso y controles de seguridad (O, C)	Sistemas de Gestión de Registros/Documento (incluidos los sistemas de imagen y de correo electrónico), Portales Documentos en Papel y Electrónicos (textos, gráficos, imágenes, audio, vídeo)	Administradores del sistema de Documento, Administradores de registros	Expertos en la materia	
8.1.3 Copia de seguridad y documentos de recuperación / registros (O)	Archivos de respaldo Continuidad de negocios	Administradores de sistemas de documentación, Administradores de registros		

Actividades	Entregables	Roles responsables	Roles aprobados	Roles de contribución
8.1.4 Retener y eliminar documentos / registros (O)	Archivo Manejo de almacenamiento	Administradores de sistemas de documentación, Administradores de registros		
8.1.5 Auditar la Gestión de Documentación/Registro (C)	Auditorias de gestión de documentos/registros	Departamento de auditoria, Administración	Administración	
8.2 Gestión de Contenidos				
8.2.1 Definir y mantener Taxonomías empresariales (P)	Taxonomías empresariales (Arquitectura de la información de contenido)	Administradores del conocimiento	Consejo de gobierno de datos	Arquitectos de datos, Analista de datos, Administrador de negocios de datos
8.2.2 Documentar/Indexar Información de contenidos de metadatos (D)	Indexado de palabras claves, Meta-data	Administradores de sistemas de documentación, Administradores de registros		
8.2.3 Proporcionar acceso al contenido y Recuperación (O)	Portales, Análisis de contenido, Información de protegida	Administradores de sistemas de documentación, Administradores de registros	Expertos en la materia	Arquitectos de datos, Analista de datos
8.2.4 Gobernar para el contenido de calidad (C)	Información de protegida	Administradores de sistemas de documentación, Administradores de registros	Data *Stewards* de negocio	Profesionales de la gestión de datos

Tabla 10.3 Documentar y Resumen del proceso de gestión de contenido

10.3.3 Cuestiones de organización y cultura

P1: ¿Dónde en la organización se debe colocar la administración de registros?

R1: La función de gestión de documentos tiene que estar elevada dentro de la organización y no como un nivel bajo o función de baja prioridad.

P2: ¿Cuáles son los temas más importantes que un profesionala de gestión de documentos y contenidos necesita reconocer?

R2: Privacidad, protección de datos, la confidencialidad, la propiedad intelectual, el cifrado, uso ético y la identidad son los temas importantes que los profesionales de gestión de documentos y contenidos se deben enfrentar en conjuntos con los empleados, la gerencia y los reguladores.

10.4 Lectura Recomendada

Las referencias que figuran a continuación proporcionan lectura adicional que soporta el material presentado en el Capítulo 10. Estas lecturas recomendadas también se incluyen en la bibliografía al final de la Guía.

10.4.1 Gestión de documentación/contenido

Aspey, Len and Michael Middleton. Integrative Document & Content Management: Strategies for Exploiting Enterprise Knowledge. 2003. IGI Global, ISBN-10: 1591400554, ISBN-13: 978-1591400554.

Boiko, Bob. Content Management Bible. Wiley, 2004. ISBN-10: 0764573713, ISBN-13: 978-07645737.

Jenkins, Tom, David Glazer, and Hartmut Schaper.. Enterprise Content Management Technology: What You Need to Know, 2004. Open Text Corporation, ISBN-10: 0973066253, ISBN-13: 978-0973066258.

Sutton, Michael J. D. Document Management for the Enterprise: Principles, Techniques, and Applications. Wiley, 1996, ISBN-10: 0471147192, ISBN-13: 978-0471147190.

10.4.2 Gestión de Registros

Alderman, Ellen and Caroline Kennedy . The Right to Privacy. 1997. Vintage, ISBN-10: 0679744347, ISBN-13: 978-0679744344.

Bearman, David. Electronic Evidence: Strategies for Managing Records in Contemporary Organizations. 1994. Archives and Museum Informatics. ISBN-10: 1885626088, ISBN-13: 978-1885626080.

Cox, Richard J. and David Wallace. Archives and the Public Good: Accountability and Records in Modern Society. 2002. Quorum Books, ISBN-10: 1567204694, ISBN-13: 978-1567204698.

Cox, Richard J. Managing Records as Evidence and Information. Quorum Books, 2000. ISBN 1-567-20241-4. 264 Paginas.

Dearstyne, Bruce. Effective Approaches for Managing Electronic Records and Archives. 2006. The Scarecrow Press, Inc. ISBN-10: 0810857421, ISBN-13: 978-0810857421.

Ellis, Judith, editor. Keeping Archives. Thorpe Bowker; 2 Sub edition. 2004. ISBN-10: 1875589155, ISBN-13: 978-1875589159.

Higgs, Edward. <u>History and Electronic Artifacts</u>. Oxford University Press, USA. 1998. ISBN-10: 0198236344, ISBN-13: 978-0198236344.

Robek. <u>Information and Records Management: Document-Based Information Systems</u>. Career Education; 4 edition. 1995. ISBN-10: 0028017935.

Wellheiser, Johanna and John Barton. <u>An Ounce of Prevention: Integrated Disaster Planning for Archives, Libraries and Records Centers</u>. Canadian Library Assn. 1987. ISBN-10: 0969204108, ISBN-13: 978-0969204107.

10.4.3 Portales de información empresariales

Firestone, Joseph M. <u>Enterprise Information Portals and Knowledge Management</u>. Butterworth-Heineman, 2002. ISBN 0-750-67474-1. 456 Paginas.

Mena, Jesus, <u>Data Mining Your Website</u>, Digital Press, Woburn, MA, 1999, ISBN 1-5555-8222- 2.

10.4.4 Los metadatos en Bibliotecología

Baca, Murtha, editor. <u>Introduction to Metadata: Pathways to Digital Information</u>. Getty Information Institute, 2000. ISBN 0-892-36533-1. 48 Páginas.

Hillman, Diane I., and Elaine L. Westbrooks,. <u>Metadata in Practice</u>. American Library Association, 2004. ISBN 0-838-90882-9. 285 Paginas.

Karpuk, Deborah. <u>Metadata: From Resource Discovery to Knowledge Management</u>. Libraries Unlimited, 2007. ISBN 1-591-58070-6. 275 Paginas.

Liu, Jia. <u>Metadata and Its Applications in the Digital Library</u>. Libraries Unlimited, 2007. ISBN 1-291-58306-6. 250 Paginas.

10.4.5 Semántica en documentos XML

McComb, Dave. <u>Semantics in Business Systems: The Savvy Manager's Guide. The Discipline Underlying Web Services, Business Rules and the Semantic Web</u>. San Francisco, CA: Morgan Kaufmann Publishers, 2004. ISBN: 1-55860-917-2.

10.4.6 Datos no estructurados e Inteligencia de negocios

Inmon, William H. and Anthony Nesavich,. <u>Tapping into Unstructured Data: Integrating Unstructured Data and Textual Analytics into Business Intelligence</u>. Prentice-Hall PTR, 2007. ISBN-10: 0132360292, ISBN-13: 978-0132360296.

10.4.7 Estandares

ANSI/EIA859 : Data Management.

ISO 15489-1:2001 Records Management -- Part 1: General.

ISO/TR 15489-2:2001 Records Management -- Part 2: Guidelines.

AS 4390-1996 Records Management.

ISO 2788:1986 Guidelines for the establishment and development of monolingual thesauri.

UK Public Record Office Approved Electronic Records Management Solution.

Victorian Electronic Records Strategy (VERS) Australia.

10.4.8 E-Discovery

http//:www.uscourts.gov/ruless/Ediscovery_w_Notes.pdf

http//:www.fjc.gov/public/home.nsf/Paginas/196

11 Gestión de Metadatos

La gestión de metadatos es una función de la gestión de datos en el marco que interactúa con y está influenciada por las practicas del gobierno de datos. El Capítulo 11 define la función y explica las actividades y los conceptos relacionados con la gestión de metadatos.

11.1 Introducción

Los metadatos son los términos usado para describir y especificar los datos y otro contenido esencial en el entorno de datos. La frase "datos sobre datos" es de uso general para definir el concepto. Los datos se reflejan transacciones reales de la vida, los eventos, los objetos, las relaciones y más. Las convenciones de nomenclaturas de metadatos proveen el contexto para entender los datos.

La gestión de metadatos es el conjunto de procesos que garantizan la creación correcta, el almacenamiento, la integración y el control para soportar el uso de los metadatos en el entorno.

Para entender el papel vital de los metadatos en la gestión de datos, es de ayuda ofrecer una analogía. Los metadatos son como un catálogo de fichas en una biblioteca. El catálogo de fichas identifica qué libros se almacenan en la biblioteca y su ubicación dentro del edificio. Los usuarios pueden buscar libros por materia, por autor, o por título. Además, el catálogo de fichas identifica el autor, las etiquetas temáticas, la fecha de publicación, el historial de revisiones de cada libro y más. La información del catálogo de fichas ayuda a lector determinar qué libros satisfacen sus necesidades. Sin este recurso, la búsqueda de libros en la biblioteca es difícil y pierde mucho tiempo. El lector puede buscar muchos libros incorrectos antes de encontrar el libro adecuado.

El diagrama de contexto para la gestión de metadatos se muestra en la Figura 11.1 define los componentes básicos, las metas, y las actividades de la función.

El aprovechar de los metadatos puede proporcionar los siguientes beneficios y ayudar a las organizaciones para:

1. Incrementar el valor de la información estratégica capturada en los almacenes de datos, CRM, SCM, y otros sistemas críticos. Los datos, ricos en el contexto, ayudan a los analistas en la toma de decisiones más eficaces.

2. Reducir los costes de formación y el impacto de la rotación de personal a través de la documentación exhaustiva del contexto, de la historia y del origen de los datos.

3. Reducir el tiempo de las investigaciones orientadas hacia los datos, y en lugar ayudar a los analistas comerciales y otros usuarios buscar la información eficientemente.

4. Mejorar la comunicación por cerrando la brecha entre los usuarios comerciales y los profesionales de TI, aprovechando el trabajo realizado por los equipos, y aumentando la confianza de los datos en los sistemas de TI.

5. Aumentar la velocidad para entregar el sistema al mercado por reduciendo el ciclo de vida para el desarrollo del sistema.

6. Reducir el riesgo del fracaso de proyecto a través de un análisis mejor del impacto durante el proceso de gestión de cambio.

7. Identificar y reducir los datos y los procesos redundantes, para reducir la reanudación causada por el uso de los datos incorrectos u obsoletos.

9. Gestión de Metadatos

Definición: Planificación, implementación, y control de actividades para permitir el fácil acceso a metadatos integrados y de alta calidad.

Metas:
1. Proporcionar entendimiento organizado de términos y uso.
2. Integrar metadatos de diversas fuentes.
3. Proporcionar fácil acceso integral de metadatos.
4. Asegurar la calidad y seguridad de metadatos.

Entradas:
- Requerimiento de Metadatos
- Problemas de Metadatos
- Arquitectura de Datos
- Negocio de Metadatos
- Metadatos Técnicos
- Proceso de Metadatos
- Operacional de Metadatos
- Administración de Metadatos

Proveedores:
- Administradores de Datos
- Arquiteto de Datos
- Modeladores de Datos
- Administradores de Base de Datos
- Otros Profesionistas de Datos
- Corredores de Datos
- Regulaciones Gubernamentales e Industriales

Actividades:
1. Entender los Requerimientos de Metadatos (P)
2. Definir la Arquitectura de Metadatos (P)
3. Desarrollar y Mantener los Estándares de Metadatos (P)
4. Implementar y Administrar el Ambiente de Metadatos (D)
5. Crear y Mantener los Metadatos (O)
6. Integrar los Metadatos (C)
7. Administración de Almacén de Metadatos (C)
8. Distribuir y Entregar Metadatos (C)
9. Consultas, Reportes y Análisis de Metadatos (O)

Participantes:
- Especialista en Metadatos
- Arquitectos de Integración de Datos
- Administradores de Datos
- Arquitectos y Modeladores de Datos
- Administradores de Base de Datos
- Otros Profesionistas DM
- Otros Profesionistas IT
- Ejecutivos DM
- Usuarios de Negocio

Herramientas:
- Almacén de Metadatos
- Herramientas de Modelado de Datos
- Gestión de Sistemas de Base de Datos
- Herramientas de Integración de Datos
- Herramientas de Inteligencia de Negocio
- Herramientas Gestión de Sistemas
- Herramientas de Modelado de Objeto
- Herramientas de Proceso de Modelado
- Herramientas de Generación de Reporte
- Herramientas de Calidad de Datos
- Herramientas de Desarrollo y Administración
- Datos Maestros y de Referencia
- Herramientas de Gestión

Herramientas Primarias:
- Almacén de Metadatos
- Calidad de Metadatos
- Arquitectura y Modelo de Metadatos
- Gestión de Análisis Operacional de Metadatos
- Análisis de Metadatos
- Linaje de Datos
- Análisis de Impacto de Cambio
- Procedimientos de Control de Metadatos

Consumidores:
- Administradores de Datos
- Profesionistas de Datos
- Otros Profesionistas TI
- Trabajadores de Conocimiento
- Administradores y Ejecutivos
- Clientes y Colaboradores
- Usuarios de Negocio

Métricos:
- Calidad de Metadatos
- Conformidad de Servicios de Datos Maestros
- Contribución de Almacén de Metadatos
- Documentación de Calidad de Metadatos
- Representación de Administración y Cobertura
- Uso/Referencia de Metadatos
- Gestión de Madurez de Metadatos
- Disponibilidad de Almacén de Metadatos

Actividades: (P) – Planeación (C) – Control (D) – Desarrollo (O) - Operacional

Figura 11.1 Diagrama de Contexto de la Gestión de Metadatos

11.2 Actividades y Conceptos

Los metadatos sirven como el catálogo de fichas en un entorno de datos gestionado. Los metadatos en forma de las etiquetas descriptivas ofrecen el contexto para entender el contenido de los elementos de datos. Los metadatos muestran a los usuarios comerciales y técnicos dónde encontrar la información en los depositarios de datos. Los metadatos también ofrecen detalles de dónde provinieron los datos, cómo llegaron los datos allí, cómo cambiaron los datos y su nivel de calidad. Por último, los metadatos ayudan a los usuarios a interpretar los datos en un entorno de datos gestionado.

11.2.1 Definición de los Metadatos

Los metadatos son la información sobre los datos físicos, los procesos técnicos y comerciales, las restricciones y las reglas de datos, las estructuras de datos lógicas y físicas se utilizan por una organización. Estas etiquetas describen los datos tales como las bases de datos, los elementos de datos y los modelos de datos. Describen los conceptos tales como los procesos de negocios, los sistemas de aplicación, el código de software y la infraestructura de tecnología. También, describen las relaciones entre los datos y los conceptos.

La palabra "metadatos" es un término amplio que abarca muchas áreas de sujetos potenciales tales como:

1. El Análisis Empresarial: Definiciones de Datos, Informes, Usuarios, el Uso, el Rendimiento

2. La Arquitectura Empresarial: Funciones, Organizaciones, Metas, Objetivos

3. Las Definiciones de Negocios: Términos de Negocios, Conceptos, Hechos

4. Las Reglas de Negocios: Cálculos Estándar, Métodos de Derivación

5. El Gobierno de Datos: Políticas, Normas, Procedimientos, Programas, Funciones, Organizaciones, Asignaciones de Custodia

6. La Integración de Datos: Fuentes, Metas, Transformaciones, Linaje, Migración, Conversión, Flujos de Trabajo, ej., ETL, EAI, EII

7. La Calidad de Datos: Defectos, Métricas, Calificaciones

8. La Gestión de Contenido de Documento: Datos no Estructurados, Documentos, Taxonomías, Ontologías, Conjuntos de Nombre, el Descubrimiento Legal, Índices de Motor de Búsqueda

9. La Infraestructura de Tecnológica de Información: Plataformas, Redes, Configuraciones, Licencias

10. Los Modelos de Datos Lógicos: Entidades, Atributos, Relaciones, Reglas, Nombres Comerciales, Definiciones

11. Los Modelos de Datos Físicos: Archivos, Tablas, Columnas, Vistas, Definiciones Comerciales, Índices, el Rendimiento, la Gestión de Cambio

12. Los Modelos de Procesos: Funciones, Actividades, Papales, Entradas, Salidas, Flujos de Trabajo, Reglas de Negocios, la Oportunidad, Almacenes de Datos

13. La Cartera de Sistemas: Bases de Datos, Aplicaciones, Proyectos, Programas

14. El Gobierno de TI: Hoja de Ruta de la Integración, la Gestión de Cambio

15. La Arquitectura Orientado al Servicio (SOA): Componentes, Servicios, Mensajes, Datos Maestros

16. El Desarrollo y el Diseño de los Sistemas: Requisitos, Especificaciones, Planes de Prueba, los Impactos

17. La Gestión de Sistemas: Seguridad de Datos, Licencias, Configuración, la Fiabilidad, Niveles de Servicio

11.2.1.1 Tipos de Metadatos

Los metadatos se clasifican en cuatro tipos principales: de negocios, de técnico o de operativo, de proceso, y de la administración.

Los metadatos de negocios abarcan los nombres comerciales, las definiciones de los sujetos y de las áreas conceptuales, las entidades, los atributos, los tipos de datos y otras propiedades de los atributos, las descripciones de rango, los cálculos, los algoritmos, las reglas de negocios, los valores de dominio válidos y sus significados. Los metadatos de negocios vinculan la perspectiva empresarial con los datos operacionales.

Ejemplos de los metadatos de negocios incluyen:

- Las definiciones de los datos de negocios, incluyendo cálculos

- Las reglas de negocios y los algoritmos, incluyendo jerarquías

- El linaje de datos y el análisis del impacto

- El modelo de datos: los modelos conceptuales o lógicos en el nivel empresarial

- Las declaraciones de la calidad de datos, tales como los indicadores de confianza y la integridad

- Las responsabilidades de la administración de datos y los propietarios de datos

- El ciclo de actualización de datos

- La disponibilidad de los datos históricos

- Las definiciones históricas y los alternativos de datos de negocios

- Las restricciones reglamentarias o contractuales

- El contenido de los datos en los informes

- El sistema de registro de los elementos de datos

- Las restricciones de valores válidos

Los metadatos técnicos y operativos proporcionan a los desarrolladores y los usuarios técnicos con información sobre sus sistemas. Los metadatos técnicos incluyen las tablas físicas de las bases de datos, los nombres de columnas, otras propiedades de los objetos de base de datos y los almacenes de datos. El administrador de base de datos debe entender los patrones de acceso de los usuarios, la frecuencia y el tiempo de ejecución de los informes y las consultas. Estos metadatos son capturados mediante las rutinas del DBMS u otro software.

Los metadatos operacionales apoyan las necesidades de las operaciones de TI. Incluyen la información sobre el movimiento de los datos, los sistemas de origen y de destino, los programas por lotes, los horarios de trabajo, las anomalías de la programación, la información sobre el respaldo y la recuperación, las reglas de archivo, y el uso.

Algunos ejemplos de los metadatos técnicos u operativos incluyen:

- Los controles de auditoría e la información de equilibrio

- El archivado de datos y las reglas de retención de datos

- Las conversiones de las tablas de codificación y de referencia

- La historia de los extractos y los resultados

- La identificación de los campos del sistema de origen

- Las asignaciones, las transformaciones y las estadísticas de los sistemas de registro a los almacenes de datos ej., OLTP, OLAP

- El modelo de datos físico, incluyendo los nombres de las tablas de datos, los claves y los índices

- Las dependencias y el calendario de los trabajo programados

- Los nombres y las descripciones de los programas

- Los criterios para purgar los datos

- Las reglas para el respaldo y la recuperación

- Las relaciones entre los modelos de datos, los almacenes de datos

- Los sistemas de registro que alimentan los almacenes de datos, ej., OLTP, OLAP

- Los informes de usuarios, los patrones de acceso, la frecuencia y el tiempo de ejecución

- El mantenimiento de las versiones

Los metadatos de proceso definen y describen las características de otros elementos del sistema tales como los procesos, las reglas de negocios, los programas, los trabajos y las herramientas.

Algunos ejemplos de los metadatos de proceso incluyen:

- Los almacenes de datos y los datos afectados

- El gobierno y los organismos reguladores

- Los propietarios de la organización y las partes interesadas

- Las dependencias del proceso y la descomposición

- La documentación del bucle de retroalimentación de proceso

- El nombre del proceso

- El orden del proceso y la sincronización

- Las variaciones del proceso causadas por la entrada o la sincronización

- Las papales y las responsabilidades

- Las actividades de la cadena de valor

Los metadatos de administración de datos son los datos acerca de los administradores de datos, los procesos de la administración y las asignaciones de la responsabilidad. Los administradores de datos aseguran que los metadatos y los datos son exactos, con alta calidad a través de la empresa. Establecen los mecanismos para monitor el intercambio de los datos.

Algunos ejemplos de los metadatos de administración incluyen:

- Los conductores de negocios, i.e., las metas

- Las reglas para las operaciones en los datos brutos

- Las definiciones técnicas y comerciales de los datos

- Los propietarios de los datos

- Las reglas sobre la compartición de los datos, los acuerdos y los contratos

- Los administradores de datos, los papales y las responsabilidades

- Los almacenes de datos y los sistemas afectados

- Las áreas temáticas de los datos

- Los usuarios de los datos

- El gobierno y los organismos reguladores

- La estructura de gobernanza de la organización y las responsabilidades

11.2.1.2 Los Metadatos de los Datos no Estructurados

Los metadatos describen ambos los datos estructurados y no estructurados. Existen los metadatos en muchos formatos, en respuesta a varios requisitos. Algunos ejemplos de los depositarios de metadatos que describen los datos no estructurados incluyen las aplicaciones para la gestión de contenidos, los sitios web de las universidades, los sitios de la intranet de la empresa, los archivos de datos, las colecciones de revistas electrónicas y las listas de recursos comunitarios. Los datos que existen en fuentes no estructuradas pueden clasificarse como los metadatos descriptivos, los metadatos estructurales o los metadatos administrativos.

Los metadatos descriptivos permiten el descubrimiento y la identificación de los recursos en el entorno de datos.

Algunos ejemplos de los metadatos descriptivos incluyen:

- El catálogo de la información: título, sujeto, autor

- El tesauros de los términos clave: "Dublin Core", "metadatos"

Los metadatos estructurales permiten la clasificación, el arreglo y la presentación de los recursos en el entorno de datos.

Algunos ejemplos de los metadatos estructurales incluyen:

- "Dublin Core" elementos: título, creador, fecha

- Las estructuras de campo: listas, esquemas

- Los formatos: audiovisual, folleto, DVD

- Las etiquetas de las palabras clave de los tesauros: creador, autor

- Esquemas XML: Metadata Object Description Schema (MODS)

Los metadatos administrativos permiten el acceso, el mantenimiento y el uso de los recursos en el entorno de datos.

Algunos ejemplos de los metadatos administrativos incluyen:

- Las fuentes: casa, sistema, el gobierno

- El programa de la integración y la actualización: ETL

- Los derechos de acceso: los derechos de autor, la marca registrada

- Las relaciones de las páginas: una mapa del sitio web

Los metadatos bibliográficos, los metadatos de mantenimiento de registros y los metadatos de preservación son todos los esquemas de metadatos aplicados a la información en formatos diferentes. Los metadatos bibliográficos permiten descubrimiento del documento. Los metadatos de mantenimiento de registros se ocupan de la validez y la retención de datos. Los metadatos de preservación tienen que ver con el almacenamiento, la condición del archivo y la conservación del material.

11.2.1.3 Fuentes de Metadatos

La necesidad de los metadatos exista en todas las actividades de la gestión de datos. La información de la identificación asociada a cualquier elemento de datos es de interés potencial para algún grupo de los usuarios. Los metadatos son un parte integral de todos los sistemas y las aplicaciones de TI. La identificación de las fuentes de los datos satisfacen las necesidades de metadatos técnicos. Los metadatos de negocios capturan las interacciones de los usuarios con el sistema, las definiciones y el análisis de los datos. El añadir de las declaraciones de la calidad y otras observaciones sobre los datos en el depositario de metadatos o en los sistemas de TI, apoyan la confianza de los datos. El identificar de los metadatos en nivel agregado tales como la materia o la característica del sistema o en nivel detallado tales como la característica de la columna de base de datos o el valor de código proporcionan contexto adicional. El manejo adecuado y la navegación entre los metadatos asociados es un requisito importante del uso.

Las fuentes primarias de los metadatos son numerosas y pueden aplicar a cualquier objeto nombrado en una organización. Las fuentes secundarias son otros depositarios de metadatos en el entorno. Muchas herramientas de la gestión de datos crean y utilizan depositarios internos. Sus proveedores pueden ofrecer el software de puente adicional para permitir enlaces a otras herramientas y otros depositarios de metadatos. Sin embargo, esta funcionalidad permite principalmente la replicación de los metadatos entre los depositarios.

11.2.2 Historia de los Metadatos (1990-2008)

En la década de 1990, algunas empresas comenzaron a reconocer el valor de los depositarios de metadatos. Las herramientas más recientes expandieron el alcance de los metadatos para incluir metadatos de negocios. Algunos de los beneficios potenciales de los metadatos de negocios identificados en la industria durante esta época permiten a las organizaciones para:

- Proporcionar una capa semántica entre los sistemas operativos y de inteligencia comerciales de la empresa, y sus usuarios comerciales.

- Reducir los costes de la formación.

- Hacer que la información estratégica contenida en el almacén de datos y otros sistemas (ej., CRM, SCM) mucha más valiosa a los analistas en la toma de decisiones.

- Crear la información en una forma procesable.

- Mejorar la toma de decisiones.

Hacia el final de la década de 1990, los metadatos se convierten más relevante para las empresas que estaban luchando para entender los recursos de sus sistemas. Los requisitos para Y2K, las iniciativas de almacenamiento de datos emergentes y un enfoque creciente en el World Wide Web elevaron la necesidad para las empresas entender su información. Se iniciaron los esfuerzos para normalizar la definición y el intercambio de los metadatos entre las aplicaciones de la empresa. Se desarrollaron varios estándares de la gestión de metadatos durante esta época.

En 1995, la Instalación del Intercambio de Definición de CASE (CDIF) fue desarrollado por la Alianza de los Industrias Electrónicas (EIA) y el Dublin Core marco fue desarrollado por la Dublin Core Iniciativa de Metadatos (DCMI) en Dublin, Ohio. La versión inicial del ISO 11179 estándar para la especificación y la normalización de los elementos de datos fue publicada desde 1994 hasta 1999. El Grupo de Gestión de Objetos (OMG) desarrolló el Modelo de Metadatos de Depositario Común (CWM) en 1998. Su rival Microsoft apoyó el Modelo de Información Abierto (OIM) desarrollado por la Coalición de Metadatos (MDC) en 1995. En 2000, estas normas se combinaron en el CWM estándar. Muchos usuarios de los depositarios de metadatos prometieron adoptar el estándar.

Temprano en el siglo 21, los depositarios de metadatos existentes se desplegaron en el web. Los vendedores introdujeron los productos para apoyar el CWM estándar. Durante esta época, muchos vendedores de la integración de datos colocaron los metadatos como una oferta de producto adicional. Sin embargo, relativamente pocas organizaciones adquirieron o desarrollaron los depositarios de metadatos. Pocas empresas implementaron un entorno de metadatos que incorporó el estándar, Modelos de Metadatos Universal. Algunas razones incluyen:

- Una escasez de las personas con las habilidades del mundo real

- La dificultad del esfuerzo

- El éxito limitado de los esfuerzos iniciales en algunas empresas

- La pérdida en ímpetu del desarrollo de las herramientas

- La comprensión limitada de los beneficios a las empresas

- El énfasis fuerte en las fuentes estructuradas, tales como las aplicaciones de legado, para los metadatos técnicos

Hoy día, las empresas centran más en la necesidad y la importancia de los metadatos. Evalúan también cómo incorporar los metadatos de las fuentes estructuradas tradicionales además de las fuentes no estructuradas. Algunos de los factores que impulsan este interés renovado en la gestión de metadatos son:

- La entrada en este mercado por los vendedores más grandes

- Los desafíos que algunas empresas se enfrentan para cumplir con los requisitos reglamentarios, como la ley Sarbanes-Oxley (EE.UU.) y los requisitos de privacidad usando las herramientas primitivas

- El surgimiento de las iniciativas en toda la empresa como el gobierno de la información, el cumplimiento, la arquitectura empresarial y la reutilización del software automatizado

- Las mejoras en los estándares de metadatos existentes, tal como el Metamodelo de Gestión de Información (IMM). Este estándar, lanzado por el Grupo de Gestión de Objeto (OMG), se convierte la segunda versión de CWM.

- El reconocimiento por las empresas que la información es un activo crítico que debe ser gestionado activamente y eficazmente.

La falta de las normas y la naturaleza propietaria de las soluciones limitan el desarrollo de un entorno de metadatos gestionado.

11.2.3 Estrategia de los Metadatos

Una estrategia de metadatos articula la dirección en la gestión de metadatos de la empresa. La estrategia es una declaración de las intenciones y actúa como un marco de referencia para los equipos de diseño y de desarrollo. Cada grupo de los usuarios tiene necesidades específicas de una aplicación de los metadatos. Trabajando a través de un proceso por el desarrollo de los requisitos de metadatos proporciona una comprensión clara de las expectativas y las razones de los requisitos.

El enfoque principal de la estrategia de metadatos es obtener una comprensión y un consenso sobre los conductores de negocios, los problemas y las necesidades de la información de la empresa. El objetivo es entender qué tan bien el entorno actual cumple con estos requisitos, tanto ahora como en el futuro.

A tal fin, la estrategia debe dirigir faltas significativas dentro de la infraestructura empresarial de la información. El diseñar de la arquitectura de metadatos empresarial como parte de la estrategia de negocios es un proceso que requiere el compromiso, la paciencia y los recursos desde de toda la empresa. El resultado de este proceso son las fases de un proyecto impulsadas por los objetivos de la empresa y priorizadas por el valor de negocios, junto con el nivel de esfuerzo requerido para completar las fases. Algunas actividades críticas incluyen:

1. La Iniciación de la Estrategia de Metadatos y la Planificación: Esta fase prepara al equipo de proyecto y varios participantes para el esfuerzo y facilita el proceso de diseño para mejorar los resultados. Durante la fase, los líderes de proyecto esbozan los estatutos y la organización de la estrategia de metadatos, para asegurar la alineación con esfuerzos del gobierno de datos y establecer un protocolo de la comunicación por todas las participantes. Las principales partes interesadas determinan el alcance de la estrategia de metadatos y comunican el valor y los objetivos de negocios potenciales.

2. El Análisis de la Principales Partes Interesadas: Durante esta fase, los líderes del proyecto activamente solicitan la información de las participantes técnicos y comerciales para establecer una base del conocimiento para la estrategia de metadatos.

3. El Evaluación de las Fuentes de Metadatos Existentes y de la Arquitectura de la Información: En esta fase, las participantes determinan el grado de dificultad requerido para resolver los problemas de los metadatos y los sistemas. Durante esta etapa, las participantes pueden realizar entrevistas detalladas del personal

clave de TI y revisar la documentación de las arquitecturas de sistemas, los modelos de datos y otros documentos relacionados.

4. El Definir de la Arquitectura de Metadatos Futura: Las participantes acotan, confirman la visión futura y desarrollan la arquitectura objetiva para el entorno de metadatos gestionado en esta etapa. Esta fase dirige todos los componentes de la estrategia, como la estructura de la organización, el gobierno de datos, las recomendaciones de la alineación de administración, la arquitectura de metadatos gestionada, la arquitectura de la entrega de los metadatos, la arquitectura técnica y la arquitectura de seguridad.

5. El Desarrollar de una Estrategia de Ejecución y el Plan: En esta fase, los participantes revisan, validan, integran, priorizarán y apoyan los resultados del análisis de los datos. Entonces, las participantes pueden diseñar una estrategia de metadatos que permita a la organización entregar el entorno de metadatos gestionado deseado.

11.2.4 Actividades de la Gestión de Metadatos

La gestión eficaz de los metadatos depende de las prácticas del gobierno de datos. Estas prácticas permiten a los administradores de datos comerciales para establecer las prioridades de la gestión de metadatos, guiar las inversiones en el programa enfocado en los metadatos y supervisar las actividades de la implementación en el contexto más amplio de las regulaciones gubernamentales y de la industria.

11.2.4.1 Entender los Requerimientos de Metadatos

Una estrategia de la gestión de metadatos debe reflejar una comprensión de las necesidades de la empresa para los metadatos. Estos requisitos pueden confirmar la necesidad de un entorno gestionado de los metadatos. Los requisitos permiten al equipo del proyecto para establecer el alcance y las prioridades, educar a la comunidad, y comunicar el progreso. Guían la evaluación e implementación de las herramientas, la estrategia del modelado de metadatos, los estándares de metadatos internos, la identificación de los servicios que dependen de los metadatos. Además, los requisitos permiten a los líderes del proyecto para estimar y justificar las necesidades del personal. Los planeadores a menudo deben obtener y destilar estos requisitos de un análisis de los papeles, las responsabilidades, los desafíos en la empresa y las necesidades de selectos individuos o grupos de la organización.

11.2.4.1.1 Requisitos de los Usuarios Comerciales

Los usuarios comerciales requieren una mayor comprensión de la información de los sistemas operativos y analíticos. Requieren un alto nivel de la confianza en la información obtenida de los almacenes de datos corporativos, de las aplicaciones analíticas y de los sistemas operativos. Los usuarios comerciales requieren el acceso adecuado a sus papeles y a los métodos de entrega de la información, tales como los informes, las consultas, los datos programados, los datos a petición, cubos OLAP y los cuadros de mando. Toda la información debe exhibir un alto grado de calidad de la documentación y el contexto.

Por ejemplo, el término de *regalía* es una cuantidad negociada por el proveedor y es un factor en la cantidad pagada por el vendedor y en definitiva, por el consumidor. Estos valores representan los elementos de datos se almacenan en los sistemas operativos y analíticos. Aparecen en los informes financieros clave, en cubos OLAP y en modelos de datos. Las definiciones, el uso y los algoritmos deben ser accesibles cuando se utilizan los datos de regalías. Los metadatos sobre las regalías que la organización clasifica como confidencial o competitiva requieren las restricciones del acceso y el uso por las personas autorizadas.

Los usuarios comerciales deben entender la intención y el propósito de la gestión de metadatos. Además, para proporcionar los requisitos de negocios significativos, los usuarios deben entender ambos los datos y los metadatos. Las reuniones facilitadas, como las entrevistas y las JAD sesiones, asistidas por los usuarios con funciones similares en la empresa son un método muy eficaz para identificar y mantener la atención en los metadatos y las necesidades de contexto de los usuarios del grupo.

El establecer una organización del gobierno de datos es fundamental para lograr el éxito con la gestión de metadatos. La organización de gobierno es responsable de establecer la dirección y los objetivos de la iniciativa y para tomar las mejores decisiones con respecto a los productos, el soporte del proveedor, la arquitectura técnica y la estrategia general. Con frecuencia, el Consejo de Gobierno de Datos realiza estas funciones.

11.2.4.1.2 Requisitos de los Usuarios Técnicos

Algunos temas de los requisitos técnicos en alto nivel incluyen:

- El rendimiento de las alimentaciones diaria: el tamaño y el tiempo de procesamiento

- Los metadatos existentes

- Las fuentes conocidas y desconocidas de la información

- Los objetivos

- Las transformaciones de los datos

- La integridad de la arquitectura

- Los requisitos de los metadatos no estándar

Los usuarios técnicos incluyen los administradores de bases de datos (DBAs), las especialistas de metadatos, los arquitectos, el personal de soporte y los desarrolladores. Por lo general, son los custodios de los activos de información corporativos. Estos usuarios deben comprender la ejecución técnica de los datos a fondo, incluyendo los detalles a nivel atómico, los puntos de integración de los datos, las interfaces y las asignaciones. Además, deben entender el contexto de negocios de los datos a un nivel suficiente para proporcionar el apoyo necesario, incluyendo la implementación de los cálculos o las reglas de datos derivadas y los programas de la integración que los usuarios comerciales especifican.

11.2.4.2 Definir la Arquitectura de Metadatos

Conceptualmente, todas las soluciones de la gestión de metadatos o entornos consisten en las siguientes capas de la arquitectura: los metadatos de la creación, del origen, de la integración, y de la presentación. Otros componentes incluyen programas de la gestión y control de metadatos, y los depositarios.

Un sistema de gestión de metadatos debe ser capaz de extraer los metadatos de muchas fuentes. Diseñar la arquitectura para ser capaz de escanear las diversas fuentes de metadatos y actualizar periódicamente el repositorio. El sistema debe ser compatible con las actualizaciones manuales de metadatos, solicitudes, registros y operaciones de búsqueda de metadatos por diversos grupos de usuarios.

Un entorno de metadatos administrados debe aislar al usuario final de los diversos y dispares fuentes de metadatos. La arquitectura debe proporcionar un único punto de acceso para el repositorio de metadatos. El punto de acceso debe proporcionar todos los recursos de metadatos relacionados de forma transparente para el usuario. Transparente significa que el usuario puede acceder a los datos sin ser conscientes de los diferentes ambientes de las fuentes de datos.

Diseño de la arquitectura de los componentes anteriores depende de los requisitos específicos de la organización. Tres enfoques arquitectónicos técnicos para la construcción de un repositorio de metadatos común imitan los enfoques para el diseño de almacenes de datos: centralizada, distribuida, e híbrida. Todos estos enfoques tienen en cuenta la aplicación del repositorio y cómo los mecanismos de actualización operan. Cada organización debe elegir la arquitectura que mejor se adapte a sus necesidades.

11.2.4.2.1 Arquitectura de los Metadatos centralizado

Una arquitectura centralizada consiste en un solo depósito de metadatos que contiene copias de los metadatos en vivo de las diversas fuentes. Las organizaciones con recursos de TI limitados, o los que buscan automatizar tanto como sea posible, pueden optar por evitar esta opción arquitectura. Supervisar los procesos y crear un nuevo conjunto de roles en TI para apoyar a estos nuevos procesos. Las organizaciones con la priorización de un alto grado de consistencia y uniformidad en el repositorio de metadatos común pueden beneficiarse de una arquitectura centralizada.

Ventajas de un depósito centralizado incluyen:

- La alta disponibilidad ya que es independiente de los sistemas de origen.

- De rápida recuperación de metadatos ya que el depósito y la consulta residen juntos.

- Se resuelve estructuras de bases de datos que no son afectados por la naturaleza propietaria de terceros o sistemas comerciales.

- Los metadatos extraídos se pueden transformar o mejorar con metadatos adicionales que pueden no residir en el sistema de origen, la mejora de la calidad.

- Algunas limitaciones del enfoque centralizado incluyen:

- Los procesos complejos son necesarios para asegurar que los cambios en la fuente de metadatos se replican rápidamente en el repositorio.

- Mantenimiento de un repositorio centralizado puede ser sustancial.

- La extracción podría requerir modulo adicionales comunes o software middleware.

- Validación y mantenimiento de código personalizado puede aumentar las demandas en tanto el personal interno de TI y los proveedores de software.

11.2.4.2.2 Arquitectura distribuida de Metadatos

Una arquitectura totalmente distribuida mantiene un único punto de acceso. El motor de recuperación de metadatos responde a peticiones de los usuarios por la recuperación de datos de los sistemas de código en tiempo real; no hay depositario persistente. En esta arquitectura, el entorno de gestión de metadatos mantiene los catálogos del sistema fuente necesarios e información de consultas necesarias para procesar consultas de los usuarios y las búsquedas de manera efectiva. Un agente de petición de objetos común o protocolo middleware similares accesos estos sistemas de origen.

Ventajas de la arquitectura distribuida de metadatos incluyen:

- Los metadatos siempre son tan válidos y lo más actuales posibles.

- Las consultas se distribuyen, posiblemente, mejorar el tiempo de respuesta / proceso.

- Las solicitudes de metadatos de sistemas de propietarios se limitan a procesamiento de consultas en lugar de exigir un conocimiento detallado de las estructuras de datos propietarios, por lo tanto, reducir al mínimo el esfuerzo de implementación y el mantenimiento requerido.

- Desarrollo de procesamiento de consultas de metadatos automatizada es probable más simple, que requiere una mínima intervención manual.

- El procesamiento por lotes se reduce, sin replicación o sincronización de los procesos de metadatos.

    Además, existen las siguientes limitaciones para las arquitecturas distribuidas:

- No se requiere mejora o normalización de los metadatos entre los sistemas.

- Las capacidades de consulta se ven directamente afectados por la disponibilidad de los sistemas de código participantes.

- No hay capacidad de apoyar a las entradas de los metadatos definidos por el usuario o insertados manualmente ya que no hay repositorio en el que colocar estas adiciones.

11.2.4.2.3 Arquitectura de metadatos híbridos

Una alternativa combinada es la arquitectura híbrida. Los metadatos todavía se mueven directamente de los sistemas de código en un depósito. Sin embargo, el diseño del depósito sólo representa los metadatos-usuario añadidos, los elementos estandarizados críticos y las adiciones de fuentes manuales.

Los beneficios de la arquitectura de la recuperación-en tiempo es casi real de los metadatos de su fuente y mejorados de los metadatos para satisfacer las necesidades del usuario más eficaz, cuando sea necesario. El enfoque híbrido reduce el esfuerzo para la intervención manual y de TI funcionalidad de acceso a medida codificada para sistemas propietarios. Los metadatos son tan válidos y actuales posible en el momento de su uso, en base a las prioridades y necesidades de los usuarios. La arquitectura híbrida no mejora la disponibilidad del sistema.

La disponibilidad de los sistemas de código es un límite, porque la naturaleza de distribución de los sistemas de "back-end" se encarga del procesamiento de consultas. Se requiere una sobrecarga adicional para enlazar los resultados iniciales con el aumento de metadatos en el depósito central antes de presentar el conjunto de resultados al usuario final.

Las organizaciones que rápidamente cambian de metadatos, una necesidad de coherencia de los metadatos y la uniformidad y un crecimiento sustancial en las fuentes de metadatos y metadatos, pueden beneficiarse de una arquitectura híbrida. Las organizaciones con más estática de metadatos y perfiles de crecimiento de metadatos más pequeños pueden no ver el máximo potencial de esta arquitectura alternativa.

Otro enfoque de arquitectura avanzada es la Arquitectura de Metadatos bidireccional, que permite a los metadatos para cambiar en cualquier parte de la arquitectura (fuente, ETL, interfaz de usuario) y luego retroalimentan del repositorio en su fuente original. El depósito es un corredor para todas las actualizaciones. Paquetes de software comerciales están en desarrollo para incluir esta característica interna, pero las normas están todavía en desarrollo.

Varios desafíos son evidentes en este enfoque. El diseño hace que el depósito de metadatos contenga la última versión de la fuente de metadatos y la obliga a gestionar cambios a la fuente, también. Los cambios deben ser atrapados sistemáticamente, entonces resolvieron. Juegos adicionales de interfaces de programa / proceso para empatar el repositorio de nuevo a la fuente (s) metadatos debe ser construido y mantenido.

1.2.4.3 Tipos Estándares de metadatos

Existen dos tipos principales de los estándares de metadatos: la industria o de consenso, las normas y estándares internacionales. En general, las normas internacionales son el marco de la cual se desarrollan y ejecutan los estándares de la industria. Un marco dinámico para los estándares de metadatos, cortesía de Ashcomp.com está disponible en el sitio web DAMA International, www.dama.org. El marco de alto nivel en la figura 11.2 muestra cómo las normas se relacionan y cómo dependen unos de otros para el contexto y el uso. El diagrama también da una idea de la complejidad de los estándares de metadatos y sirve como punto de partida para los estándares de descubrimiento y exploración.

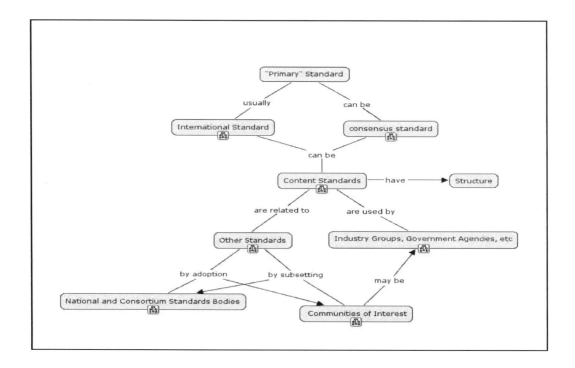

Figura 11.2 Marco estandarizado de alto nivel

11.2.4.3.1 Normas de los metadatos en la Industria/consensos

La comprensión de las diversas normas para la aplicación y gestión de metadatos en la industria es esencial para la selección y el uso apropiado de una solución de metadatos para una empresa. Una de las áreas donde los estándares de metadatos son esenciales en el intercambio de datos con los socios comerciales operacionales. El establecimiento del formato de intercambio electrónico de datos (EDI) representa un estándar temprano del formato de metadatos incluidos en herramientas EDI. Las empresas se dan cuenta del valor de compartir con clientes, proveedores, socios y organismos reguladores información. Por lo tanto, la necesidad de compartir los metadatos comunes para apoyar el uso óptimo de la información compartida ha dado lugar a normas sectoriales.

Los vendedores ofrecen soporte XML para sus productos de gestión de datos para el intercambio de datos. Ellos usan la misma estrategia para consolidar sus herramientas juntas con una serie de soluciones. Tecnologías, incluyendo la integración de datos, bases de datos relacionales y multidimensionales, gestión de requisitos, la presentación de informes de inteligencia de negocios, el modelado de datos y reglas de negocio, la oferta de importación y la capacidad de exportación de datos y metadatos utilizando XML. Si bien el apoyo XML es importante, la falta de normas de esquema XML hace que sea un reto de integrar los metadatos requeridos en todos los productos. Los vendedores mantienen sus esquemas de propiedad XML y definiciones de tipo de documento (DTD). Se accede a pesar de interfaces propietarias, por lo que la integración de estas herramientas en un entorno de gestión de metadatos todavía requiere el desarrollo personalizado.

Algunos estándares de metadatos de la industria destacables son:

1. Especificaciones OMG: OMG es un consorcio sin fines de lucro de líderes de la industria informática dedicada a la definición, el fomento y el mantenimiento de estándares

de la industria para aplicaciones empresariales interoperables. Las empresas, como Oracle, IBM, Unisys, NCR y otros, apoyo OMG. OMG es el creador de la norma middleware CORBA y ha definido las normas de los otros metadatos relacionados:

- o Almacén común de Metadatos (CWM): Especifica el intercambio de metadatos entre el almacenamiento de datos, BI, KM y las tecnologías de portal. CWM se basa en UML y depende de ello para representar constructos de datos orientadas a objetos. El CWM tiene muchos componentes que se ilustran en la Figura 11.3.
- o Información de Gestión de Metamodelo (IMM): La próxima versión de CWM, ahora bajo la dirección y desarrollo de OMG, se espera que se publicará en 2009. Se compromete a reducir la brecha entre OO, datos y XML, mientras que la incorporación de CWM. Se pretende proporcionar trazabilidad desde requisito de diagramas de clases, incluyendo los modelos lógicos / físicos y DDL y esquemas XML.
- o Modelo de información abierta MDC (OIM): Una especificación de proveedor neutral e independiente de la tecnología de los tipos básicos de metadatos que se encuentran en funcionamiento, almacenamiento de datos y entornos de gestión del conocimiento.
- o El lenguaje de marcado extensible (XML): El formato estándar para el intercambio de metadatos utilizando el MDC OIM.
- o Lenguaje de Modelado Unificado (UML) es el lenguaje formal especificación para OIM
- o Lenguaje de consulta estructurado (SQL): El lenguaje de consulta para la OIM.
- o Interfaz de marcado extensible (XMI): Facilita el intercambio de metadatos entre herramientas y depósitos. Especificación XMI consta de reglas para generar el documento XML que contiene la metadatos real y la DTD XML.
- o Definición Ontológica de Metamodelo (ODM): Una especificación para la representación formal, la gestión, la interoperabilidad y la aplicación de la semántica de negocio en apoyo de OMG arquitecturas impulsadas modelo visión (MDA).

Metamodelo CWL

Gestión	Proceso de Almacén			Operación de almacén		
Análisis	Transformación		OLAP	Extracción de datos	Visualización de datos	Nomenclatura de negocio
Recurso	Modelo de objetos	Relacional	Registro	Multidimensional		XML
Fundación	Información del negocio	Tipos de datos	Expresión	Claves e índices	Tipo de mapeo	La implementación de software
	Modelo de objetos					

Figura 11.3 Metamodelo CWM[2]

Especificaciones 2. El consorcio del mundo del Internet (W3C): W3C ha establecido el RDF (Marco Definición relacional) para describir e intercambiar metadatos usando XML. RDF se centra en la captura de recursos de la red, además de otros recursos que están asociados con una dirección URL.

3. Dublin Core: Iniciativa Dublin Core de Metadatos (DCMI) es un foro sin ánimo de lucro para el desarrollo de consenso de normas de metadatos en línea interoperables para una variedad de propósitos empresariales y organizacionales. Se centra principalmente en la normalización de los metadatos sobre los recursos en línea y Web, pero también es útil para capturar los metadatos de los almacenes de datos y sistemas operativos. El núcleo de Dublín se basa en el Marco de Descripción Relacional (RDF).

4. Grupo de trabajo de gestión distribuida (DTMF): La gestión empresarial basada en la red (WBEM) es un conjunto de tecnologías de gestión y estándares de Internet desarrollado para unificar la gestión de entornos de computación distribuida. Proporciona la capacidad de la industria para ofrecer un conjunto bien integrado de estándares basados en herramientas de gestión, facilitando el intercambio de datos a través de tecnologías y plataformas dispares. Una de las normas que conforman WBEM es el modelo estándar de datos Modelo de información común (CIM) de WBEM. CIM ofrece una definición común de información de gestión para los sistemas, redes, aplicaciones y servicios y permite extensiones del vendedor.

5. Las normas de metadatos para datos no estructurados son:

- ISO 5964 - Directrices para el establecimiento y desarrollo de tesauros multilingües.

- ISO 2788 - Directrices para el establecimiento y desarrollo de tesauros monolingües.

- ANSI / NISO Z39.1 - Datos de referencia estándar americano y la disposición de las publicaciones periódicas.

- ISO 704 - Terminología de trabajo - Principios y métodos.

6. Las normas Geoespaciales crecieron de un marco global llamada la Infraestructura Global de Datos Espaciales, mantenida por el Comité Federal de Datos Geográficos (FGDC). El Estándar de Contenido para los Metadatos Geoespaciales Digitales (CSDGM) es una iniciativa de Estados Unidos con la supervisión por el FGDC. El FGDC tiene un mandato que incluye un centro de intercambio de datos, estándares de datos espaciales, un Marco Nacional de Datos Geoespaciales Digitales y las asociaciones para la adquisición de datos.

7. El australiano de Nueva Zelanda Consejo de Información de Tierras (ANZLIC) dio una aportación significativa a la norma ISO 9115: 2003 Información Geográfica: Los metadatos e ISO 19139: 2003 Información Geográfica: Metadatos Especificación de Implementación.

8. En Europa, los estándares de metadatos geográficos se centran en INSPIRE (Infraestructura de información espacial en Europa) y su comité de trabajo.

9. Estándares de metadatos del sector de la Industria son muchas y variadas para satisfacer problemas particulares o las necesidades del sector. Aquí hay dos normas del sector de la muestra:

- o Industria automóvil: De hoy en día los sistemas de Número de Identificación del Vehículo se basan en dos normas relacionadas, ISO 3779 e ISO 3780 para definir el número único de 17 dígitos. Cada posición de los 17 dígitos tiene un significado y rango de valores válidos específico. Una norma europea variante también existe.

- o Industria eléctrica: El modelo de información común utilidad (CIM) es una estructura estándar de intercambio de datos para el intercambio de información sobre la alimentación que incluye un bus de mensajes y especificación de acceso de datos común entre los servicios públicos en América del Norte. El Instituto de Investigación de Energía Eléctrica apoya la utilidad CIM.

Basado en estándares de OMG, Modelo de arquitectura impulsada (MDA) separa negocio y lógica de la aplicación de la tecnología de la plataforma. Un modelo independiente de la plataforma de una aplicación o la funcionalidad del negocio del sistema y el comportamiento se puede realizar en prácticamente cualquier plataforma utilizando estándares tecnológicos UML y MOF (Fondo para el Meta-Objeto). En este enfoque arquitectónico, existe un marco para los vendedores de paquetes solicitud de adopción que permite flexibilidad en la implementación de paquetes, por lo que el producto puede cumplir con variadas necesidades del mercado. La MDA tiene menos impacto directo en particular, la aplicación de una organización de un paquete.

Las organizaciones de planificación para la implementación de soluciones de metadatos deben adoptar un conjunto de estándares de metadatos establecidos al comienzo del ciclo de planificación que son a base de la industria y del sector sensible. Utilice la norma adoptada en los criterios de evaluación y selección para todas las nuevas tecnologías de gestión de metadatos. Muchos proveedores líderes apoyan múltiples estándares y algunos pueden ayudar en la personalización de las normas basadas en la industria y / o del sector sensible.

11.2.4.3.2 Normas Metadatos internacionales

Una norma de metadatos internacional clave es la Organización Internacional de Normalización ISO / IEC 11179 que describe la normalización y registro de elementos de datos para que los datos comprensibles y compartibles.

El propósito de la norma ISO / IEC 11179 es dar una orientación concreta sobre la formulación y el mantenimiento de discretos descripciones de elementos de datos y contenido semántico (metadatos) que es útil en la formulación de los elementos de datos de una manera coherente, estándar. También proporciona una guía para el establecimiento de un registro de elemento de datos.

La norma es una orientación importante para los desarrolladores de herramientas de la industria, pero es poco probable que sea una preocupación para las organizaciones que implementan el uso de herramientas comerciales ya que las herramientas deben cumplir con las normas. Sin embargo, las porciones de cada parte de la norma ISO /

IEC 11179 pueden ser útiles para las organizaciones que desean desarrollar sus propias normas internas ya que la norma contiene detalles importantes sobre cada tema.

Las partes pertinentes de la norma internacional ISO / IEC 11179 son:

Parte 1: Marco para la Generación y Normalización de Elementos de Datos.

Parte 3: Los atributos básicos de los elementos de datos.

Parte 4: Reglas y Directrices para la Formulación de definiciones de datos.

Parte 5: Nombramiento y Principios de identificación de los elementos de datos.

Parte 6: Inscripción de los elementos de datos.

11.2.4.4 Métricos de Metadatos estándar

El control de la eficacia del entorno de metadatos desplegado requiere mediciones para evaluar la absorción de usuario, compromiso organizacional y la cobertura de contenido y calidad. Las métricas deben ser principalmente cuantitativas y no cualitativas en la naturaleza.

Algunas métricas sugeridas en entornos de metadatos incluyen:

- Depósito de Integridad de Metadatos: Comparar la cobertura ideal de los metadatos de la empresa (todos los artefactos y todas las instancias dentro de alcance) a la cobertura real. Hacer referencia a la Estrategia para la definición del alcance.

- Calidad de Documentación de Metadatos: Evaluar la calidad de la documentación de metadatos a través de métodos automáticos y manuales. Métodos automáticos incluyen la realización de la lógica colisión en dos fuentes, que mide cuánto coinciden y la tendencia en el tiempo. Otra métrica sería medir el porcentaje de atributos que tienen definiciones, tendencias en el tiempo. Los métodos manuales incluyen encuesta aleatoria o completa, basada en definiciones empresariales de calidad. Las medidas de calidad indican la integridad, fiabilidad, actualidad, etc., de los metadatos en el repositorio.

- Cumplimiento de servicio de datos: Muestra la reutilización de los datos en las soluciones SOA. Los metadatos de los servicios de datos ayudan a los desarrolladores para decidir cuándo el nuevo desarrollo podría utilizar un servicio existente.

- Representación Administrativa/Cobertura: Compromiso de la organización a los metadatos según la evaluación de la designación de los administradores, la cobertura en toda la empresa para la administración y la documentación de los roles en las descripciones de puestos.

- Uso de los metadatos/y de referencia: captación de usuarios en el uso del depósito de metadatos que se puede medir a través de medidas de acceso simples. La referencia a los metadatos por los usuarios de la práctica profesional es una medida más difícil de rastrear. Pueden ser necesarias medidas anecdóticas en encuestas cualitativas para capturar esta medida.

- Madurez de Gestión de Metadatos: Métricos de desarrollados para juzgar la madurez de los metadatos de la empresa, basado en el Modelo de Madurez de Capacidades con enfoque (CMM) para la evaluación de la madurez.

- Disponibilidad del depósito de Metadatos: Tiempo de actividad, el tiempo de procesamiento (por lotes y consulta).

11.2.4.5 implementar un entorno de Los metadatos administrados

Implementar un entorno de metadatos administrados en pasos incrementales con el fin de minimizar los riesgos para la organización y facilitar la aceptación.

A menudo, la primera aplicación es un piloto para demostrar conceptos y aprender acerca de la gestión del medio ambiente metadatos. Un proyecto piloto tiene la complejidad añadida de una evaluación de necesidades, desarrollo de estrategias, la selección de evaluación de tecnología y el ciclo de implementación inicial de que los proyectos incrementales posteriores no tendrán. Los ciclos posteriores tendrán planificación de plan de trabajo, la capacitación del personal y cambios en la organización y un plan de implantación gradual con los pasos de evaluación y re-evaluación, según sea necesario. Integración de proyectos de metadatos en corriente IS / IT metodología de desarrollo es necesario.

Los temas de la comunicación y la planificación de una iniciativa de gestión de metadatos incluyen discusiones y decisiones sobre las estrategias, planes y despliegue, incluyendo:

- Gestión de la Información Empresarial.

- Gobierno de Datos.

- Gestión de datos maestros.

- Gestión de la Calidad de Datos.

- Arquitectura de Datos.

- Gestión de Contenidos.

- Inteligencia de negocio/Administración de datos.

- Modelado de datos empresariales.

- El acceso y la distribución de los metadatos.

11.2.4.6 Crear y Mantener Metadatos

El uso de un paquete de software significa que el modelo de datos del depósito no necesita ser desarrollado, pero es probable que se necesite adaptar para satisfacer las necesidades de la organización. Si se desarrolla una solución personalizada, creando el modelo de datos del repositorio es uno de los primeros pasos de diseño después de que la estrategia de metadatos es completa y los requerimientos del negocio se entienden completamente.

La instalación de la creación de metadatos y la actualización proporciona para el escaneo y actualización periódica del depósito, además de la inserción manual y la manipulación de los metadatos por los usuarios y los programas autorizados. Un proceso de auditoría valida actividades e informes de excepciones.

Si los metadatos es una guía para los datos en una organización, a continuación, su calidad es crítica. Si existen anomalías en los datos en las fuentes de la organización y si éstos aparecen correctamente en los metadatos, a continuación, los metadatos pueden guiar al usuario a través de esa complejidad. La duda sobre la calidad de los metadatos en el depósito y puede llevar al rechazo total de la solución de metadatos y el fin de todo apoyo para continuar trabajando sobre las iniciativas de metadatos. Por lo tanto, es fundamental para hacer frente a la calidad de los metadatos, no sólo su movimiento y consolidación. Por supuesto, la calidad también es subjetiva, por lo que la participación empresarial en el establecimiento de lo que constituye la calidad en su opinión es esencial.

La baja calidad de metadatos genera:

- Replicación de almacenamiento de diccionarios/depósitos/metadatos.

- Metadatos inconsistentes.

- Las fuentes que compiten y versiones de metadatos "verdad".

- La duda de la fiabilidad de los sistemas de solución de metadatos.

La alta calidad de metadatos genera:

- El desarrollo de confianza, de toda la Organización.

- Comprensión coherente de los valores de los recursos de datos.

- "Conocimiento" de los metadatos en toda la organización.

11.2.4.7 Integrar Metadatos

Los procesos de integración se reúnen y consolidan los metadatos de toda la empresa, incluyendo los metadatos de los datos adquiridos fuera de la empresa. Integrar y extraer los metadatos de una fuente de metadatos de origen con otro metadatos técnicos negocio y relevante en la instalación de almacenamiento de metadatos. Los metadatos pueden ser extraídos utilizando adaptadores/escáneres, aplicaciones de puentes, o accediendo directamente a los metadatos en un almacén de datos de origen. Los adaptadores están disponibles con muchas herramientas de software desde terceros, así como de la herramienta de integración de metadatos seleccionado. En algunos casos, los adaptadores deben desarrollarse con la función API.

Desafíos surgen en la integración que requerirá algún tipo de apelación a través del proceso de gobernanza para la resolución. La integración de los conjuntos de datos internos, datos externos como el Dow Jones o las organizaciones de estadística del gobierno y de datos procedentes de forma no electrónica, tales como libros blancos, artículos en revistas o informes puede plantear numerosas preguntas sobre la calidad y la semántica.

Lograr la exploración de depósito de dos maneras distintas.

1. Interfaz patentada: En un proceso de análisis y de la carga de un solo paso, un escáner recoge los metadatos de un sistema de origen y luego directamente llama al componente cargador-formato específico para cargar los metadatos en el depósito. En este proceso, no hay salida de formato de archivo específico y la recogida y carga de los metadatos se produce en un solo paso.

2. Interfaz semi-propietario: En un proceso de dos pasos, un escáner recoge los metadatos desde un sistema de fuente y la emite en un archivo de datos en formato específico. El escáner sólo produce un archivo de datos que el repositorio de recepción tiene que ser capaz de leer y cargar adecuadamente. La interfaz es una arquitectura más abierta, como el archivo es legible por muchos métodos.

Un proceso de escaneo produce y aprovecha varios tipos de archivos durante el proceso.

1. Control de archivo: Contiene la estructura fuente del modelo de datos.

2. Archivo de reutilización: Contiene las reglas para la gestión de la reutilización de las cargas de procesos.

3. Los archivos de registro: Producido durante cada fase del proceso, una para cada exploración / extracto y una para cada ciclo de carga.

4. Los archivos temporales y de copia de seguridad: Uso durante el proceso o para la trazabilidad.

Utilice un área de ensayo de metadatos no persistentes para almacenar archivos temporales y de respaldo. El área de ensayo apoya los procesos de reversión y recuperación y proporciona una pista de auditoría provisional para ayudar a los administradores de depósitos en la investigación de temas procedencia o la calidad de metadatos. El área de ensayo puede tomar la forma de un directorio de archivos o una base de datos. Truncar tablas de puesta en escena antes de una nueva retroalimentación que utiliza tablas de puesta en escena, o las versiones de marca de hora del mismo formato de almacenamiento.

Herramientas ETL utilizados para aplicaciones de almacenamiento de datos e inteligencia de negocios a menudo se utilizan de manera efectiva en los procesos de integración de metadatos.

11.2.4.8 Administrar depósitos de metadatos

Implementar una serie de actividades de control con el fin de gestionar el ambiente de metadatos. El control de los depósitos es el control de movimiento de metadatos y actualizaciones de los depósitos realizados por el especialista de metadatos. Estas actividades son de carácter administrativo e implican el seguimiento y responder a los informes, advertencias, los registros de trabajo y la resolución de diversos problemas en el entorno de los depósitos en práctica. Muchas de las actividades de control son estándar para las operaciones de datos y mantenimiento de interfaz.

Las actividades de control incluyen:

- Copia de seguridad, recuperación, archivo, purga.

- Las modificaciones de configuración.

- La educación y la formación de los usuarios y administradores de datos.

- La planificación de tareas / monitoreo.

- Análisis estadístico de carga.

- Generación y análisis de los parámetros de gestión.

- El ajuste del rendimiento.

- Aseguramiento de la calidad, control de calidad.

- Análisis de Estadísticas de consulta.

- Generación de consultas / informe.

- Administración del depósito.

- Gestión de la seguridad.

- Mapeo Fuente/movimiento.

- Capacitación sobre las actividades de control y consulta / informes.

- Gestión de la interfaz del usuario.

- Versiones.

11.2.4.8.1 Los depósitos de metadatos

Depósito de metadatos se refiere a las tablas físicas en las que los metadatos se almacenan. Implementar depósitos de metadatos utilizando una plataforma de base de datos relacional abierto. Esto permite el desarrollo y la aplicación de los diversos controles e interfaces que no pueden preverse en el inicio de un proyecto de desarrollo del depósito.

El contenido del depósito debe ser genérico en el diseño, no sólo refleja los diseños de bases de datos del sistema de origen. Contenidos de diseño en alineación con los expertos en el área objeto de la empresa y en base a un modelo de metadatos completa. Los metadatos deben ser lo más integrada posible, éste será uno de los elementos de valor añadido más directos del repositorio. Debe albergar actual, planificado y las versiones antiguas de los metadatos.

Por ejemplo, la definición de metadatos de negocio para los clientes podría ser "Cualquiera que haya comprado un producto de nuestra compañía en una de nuestras tiendas o a través de nuestro catálogo". Un año después, la empresa añade un nuevo canal de distribución. La compañía construye un sitio Web para que los clientes pidan productos. En ese momento, la definición de negocio metadatos para los cambios a los clientes "Cualquiera que haya comprado un producto de nuestra empresa en una de nuestras tiendas, a través de nuestro catálogo de venta por correo o a través de la web."

11.2.4.8.2 Directorios, glosarios y otras tiendas de metadatos

Un directorio es un tipo de tienda de metadatos que limita los metadatos a la ubicación o la fuente de datos en la empresa. Fuentes de la etiqueta como sistema de registro (puede ser útil usar símbolos como "oro") u otro nivel de calidad. Indique múltiples fuentes en el directorio. Un directorio de metadatos es particularmente útil para los desarrolladores y los datos súper usuarios, tales como equipos de custodia de datos y analistas de datos.

El glosario proporciona normalmente orientación para el uso de los términos y un diccionario de sinónimos que puede dirigir al usuario a través de las opciones estructurales que implican tres tipos de relaciones: la equivalencia, jerarquía y asociación. Estas relaciones se pueden especificar en contra de ambos términos fuente intra e inter-glosario. Los términos pueden enlazar a información almacenada en un repositorio de metadatos, mejorando sinérgicamente utilidad.

Un glosario multi-fuente debe ser capaz de lo siguiente:

- Almacenamiento de los términos y definiciones de muchas fuentes.

- Representar relaciones de conjuntos de términos dentro de una sola fuente.

- Establecimiento de una estructura lo suficientemente flexible para acomodar la entrada de variables fuentes y relacionando los nuevos términos a los ya existentes.

- Vinculación a la totalidad de los atributos metadatos registrados en el depósito de metadatos.

Otras tiendas de metadatos incluyen listas especializadas como las listas de origen o interfaces, conjuntos de códigos, léxicos, esquema espacial y temporal, de referencia espacial y distribución de los conjuntos de datos geográficos digitales, depósitos de depósitos y reglas de negocio.

11.2.4.9 Distribuir y entregar Metadatos

La capa entrega metadatos es responsable de la entrega de los metadatos del depósito a los usuarios finales y para las aplicaciones o herramientas que requieren metadatos que los retroalimenta.

Algunos mecanismos de entrega:

- En las páginas intranet de los metadatos se puede explorar, buscar, consultar, reportar y análisis.

- Informes, glosarios, otros documentos y sitios web.

- Los almacenes de datos, data marts y herramientas de BI.

- Las herramientas de modelado y desarrollo de software.

- Mensajería y transacciones.

- Aplicaciones.

- Soluciones de interfaz de organización externa (por ejemplo, soluciones para la cadena de suministro).

La solución de metadatos a menudo se vincula a una solución de Inteligencia de negocio, por lo que tanto el universo y la moneda de metadatos en la solución sincronizada con el contenido de BI. El enlace proporciona un medio de integración en la entrega de la BI para el usuario final. Del mismo modo, algunos CRM u otras soluciones ERP pueden requerir integración metadatos en la capa de distribución de aplicaciones.

De vez en cuando, los metadatos se intercambia con organizaciones externas a través de archivos planos; Sin embargo, es más frecuente que las empresas utilicen XML como sintaxis de transporte a través de las soluciones propietarias.

11.2.4.10 Consultas, informes y análisis de metadatos

Las guías de metadatos de cómo se utilizan los activos de datos. Utilizamos metadatos en inteligencia de negocios (informes y análisis), las decisiones de negocios (operativo, táctico y estratégico) y en la semántica de negocio (lo que decimos, lo que queremos decir - 'jerga empresarial').

Guías de metadatos cómo gestionar los activos de datos. Los Gobiernos de Datos utilizan los metadatos para controlar y gobernar. La implementación de información del sistema y la entrega utiliza los metadatos para agregar, cambiar, eliminar y datos de acceso. La integración de datos (sistemas operativos, sistemas DW/BI) se refiere a los datos por parte de sus etiquetas o metadatos para lograr esa integración. Los controles de metadatos y datos de auditorías, proceso e integración de sistemas. Administración de base de datos es una actividad que controla y mantiene los datos a través de sus etiquetas o capa de metadatos, al igual que el sistema de gestión y seguridad de los datos. Algunas de las actividades de mejora de calidad se inician a través de la inspección de los metadatos y su relación con los datos asociados.

Un depósito de metadatos debe tener una aplicación "front-end" que soporta la funcionalidad de búsqueda y recuperación requerido para todo esto la orientación y la gestión de los activos de datos. La interfaz que se proporciona a los usuarios de negocio puede tener un conjunto diferente de los requisitos funcionales que para que los usuarios técnicos y desarrolladores. Algunos informes facilitan el desarrollo futuro, como el análisis del impacto del cambio, o disparar problemas diferentes definiciones para los proyectos de almacenamiento de datos e inteligencia empresarial, como los informes de linaje de datos.

11.3 Resumen

Esta sección dirige los principios básicos, los papales y las actividades importantes y las cuestiones sobre las organizaciones y su cultura que pueden surgir durante un esfuerzo para establecer la gestión de metadatos.

11.3.1 Principios Rectores

Algunos principios básicos para establecer una función de la gestión de metadatos se enumeran a continuación.

1. Establecer y mantener una estrategia de los metadatos y políticas adecuadas, las metas claras y los objetivos para la gestión de metadatos y el uso.

2. Asegurar el compromiso sostenido, la financiación y el apoyo de la alta dirección en relación con la gestión de metadatos para la empresa.

3. Tomar una perspectiva empresarial para garantizar la extensibilidad futura, pero implementar a través de la entrega iterativa e incremental.

4. Desarrollar una estrategia de los metadatos antes de que la evaluación, la compra y la instalación de los productos.

5. Crear o adoptar las normas de los metadatos para garantizar la interoperabilidad de los metadatos en toda la empresa.

6. Asegurar la adquisición eficaz de los metadatos para ambos metadatos internos y externos.

7. Maximizar el acceso de los usuarios. Una solución que no se tiene acceso o no está suficientemente visitada no es valiosa para la empresa.

8. Comprender y comunicar la necesidad de los metadatos y la finalidad para socializar el valor de los metadatos y fomentar el uso a través de la empresa.

9. Medir el contenido y el uso.

10. Aprovechar XML, la mensajería y los servicios web.

11. Establecer y mantener la participación en toda la empresa en la administración de datos, y la asignación de las responsabilidades para los metadatos.

12. Definir y monitorizar los procedimientos y procesos para garantizar la aplicación de las políticas adecuada.

13. Enfocar en los papales, la dotación de personal, las normas, los procedimientos, la formación y las métricas.

14.   Proporcionar expertos en los metadatos para apoyar los proyectos de metadatos y más.

15.   Certificar la calidad de los metadatos.

11.3.2 Resumen del Proceso

El Resumen del Proceso para la función de gestión de metadatos se muestra en la Tabla 11.1. Los entregables, roles responsables, roles que se aprueba y roles que contribuyen se muestran para cada actividad en la función de gestión de metadatos. La tabla también se muestra en el Apéndice A9.

Actividades	Entregables	Papales Responsables	Papales de Aprobadores	Papales de Contribuyentes
9.1 Entender los Requisitos de Metadatos (P)	Requisitos de Metadatos	Especialista de Metadatos Administrador de Datos Arquitecto de Datos Modelador de Datos Administrador de Base de Datos	Arquitecto de Datos Empresarial Ejecutivo de la Gestión de Datos Comité de la Administración de Datos	Otros Profesionales de TI Otros Profesionales de la Gestión de Datos
9.2 Definir la Arquitectura de Metadatos (P)	Arquitectura de Metadatos	Arquitecto de Metadatos Arquitecto de la Integración de Datos	Arquitecto de Datos Empresarial Ejecutivo de la Gestión de Datos Director de la Información Comité de la Administración de Datos Administrador de Base de Datos	Especialista de Metadatos Otros Profesionales de la Gestión de Datos Otros Profesionales de TI
9.3 Desarrollar y Mantener los Estándares de Metadatos (P)	Estándares de Metadatos	Arquitecto de Metadatos Arquitecto de Datos Administrador de Datos Administrador de Base de Datos	Arquitecto de Datos Empresarial Ejecutivo de la Gestión de Datos Comité de la Administración de Datos	Otros Profesionales de TI Otros Profesionales de la Gestión de Datos

Actividades	Entregables	Papales Responsables	Papales de Aprobadores	Papales de Contribuyentes
9.4 Implementar y Administrar el Ambiente de Metadatos (D)	Métricas de Metadatos	Administrador de Base de Datos	Arquitecto de Datos Empresarial Ejecutivo de la Gestión de Datos Comité de la Administración de Datos	Otros Profesionales de TI
9.5 Crear y Mantener los Metadatos (O)	Sistemas de la Gestión de Base de Datos Herramientas para • Modelado de Datos • Integración de Datos • Inteligencia de Negocios • Gestión del Sistema • Modelado de Objeto • Modelado de Proceso • Generación de Informes • Calidad de Datos • Administración de Datos • Desarrollo de Datos • Datos de Referencia • Gestión de Datos Maestros	Especialista de Metadatos Administrador de Datos Arquitecto de Datos Modelador de Datos Administrador de Base de Datos	Arquitecto de Datos Empresarial Ejecutivo de la Gestión de Datos Comité de la Administración de Datos	Otros Profesionales de TI

Actividades	Entregables	Papales Responsables	Papales de Aprobadores	Papales de Contribuyentes
9.6 Integrar los Metadatos (C)	Depositario de Metadatos Integrado	Arquitecto de la Integración de Datos Especialista de Metadatos Administrador de Datos Arquitecto de Datos Modelador de Datos Administrador de Base de Datos	Arquitecto de Datos Empresarial Ejecutivo de la Gestión de Datos Comité de la Administración de Datos	Otros Profesionales de TI
9.7 Administrar los Depositarios de Metadatos (C)	Depositario de Metadatos Gestionado Administración Tácticas, Prácticas y Principios	Especialista de Metadatos Administrador de Datos Arquitecto de Datos Modelador de Datos Administrador de Base de Datos	Arquitecto de Datos Empresarial Ejecutivo de la Gestión de Datos Comité de la Administración de Datos	Otros Profesionales de TI
9.8 Distribuir y Entregar los Metadatos (O)	Distribución de los Metadatos Arquitectura de Metadatos Modelo de Metadatos	Administrador de Base de Datos	Arquitecto de Datos Empresarial Ejecutivo de la Gestión de Datos Comité de la Administración de Datos	Arquitecto de Metadatos

Actividades	Entregables	Papales Responsables	Papales de Aprobadores	Papales de Contribuyentes
9.9 Consultar, Informar y Analizar los Metadatos (O)	Metadatos de (Alta) Calidad Gestión de Metadatos Análisis Operacional Análisis de los Metadatos Linaje de Datos Análisis del Impacto del Cambio	Analista de Datos Analista de Metadatos	Arquitecto de Datos Empresarial Ejecutivo de la Gestión de Datos Comité de la Administración de Datos	Especialista en la Inteligencia de Negocios Especialista en Integración de Datos Administrador de Base de Datos Otros Profesionales de la Gestión de Datos

Tabla 11.1 Resumen del Proceso de la Gestión de Metadatos

11.3.3 Cuestiones de la Organización y la Cultura

Existen muchas cuestiones de la organización y la cultura para una iniciativa de la gestión de metadatos. La preparación de la organización es una preocupación importante, al igual que los métodos para la gobernanza y el control.

P1: La gestión de metadatos es una prioridad baja en muchas organizaciones. ¿Cuáles son los argumentos básicos o las declaraciones de valor añadido para la gestión de metadatos?

R1: Un conjunto esencial de los metadatos necesita la coordinación en una organización. Puede ser las estructuras contienen la información de los empleados, los números de póliza de seguros o de vehículos, las especificaciones del producto y otros datos críticos a la empresa. Los defensores de la gestión de metadatos deben buscar los ejemplos donde los beneficios del controlar y el preservar los activos de datos de la empresa son claros e inmediatos.

P2: ¿Cómo se relaciona la gestión de metadatos al gobierno de datos? ¿No nos gobernamos a través de las normas de metadatos?

R2: ¡Sí! Los metadatos se rigen a través de los principios, las políticas y la administración lo cual es eficaz y activa. [Consulte el Capítulo 3 para más detalles.]

11.4 Lectura Recomendada

Las referencias que figuran a continuación proporcionan lectura adicional que soporta el material presentado en el Capítulo 11. Estas lecturas recomendadas también se incluyen en la bibliografía al final de la Guía.

11.4.1 Lectura General

Brathwaite, Ken S. Analysis, Design, and Implementation of Data Dictionaries. McGraw-Hill Inc., 1988. ISBN 0-07-007248-5. 214 paginas.

Collier, Ken. Executive Report, Business Intelligence Advisory Service, *Finding the Value in Metadata Management* (Vol. 4, No. 1), 2004. Available only to Cutter Consortium Clients, http://www.cutter.com/bia/fulltext/reports/2004/01/index.html.

Hay, David C. Data Model Patterns: A Metadata Map. Morgan Kaufmann, 2006. ISBN 0-120-88798-3. 432 paginas.

Hillmann, Diane I. and Elaine L. Westbrooks, editors. Metadata in Practice. American Library Association, 2004. ISBN 0-838-90882-9. 285 paginas.

Inmon, William H., Bonnie O'Neil and Lowell Fryman. Business Metadata: Capturing Enterprise Knowledge. 2008. Morgan Kaufmann ISBN 978-0-12-373726-7. 314 paginas.

Marco, David, Building and Managing the Meta Data Repository: A Full Life-Cycle Guide. John Wiley & Sons, 2000. ISBN 0-471-35523-2. 416 paginas.

Marco, David and Michael Jennings. Universal Meta Data Models. John Wiley & Sons, 2004. ISBN 0-471-08177-9. 478 paginas.

Poole, John, Dan Change, Douglas Tolbert and David Mellor. Common Warehouse Metamodel: An Introduction to the Standard for Data Warehouse Integration. John Wiley & Sons, 2001. ISBN 0-471-20052-2. 208 paginas.

Poole, John, Dan Change, Douglas Tolbert and David Mellor. Common Warehouse Metamodel Developer's Guide. John Wiley & Sons, 2003. ISBN 0-471-20243-6. 704 paginas.

Ross, Ronald. Data Dictionaries and Data Administration: Concepts and Practices for Data Resource Management. New York: AMACOM Books, 1981. ISN 0-814-45596-4. 454 paginas.

Tannenbaum, Adrienne. Implementing a Corporate Repository, John Wiley & Sons, 1994. ISBN 0-471-58537-8. 441 paginas.

Tannenbaum, Adrienne. Metadata Solutions: Using Metamodels, Repositories, XML, and Enterprise Portals to Generate Information on Demand. Addison Wesley, 2001. ISBN 0-201-71976-2. 528 paginas.

Wertz, Charles J. The Data Dictionary: Concepts and Uses, 2nd edition. John Wiley & Sons, 1993. ISBN 0-471-60308-2. 390 paginas.

11.4.2 Los metadatos en Bibliotecología

Baca, Murtha, editor. Introduction to Metadata: Pathways to Digital Information. Getty Information Institute, 2000. ISBN 0-892-36533-1. 48 paginas.

Hillmann, Diane I., and Elaine L. Westbrooks. Metadata in Practice. American Library Association, 2004. ISBN 0-838-90882-9. 285 paginas.

Karpuk, Deborah. METADATA: From Resource Discovery to Knowledge Management. Libraries Unlimited, 2007. ISBN 1-591-58070-6. 275 paginas.

Liu, Jia. Metadata and Its Applications in the Digital Library. Libraries Unlimited, 2007. ISBN 1-291-58306-6. 250 paginas.

11.4.3 Estándares de metadatos Geoespaciales

http://www.fgdc.gov/metadata/geospatial-metadata-standards.

11.4.4 Normas de metadatos ISO

ISO Manual de Normas 10, Procesamiento de datos-Vocabulario, 1982.

ISO 704: 1987 Principios y metodos de la terminología.

ISO 1087, Terminología-Vocabulario.

ISO 2382 4: 1987, Sistemas de procesamiento de información-Vocabulario parte 4.

ISO/IEC 10241: 1992, Normas de preparación de la terminología internacional y el diseño.

FCD 11179 2, Tecnología de la información-Especificaciones y estandarización de elementos de datos - Parte 2: Clasificación de los elementos de datos.

ISO/IEC 11179 3: 1994, Tecnología de la información-Especificaciones y estandarización de elementos de datos - Parte 3: Atributos básicos de elementos de datos.

ISO/IEC 11179 4: 1995, Tecnología de la información-Especificaciones y estandarización de elementos de datos - Parte 4: Normas y directrices para la formulación de las definiciones de datos.

ISO/IEC 11179 5: 1995, Tecnología de la información-Especificaciones y estandarización de elementos de datos - Parte 5: denominación e identificación principios para elementos de datos.

ISO/IEC 11179 6: 1997, Tecnología de la información-Especificaciones y estandarización de elementos de datos - Parte 6: Registro de elementos de datos.

12 Gestión de la calidad de datos

La gestión de la calidad de datos (DQM – Data Quality Management) es la décima función de gestión de datos en el marco de gestión de datos que se muestra en las figuras 1.3 y 1.4. Es la novena función de gestión de datos que interactúa y está influenciada por la función de Gobierno de Datos. El capítulo 12 define la función de gestión de calidad de los datos y explica los conceptos y actividades involucradas en DQM.

12.1 Introducción

La gestión de la Calidad de Datos (DQM) es un proceso de apoyo crítico en la gestión del cambio organizacional. Cambiar el enfoque de negocios, estrategias de integración de negocios corporativos y fusiones, adquisiciones y asociaciones puede obligar a que las a las funciones de TI a homologar y combinar fuentes de datos, crear copias de datos de oro, poblar retrospectivamente o integrar los datos. Las metas de la interoperabilidad con los sistemas heredados o B2B necesitan el apoyo de un programa de DQM.

La calidad de los datos es sinónimo de calidad de la información ya que los malos resultados de calidad de datos conllevan a información inexacta y bajo e rendimiento del negocio. La limpieza de datos puede dar lugar mejoras costosas de corto plazo que no abordan las causas raíz de los defectos de datos. Un programa más riguroso de calidad de datos es necesario para proporcionar una solución más económica para la mejora de la calidad y la integridad de los datos.

En un enfoque de programas, estos problemas implican más que sólo corrección de datos. Por lo contrario, implican la gestión del ciclo de vida para la creación de datos, transformación y transmisión de los datos para asegurar que la información resultante satisfaga las necesidades de todos los consumidores de datos dentro de la organización.

La formalización de los procesos de supervisión de calidad de datos, la gestión y mejora depende de la identificación de las necesidades de calidad de datos del negocio y de determinar las mejores formas de medir, monitorear, controlar e informar sobre la calidad de los datos. Después de identificar los problemas en los flujos de procesamiento de datos, notificar a los administradores de datos apropiados para tomar las medidas correctivas permite, permite la eliminación de su causa raíz.

DQM es también un proceso continuo para definir los parámetros para especificar los niveles aceptables de calidad de datos para satisfacer las necesidades del negocio y de garantizar que la calidad de datos cumple con estos niveles. DQM implica analizar la calidad de los datos, la identificación de anomalías en los datos y la definición de los requerimientos del negocio y las correspondientes reglas de negocio para reglamentar la calidad de los datos requeridos. DQM implica instituir procesos de inspección y control para vigilar el cumplimiento de las reglas de calidad de datos definidas, así como la institución de análisis de datos, la normalización, la limpieza y consolidación, cuando sea necesario. Por último, DQM incorpora temas de seguimiento de incidentes como una forma de controlar el cumplimiento de los acuerdos de nivel de servicio de calidad de datos definidos.

El contexto de la gestión de calidad de los datos se muestra en la Figura 12.1.

10. Gestión de Calidad de Datos

Definición: Planificación, implementación, y actividades de control que apliquen la gestión de técnicas para medición, evaluación, mejora y para asegurar idoneidad de los datos para su uso.

Metas:
- Mejorar mensurablemente la calidad de los datos en relación para las expectativas definidas por el negocio.
- Definir requerimientos y especificaciones para la integración de datos de control de calidad en los sistemas del desarrollo del ciclo de vida.
- Proporcionar procesos definidos para medición, monitoreo, y reporte de conformidad para los niveles de calidad de datos aceptables.

Entradas:
- Requerimientos de Negocio
- Requerimiento de Datos
- Expectativas de Calidad de Datos
- Estándares y Políticas de Datos
- Negocios de Metadatos
- Técnica de Metadatos
- Fuentes de Datos y Tiendas de Datos

Actividades:
1. Desarrollar y Promover Conciencia de Calidad de Datos (O)
2. Definir los Requerimientos para Calidad de Datos (D)
3. Perfilar, Analizar y Evaluar la Calidad de Datos (D)
4. Definir el Métrico de Calidad de Datos (D)
5. Definir las Reglas de Negocio para la Calidad de Datos (P)
6. Probar y Validar los Requerimientos de Calidad de Datos (D)
7. Establecer y Evaluar los Niveles de Servicio para la Calidad de Datos (P)
8. Medir y Monitorear Continuamente la Calidad de Datos (C)
9. Administrar Problemas de Calidad de Datos (C)
10. Corregir y Limpiar los Defectos de la Calidad de Datos (O)
11. Diseñar e Implementar Procedimientos Operacionales DQM (D)
12. Monitorear Procedimientos y Rendimientos Operacionales DQM

Entregas Primarias:
- Mejorar la Calidad de Datos
- Gestión de Datos
- Análisis Operacional
- Perfiles de Datos
- Certificación de Reportes de Calidad de Datos
- Acuerdos de Niveles de Servicio de Calidad de Datos

Consumidores:
- Administradores de Datos
- Profesionistas de Datos
- Oros Profesionistas TI
- Trabajadores de Conocimiento
- Administradores y Ejecutivos
- Clientes

Proveedores:
- Fuentes Externas
- Cuerpos Regulatorios
- Expertos en la Materia
- Información de Consumidores
- Productores de Datos
- Arquitectos de Datos
- Modeladores de Datos
- Administradores de Datos

Participantes:
- Analistas de Calidad de Datos
- Analistas de Datos
- Administradores de Base de Datos
- Administradores de Datos
- Oros Profesionistas de Datos
- Director DRM
- Consejo de Administración de Datos

Herramientas:
- Herramientas de Perfilado de Datos
- Herramientas de Análisis Estadístico
- Herramienta de Limpieza de Datos
- Herramientas de Integración de Datos
- Herramientas de Gestión de Problemas y Eventos

Métricos :
- Estadística de Valores de Datos
- Errores/Requerimiento de Violaciones
- Conformidad para Expectativas
- Conformidad para Niveles de Servicio

Actividades: (P) – Planeación (C) – Control (D) – Desarrollo (O) - Operacional

Figura 12.1 Diagrama de contexto de Gestion de la calidad de los datos

12.2 Actividades y conceptos

Las expectativas de calidad de datos proporcionan los insumos necesarios para definir el marco de calidad de datos. El marco incluye la definición de los requisitos, las políticas de inspección, medidas y monitores que reflejan cambios en la calidad y el rendimiento de los datos. Estos requisitos reflejan tres aspectos de las expectativas de negocio de datos: una manera de registrar la expectativa en las reglas de negocio, una forma de medir la calidad de los datos dentro de esa dimensión y un umbral de aceptabilidad.

12.2.1 Enfoque de Gestión de Calidad de Datos

El enfoque general para DQM, se muestra en la Figura 12.2, es una versión del ciclo de Deming. Deming, uno de los escritores fundamentales en la gestión de calidad, propone un modelo de resolución de problema conocido como "planificar-hacer-estudiar-actuar" o "planificar-hacer-verificar-actuar", que es útil para la gestión de calidad de los datos. Cuando se aplica la calidad de los datos dentro del marco de los ANS de calidad de datos definidos, se involucra:

- Planeación del diagnóstico de la situación y la identificación de indicadores clave para medir la calidad de datos actual.

- Implementación de procesos para medir y mejorar la calidad de los datos.

- Seguimiento y medición de los niveles en relación con las expectativas definidas por el negocio.

- Actuar para resolver los problemas identificados para mejorar la calidad de los datos y satisfacer de una mejor manera las expectativas de negocio.

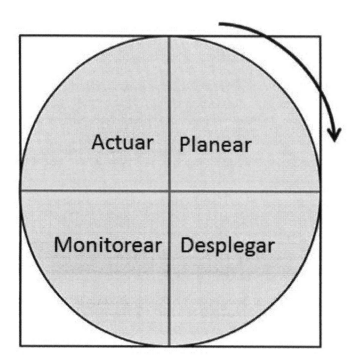

Figura 12.2 El Ciclo de Gestión de Calidad de los Datos.

El ciclo DQM comienza identificando los problemas de datos que son críticos para el logro de los objetivos de negocio, definición de los requisitos de negocio para la calidad de datos, la identificación de las principales dimensiones de calidad de datos y la definición de las reglas de negocio críticas para asegurar la adecuada calidad de los datos.

En la etapa de planeación, el equipo de calidad de los datos evalúa el alcance de los problemas conocidos, que implican determinar el costo y el impacto de los problemas y la evaluación de alternativas para hacer frente a ellos.

En la fase de implementación o despliegue, se realiza el perfilamiento de datos, inspecciones y monitoreo para identificar problemas de datos cuando estos ocurren. Durante esta etapa, el equipo de calidad de datos puede rediseñar algunos procesos que son causa de los errores de datos, o como último recurso, la corrección de errores durante el curso del proceso. Cuando no es posible corregir errores en su origen, corregir errores en el primer punto en el flujo de datos.

La etapa del monitoreo está relacionada con la supervisión activa de la calidad de los datos por comparación con las reglas de negocio definidas. Mientras la calidad de datos cumple con los umbrales de conformidad definidos, los procesos están bajo control y el nivel de calidad de los datos cumple con los requerimientos del negocio. Sin embargo, si la calidad de los datos es inferior a los umbrales de aceptabilidad, los administradores de datos deben ser notificados para que puedan tomar acción durante la siguiente etapa.

La etapa actuar es para tomar medidas para abordar y resolver los nuevos problemas de calidad de datos.

Nuevos ciclos comienzan como nuevos conjuntos de datos que estarán bajo investigación, o como nuevos requerimientos de calidad de datos que son identificados para los conjuntos de datos existentes.

12.2.2 Desarrollar y promover la conciencia de la calidad de los datos

Promover la cultura de la calidad de datos significa más que garantizar que las personas adecuadas en la organización son conscientes de la existencia de los problemas de calidad de datos. Promover la cultura de la calidad de datos es esencial para asegurar la aceptación de los interesados necesarios en la organización, lo que aumenta en gran medida las posibilidades de éxito de cualquier programa de DQM.

La cultura incluye relacionar impactos materiales significativos a los problemas de datos, asegurando enfoques sistemáticos de supervisión de la calidad de los datos de la organización, y socializar el concepto de que los problemas de calidad de datos no pueden ser exclusivamente dirigidas por soluciones tecnológicas. Como paso inicial, un cierto nivel de formación sobre los conceptos básicos de la calidad de los datos puede ser necesario.

El siguiente paso incluye el establecimiento de un marco de gobierno de datos para la calidad de los datos. El gobierno de datos es un conjunto de procesos y procedimientos para la asignación de la responsabilidad de todas las etapas de la gestión de datos, cubiertos en detalle en el capítulo 3. Algunas tareas de DQM relacionadas con Gobierno de Datos incluyen:

- Involucrar a socios de negocios que trabajarán con el equipo de calidad de los datos y patrocinarán el programa de DQM.

- Identificar los roles y responsabilidades de propiedad de datos, incluyendo la junta de gobierno de datos y de administradores de datos.

- Asignación de responsabilidad de los elementos de datos críticos y de DQM.

- Identificar las áreas de calidad de datos clave para abordar y dar directrices para la organización en torno a estas áreas clave.

- Sincronizar los elementos de datos usados en todas las líneas de negocio y proporcionar definiciones claras, sin ambigüedades, el uso de los valores de dominios y reglas de calidad de datos.

- Informar continuamente sobre la medición de los niveles de la calidad de datos.

- Introducir los conceptos de análisis de los requerimientos de datos como parte del ciclo de vida de desarrollo de los sistemas.

- Relacionar la alta calidad de los datos a los objetivos del desempeño individual.

En última instancia, un comité de supervisión de calidad de datos puede ser creada que tiene una jerarquía de reporte relacionada con los diferentes roles de gobierno de datos. Los administradores de datos que están alineados con los clientes de negocio, líneas de negocio, e incluso con aplicaciones específicas, continuarán promoviendo el conocimiento y la cultura de la calidad de datos, mientras supervisan los activos de datos que les han sido asignados. El comité de supervisión de calidad de datos es responsable de las políticas y procedimientos para la supervisión de la calidad de datos. La orientación proporcionada por este comité incluye:

- Establecer prioridades para la calidad de los datos.

- Desarrollar y mantener los estándares de calidad de datos.

- Informar mediciones pertinentes de calidad de los datos en toda la empresa.

- Proporcionar orientación que facilite la participación del personal necesario.

- Establecer mecanismos de comunicación para el intercambio de conocimiento.

- Desarrollar y aplicar políticas de certificación y cumplimiento.

- Seguimiento y presentación de informes sobre el rendimiento.

- Identificación de oportunidades de mejora y la construcción de consensos para su aprobación.

- Resolución de variaciones y conflictos.

Los participantes que conforman este comité trabajan juntos para definir y popularizar la estrategia de calidad de los datos su marco de trabajo; desarrollar, formalizar y aprobar las políticas de información, normas y protocolos de calidad de datos; y certificar la conformidad de los usuarios de negocio respecto a los niveles acordados sobre la calidad de datos.

12.2.3 Definir los Requisitos de Calidad de Datos

La calidad de los datos debe ser entendida en el contexto de "idoneidad para su uso". La mayoría de las aplicaciones dependen de la utilización de datos que satisfaga las necesidades específicas asociadas con la ejecución exitosa de un proceso de negocio. Esos procesos de negocio implementan políticas impuestas tanto a través de entes externos, tales como el cumplimiento normativo, la adherencia a los estándares de la industria, o el cumplimiento de formatos para intercambio de datos y por entes internos, tales como las normas y guías internas de marketing, ventas, comisiones, logística, etc. . Los requisitos de calidad de datos están a medida ocultas dentro de las políticas de negocio definidas. La revisión incremental y detallada, y el refinamiento iterativo de las políticas de negocio contribuyen a identificar a los requisitos de información que, a su vez, se convierten en reglas de calidad de datos.

La medición de la conformidad de los requerimientos con la "idoneidad para su uso" permite la presentación de informes de métricas significativas asociadas con las dimensiones de calidad de datos. Los pasos de revisión detallados adicionales incluyen:

1. Identificar los componentes de datos clave relacionados con las políticas de negocio.

2. Determinar cómo afectan al negocio las incidencias de calidad de datos identificadas.

3. La evaluación de cómo se clasifican los errores de datos dentro de un conjunto de dimensiones de calidad de datos.

4. Especificación de las reglas de negocio que miden la ocurrencia de errores en los datos.

5. Proporcionar medios para la medición de procesos que permitan evaluar los niveles de conformidad de esas reglas de negocio.

Segmentar las reglas de negocio de acuerdo a las dimensiones de calidad de los datos que caracterizan a la medición de los indicadores de alto nivel. Incluir detalles sobre el nivel de granularidad de la medición, como el valor de los datos, elemento de datos, registro de datos y la tabla de datos, que son necesarios para la correcta aplicación. Las dimensiones de la calidad de los datos incluyen:

- Exactitud: La exactitud de datos se refiere a la medida en que los datos representan correctamente las entidades de la "la vida real" que estos modelan. En muchos casos, la exactitud se mide por cómo los valores coinciden con una fuente de referencia identificada de información correcta. Un ejemplo puede ser la comparación de los valores contra una base de datos de registro o un conjunto de corroboración similar de valores de datos de otra tabla, comprobando contra los valores calculados dinámicamente, o tal vez aplicar un proceso manual para verificar la exactitud de valor.

    o Completitud: Una de las expectativas acerca de la completitud de los datos es que ciertos atributos siempre tengan valores asignados en un conjunto de datos. Otra expectativa de integridad es que todas las filas en un conjunto de datos estén presentes. Asignar reglas de completitud a un conjunto de datos en diferentes puede incluir que niveles de atributos tengan restricción de que obligatoriamente requieren un valor, elementos de datos con valores condicionalmente opcionales y valores de atributos no válidos. La completitud puede comprenderse como como la usabilidad y de la adecuación de los valores de datos.

- Consistencia: La consistencia se refiere a garantizar que los valores de datos en un conjunto de datos son coherentes con los valores en otro conjunto de datos. El concepto de consistencia es relativamente amplio; puede incluir una expectativa de que dos valores de datos extraídos de dos conjuntos de datos separados no deben entrar en conflicto entre sí, o definir la coherencia con un conjunto de restricciones preestablecidas. Puede establecerse restricciones de consistencia de datos más formales como un conjunto de reglas que especifican las relaciones de consistencia entre los valores de atributos ya sea a través de un registro o mensaje, o a lo largo de todos los valores de un solo atributo. Sin embargo, se debe tener cuidado de no confundir la consistencia con exactitud o corrección. La consistencia puede definirse entre un conjunto de valores de atributos y otro atributo establecido en el mismo registro (consistencia a nivel de registro), entre un conjunto de valores de atributos y otro conjunto de atributos para el mismos registro (consistencia a nivel de registro), o entre un conjunto de valores de atributos y el mismo conjunto de atributos en el mismo registro en diferentes puntos en el tiempo (consistencia temporal).

- Vigencia: La vigencia de los datos se refiere al grado en el que la información está al día con el mundo que modela. La vigencia mide que tan "frescos" son los datos, como también que tan correctos están frente a los posibles cambios relacionados con el tiempo. Una forma de medir la vigencia de los datos es en función de una tasa de frecuencia esperada en el que los diferentes elementos datos debieron haber sido actualizados, así como verificar que los datos hayan sido actualizados. Reglas de vigencia de los datos definen el "ciclo de vida" de un valor de datos antes de que caduque o de que requiera una actualización.

- Precisión: La precisión se refiere al nivel de detalle del elemento de datos. Los datos numéricos pueden necesitar precisión a varios dígitos significativos. Por ejemplo, el redondeo y truncamiento puede dar lugar a errores en que es necesaria una precisión exacta.

- Privacidad: Privacidad se refiere a la necesidad de control de acceso y de supervisión del uso. Algunos elementos de datos requieren restricción de uso o acceso.

- Razonabilidad: la razonabilidad debe considerarse cuando las expectativas de consistencia son relevantes dentro de contextos operacionales específicos. Por ejemplo, se podría esperar que el número de transacciones cada día no supere el 105% del número promedio de ejecución de las transacciones de los últimos 30 días.

- Integridad Referencial: La integridad referencial es la condición que se da cuando todas las referencias o relaciones destinadas a partir los de datos de una columna de una tabla hacia los datos de otra columna de la misma o de diferente tabla son válida. Expectativas de integridad referencial incluyen la especificación de que cuando un identificador único aparece como una clave foránea, el registro al que se refiere dicha clave existe realmente. Las reglas de integridad referencial también se manifiestan como restricciones de duplicidad, para asegurar que cada entidad se produce una vez y sólo una vez.

- Oportunidad: La oportunidad se refiere a la expectativa de accesibilidad y disponibilidad de la información. Como ejemplo, medir un aspecto de la oportunidad como el tiempo transcurrido entre el punto en el que se espera la información y el punto en el cual está disponible para su uso.

- Unicidad: En esencia, la unicidad hace referencia a que ninguna entidad de datos exista más de una vez dentro de un conjunto de datos. Asegurar la unicidad de las entidades dentro un conjunto de datos implica que ninguna entidad existe más de una vez y que un valor clave referido a cada entidad es único y sólo es referido a esa entidad específica, dentro del conjunto de datos. Muchas organizaciones prefieren un nivel de redundancia controlada en sus datos como un objetivo más alcanzable.

- Validez: La validez se refiere a si las instancias de datos se almacenan, intercambian, o si se presentan en un formato que es consistente con el dominio de los valores, así como la consistencia con otros valores de atributos similares. La validez asegura que los valores de datos se ajustan a numerosos atributos asociados con el elemento de datos: su tipo de datos, precisión, patrones de formato, el uso de una enumeración de valores predefinidos, rangos de dominio, formatos de almacenamiento, entre otros. La validación para determinar los valores posibles no es la misma como la verificación para determinar la exactitud de los valores.

12.2.4 Perfilar, analizar y evaluar la calidad de datos

Antes de definir las métricas de calidad de datos, es fundamental la realización de una evaluación de los datos utilizando dos enfoques diferentes, de abajo hacia arriba y de arriba hacia abajo.

La evaluación de abajo hacia arriba de los problemas de calidad de datos existentes implica la inspección y evaluación de los conjuntos de datos a sí mismos. El análisis directo de datos revelará anomalías potenciales de datos que deben presentarse a la atención de los expertos en la materia para la validación y análisis. El enfoque de abajo hacia arriba, destacará los problemas potenciales con base en los resultados de los procesos automatizados, como el análisis de frecuencias, análisis de duplicados, análisis cruzados de dependencia de datos, registros de datos con "hijos huérfanos", y análisis de redundancia.

Sin embargo, las anomalías potenciales, e incluso los defectos de los datos no pueden ser relevantes en el contexto de negocios a menos que sea examinada bajo el criterio de los consumidores y expertos de datos. El enfoque de arriba hacia abajo para la evaluación de calidad de los datos implica que los usuarios de negocio se comprometan para documentar sus procesos de negocio y las correspondientes dependencias de datos críticos. El enfoque de arriba hacia abajo implica entender cómo los procesos consumen datos y la identificación de los elementos de datos que son críticos para el éxito de sus aplicaciones de negocios. Mediante la revisión de los errores de datos reportados, documentados y diagnosticados, el analista de la calidad de datos puede determinar los tipos de impactos de negocio que están asociados con dichos problemas de datos reportados.

Los pasos del proceso de análisis son:

- Identificar un conjunto datos para ser revisados.

- Catálogo de los usos de negocios de ese conjunto de datos.

- Someter el conjunto de datos al análisis empírico de datos mediante herramientas y técnicas de perfilado.

- Enumerar todas las posibles anomalías.

- Para cada anomalía:

    o Revisar la anomalía con un experto en la materia para determinar si representa un verdadero defecto de datos.

  o Evaluar los potenciales impactos de negocio.

• Priorizar la criticidad de anomalías importantes en la preparación para la definición de indicadores de calidad de datos.

En esencia, el proceso utiliza el análisis estadístico de muchos aspectos de los conjuntos de datos para evaluar:

• El porcentaje de los registros poblado.

• El número de valores de datos que contiene cada atributo de datos.

• Frecuencia de ocurrencia para los valores.

• Valores atípicos potenciales.

• Las relaciones entre las columnas de la misma tabla.

• Las relaciones entre tablas.

El uso de estas estadísticas es útil para identificar cualquier problema obvio de calidad de datos que pueden tener un alto impacto y que son candidatos para el monitoreo y control continuo. Curiosamente, la inteligencia de negocios puede no cubrir sólo esta etapa de análisis. Por ejemplo, un evento en los datos que se produce muy rara vez (un *outlier*) puede apuntar a un hecho importante de negocio, como por ejemplo que un daño en un equipo pueda estar relacionado con la sospecha de un proveedor de bajo rendimiento.

12.2.5 Definir Indicadores de Calidad de los Datos

La etapa de desarrollo de las métricas o indicadores no se produce al final del ciclo de vida con el fin de mantener el rendimiento en el tiempo para esa función, al contrario, para la función de DQM, se produce como parte de la etapa de estrategia/diseño/planeación con el fin de implementar la función en una organización.

La mala calidad de los datos afecta el logro de los objetivos de negocio. El analista de la calidad de datos debe buscar y utilizar indicadores para la medición de la calidad de datos para informar la relación entre los errores de calidad de datos y el no logro de los objetivos de negocio. Buscar estos indicadores presenta un desafío en el diseño de un enfoque para la identificación y gestión de indicadores de la calidad de datos "relevantes para el negocio". El enfoque para medir la calidad de los datos debe verse de manera similar a la gestión de cualquier tipo de actividad de negocio; y las métricas de calidad de datos deben exhibir las características de métricas razonables, definidas en el contexto de los tipos de dimensiones de calidad de datos discutidas en una sección anterior. Estas características incluyen las siguientes características:

• Medible: Un métrica de calidad de datos debe ser medible y debe ser cuantificable dentro de un rango discreto. Tenga en cuenta que mientras que muchas cosas pueden ser medidas, no todas se traducen en métricas útiles, lo que implica la necesidad de relevancia de negocio.

- Relevancia de negocio: El valor de la métrica es limitado si no puede estar relacionado con algún aspecto de las operaciones o del rendimiento del negocio. Por lo tanto, todas las métricas de calidad de datos deben demostrar cómo al alcanzar su umbral de aceptabilidad se correlaciona con las expectativas del negocio.

- Aceptación: Las dimensiones de calidad de datos enmarcan los requerimientos de negocio de calidad de los datos y la cuantificación de las mediciones de calidad a lo largo de la dimensión identificada proporcionando pruebas contundentes de los niveles de calidad de datos. La determinación de si la calidad de los datos cumple con las expectativas de negocio debe estar basada en umbrales de aceptabilidad especificados. Si la puntuación es igual o supera el umbral de aceptabilidad, la calidad de los datos cumple las expectativas del negocio. Si la puntuación está por debajo del umbral de aceptabilidad, se debe notificar al administrador de datos apropiado y tomar alguna acción.

- Responsabilidad: La medición del indicador debe asociarse con roles definidos que indiquen como realizar la notificación cuando la calidad no cumple las expectativas. El dueño del proceso de negocio es esencialmente el que es responsable del indicador, mientras que el administrador de datos puede tener la tarea de adoptar las medidas correctivas apropiadas.

- Control: Cualquier característica medible de información que sea definida como una métrica debe reflejar algún aspecto controlable del negocio. En otras palabras, la evaluación del valor de una métrica de calidad de datos en un rango no deseable debería dar lugar a algún tipo de acción para mejorar los datos que están siendo medidos.

- Trazabilidad: Las métricas cuantificables permiten a una organización medir la mejora de la calidad de datos a través del tiempo. La trazabilidad y seguimiento ayudan a los administradores de datos a monitorear las actividades en el ámbito de los ANS de calidad de datos y demuestran la eficacia de las actividades de mejora. Una vez que un proceso de información es estable, el seguimiento permite formalizar procesos de control estadístico para garantizar la previsibilidad con respecto a la calidad de datos continua.

El proceso de definición de las métricas de calidad de datos se resume a continuación:

1. Seleccionar uno de los impactos de negocio críticos identificados.

2. Evaluar la dependencia de los elementos de datos y los procesos de creación y actualización de datos asociados con ese impacto en el negocio.

3. Para cada elemento de datos, enumere todos los requerimientos de calidad de datos asociados.

4. Para cada expectativa de datos, especifique la dimensión de calidad de datos asociada y una o más reglas de negocio a utilizar para determinar la conformidad de los datos a las expectativas.

5. Para cada regla de negocio seleccionado, describa el proceso para medir la conformidad (que se explica en la siguiente sección).

6. Para cada regla de negocio, especifique un umbral de aceptabilidad (que se explica en la siguiente sección).

El resultado es un conjunto de procesos de medición que proporcionan los puntajes de calidad de datos que se pueden utilizar para cuantificar la conformidad con las expectativas de calidad de datos. Las medidas que no cumplen con los umbrales de aceptabilidad especificados indican la no conformidad, mostrando que algunas acciones correctivas de datos son necesarias.

12.2.6 Definir Las reglas del negocio de la Calidad de los Datos

El proceso de formalizar la medición de la conformidad a específicas reglas de negocio requiere de definición. Monitorear la conformidad con estas reglas de negocio requiere:

- La segregación de valores de datos, registros y conjuntos de registros que no cumplen con las necesidades de negocio de los que si cumplen.

- Generación de un evento de notificación de alerta al administrador de datos de un posible problema de calidad de los datos.

- El establecimiento de un proceso automatizado o evento dirigido para alinear o posiblemente corregir los datos erróneos dentro de las expectativas de negocio.

El primer proceso utiliza aseveraciones o afirmaciones para las expectativas de los datos. Los conjuntos de datos cumplen con dichas aseveraciones o no lo hacen. Reglas más complejas pueden complementar esas aseveraciones con acciones o directrices que apoyen el segundo y tercer proceso, generando una notificación cuando las instancias de datos no se ajustan, o intenta transformar el valor de un datos identificado por error. Utilice plantillas para especificar estas reglas de negocio, tales como:

- Pertenencia al dominio de Valores: Especificar que el valor asignado a un elemento de datos se selecciona de entre los enumerados en un dominio de valores de datos definidos, tal como el listado de códigos postales de Estados Unidos para el campo ESTADO.

- Conformidad de definición: Confirmar la misma comprensión de las definiciones de datos a través de todos los procesos en toda la organización.

  La confirmación incluye un algoritmo de aceptación para los campos calculados, incluyendo restricciones de tiempo o lugar.

- Rango de cumplimiento o conformidad: El valor asignado a un elemento de datos debe estar dentro de un rango numérico definido, lexicográfico, o de rango de tiempo como por ejemplo mayor que 0 y menor que 100 para un rango numérico.

- Formato de cumplimiento: Uno o más patrones especifican valores asignados a un elemento de datos, tales como las diferentes formas de especificar los números de teléfono.

- Mapeo de conformidad: Indica que el valor asignado a un elemento de datos debe corresponder a uno seleccionado de un dominio de valores que se asigna a otro dominio de valores correspondiente. De nuevo, el dominio de los datos para el campo ESTADO es un buen ejemplo ya que los valores de ESTADO pueden ser representadas usando dominios de diferente valor (códigos postales de USPS, FIPS códigos de 2 dígitos, nombres completos) y estos tipos de reglas validar que "AL" y "01", son asignados a "Alabama".

- Presencia de valor y completitud de registros: Reglas que definen las condiciones en que los valores que faltan son inaceptables.

- Las reglas de consistencia: Afirmaciones condicionales que se refieren al mantenimiento de una relación entre dos (o más) atributos basado en los valores reales de esos atributos.

- Verificación de exactitud: Comparar un valor de datos con un valor correspondiente en un sistema de registro para verificar que los valores coincidan.

- Verificación de unicidad: Las reglas que especifican qué las entidades de datos deben contar con una representación única y comprobar que existe uno y sólo un registro para cada objeto representado del mundo real.

- Validación de oportunidad: Reglas que indican las características asociadas con las expectativas para la accesibilidad y disponibilidad de los datos.

Otros tipos de reglas pueden incluir funciones de agregación aplicadas a conjuntos de instancias de datos. Los ejemplos incluyen la validación de razonabilidad del número de registros en un archivo, el carácter razonable de la cantidad promedio de un conjunto de transacciones, o la variación esperada en el recuento de las transacciones durante un período de tiempo especificado.

Proporcionar plantillas de reglas ayuda a cerrar la brecha en la comunicación entre el equipo de negocio y el equipo técnico. Las plantillas de reglas transmiten la esencia de la expectativa de negocios. Es posible aprovechar las plantillas de reglas cuando existe la necesidad de transformar las reglas en formatos adecuados para su ejecución, tales como implementarlas dentro de un motor de reglas, o en el componente de análisis de datos de una herramienta de perfilamiento, o parametrizarlas en una herramienta de integración de datos.

12.2.7 Probar y Validar: Requerimientos de la Calidad de los Datos

Herramientas de perfilado de datos analizan datos para encontrar posibles anomalías, como se describe en la sección 12.3.1. Estas mismas herramientas son también utilizadas para la validación de reglas. Reglas descubiertas o definidas durante la fase de evaluación de la calidad de datos están referenciadas en la medición de la conformidad o cumplimiento como parte de los procesos operativos.

La mayoría de las herramientas de perfilado de datos permiten a los analistas de datos definir reglas de datos para la validación, la evaluación de la distribución de frecuencias y medidas correspondientes y luego aplicar las reglas definidas en contra de los conjuntos de datos.

La revisión de los resultados y verificar si los datos señalados o marcados como no conformes son realmente incorrectos, requieren un nivel de prueba. Además, es necesario revisar las reglas de negocio definidas con los clientes de negocio para asegurarse de que las entienden y que las reglas de negocio corresponden realmente a sus necesidades.

La caracterización de los niveles de calidad de datos basados en la conformidad o cumplimiento de reglas de datos proporciona una medida objetiva de la calidad de los datos. Mediante el uso proactivo de reglas de datos definidas para validar los datos, una organización, una organización puede distinguir aquellos registros que cumplan con las expectativas de calidad de datos definidos y los que no lo hacen. A su vez, estas reglas de datos son utilizadas como línea base nivel actual de calidad de los datos para comparación en auditorías en curso.

12.2.8 Establecer y evaluar los Niveles de Servicio de Calidad de los Datos

La Inspección y monitoreo de la calidad de datos se utilizan para medir y monitorear el cumplimiento de las reglas de calidad de datos definidos. Los ANS de calidad de datos (Acuerdos de Nivel de Servicio) especifican las expectativas de la organización para la respuesta y remediación. La inspección de calidad de datos ayuda a reducir el número de errores. Al mismo tiempo que permite el aislamiento y análisis de la causa raíz de las fallas de datos, existe la expectativa de que los procedimientos operacionales proporcionarán un plan para la remediación de la causa raíz dentro de un marco de tiempo acordado.

Tener la inspección y vigilancia de la calidad de datos adecuadamente aumenta la probabilidad de detección y corrección de un problema de calidad de los datos antes de que pueda ocurrir un impacto significativo de negocio.

El control operativo de la calidad de los datos definidos con un ANS incluye:

* Los elementos de datos cubiertos por el acuerdo.

* Los impactos de negocio asociados con las fallas de datos.

* Las dimensiones de calidad de datos asociados a cada elemento de datos.

* Las expectativas de calidad para cada elemento de datos para cada una de las dimensiones identificadas en cada aplicación o sistema en la cadena de valor.

* Los métodos para la medición de acuerdo a esas expectativas.

* El umbral de aceptabilidad para cada medición.

* La persona (s) a ser notificada en caso de que el umbral de aceptabilidad no se cumpla. Los cronogramas y plazos esperados de resolución o remediación del problema.

* La estrategia de escalamiento y las posibles recompensas y sanciones, de acuerdo a los tiempos de resolución.

El ANS de calidad de los datos también definen los roles y responsabilidades asociadas con el desempeño de los procedimientos operativos de calidad de datos. Los procedimientos operativos de calidad de datos proporcionan informes sobre el cumplimiento de las reglas de negocio definidas, así como el desempeño del personal responsable de la supervisión para reaccionar a los incidentes de calidad de datos. Los administradores de datos y el personal operativo responsable de la calidad de los datos, al mismo tiempo de mantener el nivel de servicio de calidad de los datos, deben considerar los ANS de calidad de datos conectarlos a sus planes de desempeño individual.

Cuando los problemas no se abordan dentro de los tiempos de resolución especificados, un proceso de escalamiento debe existir para comunicar el incumplimiento del acuerdo de nivel de servicio en la cadena de gestión. El ANS de calidad de datos establecen los plazos para la generación de la notificación, los nombres de aquellos en la cadena de gestión y en qué momento el escalamiento tiene que ocurrir. Teniendo en cuenta el conjunto de reglas de calidad de datos, métodos de medición de la conformidad, los umbrales de aceptabilidad definidos por los clientes de negocio y los acuerdos de nivel de servicio, el equipo de calidad de los datos puede supervisar el cumplimiento de los datos de acuerdo a las expectativas de negocio, así como el desempeño del equipo de calidad relacionados con los procedimientos de corrección de los errores de datos.

12.2.9 Medir continuamente y monitorear la Calidad de Datos

Los procedimientos operativos de DQM dependen de los servicios disponibles para la medición y seguimiento de la calidad de los datos. Para la conformidad con las reglas de negocio de calidad de datos, existen dos contextos para el control y la medición: en línea y por bloque. A su vez, aplicar medidas en tres niveles de granularidad, es decir, valor del elemento de datos o instancia de datos, registro y el conjunto de datos, existiendo seis medidas posibles. Recoger las mediciones en línea durante la creación de los datos y realizar actividades por bloques durante la recolección de instancias de datos en un conjunto de datos, probablemente en el almacenamiento persistente.

Debe proveerse un monitoreo continuo mediante la incorporación de los procesos de control y medición en el flujo de procesamiento de la información. Es poco probable que las mediciones de conjuntos de datos se puedan realizar en línea ya que la medición puede necesitar todo el conjunto. Los únicos puntos en línea son cuando los conjuntos de datos se encuentran completos durante las etapas de procesamiento. Deben incorporarse reglas de calidad utilizando las técnicas que se detallan en la Tabla 12.1. La incorporación de los resultados de los procesos de control y la medición de los procedimientos y reportes permiten la supervisión continua de los niveles de calidad de los datos.

12.2.10 Resolver los Problemas de Calidad de Datos

Apoyar la ejecución de los ANS de calidad de los datos requiere un mecanismo de notificación y seguimiento de incidentes y actividades de calidad de datos para la investigación y resolución de esos incidentes. Un sistema de notificación de incidentes de calidad de los datos puede proporcionar esta capacidad. Este sistema puede registrar la evaluación, el diagnóstico inicial y las acciones posteriores asociados a eventos de calidad de datos. El seguimiento de incidencias de calidad de datos también puede proporcionar datos de los informes de rendimiento, incluido el tiempo medio para resolver los problemas, la frecuencia de aparición de problemas, tipos de problemas, las fuentes de problemas y enfoques comunes para corregir o eliminar los problemas. Un buen seguimiento de incidentes, con el tiempo se convertirá en una fuente de referencia de los problemas actuales e históricos, su estado y cualquier factor que pueda necesitar las acciones de otros que no participan directamente en la resolución de los incidentes.

Granularidad	En línea	Lotes
Elementos de Datos: Completitud, consistencia estructural, razonabilidad	Editar verificaciones en aplicación Servicios de validación de elementos de datos Aplicaciones especialmente programados	Consultas directas Perfilado de datos o herramienta de análisis
Registro de datos: Completitud, consistencia estructural, consistencia semántica, razonabilidad	Editar verificaciones en aplicación Servicios de validación de registros de datos Aplicaciones especialmente programadas	Consultas directas Perfilado de datos o herramienta de análisis
Conjunto de datos: Medidas agregadas, tales como el número de registros, sumas, promedios, varianza	Inspección insertada entre las etapas del procesamiento	Consultas directas Perfilado de datos o herramienta de análisis

Tabla 12.1 Las técnicas para la incorporación de la medición y el seguimiento

Muchas organizaciones ya tienen sistemas de notificación de incidentes para el seguimiento y gestión de software, hardware y problemas de la red de información. La incorporación de seguimiento de incidentes de calidad de datos se centra en la organización de las categorías de problemas de datos en las jerarquías de incidentes. Seguimiento de incidentes de calidad de los datos el cual también requiere un enfoque en la capacitación del personal para reconocer cuando aparecen problemas de datos y cómo se clasifican, conectado y registrado de acuerdo con el ANS de calidad de los datos. Los pasos implican algunas o todas de estas directivas:

- Estandarizar los incidentes y actividades de calidad de datos: Dado que los términos utilizados para describir los incidentes de calidad de datos pueden variar a través de líneas de negocio, resulta útil estandarizar los conceptos utilizados, que pueden simplificar la clasificación y presentación de informes. La estandarización también hará que sea más fácil para medir el volumen de incidentes y actividades, identificar patrones y las interdependencias entre los sistemas y los participantes. También facilitará un informe sobre el impacto global de las actividades de calidad de datos. La clasificación de un problema puede cambiar a medida que la investigación se profundiza y se profundiza en las causas.

- Proporcionar un proceso de asignación de los problemas de datos: Los procedimientos operacionales directos de los analistas para asignar los incidentes de calidad de datos a las personas para el diagnóstico y ofrecer alternativas para su resolución. El proceso de asignación debe estar guiado por el sistema de seguimiento de incidentes, sugiriendo aquellos individuos con áreas específicas de conocimientos.

- Gestión de los procedimientos de escalamiento: El manejo de los incidentes de calidad de datos requieren un sistema bien definido de escalamiento basado en el impacto, la duración, o la urgencia de un problema. Requiere la especificación de la secuencia de escalamiento en el ANS de la calidad de datos. El sistema de seguimiento de incidentes implementará los procedimientos de escalamiento, lo que ayuda a agilizar el manejo y resolución de problemas de datos eficiente.

- Administrar los flujos trabajo para resolución de incidentes de calidad de datos: Los ANS de calidad de datos especifican los objetivos para el seguimiento, control y resolución, los cuales definen un conjunto de flujos de trabajo. El sistema de seguimiento de los incidentes puede apoyar la gestión de flujo de trabajo para el seguimiento del progreso del diagnóstico y resolución de los incidentes.

La implementación de un sistema de seguimiento de los incidentes de calidad de datos proporciona una serie de beneficios. En primer lugar, la información y el intercambio de conocimientos pueden mejorar el rendimiento y reducir la duplicación de esfuerzos. En segundo lugar, un análisis de todos los incidentes ayudará a los miembros del equipo de calidad de datos determinan los patrones repetitivos, su frecuencia y potencialmente el origen del problema. El empleo de un sistema de seguimiento de incidentes entrena a las personas a reconocer los problemas de calidad de datos en el principio de los flujos de información, como práctica general y a apoyar sus operaciones del día a día. El sistema de seguimiento de incidentes es una entrada para la presentación de informes de las condiciones y medición del cumplimiento del ANS. Dependiendo del gobierno establecido para la calidad de datos, la elaboración de informes del ANS puede ser solicitado mensualmente, trimestralmente o anualmente, sobre todo en los casos enfocados en recompensas y castigos.

12.2.11 Limpiar y Corregir Defectos de Calidad de Datos

El uso de reglas de negocio para el seguimiento de la conformidad o cumplimiento de las expectativas conduce a dos actividades operacionales. La primera consiste en determinar y eliminar la causa raíz de la generación de errores. El segundo consiste en aislar los elementos de datos que son incorrectos y proporcionar un medio para llevar los datos a la conformidad con las expectativas. En algunas situaciones, puede ser tan simple como eliminar los resultados y comenzar el proceso de información corregida desde el punto de arranque. En otras situaciones, eliminar los resultados no es posible, lo que significa que se requiere un proceso para la corrección de errores.

La realización de corrección de datos se lleva a cabo en tres formas generales:

- La corrección automatizada: Remitir o enviar los datos a las técnicas de calidad de datos y de limpieza de datos utilizando un conjunto de transformaciones de datos y estandarizaciones basados en reglas, normalizaciones y correcciones. Los valores modificados se corrigen sin intervención manual. Un ejemplo es la corrección automática, que envía las direcciones de entrega a un sistema de estandarizado que utilizando las reglas, el análisis y la normalización y tablas de referencia, normaliza y luego corrige direcciones de entrega. Ambientes con estándares bien definidos, aceptan usualmente reglas y los patrones de error conocidos, son los más adecuados para la limpieza y corrección automática.

- Corrección manual directa: Usualmente utiliza igualmente herramientas automatizadas para limpiar y corregir los datos, pero requieren revisión manual antes de enviar o guardar las correcciones en el almacenamiento persistente. Se aplicar la limpieza de nombres y direcciones, resolución de identidad y correcciones basadas en patrones de forma automática y basadas en algún mecanismo de puntuación utilizada para proponer un nivel de confianza durante la corrección. Correcciones con puntuaciones por encima de un determinado nivel de confianza pueden ser realizadas sin revisión previa, pero las correcciones con puntuaciones por debajo del nivel de confianza se presentan al administrador de datos para su revisión y aprobación. Aceptar todas las correcciones aprobadas y revisar las no aprobadas para entender si se ajusta la regla aplicada dichos casos. Los entornos en los que los conjuntos de datos sensibles requieren supervisión humana son buenos ejemplos en los que la corrección manual dirigida puede ser adecuada.

- La corrección manual: Los administradores de datos inspeccionan registros inválidos y determinan los valores correctos, hacer las correcciones y actualizan o envian los registros actualizados.

12.2.12 Diseñar e implementar Procedimientos operacionales DQM

El uso de reglas definidas para la validación de la calidad de los datos proporciona un medio de integrar la inspección de datos dentro de un conjunto de procedimientos operacionales asociados con un DQM activo. La Integración de las reglas de calidad de datos en los servicios de aplicaciones o servicios de datos que complementan el ciclo de vida de los datos puede realizarse a través de herramientas de calidad de datos y tecnología, el uso de motores de reglas y herramientas de reportes de seguimiento y notificación, o aplicaciones desarrolladas a medida para la inspección de la calidad de los datos.

El marco operativo requiere estos servicios para estar a disposición de las aplicaciones y servicios de datos y para que los resultados puedan ser presentados los miembros del equipo de calidad de datos. Los miembros del equipo de operaciones de calidad de datos son responsables de cuatro actividades. El equipo debe diseñar e implementar procedimientos detallados para realizar operativas estas actividades.

1. La inspección y vigilancia: Ya sea a través de algún proceso automatizado o por medio de un proceso invocado manualmente, los conjuntos de datos deben someterse a la evaluación de la conformidad con las reglas de calidad de datos, basada en la exploración completa o métodos de muestreo. Se utilizan herramientas de perfilado de datos, análisis y normalización de datos y herramientas de resolución de identidad para que los servicios de inspección puedan ser proporcionados. Recolectar los resultados y luego ponerlos a disposición de la analista de operaciones de calidad de datos. El analista debe:

o Revisar las medidas y métricas asociados.

o Determinar si existen umbrales de aceptabilidad que no se cumplen.

o Crear un nuevo informe del incidente calidad de datos.

o Asignar el incidente a un analista de datos para el diagnóstico y la evaluación.

2. Diagnóstico y evaluación de alternativas de remediación: El objetivo es revisar los patrones presentados por el incidente de la calidad de datos, rastrear a través del linaje de los datos incorrectos, diagnosticar el tipo de problema y dónde se originó y resaltar las potenciales causas raíz del el problema. El procedimiento también debe describir cómo el analista de datos realizaría las siguientes acciones:

o Revisar los problemas de datos en el contexto de los flujos de procesamiento de información adecuados y realizar un seguimiento de la introducción del error para aislar la localización en el procesamiento donde se introduce la falla.

o Evaluar si ha habido algún cambio en el ambiente que se haya introducido errores en el sistema.

o Evaluar si hay o no cualquier otra cuestión de proceso que contribuyeron al incidente calidad de los datos.

o Determinar si hay o no problemas de proveedores de datos externos que han afectado a la calidad de los datos.

o Evaluar alternativas para abordar el incidentes, que puede incluir la modificación de los sistemas para eliminar las causas de raíz, la implementación de una inspección o monitoreo adicional, corrección directa de datos defectuosos, o ninguna acción basada en el costo de corrección frente al valor de los datos corregidos

o Proveer actualizaciones en el sistema de seguimiento de incidentes de calidad de datos.

3. La resolución del problema: Después de haber proporcionado una serie de alternativas para resolver el problema, el equipo de calidad de los datos debe consultar con los dueños de los datos de negocio para seleccionar una de las alternativas para resolver el problema. Estos procedimientos deben detallar cómo los analistas realizan las siguientes acciones:

o Evaluar los costos relativos y el beneficio de las alternativas.

o Recomendar una de las alternativas.

o Proporcionar un plan para el desarrollo y la aplicación de la resolución, que puede incluir tanto la modificación de los procesos y corregir los datos erróneos.

o Implementar la resolución.

o   Proveer actualizaciones en el sistema de seguimiento de incidentes de calidad de datos.

4. Presentación de informes: Para dar transparencia al proceso de DQM, deben existir informes periódicos sobre el estado funcional de DQM. El equipo de operaciones de calidad de datos desarrollará y entregara estos informes, que incluyen:

o   Un tablero de calidad de datos, que ofrece una visión de alto nivel de los resultados asociados con varias métricas, reportadas a los diferentes niveles de la organización.

o   Las tendencias de calidad de datos, que muestran la medición de la calidad de los datos en el paso del tiempo y si la tendencia del indicador de calidad tiene tendencia positiva o negativa.

o   El desempeño de calidad de datos, que monitorea qué tan bien está respondiendo el equipo operativo de calidad de datos a los incidentes de calidad de datos en el diagnóstico y resolución oportuna.

o   Estos informes deben estar alineados con las métricas y medidas en el ANS de calidad de los datos tanto como sea posible, de modo que las áreas importantes para el logro de los ANS de la calidad de los datos se encuentran en cierto nivel, en los informes internos del equipo.

12.2.13 Procedimiento de Monitoreo operacional DQM y de rendimiento

La responsabilidad es fundamental para los protocolos de gobierno que supervisan el control de calidad de datos. Todos los incidentes deben ser asignados a un número de individuos, grupos, departamentos u organizaciones. El proceso de seguimiento debe especificar y documentar la responsabilidad última del incidente para evitar que caiga en el olvido. Dado que el ANS de la calidad de los datos especifica los criterios para evaluar el desempeño del equipo de calidad de los datos, es razonable esperar que en el sistema de seguimiento de los incidentes se recojan los datos estadísticos relativos a emitir resolución, asignaciones de trabajo, volumen de emisiones, la frecuencia de ocurrencia, así como el tiempo de responder, diagnosticar, planear una solución y resolver problemas. Estas métricas pueden proporcionar información valiosa sobre la eficacia del flujo de trabajo actual, así como los sistemas y la utilización de recursos y son importantes puntos de gestión de datos que pueden impulsar la mejora operativa continua para el control de calidad de los datos.

12.3 Herramientas de Calidad de Datos

DQM emplea herramientas y técnicas bien establecidas. Sus funcionalidades se extienden en el enfoque de la evaluación empírica de la calidad de los datos a través de análisis de datos, la normalización de los valores de datos de acuerdo con las reglas de negocio definidas, la capacidad de identificar y resolver los registros duplicados en una sola representación y la programación de estas inspecciones y cambios sobre una base regular. Las actividades que realizan las herramientas de calidad de datos pueden ser divididas en cuatro categorías: Análisis, Limpieza, Corrección y Monitoreo. Las principales herramientas utilizadas son de perfilamiento de datos, el análisis y la normalización, la transformación de los datos, la resolución de la identidad y comparación, corrección y presentación de informes. Algunos vendedores consolidan estas funciones en soluciones más completas de calidad de datos.

12.3.1 Perfilado de Datos

Antes de realizar las mejoras en los datos, primero hay que ser capaz de distinguir entre los datos buenos y malos. El intento de calificar la calidad de datos es un proceso de análisis y descubrimiento. El análisis consiste en una revisión objetiva de los valores de los datos dentro de un los conjuntos de datos a través de medidas cuantitativas y la revisión de los analistas. Un analista de datos no necesariamente será capaz de identificar todas las instancias de datos defectuosos. Sin embargo, la capacidad de documentar situaciones en las que los valores de datos parece que no son correctos proporciona un medio para comunicar estos casos con expertos en la materia, cuyo conocimiento del negocio puede confirmar la existencia de problemas de datos.

El perfilamiento de datos es un conjunto de algoritmos utilizados para dos propósitos:

- Análisis y evaluación estadística de la calidad de los valores de los datos dentro de un conjunto de datos.

- Exploración de las relaciones que existen entre las colecciones de valor dentro ya través de los conjuntos de datos.

Para cada columna de una tabla, una herramienta de perfilamiento de datos una distribución de frecuencias de los diferentes valores, proporcionando información sobre el tipo y el uso de cada columna. Además, el perfilamiento puede resumir las principales características de los valores dentro de cada columna, como el mínimo, máximo y promedio.

Los análisis de cruce de columnas pueden exponer las dependencias de valores, mientras que el análisis de tablas cruzadas explora en conjuntos superposición de valores que pueden representar relaciones de llaves foráneas entre las entidades. De esta manera, el perfilado de datos analiza y evalúa las anomalías de datos. La mayoría de las herramientas de perfilado de datos permiten la capacidad de navegar hacia el detalle de los datos analizados para una mayor investigación.

El perfilamiento de datos también puede probar de forma proactiva contra un conjunto de reglas de negocio definidas (o descubiertas). Los resultados pueden ser utilizados para distinguir los registros que cumplan con las expectativas de calidad de datos definidos de los que no lo hacen, que a su vez puede contribuir a las medidas de referencia y la auditoría en curso que apoya los procesos de información de calidad de datos.

12.3.2 Estandarización y análisis

Las herramientas de análisis de datos permiten al analista de datos definir conjuntos de patrones que se alimentan en un motor de reglas usado para distinguir entre valores de datos válidos y no válidos. Las acciones se activan con un patrón específico. Extraer y reorganizar los componentes separados (comúnmente conocidos como "tokens") en una representación estándar al analizar un patrón válido. Cuando se reconoce un patrón inválido, la aplicación puede tratar de transformar el valor no válido en uno que cumple con las expectativas.

Muchos de los problemas de calidad de datos son situaciones en las que una ligera variación en la representación de valores de datos genera confusión o ambigüedad. Analizar y estandarizar los valores de datos es valioso. Por ejemplo, considere las diferentes maneras en que los números de teléfono se espera que se ajusten a cómo es el formato de Plan de Numeración. Mientras que algunos tienen cifras, algunos tienen caracteres alfabéticos y todos usan diferentes caracteres especiales para la separación. La gente puede reconocer a cada uno como un número de teléfono. Sin embargo, con el fin de determinar si estos números son exactos (tal vez comparándolos con un directorio de cliente maestro) o para investigar si existen números duplicados cuando sólo debería haber uno por cada proveedor, los valores deben ser analizados en sus segmentos que lo componen (área código, el intercambio y el número de línea) y luego se transformará en un formato estándar.

La capacidad humana de reconocer patrones familiares contribuye a nuestra capacidad para caracterizar diferentes valores de datos perteneciente a la misma clase abstracta de valores; las personas reconocen los diferentes tipos de números de teléfono ya que se ajustan a los patrones de uso frecuente. Un analista describe todos los patrones de formato que representan un objeto de datos, tales como nombre de persona, descripción del producto y así sucesivamente. Una herramienta de calidad de datos analiza los valores de datos que se ajusten a cualquiera de esos patrones, e incluso los transforma en una forma única y estandarizada que simplificará la evaluación, análisis de similitud y los procesos de limpieza. Los análisis basados en patrones pueden automatizar el reconocimiento y la posterior estandarización de los componentes de valores significativos.

12.3.3 Transformación de Datos

Tras la identificación de errores de datos, reglas de datos son activadas para transformar los datos defectuosos en un formato que sea aceptable para la arquitectura destino. Estas reglas pueden ser implementadas directamente dentro de una herramienta de integración de datos o en tecnologías alternativas. La realización de la estandarización de los datos puede hacerse desde alguna fuente con un patrón de origen hacia una representación de destino correspondiente. Un buen ejemplo es un "nombre de cliente" ya que los nombres pueden estar representados en miles de formas diferentes. Una buena herramienta de normalización será capaz de analizar los distintos componentes de un nombre de cliente, como el nombre, segundo nombre, apellido, iniciales, títulos, designaciones generacionales y, a continuación, reorganizar los componentes en una representación canónica que otros servicios de datos serán capaz de manipular.

La transformación de datos se basa en este tipo de técnicas de normalización. Las transformaciones basadas en reglas de valores de datos mapeando los datos en sus formatos y patrones originales en una representación de destino. Los componentes del patrón analizados son sometidos a reestructuración, correcciones, o cualquier cambio según las indicaciones de las normas en la base de conocimientos. De hecho, la normalización es un caso especial de la transformación, que emplea reglas que capturan el contexto, la lingüística e idiomas que son reconocidos como comunes en el tiempo, a través de análisis repetidos por el analista de reglas o una herramienta.

12.3.4 Resolución de Identidad y coincidencia

Está relacionado con emplear vinculación de registros y coincidencias en el reconocimiento y resolución de identidades, e incorporar los enfoques utilizados para evaluar la "similitud" de los registros para su uso en el análisis de duplicidad y eliminación, fusión/purga, corrección, limpieza y en las iniciativas estratégicas como la integración de datos de clientes o gestión de datos maestros. Un problema de calidad de datos común implica dos caras de la misma moneda:

- Múltiples instancias de datos que se refieren en realidad a la misma entidad del mundo real.

- La percepción, por un analista o una aplicación, que no existe un registro para una entidad del mundo real, cuando en realidad lo que realmente hace.

En la primera situación, algo presentó representaciones similares pero variante en los valores de datos en el sistema. En el segundo caso, una ligera variación en representación impide la identificación de una coincidencia exacta del registro existente en el conjunto de datos.

Ambas situaciones se abordan a través de un proceso de análisis de similitud, en el cual se califica con un puntaje el grado de similitud entre dos registros, en la mayoría de los casos basado en una ponderación aproximada de coincidencia entre un conjunto de valores en ambos registros. Si el puntaje está por encima de un umbral determinado, los dos registros son coincidentes y se presentan al cliente final como los más probables para representar a la misma entidad. Es a través de un análisis de similitud que ligeras variaciones se reconocen y valores de datos son conectados y posteriormente consolidados.

El intento de comparar cada registro contra todos los otros para proporcionar un puntaje de similitud no sólo es ambicioso, pero también consume tiempo intensivo de computación. La mayoría de los conjuntos de herramientas de calidad de datos utilizan algoritmos avanzados para bloquear los registros que tienen más probabilidades de contener coincidencias en conjuntos más pequeños, con lo cual se toman diferentes enfoques para medir la similitud. La identificación de registros similares en el mismo conjunto de datos, probablemente significa que los registros son duplicados y pueden necesitar limpieza y/o eliminación. La identificación de registros similares en diferentes conjuntos puede indicar un enlace a través de los conjuntos de datos, lo que ayuda a facilitar la limpieza, el descubrimiento de conocimiento y la ingeniería inversa, todo lo cual contribuye a la agregación de datos maestros.

Existen dos enfoques básicos de coincidencias; determinístico y probabilístico. La coincidencia determinística, como el análisis y la estandarización, se basa en los patrones y reglas definidas para la asignación de pesos y puntajes para determinar la similitud. Alternativamente, la coincidencia probabilística se basa en técnicas estadísticas para evaluar la probabilidad de que cualquier par de registros represente la misma entidad. Los algoritmos determinísticos son predecibles en el sentido en que los patrones de coincidencia y las reglas siempre generarán la misma determinación de coincidencia. Tie performance to the variety, number, and order of the matching rules. La coincidencia determinística funciona con un desempeño relativamente bueno, pero es sólo tan bueno como lo puedan ser las situaciones previstas por los desarrolladores reglas.

La coincidencia probabilística se basa en la capacidad de tomar muestras de datos para fines de entrenamiento de modelos, revisando los resultados esperados de un subconjunto de registros y calibrando el modelo para que sea ajustado basado en análisis estadísticos. Estas coincidencias no dependen de reglas, por lo que los resultados no pueden ser determinados. Sin embargo, debido a que las probabilidades pueden ser refinadas con la experiencia, los modelos probabilísticos de coincidencia son capaces de mejorar su precisión a medida que se analizan más datos.

12.3.5 Mejora Incremental

Es posible aumentar el valor de datos de una organización mediante la mejora incremental de los datos. El crecimiento de los datos es un método para añadir valor a la información acumulando información sobre un conjunto base de entidades y luego fusionando todos los conjuntos de información para proporcionar una visión enfocada de los datos. La mejora incremental de datos es un proceso para añadir datos inteligentemente a partir de fuentes alternativas como un conocimiento derivado, que ha sido inferido a partir la aplicación de otras técnicas de calidad de datos, tales como el análisis sintáctico, la resolución de la identidad y la limpieza de datos.

El análisis sintáctico de datos asigna características de los valores de los datos que aparecen en una instancia de datos y esas características contribuir en la determinación de las fuentes potenciales de beneficio adicional. Por ejemplo, si se puede determinar que si el nombre de una empresa está embebido dentro de atributo llamado nombre, es posible etiquetar el valor del dato como un negocio. Es posible utilizar el mismo enfoque para cualquier situación en la que los valores de datos se organizan en jerarquías semánticas.

Al añadir información sobre la limpieza y estandarizaciones que se han aplicado proporciona sugerencias adicionales para la coincidencia de datos, vinculación de registros y procesos de resolución de identidad. Mediante la creación de una representación asociativa de los datos que incluya un meta-contexto y la adición de detalle acerca de los datos, más conocimiento será recolectado sobre el contenido real, y no sólo de la estructura de esa información. La representación asociativa hace inferencias más interesantes acerca de los datos y en consecuencia permite el uso de más información para el incremento y crecimiento de los datos. Algunos ejemplos de mejora incremental de los datos incluyen:

- Etiquetas de Hora / Fecha: Una forma de mejorar incrementalmente los datos es documentar la hora y la fecha en que los elementos de datos se crean, modifican o se eliminan, lo que puede contribuir a realizar el seguimiento de eventos de datos históricos.

- Información de Auditoría: La información de auditoría puede contribuir a la documentación del linaje de los datos, que también es importante para el seguimiento histórico, así como la validación de datos.

- Información contextual: Elementos tales como la ubicación, el entorno y los métodos de acceso son ejemplos de datos de contexto que pueden mejorar la información . Las mejoras en términos de información de contexto también incluyen registros de datos de marcado para la revisión y análisis .

- Información Geográfica: Hay una serie de datos para obtener mejoras de la información geográfica, tales como la normalización de direcciones y geocodificación, que incluye codificación regional, municipio, mapeo de barrios, latitud / longitud, u otros tipos de datos basados en la localización.

- Información Demográfica: Para los datos de cliente, hay muchas maneras de añadir mejoras en la información demográfica como la edad, estado civil, sexo, ingresos, codificación étnica; o por entidades empresariales, ingresos anuales, número de empleados, el tamaño del espacio ocupado, etc.

- Información psicográfica: Las mejoras en la información psicográfica son utilizadas para encontrar segmentos de la población objetivo determinados por comportamientos específicos, como preferencias d productos y marcas, membresías a organizaciones, actividades de ocio, las preferencias de vacaciones, medios de transporte, preferencias de horarios para realizar compras, etc.

12.3.6 Informes

La inspeccion y control de la conformidad con las expectativas de calidad de datos, el seguimiento de los administradores de datos a los ANS de calidad de datos, los flujos de trabajo para resolución de los incidentes de calidad de datos y la supervisión de limpieza de datos y corrección manual de datos están todos apoyados de una buena información para reporte. Es deseable tener una interfaz de usuario para informar de los resultados asociados con la medición de la calidad de datos, métricas y actividades. Es una buena práctica incorporar la visualización y presentación de informes para informes estándar, cuadros de mando, tablero de control y para la prestación de consultas ad hoc como parte de los requerimientos funcionales de las herramientas de calidad de datos adquiridas.

12.4 Resumen

Los principios basicos para la implementación de DQM en una organización, una tabla resumen de los roles de cada actividad DQM y la organización y las cuestiones culturales que puedan surgir durante la gestión de calidad de base de datos son resumidos a continuación.

12.4.1 Configuración basica de los Principios de Calidad de datos

Al constituir un programa de DQM, es importante definir un conjunto de principios basicos que enmarcan el tipo de procesos y usos de la tecnología que se describen en este capítulo. Igualmente se deben alinear las actividades llevadas a cabo para apoyar la práctica de calidad de datos con uno o más de los principios basicos. Cada organización es diferente, con diferentes factores de motivación. Algunos ejemplos de oraciones que pueden ser útiles en un documento basico de Principios de Calidad de datos son:

- Los datos son gestionados como un activo central de la organización. Muchas organizaciones optan por colocar los datos como un activo en su balance.

- Todos los elementos de datos tienen una definición estandarizada de datos, tipo de datos y dominio de valores aceptables.

- El Gobierno de Datos es aprovechado para el control y el rendimiento de DQM.

- La industria y las normas internacionales de datos son utilizados siempre que sea posible.

- Las expectativas de calidad de datos son especificados por los consumidores de datos.

- Reglas de negocio son definidas para afirmar la conformidad con las expectativas de calidad de datos.

- La validación de instancias de datos y conjuntos de datos es realizada contra las reglas de negocio definidas.

- Propietarios de los procesos de negocios estarán de acuerdo en cumplir con los ANS y de calidad de datos.

- Las correcciones de los datos son realizados en la fuente original, siempre que sea posible.

- Si no es posible corregir los datos en la fuente, las correcciones de datos a plazo para el propietario de la fuente original, siempre que sea posible. Influencia en los corredores de datos para ajustarse a las necesidades locales puede ser limitada.

- La medicion de los niveles de calidad de los datos es informada a los administradores de datos, propietarios de procesos de negocio y los líderes de los ANS.

- Identificar un registro de oro por todos los elementos de datos.

12.4.2 Resumen del Proceso

El resumen del proceso para la función DQM se muestra en la Tabla 12.2. Los entregables, roles responsables, roles de aprobación y roles de contribución se presentan para cada actividad en la función de gestión de operaciones de datos. La tabla también se muestra en el Apéndice A9.

Actividades	Entregables	Roles responsables	Roles aprobados	Roles contribuyentes
10.1 Desarrollar y promover la cultura de Calidad de los Datos (O)	Entrenamiento en calidad de datos Procesos de gobierno de datos comité de gobierno de datos	Gerente de calidad de datos	Gerente de negocios Director DRM	Arquitectos de informacion Expertos áreas temáticas
10.2 Definir los requerimientos de calidad de datos ((D)	Documento de requerimientos de la calidad de datos	Gerente de calidad de datos Analistas de la calidad de datos	Gerentes de negocio Director DRM	Arquitectos de la informacion Expertos en la materia
10.3 Perfilar, analizar y evaluar la calidad de datos (D)	Informe de diagnóstico de calidad de datos	Analista de la calidad de datos	Gerente de negocios Director DRM	Comité de Administración de datos
10.4 Definir metricas e indicadores de calidad de los datos (P)	Documento de Métricas e indicadores de calidad de datos	Gerente de calidad de datos Analista de la calidad de datos	Gerentes de negocio Director DRM	Comité de Administración de datos
10.5 Definir las reglas del negocio de la calidad de los datos (P)	Reglas de negocio de calidad de datos	Analista de la calidad de datos	Gerentes de negocio Director DRM Gerente de calidad de datos	Arquitectos de información Expertos en áreas temáticas Comité de Administración de datos
10.6 Probar y validar requerimientos de la calidad de los datos (D)	Casos de prueba de calidad de datos	Analista de la calidad de datos	Gerentes de negocio Director DRM	Arquitectos de información Expertos en áreas temáticas
10.7 Establecer y evaluar los niveles de servicio de Calidad de los Datos (P)	Niveles de servicio de calidad de datos	Gerente de calidad de datos	Gerentes de negocio Director DRM	Comité de Administración de datos
10.8 Medir y monitorear Continuamente la calidad de datos (C)	Informes de calidad de datos	Gerente de calidad de datos	Gerentes de negocio Director DRM	Comité de Administración de datos

Actividades	Entregables	Roles responsables	Roles aprobados	Roles contribuyentes
10.9 Resolver los problemas de calidad de datos (C)	Registro de problema de calidad de datos	Gerente de calidad de datos Analista de calidad de datos	Gerentes de negocio Director DRM	Comité de Administración de datos
10.10 Limpiar y corregir defectos de calidad de datos (O)	Registro de resolución de defectos de calidad de datos	Analista de calidad de datos	Gerentes de negocio Director DRM	Arquitectos de la información Expertos en áreas temáticas
10.11 Diseñar e implementar procedimientos operativos DQM (D)	Procedimientos Operativos DQM	Gerente de calidad de datos Analista de la calidad de datos	Gerentes de negocios Director DRM	Arquitectos de la información Expertos en áreas temáticas Consejo de administración de datos
10.12 Monitorear el proceso de DDQM operativo, Procedimientos y desempeño (C)	Métricas e indicadores Operativos DQM	Gerente de calidad de datos Analista de la calidad de datos	Gerentes de negocio Director DRM	Comité de Administración de datos

Tabla 12.2 Resumen del proceso de la Gestión de la calidad de datos

12.4.3 Cuestiones de organización y cultura

Q1: ¿Es realmente necesario tener datos con calidad así existan muchos procesos para cambiar los datos en información y se utilice para la inteligencia de negocios?

R1: La cadena de valor de inteligencia de negocios demuestra que la calidad de los datos afecta directamente a los objetivos de negocio de la organización. El fundamento de la cadena de valor son los datos. La información se produce a partir de las fuentes de datos a través de la ingeniería de la información, asi como los productos son desarrollados a partir de materias primas. La información es utilizada por los trabajadores con las competencias necesarias en una organización para proporcionar la inteligencia de negocios necesaria para gestionar la organización. La inteligencia de negocios es utilizada para apoyar las estrategias de negocio, que a su vez apoyan los objetivos de negocio. A través de la cadena de valor de la inteligencia de negocio, la calidad de los datos tiene un impacto directo en el éxito con que se cumplen los objetivos de negocio. Por lo tanto, el énfasis de la calidad debe ser colocado en los datos, no en el proceso a través del cual se desarrolla de la información ni en el proceso de inteligencia de negocios.

P2: ¿Es la calidad de datos realmente gratuita?

R2: Volviendo a la segunda ley de la termodinámica, un recurso de datos es un sistema abierto. La entropía seguirá aumentando sin límite, lo que significa que la calidad de los recursos de datos continuará disminuyendo sin ningún límite. La energía debe ser utilizada para crear y mantener un recurso de datos de calidad. Esta energía tiene un costo. Tanto la calidad inicial de los recursos, como el mantenimiento de la calidad de los recursos de datos tienen un costo. Por lo tanto, la calidad de los datos no es gratuita.

Es menos costoso construir calidad de los recursos de datos desde el principio, que construirla en el futuro. También es menos costoso mantener la calidad de datos durante la vida del recurso de datos, mejorar la calidad en pasos mayores. Cuando se permite que la calidad de los recursos de datos se deteriore, se vuelve mucho más costoso mejorar la calidad de los datos y genera un impacto mucho mayor en el negocio. Por lo tanto, la calidad no es gratuita; pero es menos costoso construir y mantener. Lo que la mayoría de la gente quiere decir cuando mencionan que la calidad de los datos es gratuita, es que la relación costo-beneficio de mantener la calidad de los datos desde el principio es menor que la relación costo-beneficio de permitir que la calidad de los datos se deteriore.

P3: ¿Son los problemas de calidad de datos algo nuevo que ha surgido recientemente con la tecnología en evolución?

R3: No. Los problemas de calidad de datos siempre han estado allí, incluso en los días de tarjetas de 80 columnas. El problema se agrava con el aumento de la cantidad de datos que se mantienen y la antigüedad de los datos. El problema también es cada vez más visible con técnicas de procesamiento que son más potente y que incluyen una gama más amplia de datos. Los datos que parecían ser de alta calidad en los sistemas aislados de ayer ahora muestran su baja calidad cuando se combinan en los procesos de análisis de toda la organización de hoy en día.

Cada organización debe tomar conciencia de la calidad de sus datos y del uso eficaz y eficiente de los datos para apoyar el negocio. Cualquier organización que considera que la calidad de los datos es un problema reciente que puede ser pospuesto para ser considerado posteriormente, está poniendo la supervivencia de su negocio en riesgo. La condicion económicas actual no es el momento de poner en riesgo la supervivencia de la empresa al ignorar la calidad de sus datos.

P4: ¿Hay una cosa más que hacer que cualquier otra para asegurar una alta calidad de los datos?

R4: Lo más importante es establecer una única arquitectura de datos para toda la empresa, y posteriormente, construir y mantener todos los datos dentro de esa única arquitectura. Una única arquitectura de datos de toda la empresa no significa que todos los datos estén almacenados en un solo repositorio central. Significa, que todos los datos se desarrollan y gestionan en el contexto de una única arquitectura de datos para toda la empresa. Los datos se pueden desplegar de acuerdo a las necesidades para lograr la eficiencia operativa.

Tan pronto como cualquier organización permite que los datos se desarrollen dentro de múltiples arquitecturas de datos, o peor aún, sin ningún tipo de arquitectura de datos, habrá problemas monumentales con calidad de los datos. Incluso si se hace un intento para coordinar múltiples arquitecturas de datos, habrá considerables problemas de calidad de datos. Por lo tanto, lo más importante es la gestión de todos los datos en una sola arquitectura de datos para toda la empresa.

12.5 Lectura Recomendada

Las referencias que figuran a continuación proporcionan lectura adicional que apoya el material presentado en el Capítulo 12. Estas lecturas recomendadas también se incluyen en la bibliografía al final de la Guía.

Batini, Carlo, and Monica Scannapieco. Data Quality: Concepts, Methodologies and Techniques. Springer, 2006. ISBN 3-540-33172-7. 262 Paginas.

Brackett, Michael H. Data Resource Quality: Turning Bad Habits into Good Practices. Addison-Wesley, 2000. ISBN 0-201-71306-3. 384 Paginas.

Deming, W. Edwards. Out of the Crisis. The MIT Press, 2000. ISBN 0262541157. 507 Paginas.

English, Larry. Improving Data Warehouse And Business Information Quality: Methods For Reducing Costs And Increasing Profits. John Wiley & Sons, 1999. ISBN 0-471-25383-9. 518 Paginas.

Huang, Kuan-Tsae yang W. Lee and Richard Y. Wang. Quality Information and Knowledge. Prentice Hall, 1999. ISBN 0-130-10141-9. 250 Paginas.

Loshin, David. Enterprise Knowledge Management: The Data Quality Approach. Morgan Kaufmann, 2001. ISBN 0-124-55840-2. 494 Paginas.

Loshin, David. Master Data Management. Morgan Kaufmann, 2009. ISBN 0123742250. 288 Paginas.

Maydanchik, Arkady. Data Quality Assessment. Technics Publications, LLC, 2007 ISBN 0977140024. 336 Paginas.

McGilvray, Danette. Executing Data Quality Projects: Ten Steps to Quality Data and Trusted Information. Morgan Kaufmann, 2008. ISBN 0123743699. 352 Paginas.

Olson, Jack E. Data Quality: The Accuracy Dimension. Morgan Kaufmann, 2003. ISBN 1-558-60891-5. 294 Paginas.

Redman, Thomas. Data Quality: The Field Guide. Digital Press, 2001. ISBN 1-555-59251-6. 256 Paginas.

13 Desarrollo Profesional

El desarrollo profesional, aunque no es una de las diez funciones dentro de la gestión de datos, es crucial para el desarrollo de la profesión en esta área . El Capítulo 13 analiza las características de un profesional de gestión de datos y los distintos componentes dentro de su profesión como lo son: la membresía a una organización profesional, la educación y la formación continuadas, un programa de certificación, la ética y los miembros notables en la profesión de gestión de datos.

13.1 Características de una profesiónLa gestión de datos es una profesión emergente y legítima en el campo de la tecnología de la información. Una profesión se define como un llamado a una ocupación (vocación) que requiere conocimientos especializados y habilidades específicas, o un grupo de personas dedicadas a esta ocupación. Hoy en día, Los profesionales de la gestión de datos, sienten de alguna forma un llamado y un compromiso acerca de la importancia de los datos como un recurso. Este llamado y compromiso hacen que la gestión de datos sea una vocación, y no "sólo un trabajo." Los aspirantes a la profesión de gestión de datos son requeridos y bienvenidos a esta área de conocimiento.

Varios estudios recientes muestran que las profesiones reconocidas, incluyendo la medicina, el derecho, el clero, la profesión militar, la ingeniería, la arquitectura, la enfermería y la contabilidad, comparten características comunes. Algunas de estas características comunes incluyen:

1. Un gremio profesional para el apoyo comunitario de profesionales.

2. La publicación de un compendio, cuerpo o "base de conocimiento"

3. Un título profesional o profundización disponible de una institución de educación superior acreditada con un plan de estudios validado por la sociedad profesional.

4. Registro de aptitud para la práctica a través de una certificación voluntaria o a través de una licencia obligatoria para ejercer la profesión.

5. Disponibilidad de educación continuada y un plan de continuar el desarrollo de competencias para los profesionales.

6. La existencia de un código de ética, a menudo con un juramento formal de compromiso con este código y que incluye el compromiso con la sociedad por encima de las expectativas laborales.

7. Los existencia de miembros notables reconocidos públicamente por su profesionalismo.

A los aspirantes a profesionales de la gestión de datos se les anima a:

1. Unirse a DAMA Internacional y participar en el capítulo local del DAMA.

2. Estar familiarizados con la Guía DAMA-DMBOK y el Diccionario de Gestión de Datos del DAMA.

3. Asistir al Simposio Internacional anual de DAMA (Ahora Enterprise Data World) y/u otro conferencias profesionales, talleres, seminarios y cursos técnicos anualmente.

4. Obtener la Certificación que lo designa como profesional en Gestion de Datos (CDMP).

5. Obtener una licenciatura o posgrado en ciencias de la computación o gestión de sistemas de información con énfasis en la gestión de datos y/o apoyar el desarrollo de este tipo de programas en las academias y universidades locales.

6. Esforzarse por mantener en lo alto los estándares éticos de comportamiento profesional.

13.2 Membresía DAMA

DAMA Internacional, la Asociación Internacional de Gestión de Datos, es la primera organización del mundo para los profesionales de la gestión de datos. DAMA Internacional es una organización internacional sin ánimo de lucro, con más de 7.500 miembros en 40 capítulos alrededor del mundo. Para encontrar un capítulo en su localidad, visite el sitio web DAMA International, www.dama.org.

DAMA Internacional busca madurar la profesión de gestión de datos de varias maneras, incluyendo:

- En colaboración con las Conferencias Wilshire, el Simposio Internacional de DAMA (Ahora Enterprise Data Wordl) es la conferencia anual de profesionales de gestión de datos profesional más grande del mundo.
- En asociación con IRMUK, el Simposio Internacional de DAMA es la conferencia de profesionales en gestión de datos más grande en Europa.
- En colaboración con el ICCP, DAMA International ofrece un programa de certificación profesional, otorgando la Certificación Profesional en Gestión de Datos (Certifed Data Management Professionals CDMPs). El DAMA publica regularmente guías de estudio para estos exámenes.
- Los exámenes de certificación de CDMP, desarrollados por los miembros de DAMA internacional, también son utilizados por el Instituto de Data Warehouse (The Data Warehouse Institute TDWI) en su programa de certificación para profesionales de inteligencia de negocios (Certified Business Intelligece Professional CBIP).
- El Comité Internacional de Educación de DAMA ganadora del marco curricular de gestión de datos, ofrece una guía sobre cómo los colegios y universidades norteamericanas pueden enseñar la gestión de datos como parte de sus planes de estudios en Tecnologías de la Información (IT) y Gestión de Sistemas de Información (Management Information System MIS).

- En colaboración con los autores de la currícula modelo IS 2002 y basados en el Marco de DAMA Internacional, se extiende Modelo Curricular IS 2002 para incluir los temas de Calidad de Datos, Data Warehose y Metadatos.
- En colaboración con el capítulo DAMA Chicago, DAMA Internacional publica las Guías para la Implementación de Gestión de Recursos de datos (Guidelines to Implementing Data Resource Management).
- DAMA Internacional publica El Diccionario DAMA de Gestión de Datos, una publicación hermana de la Guía DAMA-DMBOK. El diccionario es el Glosario de la Guía DAMA-DMBOK. El diccionario se encuentra disponible por separado en formato CD-ROM.
- La publicación de este documento Guía DAMA-DMBOK en formato CD-ROM.

13.3 Educación Continuada y Capacitación

Los profesionales en cualquier campo participan de educación continuada para mantenerse actualizados con las mejores prácticas y desarrollar aún más las habilidades especializadas requeridas para la profesión. Algunas capacitaciones en gestión de datos se centran en el desarrollo de competencias en algunos fabricantes o productos tecnológicos específicos. DAMA Internacional y otras organizaciones profesionales ofrecen educación en conceptos, métodos y técnicas independientes de productos o fabricantes.

DAMA Internacional celebra un simposio de conferencias anuales en los Estados Unidos, Reino Unido y Australia. Actualmente hay planes para celebrar conferencias internacionales adicionales en el futuro. Además, los capítulos DAMA internacionales en más de 20 países patrocinan conferencistas que presentan temas educativos en las reuniones locales.

Los profesionales en la gestión de datos deben suscribirse a revistas profesionales y boletines en línea, y deben mantener la lectura sobre gestión de datos y los temas relacionados.

13.4 Certificación

La certificación profesional es un indicador de los conocimientos, habilidades y experiencia en un campo. DAMA Internacional y el Instituto para la Certificación de Profesionales de Informática (ICCP) han construido conjuntamente la Certificación de Profesionales de Gestión de Datos (CDMP). El programa de certificación proporciona a los profesionales de gestión de datos la oportunidad de mostrar el crecimiento profesional que puede mejorar sus metas personales y profesionales. El esfuerzo de certificación de DAMA Internacional está coordinado con el modelo de plan de estudios y con el trabajo que se realiza para definir los niveles o escalas de cargos para el campo de la gestión de datos.

DAMA Internacional es miembro constituyente de la ICCP, un consorcio de asociaciones de profesionales de TI que crean los estándares internacionales y las credenciales de certificación desde 1973. El ICCP ofrece internacionalmente los programas de certificación independiente de fabricantes y proveedores que ponen a prueba los estrictos fundamentos de la industria para la profesión informática y de ciencias de la computación. La oficina ICCP administra los programas de certificación y recertificación para la certificación CDMP.

13.4.1 ¿Cómo se obtiene una CDMP?

El proceso de certificación CDMP tiene los siguientes pasos:

1. Obtener la información y la aplicación (www.dama.org o www.iccp.org).

2. Llenar la solicitud.

3. Coordinar la presentación del examen o exámenes a través de DAMA o ICCP. Las pruebas o exámenes estarán disponibles vía Internet a través de la oficina de ICCP.

4. Aprobar el examen IS Core (requerido).

5. Aprobar dos exámenes especializados.

6. Al menos uno de los exámenes especializados deben encontrarse dentro de la siguiente lista de especialidades:

a. Gestión de datos

b. Bodega de Datos

c. Administración de bases de datos

d. Datos y calidad de datos

7. Cumplir con la experiencia y requisitos del grado académico requeridos.

8. Firmar el código de ética del ICCP.

13.4.2 Criterios de aprobación para los exámenes CDMP

Tres exámenes ICCP deben ser aprobados con los porcentajes que se presentan en la Tabla 13.1

Resultados	Documento Otorgado
Aprobar todos los exámenes con 50% o mayor	Certificado Practicante CDMP
Aprobar todos los exámenes con 70% o mayor	Certificado Master CDMP

Tabla 13.1 Requisitos de aprobación para los exámenes ICCP

La certificación en categoría practicante CDMP se otorga a profesionales que aprobaron con un porcentaje superior al 50% los tres exámenes requeridos. Estos profesionales pueden contribuir como miembros de un equipo asumiendo tareas asignadas, porque tienen un conocimiento práctico de los conceptos, habilidades y técnicas en una especialidad de datos en particular.

La certificación en categoría Master CDMP se otorga a profesionales que obtuvieron un porcentaje del 70% o superior en los tres exámenes. Estos profesionales tienen la capacidad de liderar y guiar a un equipo de profesionales ya que han dominado los conceptos, habilidades y prácticas de su especialización datos.

Los exámenes pueden ser repetidos para mejorar el puntaje y pasar de la categoría practicante a la categoría Master. También, es posible sustituir las certificaciones de algunos fabricantes específicos por uno de los exámenes especializados.

13.4.3 Criterios Adicionales de certificación CDMP

Los criterios de la tabla 13.2 son requeridos para acceder a la Certificación CDMP:

Criterio CDMP	Certificado CDMP Practicante	Certificado CDMP Master
# Años de experiencia como profesional en gestión de datos	2	4+
Haber cursado hasta 2 años de una Licenciatura o Maestría en una disciplina requerida para la experiencia laboral	2	2
Recertificación Obligatoria	Si	Si
Educación Profesional Continuada / Actividad Requerida	120 horas cada ciclo de 3 años	120 horas cada ciclo de 3 años
Código de Ética ICCP	Si	Si

Tabla 13.2 Criterios de certificación CDMP

13.4.4 Exámenes de certificación CDMP

Los candidatos a la certificación de CDMP deben tomar tres exámenes de certificación. El examen IS Core debe ser uno de estos tres exámenes. Los otros dos exámenes son elegidos por los candidatos en función de su experiencia laboral. La Tabla 13.3 presenta las funciones de gestión de datos que están cubiertas como temas en cada examen de especialización en el programa CDMP.

13.4.5 Certificaciones de fabricantes aceptadas

Cualquiera de las siguientes certificaciones podrá ser sustituida por uno de los exámenes especializados de "elección de candidatos" requeridos para el CDMP. Otros programas de certificación pueden ser aceptados, pero deben ser evaluados particularmente. Consulte con la oficina ICCP o los contactos DAMA.

IBM:

- Administrador de Base de datos IBM – DB2 Universal Databse

- Administrador avanzado de Base de datos IBM – DB2 Universal Database

- Experto en soluciones certificado de IBM - DB2 Universal Database .

- Experto en soluciones certificado de IBM – Gerente de contenido DB2.

Servicios de Ingeniería de Información Pty Ltd:

- Certificado de Modelador de datos empresariales.

Asociación de Gestion de Datos para Seguros (IDMA):

- Certificado de Data Manager de Seguros

Microsoft:

- Administrador de base de datos de Microsoft

NCR (Teradata):

- Profesional certificado de Teradata

	DAMA – DMBOK Funciones de la gestión de datos									
CDMP Exámenes Programa de Especialidad	Gobierno de datos	Gestión de arquitectura de datos	Desarrollo de datos	Gestión de operaciones de datos	Gestión de seguridad de datos	Referencia	Gestión de almacenamiento de datos e inteligencia de negocios	Documento de Gestión de Contenidos	Gestión de metadatos	Gestión de la calidad de datos
Gestión de datos	X	X	X			X	X		X	X
Administrador de base de datos				X	X					
Desarrollador de sistemas			X							
Almacenamiento de datos							X			
Inteligencia de negocios y Analyltics							X			

Calidad de Datos e información	X									X
Seguridad de sistemas				X						
Marco empresarial de arquitectura de Zachman		X								
Gestión de Procesos de Negocio						X				

Tabla 13.3 Temas de examen CDMP

Oracle:

Certificado Profesional Oracle (xx).

Administrador de base de datos certificado Oracle(xx) (para nivel practicantes CDMP)

Administrador de base de datos certificado Master Oracle(xx) (para nivel master CDMP)

Instituto de Gestión de Proyectos:

Profesional de gestión de proyectos (PMP).

Asociado Certificado en Gestión de Proyectos (CAPM).

13.4.6 Preparación para tomar los exámenes de certificación

La preparación para tomar los exámenes ICCP se puede hacer de varias maneras:

- Tomar los cursos de Revisión del ICCP patrocinados por su membresía a su capítulo del DAMA.

- Consulte las guías temáticas del examen (en el nivel 1 y 2) publicadas en http://www.iccp.org/iccpnew/outlines.html para familiarizarse con la cobertura de temas de cada examen.

Póngase en contacto con el ICCP (office@iccp.org) para conocer la Guía de Estudio CDMP, que cubre todos los exámenes del programa CDMP y tiene ejemplos de exámenes y preguntas de auto-estudio. Adicionalmente, el ICCP vende la Guía de estudio para el examen de Gestión de Datos (Data Management Exam Study Guide) y la guía de estudio para el examen de Bodegas de Datos (Data Warehousing Exam Study Guide).

13.4.7 Presentar los exámenes de certificación para la CDMP

Los exámenes del ICCP pueden ser presentados en cualquier lugar del mundo con un tutor o supervisor aprobado por el ICCP que pueda verificar la identidad del aspirante y monitorear o cuidar el examen.

Los exámenes del ICCP pueden ser presentados en los Simposios de DAMA Internacional (Ahora el evento Enterprise Data World).

Los capítulos de DAMA pueden organizar sesiones para presentar los exámenes durante sus reuniones . Es necesario contar con un supervisor o tutor voluntario dentro del capítulo. Un supervisor es una persona autorizada por el ICCP responsable de monitorear o cuidar la presentación del examen por un aspirante. Esta persona debe cumplir con unos lineamientos específicos (http://www.iccp.org/iccpnew/testing.html) y estar dispuesto a supervisar a la persona que toma el examen. El ICCP se reserva el derecho de rechazar o aceptar los supervisores propuestos. Póngase en contacto con el ICCP escribiendo a office@iccp.org o al teléfono 847.299.4227 o 800.843.8227 para recibir asistencia en la asignación de un supervisor apropiado.

Los exámenes también se pueden presentarse a través de Internet. Póngase en contacto con el ICCP como se ha señalado anteriormente para recibir mayor información.

Los exámenes se ejecutan en una unidad USB en la computadora portátil del aspirante. Hay 110 preguntas de selección múltiple para ser contestadas en 90 minutos. Cien preguntas son calificadas y 10 son preguntas beta incluidas para desarrollo futuro de las pruebas. No es posible conocer qué tipo de pregunta se está respondiendo. Preguntas y posibles respuestas distractoras son listadas al azar en un orden diferente para cada aspirante. Por lo tanto, aunque las guías de estudio contienen ejemplos de preguntas que permiten la opción "todos o ninguno de los anteriores", este tipo de respuestas no estarán disponibles para elegir en el examen real.

Las pruebas al ser presentadas en una computadora permiten ser calificadas inmediatamente después de tomar el examen. Posteriormente puede descargarse un reporte de perfilamiento y análisis de la calificación del examen, y este reporte es posteriormente enviado por el ICCP a cada aspirante. Este reporte presenta las fortalezas y debilidades de cada aspirante.

13.4.8 Recertificación/Desarrollo Profesional

Para mantener su certificación CDMP vigente, usted debe contar con 120 horas de educación continua durante un período de 3 años. Muchas de las actividades educativas cuentan, incluyendo los simposios de DAMA y reuniones de capítulo. Para más información, póngase en contacto con el ICCP (office@iccp.org) para consultar las guías y folletos de Recertificación o consulte la página:

www.iccp.org/iccpnew/Recertification%20Guidelines2005.pdf.

La Tabla 13.4 relaciona algunos ejemplos de cómo ganar estos créditos.

Actividad	Recertificación de créditos ICCP
Las instituciones educativas formales	1 trimestre = 8 créditos 1 Semestre = 12 créditos 1 Unidad de Educación (CEU)= 10

Actividad	Recertificación de créditos ICCP
Programas Independientes Reuniones profesionales, seminarios, conferencias	Cuenta el tiempo del contenido educativo del programa
La enseñanza, la docencia, la presentación Programas de auto estudio Artículo publicado, libro	Para cada categoría de actividad, un número limitado de 60 créditos de recertificación en un periodo de 3 años.
Presentar otros exámenes del ICCP	Dependerá del puntaje de los exámenes: 70% o mayor = 60 créditos 60 - 69% = 30 créditos 50 - 59% = 20 créditos Menor a 50 % = 0 créditos

Actividad	Recertificación de créditos ICCP
Como voluntario, (no compensada) servir como un funcionario electo, Comité / Miembro del Consejo de la Organización Profesional.	Usted podría participar como un funcionario o miembro electo de un consejo de una organización profesional. Por ejemplo, DAMA, ICCP u otra organización profesional. Para propósitos de documentación / auditoría, se requiere una carta o certificado de la organización profesional. 20 créditos permitidos por un ciclo 3 años: 1. Actuar como miembro electo para una organización profesional. • Mínimo tres meses de participación: 2 créditos de recertificación por año calendario. (No se otorgarán créditos si el servicio es de menos de tres meses) • Mínimo seis meses de participación: 5 créditos de recertificación por año calendario. • Doce meses de participación: 10 créditos de recertificación por año calendario. 2. Servir como voluntario / miembro del comité / consejo designado por una organización profesional. • Mínimo tres meses de participación: 1 crédito de recertificación por año calendario. (No se otorgarán créditos si el servicio es menos de tres meses) • Mínimo seis meses de participación: 3 créditos de recertificación por año calendario. • Doce meses de participación: 5 créditos de recertificación por año calendario.

Tabla 13.4 Alternativas de ganar créditos para la recertificación de CDMP

Los créditos de recertificación pueden se registrados en línea a través del formulario de Desarrollo Profesional publicado en   http://www.iccp.org/cgi-bin/pdform.php.   Su capítulo DAMA Internacional también puede realizar un seguimiento de la asistencia a las reuniones con el propósito de recertificación y comunicarlo en forma oportuna. Se requiere una cuota de mantenimiento anual para que ICCP pueda mantener el registro de sus créditos de recertificación. Usted recibirá una transcripción anual del ICCP.

13.5 Ética profesional

Como profesionales de la gestión de datos, asumimos intrínsecamente una obligación personal de la profesión y con sus miembros, y con todos aquellos que utilizan datos e información. Los consumidores de información esperan que los datos posean ciertas cualidades (integridad, exactitud, validez, etc.). Del mismo modo, nuestros consumidores de información, administradores de datos, gerentes y colegas esperan cualidades profesionales de honestidad, integridad, honradez, respeto, madurez, cortesía y cooperación. A través de nuestros comportamientos íntegros, presentamos la "cara" profesional de la gestión de datos a otras personas. Los profesionales de la gestión de datos deben esforzarse por mantener la más alta conducta ética y profesional.

Los profesionales de la gestión de datos han rechazado tradicionalmente la responsabilidad del uso de la información por los usuarios de negocios. En general, la responsabilidad profesional por los datos se ha limitado a hacer que los datos y la información sea 'apta para su uso " con fines de un propósito de negocio en particular. ¿Pero cuáles son esos propósitos? y ¿son estos propósitos éticos? ¿Es posible para el negocio estar continuamente al tanto de las posibles brechas éticas, técnicas o de proceso en el uso de los datos? Los consumidores de datos de negocio no son los únicos responsables de las brechas éticas; los profesionales de la gestión de datos juegan un papel consultivo en el uso ético de los datos. El manejo ético de datos incluye un marco legal, actividades para el correcto manejo de los datos y la formulación de las preguntas de negocio sin sesgos.

Al discutir el manejo ético de los datos, el manejo de los datos personales (por ejemplo, nombre, dirección, afiliación religiosa, orientación sexual) y privacidad (acceso o restricción a esta información) son temas clave. Mucho se ha escrito de la ley U.S Sarbanes-Oxley, HIPAA, Canadá Bill 198 y otras leyes emergentes en la década de 1990 para nuestra protección; están disponibles para su revisión para más información.

Hay dos tipos de ética: la ética compelled y la ética impuesta. La ética compelled es aquella que es parte de un código personal interno de responsabilidad. La ética impuesta es aquella dictada por la ley o reglamento. Estos dos marcos éticos son una manera de entender los enfoques de la ley de privacidad en Canadá y Estados Unidos y se describen a continuación para mostrar cómo dos países han desarrollado enfoques similares pero diferentes. Consulte las leyes locales para el desarrollo de la política corporativa para el manejo de datos personales y la privacidad.

Bajo regímenes de regulación en los Estados Unidos, las organizaciones diseñan e implementan sus propios programas de privacidad con base en los criterios establecidos por la Comisión Federal de Comercio (FTC - Federal Trade Commission):

- Notificación: Las organizaciones que recolecten datos deben divulgar sus prácticas de información antes de recaudar información personal de los consumidores.

- Elección: Los consumidores deben tener opciones de elegir con respecto a cuándo y cómo la información personal obtenida de ellos puede ser utilizado para fines más allá de aquellos para los que se proporcionó la información.

- Acceso: Los consumidores deben ser capaces de consultar la exactitud e integridad de los datos que han sido recaudados sobre ellos.

- Seguridad: Las organizaciones que recolectan datos deben tomar medidas razonables para asegurar que la información recaudada de los consumidores es exacta y evitar el uso no autorizado de la misma.

- Cumplimiento: El uso de un mecanismo confiable para imponer sanciones por el no cumplimiento de las buenas prácticas de información

La Ley de privacidad de Canadá es un híbrido entre un régimen global de protección de la privacidad junto con la autorregulación de la industria. PIPEDA ((Personal Information Protection and Electronic Documents Act)) cubre todos los negocios que recogen, utilizan y divulgan información personal en el curso de las actividades comerciales. Estipula normas, salvo excepciones, que las organizaciones deben seguir en la recolección, uso y divulgación de información personal.

Las 10 siguientes pautas son estatutos que todas las organizaciones que recopilan, utilizan y divulgan información personal deben seguir:

- Responsabilidad: Una organización es responsable de la información personal que este bajo su control y deberá designar a una persona para ser responsable de cumplimiento de la norma dentro de la organización.

- Identificación de propósitos: Una organización debe identificar los fines para los que se recoge información personal durante o antes de que la información sea recogida.

- Consentimiento: Una organización debe obtener la aceptación del conocimiento y el consentimiento de la persona para la recopilación, uso o divulgación de información personal, excepto cuando sea inadecuado.

- Limitar la recolección, uso, divulgación y retención: La recopilación de información personal debe limitarse a lo que es necesario para los objetivos identificados por la organización. La información deberá ser recogida por medios justos y legales. La información personal no será utilizada o revelada para fines distintos de aquellos para los que fueron recogidos, salvo con el consentimiento de la persona o como lo requiere la ley. La información personal se conservará sólo en la medida necesaria para el cumplimiento de dichos fines.

- Precisión: La información personal debe ser lo más precisa, completa y actualizada como sea necesario para los fines para los que se va a utilizar.

- Transparencia: Una organización debe hacer pública y legible para los individuos, información específica acerca de sus políticas y prácticas relacionadas con el manejo de su información.

- Acceso individual: A pedido, la persona debe ser informada de la existencia, uso y divulgación de su información personal y se dará acceso a esa información. Un individuo será capaz de desafiar la exactitud e integridad de la información y tienen que modificarse, según proceda.

- Cumplimiento: Un individuo puede hacer requerimientos en relación con el cumplimiento de los principios anteriores a la persona designada o las personas responsables del cumplimiento de los estatutos dentro de la organización.

En Canadá, el comisionado federal de privacidad tiene la responsabilidad exclusiva para el manejo de quejas de privacidad impuestas a las organizaciones. Sin embargo, cumplen un papel mediador en el que las decisiones son recomendaciones y no son jurídicamente vinculantes.

Como profesionales involucrados en inteligencia de negocios (BI), estamos activamente involucrados en los siguientes tipos de análisis:

- Quiénes son las personas: Incluyendo los terroristas y criminales.

- Qué hacen las personas ; Incluyendo el perfilamiento y caracterización de las personas

- Cuándo lo hacen

- Qué trato reciben las personas: incluidos los resultados de los análisis, como la puntuación, marcación para trato preferencial, y marcación para acciones particulares en futuros negocios.

Es importante preguntarse si estas actividades son éticas o no y para explorar las implicaciones para la comunidad antes de proceder con alguna actividad. A menudo, aunque se confirme la decisión de proceder, la manera de proceder puede ser cambiada. Los datos pueden hacerse anónimos, la información privada retirada de los archivos, la seguridad en los archivos ajustada y confirmada, y puede realizarse una revisión de la ley de privacidad aplicable localmente. La Figura 13.1 resume la evaluación de los riesgos éticos.

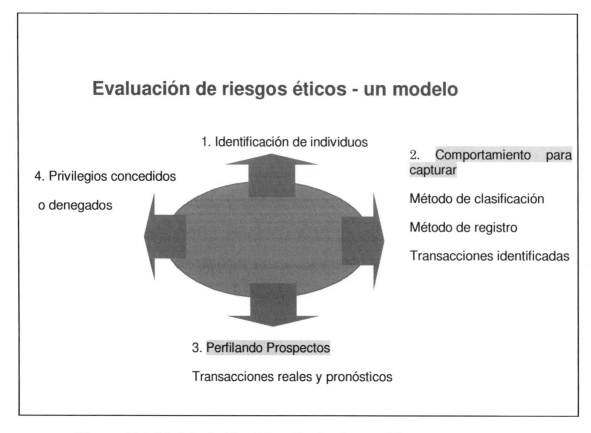

Figura 13.1 Modelo de identificación de riesgos éticos para proyectos

Tenga en cuenta las siguientes situaciones relacionadas con un manejo ético de la información.

- Hunch y Busqueda: El analista tiene una corazonada y quiere satisfacer esa corazonada, pero sólo utiliza los datos que satisfaga su corazonada.
- Recolección de datos para obtener un resultado predefinido: El analista es presionado para recopilar datos y producir resultados en función de unas necesidades predefinidas.
- Utilización sesgada de los datos recogidos: datos que se utilizan bajo un enfoque determinado; los datos son manipulados bajo una aproximación elegida previamente.

En resumen, los usuarios de negocio pueden no ser conscientes de " de dónde proceden los datos" y las cuestiones éticas pueden no ser obvias para ellos. El monitoreo automatizado no es suficiente protección contra las actividades contrarias a la ética; los analistas, a sí mismos, necesitan reflexionar sobre posibles sesgos. La cultura de las normas y la ética en el comportamiento corporativo influencian del lugar de trabajo. Igualmente es importante aprender y utilizar el modelo de riesgo ético. DAMA Internacional anima a los profesionales de datos para tomar una posición ética y presentar la situación de riesgo a los líderes de negocios que quizás no podría haber pensado en estas implicaciones durante su trabajo.

13.6 Profesionales notables de gestión de datos

Desde su creación en 1988, DAMA Internacional ha reconocido a los profesionales de gestión de datos que han hecho contribuciones significativas, demostrables en el campo de gestión de datos honrándolos con un Premio al Logro Individual DAMA.

13.6.1 Premio a la trayectoria

El Premio a la Trayectoria de Toda una Vida (The Lifetime Achievement Award) reconoce a un individuo por su significativa contribución a la profesión de gestión de datos en el transcurso de su vida. El más alto honor otorgado por DAMA International.

2002 John Zachman

2006 Michael Brackett

13.6.2 Premio por Logro Profesional

El Premio Logro Profesional era conocido antes como el Premio al Logro Individual. Reconoce un miembro DAMA Internacional que ha hecho contribuciones significativas, demostrables a la profesión de gestión de datos.

1988 John Zachman

1988 Walter Vitale

1991 Jo Meador

1992 Gary Schudt

1993 Belkis Leong Hong-

1995 Ronald Ross

1996 Barbara von Halle

1997 Clive Finkelstein

1998 Larry Inglés

1999 Claudia Imhoff

2000 Peter Chen

2001 Peter Aiken

2001 E.F. "Ted" Codd

2002 Davida Berger

2002 William (Bill) H. Inmon

2003 Graeme Simsion

2004 Len Silverston

2005 Claudia Imhoff

2006 Patricia Cupoli

2007 Robert Seiner

2008 David Marco

2009 Jaylene McCandlish

13.6.3 Premio al Logro Gobierno

El Premio Gobierno reconoce un miembro de DAMA internacional que trabajen en el sector público en el liderazgo y la práctica de gestión de datos.

2004 Dr. John D. Graham

2005 Judith Newton

2008 Suzanne Acar

2009 Glenn Thomas

13.6.4 Premio al Desempeño Académico

El Premio al Desempeño Académico reconoce a un miembro DAMA Internacional de la academia que trabaje en investigaciones pendientes o contribuciones teóricas en el campo de la gestión de datos.

2003 Dr. Terry Halpin

2004 Dr. Richard Nolan

2005 Dr. Richard Wang

2006 Dr. Gordon Everest

2007 Dr. Herbert Longnecker

2008 Dr. John Talburt

2009 Eva Smith

13.6.5 Premio de la Comunidad DAMA

El Premio a la Comunidad DAMA reconoce un miembro DAMA internacional que ha ido más allá de la llamada del servicio voluntario a la organización DAMA y su membresía.

2003 Brett Champlin

2004 Larry Dziedzic

2005 Dr. Peter Aiken

2006 Len Silverston

2007 Jack Olson

2008 Michael Scofield

2009 Marcos Mosley

Epílogo

Para repetir el comentario de apertura de John Zachman en el Prólogo: Este libro es verdaderamente una obra de arte!

La Guía DAMA-DMBOK es la primera en su tipo en la profesión de gestión de datos, a pesar de que existen otras bases y cuerpos de conocimiento en otras profesiones. El desarrollo de una profesión formal de gestión de datos desde un conjunto de diferentes disciplinas requiere y necesita que una base de conocimiento sea desarrollada. Eso es exactamente lo que se hizo en este compendio.

¿Es la primera guía DAMA-DMBOK perfecta? No. Pero, es un paso importante en la dirección correcta. DAMA, incluyendo la Fundación DAMA y DAMA Internacional, han tomado una posición sobre lo que debe comprender una profesión formal, certificada, reconocida y respetada de gestión de datos. Los contenidos de la primera Guía DAMA-DMBOK serán evaluados, revisados y publicados en versiones actualizadas.

No fue fácil empezar la primera Guía DAMA-DMBOK juntos. Cientos de personas participaron en la elaboración y revisión de los contenidos y la preparación del manuscrito final para su publicación. Estas personas provienen de diferentes disciplinas, diferentes perfiles profesionales y diferentes entornos operativos. Todos tenían diferentes ideas y pensamientos acerca de lo que debe incluirse en una profesión formal de gestión de datos. Sin embargo, para ir en línea con "los profesionales crean la profesión", el insumo de una amplia variedad de profesionales necesita ser considerado.

Usted probablemente ha notado algunas incoherencias a medida que leyó la Guía DAMA-DMBOK. Estas inconsistencias son el resultado de la inclusión de los pensamientos y las ideas de muchos profesionales de la gestión de datos. Aunque se hicieron intentos, al menos en relación con el estilo, el objetivo era evitar forzar los pensamientos de unos pocos sobre los de muchos. Es mejor llevar a la superficie las inconsistencias entre los profesionales, evaluarlas, decidir sobre el mejor enfoque, e incluir las mejoras en las revisiones de la Guía DAMA-DMBOK.

La evolución de la profesión de gestión de datos y la Guía DAMA-DMBOK es bastante interesante. A mediados y finales de 1990 estaba creciendo la preocupación sobre el desarrollo de una profesión formal de gestión de datos. Un número de profesionales de la gestión de datos sentía que si nosotros, los profesionales, no desarrollábamos nuestra propia profesión de gestión de datos formalmente, alguien más la desarrollaría por nosotros. Estos fueron tiempos muy desconcertantes.

En la década de 2000 algunos de nosotros en DAMA tuvo una visión de una profesión formal, certificada, reconocida y respetada de gestión de datos. Hemos desarrollado un plan de estudios, comenzando certificaciones formales, estableciendo una base y preparamos las declaraciones de misión. Decidimos desarrollar una base de conocimientos (BOK – Body of Knowledge), que evolucionó rápidamente a un base completa de Conocimiento (CBOK – Complete Body of Knowledge).

Posteriormente, emergió una discusión acerca de la marca de productos que DAMA desarrolló. En consecuencia, se esatbleció la Base de Conocimiento de Gestión de Datos (DMBOK - Data Management Body of Knowledge). Posteriormente la marca evolucionó a DAMA-DMBOK. Cuando inicialmente miramos el contenido de una base o cuerpo completo de conocimientos, estaba claro que no se podía poner todo en un solo documento. Por lo tanto, la Guía DAMA-DMBOK fue concebida como una guía para la base completa de conocimiento de la gestión de datos.

La Guía DAMA-DMBOK era una tarea de enormes proporciones cuyo desarrollo en realidad comenzó con el Diccionario DAMA de Gestión de Datos publicado en 2008. El Diccionario, como la Guía DAMA-DMBOK no son perfectos y serán revisados. Sin embargo, fueron un comienzo y formaron la base para la Guía DAMA-DMBOK publicada en 2009. Los planes ya están en marcha para mejorar el diccionario y la guía.

La evolución de una profesión formal de gestión de datos sólo puede continuar si los profesionales están activamente involucrados. Animo a cada uno de ustedes a participar en la evolución de una profesión formal de gestión de datos y anime a sus compañeros de profesión a participar en ello. Es sólo a través de la participación activa de los profesionales de la gestión de datos que una verdadera profesión de gestión de datos evolucionará y sobrevivirá.

Michael Brackett
Lilliwaup, Washington
Enero, 2009

A1 Gestión de datos Proveedores

Función	Proveedores
1. Gobierno de datos	• Ejecutivos empresariales • Ejecutivos de TI • Administrador de datos • Organismos Reguladores
2. Gestión Arquitectura de Datos	• Ejecutivos • Administrador de datos • Productores de Datos • Consumidores de información
3. Desarrollo de Datos	• Administrador de datos • Expertos en la materia • Comité de Dirección de TI • Consejo de gobierno de datos • Arquitectos y analistas de datos • Desarrolladores de software • Los productores de datos • Consumidores de información
4. Gestión de operaciones de datos	• Ejecutivos • Comité Directivo de TI • Consejo de gobierno de datos • Administrador de datos • Arquitectos y analistas de datos • Desarrolladores de software
5. Gestión de seguridad de datos	• Administrador de datos • Comité Directivo de TI • Consejo de administración de Datos • Gobierno • Clientes
6. Gestión de datos maestros y de referencia	• Comités Directivos • Administradores de datos de negocios • Expertos en la materia • Consumidores de datos • Organizaciones de normalización • Proveedores de datos
7. Gestión de inteligencia de negocios y almacenamiento de datos	• Directivos y Gerentes • Expertos en la materia • Consejo de gobierno de datos • Consumidores de información (interna y externa) • Los productores de datos • Arquitectos y analistas de datos
8. Gestión de contenidos y documentación	• Empleados • Partidos externos

Función	Proveedores
9. Gestión de metadatos	• Administrador de datos • Arquitectos de datos • Modeladores de datos • Administradores de base de datos • Otros datos profesionales • Corredor de datos • Reguladores de gobierno e industria
10. Gestión de la calidad de datos	• Fuentes externas • Organismos Reguladores • Expertos de tema de negocios • Consumidores de información • Los productores de datos • Arquitectos de datos • Modeladores de datos • Administrador de datos

A2 Entradas de gestión de datos

Función	Inputs
1. Gobierno de datos	• Metas de negocio • Estrategias de negocio • Objetivos TI • Estrategias TI • Necesidades de datos • Problemas de datos • Requerimientos regulatorios
2. Gestión de arquitectura de datos	• Metas de negocio • Estrategias de negocio • Arquitectura de negocio • Arquitectura de proceso • Objetivos TI • Estrategias TI • Data Strategies • Problemas de Datos • Necesidades de datos • Arquitectura Técnica
3. Desarrollo de datos	• Metas de negocio and Strategies • Necesidades de datos and Strategies • Arquitectura de datos • Arquitectura de Procesos • Arquitectura de la aplicación • Arquitectura Técnica
4. Gestión de operaciones de datos	• Requerimientos de datos • Arquitectura de Datos • Modelos de Datos • Los datos Legado
5. Gestión de seguridad de datos	• Metas de Negocio • Estrategia de Negocios • Reglas de Negocio • Procesos de Negocio • Estrategia de Datos • Problemas de privacidad de datos • Políticas y Normas de TI relacionados
6. Gestión de datos maestros y de referencia	• Controladores de negocio • Requisitos de datos • Políticas y Regulaciones • Normas • Series de Código • Datos Maestros • Datos Transaccional

Función	Inputs
7. Gestión de inteligencia de negocios y almacenamiento de datos	• Controladores de negocio • Requisitos de BI de datos y acceso • Requisitos de Calidad de Datos • Requisitos de seguridad de datos • Arquitectura de Datos • Arquitectura Técnica • Normas y Directrices de modelado de datos • Datos Transaccional • Master y datos de referencia • Industria y datos externos
8. Gestión de contenidos y documentación	• Documentos de texto • Informes • Hojas de cálculo • Correo electrónico • Mensajes instantáneos • Los faxes • Correo de voz • Imágenes • Las grabaciones de video • Las grabaciones de audio • Los archivos de papel impreso • Microficha
9. Gestión de metadatos	• Problemas de metadatos • Arquitectura de Datos • Negocios Metadatos • Técnica Metadatos • Proceso de Metadatos • Los metadatos Operacional • Datos Administración Metadatos
10. Gestión de la calidad de datos	• Requisitos de datos • Expectativas de calidad de datos • Políticas y Estándares de Datos • Negocios Metadatos • Técnica Metadatos

A3 Participantes de gestión de datos

Función	Participantes
1. Gobierno de datos	• Administrador ejecutivo de datos • Coordinación ejecutivo de datos • Administración de datos de negocios • Profesionales de Datos • Ejecutivo DM • CIO
2. Gestión de arquitectura de datos	• Administrador de datos • Expertos en la materia (SMEs) • Arquitectos de datos • Analistas y los modeladores de datos • Otros arquitectos empresariales • Ejecutivo y Gerentes DM • CIO y otros ejecutivos • Administradores de bases de datos • Administrador de modelo de datos
3. Desarrollo de datos	• SMEs y administrador de datos • Arquitectos y analistas de datos • Administradores de bases de datos • Administradores modelo de datos • Desarrolladores de software • Jefes de Proyecto • Ejecutivos DM y otros administradores TI
4. Gestión de operaciones de datos	• Administradores de bases de datos • Desarrolladores de software • Jefes de Proyecto • Administradores de datos • Arquitectos y analistas de datos • Ejecutivos DM y otros administradores TI • Los operadores TI
5. Gestión de datos de seguridad	• Administradores de datos • Administradores de seguridad de datos • Administradores de bases de datos • Analistas BI • Arquitectos de datos • Líder DM • CIO / CTO • Analistas de centro de ayuda

Función	Participantes
6. Gestión de datos maestros y de referencia	• Administrador de datos • Expertos del tema • Arquitectos de datos • Analista de datos • Arquitectos de aplicación • Consejo de gobierno de datos • Proveedor de datos • Otros profesionales TI
7. Gestión de inteligencia de negocios y almacenamiento de datos	• Los ejecutivos y gerentes de negocios • Ejecutivos DM y Otros administradores TI • Director del Programa BI • Las PYMES y otros consumidores de información. • Los administradores de datos • Jefes de Proyecto • Arquitectos y analistas de datos • Especialistas de Integración de datos (ETL) • Especialistas de BI • Los administradores de bases de datos • Los administradores de seguridad de datos • Los analistas de Calidad de Datos
8. Gestión de contenidos y documentación	• Empleados • Administradores de datos • Profesionales DM • Registros del Personal de Gestión • Otros profesionales de TI • Ejecutivo de Gestión de Datos • Otros administradores de TI • Oficial Jefe información • Director de Conocimiento
9. Gestión de metadatos	• Especialista Metadatos • Integración de los arquitectos de datos • Los administradores de datos • Arquitectos y modeladores de datos • Los administradores de bases de datos • Otros profesionales DM • Otros profesionales TI • Ejecutivo DM
10. Gestión de la calidad de datos	• Analistas de la calidad Datos • Administradores de datos • Profesionales Otros datos • Director DRM • Consejo de Manejo de Datos

A4 Herramientas de gestión de datos

Función	Tools
1. Gobierno de datos	• Intranet Sitio web • E-Mail • Herramientas de metadatos • Herramientas de gestión de problemas
2. Gestión de arquitectura de datos	• Herramientas de modelado de datos • Herramienta de gestión de Modelo • Deposito de Metadatos • Herramientas de productividad de oficina
3. Desarrollo de datos	• Herramientas de modelado de datos • Sistemas de Gestión de Base de Datos • Herramientas de desarrollo de software • Herramientas de prueba • Herramientas Modelo de Gestión • Herramientas de administración de configuración • Herramientas de productividad de oficina
4. Gestión de operaciones de datos	• Sistemas de Gestión de Base de Datos • Herramientas de desarrollo de datos • Herramientas de administración de base de datos • Herramientas de productividad de oficina
5. Gestión de seguridad de datos	• Sistema de Gestión de Base de Datos • Herramientas de inteligencia de negocios • Marcos de aplicaciones • Tecnologías de Gestión de Identidad • Sistemas de control de cambios
6. Gestión de datos maestros y de referencia	• Referencia de gestión de datos • Aplicaciones de Gestión de Datos Maestros • Herramientas de modelado de datos • Herramientas de modelado de procesos • Depósitos de metadatos • Herramientas de perfiles de datos • Herramientas de Limpieza de datos • Herramientas de Integración de Datos • Procesos de Negocio y Regla Motores • Herramientas de gestión del cambio

Función	Tools
7. Gestión de inteligencia de negocios y almacenamiento de datos	• Los ejecutivos y gerentes de negocios • Ejecutivos DM y otros gerentes TI • Director del Programa BI • SMEs y otros consumidores de información • Administradores de datos • Jefes de Proyecto • Arquitectos y analistas de datos • Especialistas de Integración de datos (ETL) • Especialistas BI • Administradores de bases de datos • Administradores de seguridad de datos • Analistas de Calidad de Datos
8. Gestión de contenidos y documentación	• Empleados • Administradores de datos • Profesionales DM • Registros del Personal de gerencia • Otros profesionales TI • Ejecutivo de Gestión de Datos • Otros administradores TI • Oficial Jefe de información • Director de Conocimiento
9. Gestión de metadatos	• Depósitos de Metadatos • Herramientas de modelado de datos • Sistemas de Gestión de Base de Datos • Herramientas de Integración de Datos • Herramientas de Inteligencia de negocios • Herramientas de administración del sistema • Herramientas de modelado de objetos • Herramientas de modelado de procesos • Herramientas de generación de informes • Herramientas de Calidad de Datos • Desarrollo de Datos y Herramientas de administración • Herramientas de Gestión de Datos maestros y de Referencia
10. Gestión de la calidad de datos	• Herramientas de Perfilado de datos • Herramientas de análisis estadísticos • Herramientas de Limpieza de datos • Herramientas de Integración de Datos • Problemas y herramientas de gestión de eventos

A5 Entregas primarias de gestión de datos

Función	Entregas Primarias
1. Gobierno de datos	• Política de Datos • Estándares de Datos • Problemas resueltos • Proyectos de gestión de datos y servicios • Calidad de los Datos e Información • Valores de datos reconocidos
2. Gestión de arquitectura de datos	• Modelado de datos empresariales • Análisis de cadena de valor de información • Arquitectura de base de datos • Arquitectura de datos de integración/MDM • Arquitectura DW/BI • Arquitectura de Metadatos • Las taxonomías para empresas y espacios de nombres • Arquitectura de Gestión de Documentos • Los metadatos
3. Desarrollo de datos	• Datos y reglas de negocio • Modelos de datos lógicos y Especificaciones • Modelos físicos de datos y especificaciones • Los metadatos (Negocio y Técnica) • Modelado de datos y normas de diseño DB • Modelo de datos y Revisiones de Diseño DB • Versión controlada de Modelos de Datos • Datos de Prueba • Desarrollo y prueba de bases de datos • Productos de Información • Servicios de acceso a datos • Servicios de integración de datos • Los datos migrados y de Construcción
4. Gestión de operaciones de datos	• Entornos técnicos DBMS • Desarrollo/Prueba, control de calidad y las bases de datos de producción • Externamente con fuente de datos • Rendimiento de base de datos • Planes de Recuperación de Datos • Continuidad del Negocio • Plan de Retención de Datos • Archivar y depurar datos

Función	Entregas Primarias
5. Gestión de seguridad de datos	• Datos de confidencialidad y Normas de privacidad • Perfiles de usuario, contraseñas y Membresías • Permisos de seguridad de datos • Controles de seguridad de datos • Acceso a Vistas de datos • Clasificación de documentos • Autenticación e Historia de Acceso • Auditorías de Seguridad de Datos
6. Gestión de datos maestros y de referencia	• Requisitos de Datos Maestros y de Referencia • Modelos de Datos y Documentación • Referencia fiable y datos maestros • Linaje de datos de "Disco de Oro" • Calidad de Datos Métricos e Informes • Servicios de limpieza de datos
7. Gestión de inteligencia de negocios y almacenamiento de datos	• Arquitectura DW / BI • Almacenes de Datos • Data Marts y Cubos OLAP • Tablero e indicador de resultados • Aplicaciones Analíticas • Extractos de archivos (Extracción de datos/Herramientas de estadisticas) • Herramientas de BI y entornos de usuario • Mecanismo de retroalimentación de calidad de datos/Lazo
8. Gestión de contenidos y documentación	• Registros administrados en muchos formatos de medios • Registros E-discovery • Cartas y correos electrónicos salientes • Todos los contratos y documentos financieros • Políticas y procedimientos • Las pistas de auditoría y registros • Actas de las reuniones • Informes Formales • Memorandos Significativos
9. Gestión de metadatos	• Depósito de Metadatos • Calidad de Metadatos • Arquitectura y Modelos de metadatos • Gestión de Metadatos de Análisis Operacional • Análisis de Metadatos • Linaje de datos • Análisis de Impacto del Cambio • Procedimientos de Control de Metadatos

Función	Entregas Primarias
10. Gestión de la calidad de datos	• Datos de Calidad Superior • Análisis Operacional de Gestión de datos • Perfiles de Datos • Informes de certificación de calidad de datos

A6 Consumidores de gestión de datos

Función	Consumidores
1. Gobierno de datos	• Los productores de datos • Los trabajadores del conocimiento • Gerentes y Ejecutivos • Profesionales de Datos • Clientes
2. Gestión de arquitectura de datos	• Administrador de datos • Arquitectos de datos • Analista de datos • Administradores de bases de datos • Desarrolladores de software • Gerentes de proyectos • Los productores de datos • Trabajadores del conocimiento • Gerentes y Ejecutivos
3. Desarrollo de datos	• Productores de Datos • Trabajadores del conocimiento • Gerentes y Ejecutivos • Clientes • Profesionales de Datos • Otros profesionales de TI
4. Gestión de operaciones de datos	• Creadores de Datos • Consumidores de información • Clientes de la empresa • Profesionales de Datos • Otros profesionales de TI
5. Gestión de seguridad de datos	• Productores de Datos • Trabajadores del conocimiento • Gerentes • Ejecutivos • Clientes • Profesionales de Datos
6. Gestión de datos maestros y de referencia	• Usuarios de aplicación • Usuarios de informes y BI • Desarrolladores de aplicaciones y Arquitectos • Desarrolladores de Integración de Datos y Arquitectos • Desarrolladores BI y Arquitectos • Los vendedores, clientes y socios
7. Gestión de inteligencia de negocios y almacenamiento de datos	• Trabajadores del conocimiento • Ejecutivos y Gerentes • Clientes externos • Sistemas internos • Profesionales de datos • Otros profesionales TI

Función	Consumidores
8. Gestión de contenidos y documentación	• TI usuarios y negocios • Agencias reguladoras gubernamentales • Gerencia Senior • Clientes externos
9. Gestión de metadatos	• Administrador de datos • Profesionales de datos • Otros profesionales TI • Trabajadores del conocimiento • Ejecutivos y Gerentes • Colaboradores y clientes
10. Gestión de la calidad de datos	• Administrador de datos • Profesionales de datos • Otros profesionales TI • Trabajadores del conocimiento • Ejecutivos y Gerentes • Clientes

A7 Métricos de gestión de datos

Función	Métricos
1. Gobierno de datos	• Datos del valor • Costo de Gestión de Datos • Logro de los Objetivos • Número de reuniones celebradas • Numero de las decisiones tomadas • Representación/cobertura de administración • Plantilla profesional de datos • Madurez de Procesos de Gestión de Datos
2. Gestión de arquitectura de datos	•
3. Desarrollo de datos	•
4. Gestión de operaciones de datos	• Disponibilidad • Rendimiento
5. Gestión de seguridad de datos	•
6. Gestión de datos maestros y de referencia	• Calidad de datos maestros y de referencia • Cambio de actividad • Problemas, Costos, Volumen • Uso y Re-Uso • Disponibilidad • Cobertura Metadato
7. Gestión de inteligencia de negocios y almacenamiento de datos	• Métricos de uso • Satisfacción de Cliente/Usuario • Porcentaje de cobertura de área • Métricos de Resultados/Rendimiento
8. Gestión de contenidos y documentación	• Retorno de la inversión • Indicadores clave de rendimiento • Indicador de resultados en balance
9. Gestión de metadatos	• Calidad de metadatos • Cumplimiento de Datos de Servicio de datos maestros • Contribución de depósitos de los metadatos • Calidad de Documentación de Metadatos • Representación/cobertura de administración • Uso/Referencia de metadatos • Madurez de Gestión de Metadatos • Disponibilidad de depósitos de Metadatos
10. Gestión de la calidad de datos	• Valor estadísticos de los datos • Violaciones de errores/requerimientos • Conformidad con las expectativas • La conformidad con los niveles de servicio

A8 Clases de productos de software

Clases de Tecnología	Descripción
Sistemas de Gestión de Bases de Datos (DBMS)	• Sistemas de Gestión de Bases de Datos (DBMS) • Sistemas de Gestión Relacional de Base de Datos (RDBMS). • Sistemas de Gestión multidimensional de Base de datos (MDBMS). • Sistemas de Gestión orientada de Base de datos a objetos (OODBMS). • Sistemas de Gestión jerárquica de Base de datos. • Sistemas de gestión de base de datos de red.
Herramientas y modelado de metadatos	• Herramientas de Gestión Modelado. • Herramientas de modelado de procesos. • Herramientas de modelado de objetos. • Depósitos de metadatos. • Los glosarios. • Directorios. • Las taxonomías.
Desarrollo de datos y herramientas de administración	• Herramientas de desarrollo de base de datos. • Herramientas de administración de base de datos. • Herramientas de prueba. • Herramientas de Gestión de la Configuración del Software (biblioteca de código fuente y de control de versiones). • Edición y herramientas de gestión de defectos. • Herramientas de Gestión de Proyectos.
Herramientas de integración de datos	• Herramientas de movimiento de datos (ETL). • Herramientas de Integración de Aplicaciones Empresariales (EAI). • Herramientas de datos de transparencia.
Herramientas de calidad de datos	• Herramientas de Perfilado de datos. • Herramientas de limpieza de datos.

Clases de Tecnología	Descripción
Herramientas de inteligencia de negocio	• Consulta de Ad Hoc y herramientas de informe. • Herramientas de Información Empresarial. • Herramientas de Procesamiento analítico en línea (OLAP). • Herramientas de Escritorio OLAP. • Herramientas de Multi-Dimensional OLAP (MOLAP). • Herramientas OLAP Relacional (ROLAP). • Herramientas de Análisis estadístico. • Herramientas de extracción de datos/de análisis predictivo. • Herramientas de modelado de escenarios. • Aplicaciones Especializada Analítica (Analítica). • Sistemas de Información Ejecutiva. • Herramientas de Gestión de Rendimiento de Negocio.
Herramientas de Gestión de datos maestros y de referencia	• Entornos del sistema de gestión de datos maestros. • Soluciones de integración de datos de los clientes. • Soluciones de integración de datos del producto. • Herramientas de gestión jerárquica dimensional.

A9 Tablas resumen del proceso

Las tablas resumen del proceso de cada capítulo se han incluido en un apéndice para proporcionar una referencia rápida a todos los procesos. Los códigos entre paréntesis son P de Planificación, D para desarrollar y desplegar, O para operar y C para el Control.

A9.1 Gobierno de datos

Actividades	Entregables	Roles responsables	Aprobación de roles	Contribución de roles
1.1.1 Entender las necesidades de datos de la empresa (P)	Necesidades de datos empresariales y estratégicos	Ejecutivo DM	Consejo de gobierno de datos, CIO	Administrador de datos, Profesionales de la gestión de datos
1.1.2 Desarrollar y mantener la estrategia de datos (P)	Estrategia de datos – Visión, Misión, Bus, Caso, Metas, Objetivos, Principios, Componentes, Métricos, Rutas de implementación	Ejecutivo DM	Consejo de gobierno de datos, CIO	Administrador de datos, Profesionales de la gestión de datos

Actividades	Entregables	Roles responsables	Aprobación de roles	Contribución de roles
1.1.3 Establecer las funciones de gestión de datos de profesionales y organizaciones (P)	Servicios de gestión de datos, Empleados y organizaciones	CIO	Consejo de gobierno de datos	Ejecutivo DM
1.1.4 Establecer Organizaciones y administración de Gobierno de Datos (P)	Consejo de gobierno de datos, Comité de administración de Datos, Equipos de administración de Datos	Ejecutivo DM, CIO, Consejo de gobierno de datos	Alta dirección	Administrador de datos, Profesionales de la gestión de datos
1.1.5 Identificar y nombrar a los administradores de datos (P)	Administración de datos de negocios, La coordinación de los administradores de datos, Administración de datos ejecutivos	Ejecutivo DM, Administración de datos ejecutivos	Consejo de gobierno de datos	La coordinación de los administradores de datos, Profesionales de la gestión de datos
1.1.6 Desarrollar, revisar y aprobar las políticas de datos y procedimientos (P)	Políticas de datos, Estándares de datos, Procedimientos de gestión de datos	Ejecutivo DM	Consejo de gobierno de datos, CIO	Comité de administración de Datos, Equipos de administración de Datos, Profesionales de la gestión de datos
1.1.7 Revisión y Aprobación de Arquitectura de Datos (P)	Modelo de datos empresariales aceptados, Arquitectura de datos relacionados	Consejo de gobierno de datos	Consejo de gobierno de datos, CIO	Arquitecto de datos empresariales, Comité de administración de Datos, Administrador de datos, Arquitectos de datos, Ejecutivo DM

Actividades	Entregables	Roles responsables	Aprobación de roles	Contribución de roles
1.1.8 Planificar y promover proyectos de gestión de datos y servicios (P)	Proyectos de gestión de datos, Servicios de gestión de datos	Consejo de gobierno de datos	Consejo de gobierno de datos, CIO, Comité de Dirección de TI	Ejecutivo DM, Profesionales de la gestión de datos, Administrador de datos
1.1.9 Estimación de datos de valor de activos y costos asociados (P)	Estimaciones de valores de los activos de datos , Estimaciones de costos de gestión de Datos.	Administrador de datos	Consejo de gobierno de datos	Ejecutivo DM, Profesionales de la gestión de datos
1.2.1 Supervisar las Organizaciones Profesionales de datos y el personal (C)	Servicios de gestión de datos Empleados y organizaciones	Ejecutivo DM(s)	CIO	Profesionales de la gestión de datos
1.2.2 Actividades de Coordinar Gobierno de Datos	Gobierno de datos Programación de horarios, reuniones, agendas, documentos, minutos	Ejecutivo DM, Arquitecto de datos empresarial, Arquitectos de datos	Consejo de gobierno de datos, Comité de administración de Datos, Equipos de administración de Datos, CIO	Profesionales de la gestión de datos
1.2.3 Administrar y resolver problemas relacionados con datos (C)	Registro de problemas, Resolución de problemas	Equipos de administración de Datos, Comité de administración de Datos, Consejo de gobierno de datos	Equipos de administración de Datos, Comité de administración de Datos, Consejo de gobierno de datos	Ejecutivo DM, Profesionales de la gestión de datos
1.2.4 Supervisar y garantizar el cumplimiento normativo (C)	Reportes de Cumplimiento, Cuestiones relativas al incumplimiento	Profesionales de la gestión de datos	Consejo de gobierno de datos	Ejecutivo DM, CIO

Actividades	Entregables	Roles responsables	Aprobación de roles	Contribución de roles
1.2.5 Comunicar, vigilar y hacer cumplir de conformidad con las políticas de datos, normas, procedimientos y Arquitectura (C)	Política / Normas / Arco / Comunicación Procedimiento, Cuestiones relativas al incumplimiento	Profesionales de la gestión de datos, Administrador de datos	Consejo de gobierno de datos, Comité de administración de Datos	Ejecutivo DM
1.2.6 Supervisar proyectos y servicios de gestión de datos(C)		Ejecutivo DM	Consejo de gobierno de datos	Profesionales de la gestión de datos
1.2.7 Comunicar y promover el valor de y gestión de datos (C)	Datos de Administración de Sitios Web, Boletín de Gestión de Datos, La comprensión y reconocimiento	Ejecutivo DM, Profesionales de la gestión de datos, Administrador de datos, CIO	Consejo de gobierno de datos	Administrador de datos

A9.2 Gestión de arquitectura de datos

Actividades	Entregables	Roles responsables	Roles aprobados	Roles contribuyentes
2.1 Comprender las necesidades de información de la empresa (P)	Las listas de los requisitos de información esenciales	Arquitecto de datos empresarial, Negocios SME's	Consejo de gobierno de datos, Comité directivo de arquitectura de datos, Ejecutivo DM, CIO	
2.2 2.2. Desarrollar y mantener el modelo de datos empresariales (P)	Modelado de datos empresariales: • Asunto modelo de área • Modelo conceptual • Modelo lógico • Glosario	Arquitecto de datos empresarial	Consejo de gobierno de datos, Comité directivo de arquitectura de datos, Ejecutivo DM, CIO	Arquitectos de datos, Administradores /Equipos de datos
2.3 Analizar y alinear con otros modelos de negocios. (P)	Análisis Matrices de cadena de valor de información • Entidad/función • Entidad/Organización y rol • Entidad/Aplicación	Arquitecto de datos empresarial	Consejo de gobierno de datos, Comité directivo de arquitectura de datos, Ejecutivo DM, CIO	Arquitectos de datos, Administradores /Equipos de datos, Arquitectos empresariales
2.4 2.4. Definir y mantener la arquitectura de base de datos (P)	Arquitectura de tecnología de datos (Tecnología, Distribución, Uso)	Arquitecto de datos empresarial	Ejecutivo DM, CIO, Comité de Dirección Arquitectura de Datos, Consejo de gobierno de datos	Administradores de bases de datos, Otros Profesionales de gestión de datos

Actividades	Entregables	Roles responsables	Roles aprobados	Roles contribuyentes
2.5 Definir y mantener la arquitectura de integración de datos (P)	Arquitectura de integración de datos • Linaje de datos/Flujos • Ciclo de vida de entidad	Arquitecto de datos empresarial	Ejecutivo DM, CIO, Comite directivo de arquitectura de datos, Consejo de gobierno de datos	Administradores de bases de datos, Especialistas en Integración de Datos, Otros Profesionales de la gestión de datos
2.6 Definir y mantener la arquitectura/el almacenamiento BI (P)	Almacén de datos /arquitectura de inteligencia de negocio	Arquitecto de almacenamiento de datos	Arquitecto de datos empresarial, Ejecutivo DM, CIO, Comité directivo de arquitectura de datos, Consejo de gobierno de datos	Especialistas en inteligencia de negocios, Especialistas en Integración de Datos, Administradores de bases de datos, Otros Profesionales de gestión de datos
2.7 Definir y mantener Taxonomías empresariales y espacios de nombres.	Taxonomías empresariales, Espacios de nombres XML, Contenido de Normas de Gestión	Arquitecto de datos empresariales Arquitecto de Datos Empresariales	Ejecutivo DM, CIO, Comité de Dirección Arquitectura de Datos, Consejo de gobierno de datos	Otros Arquitectos de datos, Otros Profesionales de la gestión de datos
2.8 Definir y mantener la arquitectura de Metadatos (P)	Arquitectura de Metadatos	Arquitecto de metadatos	Arquitecto de datos empresarial, Ejecutivo DM, CIO, Comité directivo de arquitectura de datos, Consejo de gobierno de datos	Especialistas de Metadatos, Otros Profesionales de gestión de datos

A9.3 Desarrollo de datos

Actividades	Entregables	Roles Responsables	Roles aprobados	Roles contribuyentes
3.1.1 Analizar Requerimientos de información (D)	Declaraciones de especificaciones de requerimiento de información	Arquitectos de datos, Analista de datos	Administrador de datos	Administrador de datos, Otros SMEs
3.1.2 Desarrollar y mantener modelos de datos conceptuales (D)	Informes y diagramas de modelo de datos conceptuales	Arquitectos de datos, Analista de datos	Administrador de datos, Arquitectos de datos	Administrador de datos, Otros SMEs
3.1.3 Desarrollar y mantener modelos de datos lógicos (D)	Informes y Diagramas de modelo de datos lógicos	Arquitectos de datos, Analista de datos, Modeladores de datos	Administrador de datos, Arquitectos de datos	Administrador de datos, Otros SMEs
3.1.4 Desarrollar y mantener modelos físicos de datos (D)	Informes de diagramas de modelos de datos físicos	Arquitectos de datos, Modeladores de datos, DBAs	DBAs, Arquitectos de datos	Desarrolladores de software
3.2.1 Diseño Bases de datos físicos (D)	Especificaciones DDL, OLAP Especificaciones de Cubo, Esquemas XML	DBAs, Arquitectos de aplicación, Desarrolladores de software	Arquitectos de datos, DBAs, Arquitectos de aplicación	Analista de datos, Modeladores de datos, Desarrolladores de software
3.2.2 Diseños de productos de Información (D)	Pantallas de aplicación, Reportes	Desarrolladores de software	Arquitectos de aplicación	Analista de datos, DBAs
3.2.3 Diseño de servicios de acceso de datos (D)	Especificaciones de diseño de servicio de acceso de datos	Desarrolladores de software, DBAs	Arquitectos de aplicación, Arquitectos de datos	Analista de datos, DBAs
3.2.4 Diseño de integración de datos (D)	Mapas de fuente a objetivo, Especificaciones de diseño ETL, Diseños de conversión	Especialistas en Integración de Datos, DBAs, Analista de datos	DBAs, Arquitectos de datos, Arquitectos de aplicación	Analista de datos, Administrador de datos, DBAs

Actividades	Entregables	Roles Responsables	Roles aprobados	Roles contribuyentes
3.3.1 Revisión del modelo de datos y diseño de base de calidad (P)	Documento de estándares de modelado de datos, Documentos de normas de diseño de base de datos	Arquitectos de datos, Analista de datos, Modeladores de datos, DBAs	Ejecutivo DM, Consejo de gobierno de datos	Administrador de datos, Arquitectos de aplicación, Desarrolladores de software
3.3.2 Revisión del modelo de datos y diseño de base de calidad (C)	Resultados de la revisión de diseño	Arquitectos de datos, Analista de datos, Modeladores de datos, DBAs	Ejecutivo DM, Gerente de proyecto	Arquitectos de aplicación, Desarrolladores de software
3.3.3 Administrar datos Modelo de versiones e Integración (C)	Bibliotecas y Contenidos Modelo de Gestión	Administradores de modelado de datos, Modeladores de datos	Arquitectos de datos, Ejecutivo DM	Analista de datos, DBAs
3.4.1 Implementar el Desarrollo y Cambios de base de datos de prueba (D)	Ambientes de desarrollo y pruebas de bases de datos, Tablas de base de datos, Otros objetos DB	DBAs	Ejecutivo DM	Arquitectos de datos, Analista de datos, Desarrolladores de software
3.4.2 Crear y mantener datos de prueba (D)	Base de datos de prueba, Datos de prueba	DBAs, Analista de datos, Desarrolladores de software, Analista de pruebas	Arquitectos de datos, Arquitectos de aplicación, Administrador de datos	Administrador de datos, Desarrolladores de software, Analista de datos
3.4.3 Migrar y convertir los datos (D)	Emigrado y Construcción de Datos	DBAs, Desarrolladores de software	Administrador de datos, Arquitectos de datos	Analista de datos
3.4.4 Construir e información de productos de prueba (D)	Información de productos: Pantallas, Reportes	Desarrolladores de software	Administrador de datos, Arquitectos de aplicación, Arquitectos de datos	DBAs, Analista de datos

Actividades	Entregables	Roles Responsables	Roles aprobados	Roles contribuyentes
3.4.5 Construir y servicios de acceso de datos (D)	Servicios de acceso de datos (interfaces)	Desarrolladores de software	Arquitectos de datos, Arquitectos de aplicación	DBAs
3.4.6 Construir y servicios de integración de datos de prueba (D)	Servicios de integración de datos (ETL, etc.)	Especialistas en Integración de Datos	Administrador de datos, Arquitectos de datos	DBAs, Analista de datos
3.4.7 Validación de requerimientos de información (D)	Requisitos validados, liberación del usuario	Administrador de datos, Especialistas de prueba	Administrador de datos	Analista de datos, Arquitectos de datos, DBAs
3.4.8 Prepararse para la implementación de datos (D)	Entrenamiento del usuario, Documentación del usuario	Administrador de datos, Negocio SMEs, Especialista en entrenamientos, Analista de datos	Administrador de datos, Arquitectos de datos	Administrador de datos, Arquitectos de datos, DBAs

A9.4 Gestión de operaciones de datos

Actividades	Entregables	Roles responsables	Roles aprobados	Roles contribuyentes
4.1.1 Diseño de base de datos física	Mantenimiento entorno de base de datos de producción, Administrar cambios a producción de base de datos, Lanzamientos	DBAs	Ejecutivo DM	Programadores de sistemas, Administrador de datos, Analista de datos, Desarrolladores de software, Gerentes de proyectos
4.1.2 Adquirir Externamente con fuente de datos (O)	Datos de origen externo	DBAs, Analista de datos, Administrador de datos	Consejo de gobierno de datos	Administrador de datos, Analista de datos
4.1.3 Plan de Recuperación de Datos (P)	Disponibilidad de datos SLAs, Planes de recuperación de datos	DBAs	Ejecutivo DM, Consejo de gobierno de datos	

Actividades	Entregables	Roles responsables	Roles aprobados	Roles contribuyentes
4.1.4 Copia de seguridad y recuperación de datos (O)	Copias de seguridad y los registros de la base de datos, Restauración de base de datos, Continuidad de negocios	DBAs	Ejecutivo DM	
4.1.5 Establecer los niveles de servicio de rendimiento de base de datos (P)	Rendimiento de base de datos SLAs	DBAs	Ejecutivo DM, Consejo de gobierno de datos	
4.1.6 Controlar y ajustar el rendimiento de base de datos (O)	Informes sobre el rendimiento de base de datos, Rendimiento de base de datos	DBAs		
4.1.7 Plan de retención de datos (P)	Plan de retención de datos, Procedimientos de gestión de almacenamiento	DBAs	Ejecutivo DM	Especialistas en gestión de almacenamiento
4.1.8 Archivar, Recuperar y Purgar datos (O)	Datos archivados, datos recuperados, Purgado de datos	DBAs	Ejecutivo DM	
4.1.9 Administrar bases de datos especializadas (O)	Bases de datos geoespaciales, Base de datos CAD/CAM, Base de datos XML, Base de datos de objetos	DBAs	Ejecutivo DM	Administrador de datos, Expertos en la materia
4.2.1 Comprender los Requerimientos de tecnología de datos (P)	Requerimientos de tecnología de datos	Arquitecto de datos, DBAs	Ejecutivo DM	Administrador de datos, Otros profesionales TI
4.2.2 Definir la arquitectura de base de datos (P) (igual a 2.3)	Arquitectura de tecnología de datos	Arquitecto de datos	Ejecutivo DM, Consejo de gobierno de datos	DBAs, Analista de datos, Administrador de datos

Actividades	Entregables	Roles responsables	Roles aprobados	Roles contribuyentes
4.2.3 Evaluar la tecnología de datos (P)	Resultados de la evaluación de herramientas, Decisiones de selección de herramientas	Analista de datos, DBAs	Ejecutivo DM, Consejo de gobierno de datos	Administrador de datos, Otros profesionales TI
4.2.4 Instalar y administrar la tecnología de datos (O)	Tecnología instalada	DBAs	Ejecutivo DM	Analista de datos, Otros datos profesionales
4.2.5 Licencias de tecnología de datos de inventario y de rastreo (C)	Inventario de licencia	DBAs	Ejecutivo DM	Otros datos profesionales
4.2.6 Apoyo para el uso de la tecnología de datos y cuestiones (O)	Cuestiones de tecnología identificados y resueltos	DBAs	Ejecutivo DM	Otros datos profesionales

A9.5 Gestión de seguridad de datos

Actividades	Entregables	Roles Responsables	Roles aprobados	Roles contribuyentes
5.1 Entender las necesidades de seguridad de datos y los requisitos reglamentarios (P)	Requisitos de seguridad de datos y Reglamentos	Administrador de datos, Ejecutivo DM, Administradores de seguridad	Consejo de gobierno de datos	Administrador de datos, Departamento legal, Seguridad de TI
5.2 Definir la política de seguridad de datos (P)	Política de seguridad de datos	Administrador de datos, Ejecutivo DM, Administradores de seguridad	Consejo de gobierno de datos	Administrador de datos, Departamento legal, Seguridad de TI
5.3 Definir estándares de seguridad de datos (P)	Normas de Seguridad de Datos	Administrador de datos, Ejecutivo DM, Administradores de seguridad	Consejo de gobierno de datos	Administrador de datos, Departamento legal, Seguridad de TI
5.4 Definir los controles y procedimientos de seguridad de datos (D)	Controles y Procedimientos de Seguridad de Datos	Administradores de seguridad	Ejecutivo DM	Administrador de datos, Seguridad de TI
5.5 Administrar usuarios, contraseñas y pertenencia a grupos (C)	Cuentas de usuario, contraseñas, Grupos de funciones	Administradores de seguridad, DBAs	Administración	Los productores de datos, Consumidores de datos, Centro de ayuda
5.6 Administrar el acceso de a Vistas de datos y Permisos (C)	Vista de acceso a datos Permisos de recursos de datos	Administradores de seguridad, DBAs	Administración	Los productores de datos, Consumidores de datos, Desarrolladores de software, Administración, Centro de ayuda
5.7 Monitorear la autenticación del usuario y comportamiento de acceso (C)	Registros de acceso a datos, Alertas de Notificación de Seguridad, Reportes de seguridad de datos	Administradores de seguridad, DBAs	Ejecutivo DM	Administrador de datos, Centro de ayuda

Actividades	Entregables	Roles Responsables	Roles aprobados	Roles contribuyentes
5.8 Clasifique Información Confidencialidad (C)	Documentos clasificados, Bases de datos clasificados	Autores de documentos, Diseñadores de informes, Administrador de datos	Administración	Administrador de datos
5.9 Seguridad de los datos de auditoría (C)	Informes de Auditoría de Seguridad de Datos	Auditores de seguridad de datos	Consejo de gobierno de datos, Ejecutivo DM	Administradores de seguridad, DBAs, Administrador de datos

A9.6 Gestión de datos maestros y de referencia

Actividades	Entregables	Roles responsables	Roles aprobados	Roles contribuyentes
6.1 Entender las necesidades de la integración de datos de referencia (P)	Requerimientos de datos maestros y de referencia	Analistas de negocio	Interesados, Consejo de gobierno de datos	Administrador de negocios de datos, Expertos en la materia
6.2 Identificar fuentes y contribuyentes de datos de referencia (P)	Descripción y Evaluación de Fuentes y Colaboradores	Arquitectos de datos, Administrador de datos	Consejo de gobierno de datos	Analista de datos, Expertos en la materia
6.3 Definir y mantener la arquitectura de integración de datos (P)	Arquitectura de integración de datos maestros y de referencia y plan de trabajo	Arquitectos de datos	Consejo de gobierno de datos	Arquitectos de aplicación, Administrador de datos
	La integración de datos de diseño de servicios de especificación	Arquitectos de datos, Arquitectos de aplicación	Gestión de TI	Otros profesionales TI, Interesados

Actividades	Entregables	Roles responsables	Roles aprobados	Roles contribuyentes
6.4 Implementación de soluciones para Gestión de datos maestros y de referencia (D)	Base de datos y aplicaciones de gestión de datos de referencia, Bases de datos y aplicación de gestión de datos maestros	Arquitectos de aplicación, Arquitectos de datos	Consejo de gobierno de datos	Otros profesionales TI
	Servicios de calidad de datos	Arquitectos de aplicación, Arquitectos de datos	Consejo de gobierno de datos	Analista de datos, Otros profesionales TI
	Replicación de Datos y Acceso a Servicios para Aplicaciones	Arquitectos de datos, Arquitectos de aplicación, Desarrolladores de integración	Consejo de gobierno de datos	Analista de datos, Otros profesionales TI
	Servicios de replicación de datos de almacenamiento de datos			
6.5 Definir y mantener normas de enlace (P)	Reglas Record de enlace (Especificaciones funcionales)	Analistas de negocio, Arquitectos de datos, Administrador de negocios de datos	Consejo de gobierno de datos	Arquitectos de aplicación, Expertos en la materia
6.6 Establecer registros críticos (C)	Referencia fiable y datos maestros	Administrador de datos	Corredores	Analista de datos, Arquitectos de datos, Expertos en la materia, Otros profesionales TI
	Referencia cruzada de datos	Administrador de datos	Corredores	Analista de datos, Expertos en la materia
	Reportes de Linaje de datos	Arquitectos de datos	Administrador de datos	Analista de datos

Actividades	Entregables	Roles responsables	Roles aprobados	Roles contribuyentes
	Informes de calidad de datos	Analista de datos	Administrador de datos, Corredores	Arquitectos de datos
6.7 Definir y mantener las jerarquías y afiliaciones (C)	Jerarquías y afiliaciones definidos	Administrador de datos	Corredores	Analista de datos, Proveedor de datos
6.8 Planificar e implementar integración de nuevas fuentes (D)	Calidad de los Datos Fuente y Evaluaciones de Integración	Analista de datos, Arquitectos de datos, Arquitectos de aplicación	Administrador de datos, Gestión de TI	Proveedor de datos, Expertos en la materia
	Nueva fuente de datos integrados	Arquitectos de datos, Arquitectos de aplicación	Administrador de datos, Corredores	Analista de datos, Otros profesionales TI
6.9 Reproducir y distribuir datos maestros y de referencia (O)	Replicado de datos	Arquitectos de datos, Arquitectos de aplicación	Administrador de datos, Corredores,	Analista de datos, Otros profesionales TI
6.10 Gestión de Cambios de datos maestros y referencia (C)	Procedimientos de requisición de cambios	Arquitectos de datos	Consejo de gobierno de datos, Administrador de datos	Otros profesionales TI, Corredores
	Solicitudes de Cambio y Respuestas	Administrador de datos	Consejo de gobierno de datos	Corredores, Analista de datos, Arquitectos de datos, Arquitectos de aplicación
	Métricos de requisición de cambios	Arquitectos de datos	Administrador de datos, Consejo de gobierno de datos	Analista de datos, Otros profesionales TI

A9.7 Gestión de inteligencia de negocios y almacenamiento de datos

Actividades	Entregables	Roles responsables	Roles aprobados	Roles contribuyentes
7.1 Entender las necesidades del negocio inteligente de información (P)	Requerimientos de Proyectos DW-BIM	Analista de datos/BI, Gerente de programa BI, SME	Administrador de datos, Ejecutivos de negocios y Gerentes	Especialistas de Metadatos, Líder de procesos de negocio
7.2 Definir la Arquitectura del Almacén de Datos/ BI (P) (igual que 2.1.5)	Almacén de datos /arquitectura de inteligencia de negocio	Arquitecto de almacenamiento de datos, Arquitecto de inteligencia de negocios	Arquitecto de datos empresarial, Ejecutivo DM, CIO, Comité de Dirección Arquitectura de Datos, Consejo de gobierno de datos	Especialistas en inteligencia de negocios, Especialistas en Integración de Datos, DBAs, Otros Profesionales de gestión de datos, Arquitectos TI
7.3 Implementar el almacenamiento de datos y los datos marts (D)	Almacén de Datos, Datos Marts, cubos OLAP	Especialistas en inteligencia de negocios	Arquitecto de almacenamiento de datos, Equipos de administración de Datos	Especialistas en Integración de Datos, DBAs, Otros Profesionales de gestión de datos, Otros profesionales TI

Actividades	Entregables	Roles responsables	Roles aprobados	Roles contribuyentes
7.4 Implementar herramientas de negocios inteligentes e interfaces de usuarios (D)	Herramientas y entornos de usuario, Consultas e informes, cuadros de mando, cuadros de mandos, aplicaciones analíticas, etc. BI	Especialistas en inteligencia de negocios	Arquitecto de almacenamiento de datos, Comité de administración de Datos, Consejo de gobierno de datos, Ejecutivos de negocios y Gerentes	Arquitecto de almacenamiento de datos, Otros Profesionales de gestión de datos,, Otros profesionales TI
7.5 Procesamiento de datos para la Inteligencia de Negocios (O)	Datos integrados accesibles, Detalles de retroalimentación de la calidad de los datos	Especialistas en Integración de Datos	Administrador de datos	Otros Profesionales de gestión de datos, Otros profesionales TI
7.6 Supervisar y ajustar los procesos de almacenamiento de datos (C)	Informes de rendimiento DW	DBAs, Especialistas en Integración de Datos		Operadores TI
7.7 Monitorear y ajustar sintonía BI y rendimiento (C)	Informes de rendimiento de BI, nuevos índices, Nuevas Agregaciones	Especialistas en inteligencia de negocios, DBAs, Analistas de Inteligencia de Negocios		Otros Profesionales de gestión de datos, Operadores TI, Auditores TI

A9.8 Gestión de contenidos y documentación

Actividades	Entregables	Roles responsables	Roles aprobados	Roles contribuyentes
8.1 Documentación y Gestión de Registros				

Actividades	Entregables	Roles responsables	Roles aprobados	Roles contribuyentes
8.1.1 Plan para la gestión de documentos/registros (P)	Estrategia de gestión de documentos y plan de trabajo	Los administradores del sistema de documentos, gerente de registros	Consejo de gobierno de datos	Arquitectos de datos, Analista de datos, Administración de datos de negocios
8.1.2 Implementar Documentos/Sistemas de Gestión de Registros para la adquisición, almacenamiento, acceso y controles de seguridad (O, C)	Sistemas de Gestión de Registros/ Documento (incluidos los sistemas de imagen y de correo electrónico), Portales, Documentos en Papel y Electrónicos (textos, gráficos, imágenes, audio, vídeo)	Administradores del sistema de Documento, Administradores de registros	Expertos en la materia	
8.1.3 Copia de seguridad y recuperar documentos / registros (O)	Archivos de respaldo, Continuidad de negocios	Administradores de sistemas de documentación, Administradores de registros		
8.1.4 Retener y eliminar documentos / registros (O)	Archivo, Manejo de almacenamiento	Administradores de sistemas de documentación, Administradores de registros		
8.1.5 Auditar y Gestión de Documentación/Registro (C)	Auditorías de gestión de documentos/registros	Departamento de auditoria, Administración	Administración	
8.2 Gestión de Contenidos				
8.2.1 Definir y mantener Taxonomías empresariales (P)	Taxonomías empresariales (Arquitectura de la información de contenido)	Administradores del conocimiento	Consejo de gobierno de datos	Arquitectos de datos, Analista de datos, Administración de datos de negocios

Actividades	Entregables	Roles responsables	Roles aprobados	Roles contribuyentes
8.2.2 Documentar/Index ar Información de contenidos de metadatos (D)	Indexado de palabras claves, Metadatos	Administradores de sistemas de documentación, Administradores de registros		
8.2.3 Proporcionar acceso al contenido y Recuperación (O)	Portales, Análisis de contenido, Información de apalancamiento	Administradores de sistemas de documentación, Administradores de registros	Expertos en la materia	Arquitectos de datos, Analista de datos
8.2.4 Gobernar contenido de calidad (C)	Información de apalancamiento	Administradores de sistemas de documentación, Administradores de registros	Administración de datos de negocios	Profesionales de la gestión de datos

A9.9 Gestión de metadatos

Actividades	Entregables	Roles responsables	Roles aprobados	Roles contribuyentes
9.1 Entender Requisitos de Metadatos (P)	Requerimientos de Metadatos	Especialistas de Metadatos Administrador de datos Arquitectos de datos and Modeladores Administradores de bases de datos	Arquitecto de datos empresarial, Líder DM, Comité de administración de Datos	Otros profesionales TI Otros profesionales DM
9.2 Definir la Arquitectura de los Metadatos (P)	Arquitectura de Metadatos	Arquitectos de Metadatos, Arquitectos de Integración de datos	Arquitecto de datos empresarial, Líder DM, CIO Comité de administración de Datos Administradores de bases de datos	Especialistas de Metadatos, Otros Profesionales de gestión de datos Otros profesionales TI

Actividades	Entregables	Roles responsables	Roles aprobados	Roles contribuyentes
9.3 Desarrollar y mantener los estándares de metadatos (P)	Estándares de Metadatos	Arquitectos de datos y Metadatos Administrador de datos Administradores de bases de datos	Arquitecto de datos empresarial, Líder DM, Comité de administración de Datos	Otros profesionales TI Otros profesionales DM
9.4 Implementar una gestión de entorno de metadatos (D)	Métricos de Metadatos	Administradores de bases de datos	Arquitecto de datos empresarial, Líder DM, Comité de administración de Datos	Otros profesionales TI

Actividades	Entregables	Roles responsables	Roles aprobados	Roles contribuyentes
9.5 Crear y Mantener Metadatos (O)	Actualizado: • Herramientas de modelado de datos • Sistemas de gestión de base de datos • Herramientas de integración de datos • Herramientas de inteligencia de negocio • Herramientas de gestión del sistema • Herramientas de modelo de objetos • Herramientas de modelado del proceso • Herramientas de generación de informes • Herramientas de calidad de datos • Desarrollo de datos y herramientas de administración Herramientas de Gestión de datos maestros y de referencia	Especialistas de Metadatos Administrador de datos Arquitecto de datos and Modeladores Administradores de bases de datos	Arquitecto de datos empresarial, Líder DM, Comité de administración de Datos	Otros profesionales TI

Actividades	Entregables	Roles responsables	Roles aprobados	Roles contribuyentes
9.6 Integrar Metadatos (C)	Depósitos integrados de Metadatos	Integración de Datos Arquitectónicos Especialistas de Metadatos Administrador de datos Arquitecto de datos and Modeladores Administradores de bases de datos	Arquitecto de datos empresarial, Líder DM, Comité de administración de Datos	Otros profesionales TI
9.7 Administrar depósitos de metadatos (C)	Gestionar depósitos de Metadatos Administración Tácticas, Prácticas y Principios	Especialistas de Metadatos Administrador de datos Arquitecto de datos and Modeladores Administradores de bases de datos	Arquitecto de datos empresarial, Líder DM, Comité de administración de Datos	Otros profesionales TI
9.8 Distribuir y entregar Metadatos (O)	Distribución de Metadatos Arquitectura y modelos de Metadatos	Administradores de bases de datos	Arquitecto de datos empresarial, Líder DM, Comité de administración de Datos	Arquitectos de Metadatos
9.9 Consulta, informes y análisis de Metadatos (O)	Calidad de Metadatos Análisis operacional de gestión de Metadatos Análisis de Metadatos Linaje de datos Análisis de impacto de cambio	Analista de datos, Analista de Metadatos	Arquitecto de datos empresarial, Líder DM, Comité de administración de Datos	Especialistas en inteligencia de negocios, Especialistas en Integración de Datos, Administradores de bases de datos, Otros Profesionales de gestión de datos

A9.10 Gestión de la calidad de datos

Actividades	Entregables	Roles responsables	Roles aprobados	Roles contribuyentes
10.1 Desarrollar y promover la conciencia de Calidad de los Datos (O)	Entrenamiento de calidad de datos Procesos de gobierno de datos Consejo de administración de datos establecidos	Administrador de datos de calidad	Gerentes de negocios Director DRM	Arquitectos de la información Expertos en la materia
10.2 Definir los requisitos de calidad de datos ((D)	Documento de requerimientos de la calidad de datos	Administrador de calidad de los datos Analista de la calidad de datos	Gerentes de negocios Director DRM	Arquitectos de la información Expertos en la materia
10.3 Perfil, analizar y evaluar la calidad de datos (D)	Informe de activación de calidad de datos	Analista de la calidad de datos	Gerentes de negocios Director DRM	Consejo de administración de datos
10.4 Definir indicadores de calidad de los datos (P)	Métricos de calidad de datos	Administrador de calidad de los datos Analista de la calidad de datos	Gerentes de negocios Director DRM	Consejo de administración de datos
10.5 Definir las reglas del negocio de la calidad de los datos (P)	Reglas de negocio de calidad de datos	Analista de la calidad de datos	Gerentes de negocios Director DRM Administrador de calidad de los datos	Arquitectos de la información Expertos en la materia Consejo de administración de datos
10.6 Probar y validar requerimientos de la calidad de los datos (D)	Casos de prueba de calidad de datos	Analista de la calidad de datos	Gerentes de negocios Director DRM	Arquitectos de la información Expertos en la materia
10.7 Establecer y evaluar los niveles de servicio de Calidad de los Datos (P)	Niveles de servicio de calidad de datos	Administrador de calidad de los datos	Gerentes de negocios Director DRM	Consejo de administración de datos

Actividades	Entregables	Roles responsables	Roles aprobados	Roles contribuyentes
10.8 Continuamente medir y monitorear la calidad de datos (C)	Informes de calidad de datos	Administrador de calidad de los datos	Gerentes de negocios Director DRM	Consejo de administración de datos
10.9 Resolver los problemas de calidad de datos (C)	Registro de problema de calidad de datos	Administrador de calidad de los datos Analista de la calidad de datos	Gerentes de negocios Director DRM	Consejo de administración de datos
10.10 Limpiar y corregir defectos de calidad de datos (O)	Registro de resolución de defectos de calidad de datos	Analista de la calidad de datos	Gerentes de negocios Director DRM	Arquitectos de la información Expertos en la materia
10.11 Diseñar e implementar procedimientos operacionales DQM (D)	Procedimientos Operacionales DQM	Administrador de calidad de los datos Analista de la calidad de datos	Gerentes de negocios Director DRM	Arquitectos de la información Expertos en la materia Consejo de administración de datos
10.12 Monitorear Procedimientos y rendimiento Operacionales DQM (C)	Métricos Operativos DQM	Administrador de calidad de los datos Analista de la calidad de datos	Gerentes de negocios Director DRM	Consejo de administración de datos

A10 Estándares

Las normas enumeradas en la lectura seleccionada de cada capítulo se han combinado en un único apéndice y ordenadas en orden alfabético por el nombre estándar para una pronta referencia.

A10.1 Leyes de privacidades no estadounidenses:

Argentina: Ley de Protección de Datos de Carácter Personal de 2000 (también conocido como Habeas Data).

Austria: Ley de Protección de Datos de 2000, el austriaco Gaceta de Leyes Federales Parte I Nº 165/1999 (DSG 2000).

Australia: Ley de Privacidad de 1988.

Brasil: Privacidad rige actualmente por el artículo 5 de la Constitución de 1988.

Canadá: La Ley de Privacidad - julio de 1983, de Protección de Información y la Ley de Datos Electrónicos (PIPEDA) de 2000 (proyecto de ley C-6).

Chile: Ley de Protección de Datos de Carácter Personal, agosto de 1998.

Columbia: Ninguna ley específica de privacidad, pero la constitución colombiana ofrece a cualquier persona el derecho de actualizar y acceder a su información personal.

República Checa: Ley de Protección de Datos de Carácter Personal (abril de 2000) N ° 101.

Dinamarca: Ley de Procesamiento de Datos de Carácter Personal, la Ley Nº 429, mayo de 2000.

Estonia: Ley de Protección de Datos de Carácter Personal, junio de 1996, Consolidated julio de 2002.

Unión Europea: la Directiva de Protección de Datos de 1998.

Unión Europea: Derecho de Internet de Privacidad de 2002 (Directiva 2002/58 / CE).

Finlandia: Ley de enmienda de la Ley de datos personales (986) 2000.

Ley de Protección de Datos de 1978 (revisada en 2004): Francia.

Alemania: Ley Federal de Protección de Datos de 2001.

Grecia: Ley No.2472 sobre la protección de las personas con respecto al tratamiento de datos personales, abril de 1997.

Hong Kong: Personal Ordenanza de datos (la "Ordenanza").

Hungría: Ley LXIII de 1992 sobre la Protección de Datos Personales y la Publicidad de los datos de los intereses públicos.

Islandia: Ley de Protección de la Persona; Procesamiento de Datos de Carácter Personal (enero 2000).

Ley de Protección de Datos (Enmienda), Número 6 de 2003: Irlanda.

India: Ley de Tecnologías de la Información de 2000.

Italia: Código de Protección de Datos de 2003 Italia: Procesamiento Ley de datos personales, enero de 1997, de.

Japón: Ley de Protección de Datos de Carácter Personal (LOPD).

Japón: Ley para la Protección de Informática Procesado de Datos mantienen organismos administrativos, diciembre de 1988.

Corea: Ley de Protección de Datos Personales Ley de Organismos Públicos de la Información y Uso de la red de comunicación.

Letonia: Ley de Protección de Datos de Carácter Personal, 23 de Marzo del 2000.

Lituania: Ley de Protección Legal de Datos de Carácter Personal (junio de 1996).

Luxemburgo: Ley de 2 de agosto de 2002 sobre la Protección de las personas en relación con el tratamiento de datos personales.

Malasia: Derecho Común principio de confidencialidad Proyecto de Protección de Datos Personales Bill Bancario y la Ley de Instituciones Financieras de 1989 las disposiciones de privacidad.

Malta: Ley de Protección de Datos (Ley XXVI de 2001), enmendada el 22 de marzo de 2002, 15 de noviembre 2002 y 15 de julio del 2003.

Nueva Zelanda: Ley de Privacidad, mayo de 1993; Privacidad Ley de Enmienda, de 1993; Privacidad Enmienda Ley de 1994.

Noruega: Ley de datos personales (abril de 2000) - Ley de 14 de abril 2000, N° 31 relativo al tratamiento de datos personales (Ley de datos personales).

Filipinas: Ninguna ley general de protección de datos, pero no es un derecho reconocido de la intimidad en el derecho civil.

Polonia: Ley de Protección de Datos de Carácter Personal (agosto de 1997).

Singapur: El Código de comercio electrónico para la Protección de Información Personal y Comunicaciones de Consumidores de Comercio de Internet.

Eslovaquia: Ley N° 428 de 3 de julio de 2002 sobre Protección de Datos de Carácter Personal.

Eslovenia: Ley de Protección de Datos de Carácter Personal, RS N° 55/99.

Corea del Sur: La Ley de Promoción de la Información y las Comunicaciones uso de la red y protección de datos de 2000.

España: LEY ORGÁNICA 15/1999, de 13 de diciembre, de Protección de Datos de Carácter Personal.

Suiza: La Ley Federal de Protección de Datos de 1992.

Suecia: Ley de Protección de Datos de Carácter Personal (1998: 204), 24 de octubre de 1998.

Taiwán: Ley de Protección de datos personales procesados por computadora - se aplica sólo a las instituciones públicas.

Tailandia: Ley de Información Oficial (1997) para las agencias estatales (proyecto de ley de protección de datos personales en estudio).

Vietnam: La Ley de Transacciones Electrónicas (Proyecto: Finalizado en 2006).

A10.2 Leyes de privacidades estadounidenses:

Ley estadounidense con Discapacidades (ADA).

Ley de Comunicaciones por Cable Política de 1984 (Ley de Cable).

Ley del Senado California 1386 (SB 1386).

Ley de Protección de Niños en Internet de 2001 (CIPA).

Ley de Protección de 1998 (COPPA) Privacidad Infantil en Internet.

Asistencia Comunicaciones Acta de Aplicación de la Ley de 1994 (CALEA) para.

Fraude y Abuso de la Ley de 1986 (CAFA).

Ley de Seguridad Informática de 1987 - (Reemplazado por la Ley de Gestión de Seguridad de la Información Federal (FISMA).

Ley de Informe de Reforma del Crédito al Consumidor de 1996 (CCRRA) - Modifica la Ley de Informe Justo de Crédito (FCRA).

Control del Asalto de Ley de Comercialización (CAN-SPAM) de 2003 y Pornografía No Solicitados.

Ley de Transferencia Electrónica de Fondos (EFTA).

Acto justo y exacto de Transacciones de Crédito (FACTA) de 2003.

Feria de Ley de informes crediticios

Ley de Gestión de la Información de Seguridad Federal (FISMA).

Ley de la Comisión Federal de Comercio (FTCA).

Ley de Protección de Privacidad 1994 de conducir.

Ley de Comunicaciones de la Privacidad Electrónica de 1986 (ECPA).

Ley de La libertad de información electrónica de 1996(E-FOIA).

Feria de Ley de informes crediticios de 1999 (FCRA).

Ley de Derechos de Educación Familiar y Privacidad de 1974 (FERPA, también conocida como la Enmienda Buckley).

Ley de Modernización de Gramm-Leach-Bliley de Servicios Financieros de 1999 (GLBA).

Ley de Privacidad de 1974.

Ley de Protección de la Privacidad de 1980 (PPA).

Ley de Derecho a la Privacidad Financiera de 1978 (RFPA).

Ley de Telecomunicaciones de 1996.

Ley de protección para consumidores de telefonías de 1991 (TCPA).

Unir y Fortalecer América por los instrumentos adecuados necesarios para interceptar y obstruir la Ley de Terrorismo de 2001 (Ley Patriota de EE.UU.).

Vídeo Ley de Protección de Privacidad 1988.

A10.3 Regulaciones de privacidad y seguridad en la industria especifica:

Servicios financieros: la Ley Gramm-Leach-Bliley (GLBA), PCI Normas de Seguridad de Datos.

(Ley de Responsabilidad de 1996 Portabilidad del Seguro de Salud y) y la FDA 21 CFR Parte 11 HIPAA: Salud y Productos Farmacéuticos.

Infraestructura y Energía: FERC y Normas de Seguridad Cibernética del NERC, el Programa de Seguridad Cibernética Sector Químico y Aduanera y Comercial contra el Terrorismo (C-TPAT).

Gobierno Federal: FISMA y Lineamientos relacionados NSA y Normas NIST.

A10.4 Normas

ANSI / EIA859: Gestión de Datos.

COMO 4390-1996 Gestión de registros.

CAN-SPAM - La ley federal respecto de correo electrónico no solicitado.

FCD 11179 2, Tecnología de la información-Especificaciones y estandarización de elementos de datos - Parte 2: Clasificación de los elementos de datos.

ISO 1087, Terminología-Vocabulario.

ISO 15489-1: 2001 Records Management-Parte 1: Generalidades.

ISO 2382 4: 1987, Sistemas de procesamiento de información-Vocabulario parte 4.

ISO 2788: 1986 Directrices para el establecimiento y desarrollo de tesauros monolingües.

ISO 704: 1987, a los principios y métodos de la terminología.

ISO Manual de Normas 10, Procesamiento de datos-Vocabulario, 1982.

ISO / IEC 10241: 1992, Normas de preparación de la terminología internacional y el diseño.

ISO / IEC 11179 3: 1994, Tecnología de la información-Especificaciones y estandarización de elementos de datos - Parte 3: Atributos básicos de elementos de datos.

ISO / IEC 11179 4: 1995, Tecnología de la información-Especificaciones y estandarización de elementos de datos - Parte 4: Normas y directrices para la formulación de las definiciones de datos.

ISO / IEC 11179 5: 1995, Tecnología de la información-Especificaciones y estandarización de elementos de datos - Parte 5: denominación e identificación principios para elementos de datos.

ISO / IEC 11179 6: 1997, Tecnología de la información-Especificaciones y estandarización de elementos de datos - Parte 6: Registro de elementos de datos.

ISO / TR 15489-2: 2001 de gestión de registros - Parte 2: Directrices.

Oficina del Reino Unido de Registros Públicos con aprobación de solución de gestión de registros electrónicos.

Registros Electrónicos victorianas Estrategia (VERS) Australia.

Bibliografía

La lectura seleccionada de cada capítulo se ha combinado en una sola bibliografía y ordenadas en orden alfabético por autor para proporcionar una referencia rápida.

Adamson, Christopher and Michael Venerable. Data Warehouse Design Solutions. John Wiley & Sons, 1998. ISBN 0-471-25195-X. 544 Paginas.

Adamson, Christopher. Mastering Data Warehouse Aggregates: Solutions for Star Schema Performance. John Wiley & Sons, 2006. ISBN 0-471-77709-9. 345 Paginas.

Adelman, Sid and Larissa T. Moss. Data Warehouse Project Management. Addison-Wesley Professional, 2000. ISBN 0-201-61635-1. 448 Paginas.

Adelman, Sid and others. Impossible Data Warehouse Situations: Solutions from the Experts. Addison-Wesley, 2002. ISBN 0-201-76033-9. 432 Paginas.

Adelman, Sid, Larissa Moss, and Majid Abai. Data Strategy. Addison-Wesley, 2005. ISBN 0-321-24099-5. 384 Paginas.

Afyouni, Hassan A. Database Security and Auditing: Protecting Data Integrity and Accessibility. Course Technology, 2005. ISBN 0-619-21559-3.

Aiken, Peter and M. David Allen. XML in Data Management: Understanding and Applying Them Together. Morgan Kaufmann, 2004. ISBN 0-12-45599-4.

Alderman, Ellen and Caroline Kennedy . The Right to Privacy. 1997. Vintage, ISBN-10: 0679744347, ISBN-13: 978-0679744344.

Ambler, Scott W. and Pramodkumar J. Sadalage. Refactoring Databases: Evolutionary Database Design. Addison-Wesley, 2006. ISBN 0-321-29353-3.

Ambler, Scott. Agile Database Techniques: Effective Strategies for the Agile Software Developer. Wiley & Sons, 2003. ISBN 0-471-20283-5.

Anderson, Ross J. Security Engineering: A Guide to Building Dependable Distributed Systems. Wiley, 2008. ISBN 0-470-06852-6.

Aspey, Len and Michael Middleton. Integrative Document & Content Management: Strategies for Exploiting Enterprise Knowledge. 2003. IGI Global, ISBN-10: 1591400554, ISBN-13: 978-1591400554.

Avison, David and Christine Cuthbertson. A Management Approach to Database Applications. McGraw Hill, 2002. ISBN 0-077-09782-3.

Axelrod, C. Warren. Outsourcing Information Security. Artech House, 2004. ISBN 0-58053-531-3.

Baca, Murtha, editor. Introduction to Metadata: Pathways to Digital Information. Getty Information Institute, 2000. ISBN 0-892-36533-1. 48 Paginas.

Barry, Douglas K. Web Services and Service-Oriented Architectures: The Savvy Manager's Guide. Morgan Kaufmann, 2003. ISBN 1-55860-906-7.

Batini, Carlo, and Monica Scannapieco. Data Quality: Concepts, Methodologies and Techniques. Springer, 2006. ISBN 3-540-33172-7. 262 Paginas.

Bean, James. XML for Arquitecto de datos: Designing for Reuse and Integration. Morgan Kaufmann, 2003. ISBN 1-558-60907-5. 250 Paginas.

Bearman, David. Electronic Evidence: Strategies for Managing Records in Contemporary Organizations. 1994. Archives and Museum Informatics. ISBN-10: 1885626088, ISBN-13: 978-1885626080.

Benson, Robert J., Tom Bugnitz, and Bill Walton. From Business Strategy to IT Action: Right Decisions for a Better Bottom Line. John Wiley & Sons, 2004. ISBN 0-471-49191-8. 309 Paginas.

Bernard, Scott A. An Introduction to Enterprise Architecture, 2nd Edition. Authorhouse, 2005. ISBN 1-420-88050-0. 351 Paginas.

Berson, Alex and Larry Dubov. Master Data Management and Customer Data Integration for a Global Enterprise. McGraw-Hill, 2007. ISBN 0-072-26349-0. 400 Paginas.

Biere, Mike. Business Intelligence for the Enterprise. IBM Press, 2003. ISBN 0-131-41303-1. 240 Paginas.

Bischoff, Joyce and Ted Alexander. Data Warehouse: Practical Advice from the Experts. Prentice-Hall, 1997. ISBN 0-135-77370-9. 428 Paginas.

Bloem, Jaap, Menno van Doorn, and Piyush Mittal. Making IT Governance Work in a Sarbanes-Oxley World. John Wiley & Sons, 2005. ISBN 0-471-74359-3. 304 Paginas.

Boddie, John. The Information Asset: Rational DP Funding and Other Radical Notions. Prentice-Hall (Yourdon Press Computing Series), 1993. ISBN 0-134-57326-9. 174 Paginas.

Boiko, Bob. Content Management Bible. Wiley, 2004. ISBN-10: 0764573713, ISBN-13: 978-07645737.

Brackett, Michael H. Data Resource Quality: Turning Bad Habits into Good Practices. Addison-Wesley, 2000. ISBN 0-201-71306-3. 384 Paginas.

Brackett, Michael H. Practical Data Design. Prentice Hall, 1990. ISBN 0-136-90827-6.

Brackett, Michael. Data Sharing Using A Common Arquitecto de datosure. New York: John Wiley & Sons, 1994. ISBN 0-471-30993-1. 478 Paginas.

Brackett, Michael. The Data Warehouse Challenge: Taming Data Chaos. New York: John Wiley & Sons, 1996. ISBN 0-471-12744-2. 579 Paginas.

Brathwaite, Ken S. Analysis, Design, and Implementation of Data Dictionaries. McGraw-Hill Inc., 1988. ISBN 0-07-007248-5. 214 Paginas.

Bruce, Thomas A. Designing Quality Databases with IDEF1X Information Models. Dorset House, 1991. ISBN 10:0932633188. 584 Paginas.

Bryce, Milt and Tim Bryce. The IRM Revolution: Blueprint for the 21st Century. M. Bryce Associates Inc., 1988. ISBN 0-962-11890-7. 255 Paginas.

Cabena, Peter, Hadjnian, Stadler, Verhees and Zanasi. Discovering Data Mining: From Concept to Implementation. Prentice Hall, 1997. ISBN-10: 0137439806

Calder, Alan and Steve Watkins. IT Governance: A Manager's Guide to Data Security and BS 7799/ISO 17799, 3rd Edition. Kogan Page, 2005. ISBN 0-749-44414-2.

Carbone, Jane. IT Architecture Toolkit. Prentice Hall, 2004. ISBN 0-131-47379-4. 256 Paginas.

Carlis, John and Joseph Maguire. Mastering Data Modeling - A User-Driven Approach. Addison Wesley, 2000. ISBN 0-201-70045-X.

Caserta, Joe and Ralph Kimball. The Data Warehouse ETL Toolkit: Practical Techniques for Extracting, Cleaning, Conforming and Delivering Data. John Wiley & Sons, 2004. ISBN 0-764-56757-8. 525 Paginas.

Castano, Silvana, Maria Grazia Fugini, Giancarlo Martella, and Pierangela Samarati. Database Security. Addison-Wesley, 1995. ISBN 0-201-59375-0.

Celko, Joe. Joe Celko's SQL for Smarties: Advanced SQL Programming, 3rd Edition. ISBN 10: 0123693799. 840 Paginas.

Celko, Joe. Joe Celko's Trees and Hierarchies in SQL for Smarties. Morgan Kaufmann, 2004. ISBN 1-558-60920-2.

Chisholm, Malcolm. How to Build a Business Rules Engine: Extending Application Functionality Through Metadata Engineering. Morgan Kaufmann, 2003. ISBN 1-558-60918-0.

Chisholm, Malcolm. Managing Reference Data in Enterprise Databases: Binding Corporate Data to the Wider World. Morgan Kaufmann, 2000. ISBN 1-558-60697-1. 389 Paginas.

Coad, Peter. Object Models: Strategies, Patterns And Applications, 2nd Edition. Prentice Hall PTR, 1996. ISBN 0-13-840117-9.

Collier, Ken. Executive Report, Business Intelligence Advisory Service, *Finding the Value in Metadata Management* (Vol. 4, No. 1), 2004. Available only to Cutter Consortium Clients, http://www.cutter.com/bia/fulltext/reports/2004/01/index.html.

Cook, Melissa. Building Enterprise Information Architectures: Re-Engineering Information Systems. Prentice Hall, 1996. ISBN 0-134-40256-1. 224 Paginas.

Correy, Michael J. and Michael Abby. Oracle Data Warehousing: A Practical Guide to Successful Data Warehouse Analysis, Build and Roll-Out. TATA McGraw-Hill, 1997. ISBN 0-074-63069-5.

Covey, Stephen R. The 7 Habits of Highly Effective People. Free Press, 2004. ISBN 0743269519. 384 Paginas.

Cox, Richard J. and David Wallace. Archives and the Public Good: Accountability and Records in Modern Society. 2002. Quorum Books, ISBN-10: 1567204694, ISBN-13: 978-1567204698.

Cox, Richard J. Managing Records as Evidence and Information. Quorum Books, 2000. ISBN 1-567-20241-4. 264 Paginas.

DAMA Chicago Chapter Standards Committee, editors. Guidelines to Implementing Data Resource Management, 4th Edition. Bellevue, WA: The Data Management Association (DAMA International), 2002. ISBN 0-9676674-1-0. 359 Paginas.

Date, C. J. An Introduction to Database Systems, 8th Edition. Addison-Wesley, 2003. ISBN 0-321-19784-4.

Date, C. J. and Hugh Darwen. Databases, Types and the Relational Model: The Third Manifesto, 3rd Edition. Addison Wesley, 2006. ISBN 0-321-39942-0.

Date, C. J., What Not How: The Business Rules Approach To Application Development. Addison-Wesley, 2000. ISBN 0-201-70850-7.

Date, C. J., with Hugh Darwen. A Guide to the SQL Standard, 4th Edition. Addison-Wesley, 1997. ISBN 0-201-96426-0.

DeAngelis, Carla. Data Modeling with Erwin. Indiana: Sams Publishing, 2000. ISBN 0-672-31868-7.

Dearstyne, Bruce. Effective Approaches for Managing Electronic Records and Archives. 2006. The Scarecrow Press, Inc. ISBN-10: 0810857421, ISBN-13: 978-0810857421.

Delmater, Rhonda and Monte Hancock Jr. Data Mining Explained, A Manager's Guide to Customer-Centric Business Intelligence. Digital Press, Woburn, MA, 2001. ISBN 1-5555-8231-1.

Deming, W. Edwards. Out of the Crisis. The MIT Press, 2000. ISBN 0262541157. 507 Paginas.

Dennis, Jill Callahan. Privacy and Confidentiality of Health Information. Jossey-Bass, 2000. ISBN 0-787-95278-8.

DM Review Magazine–www.dmreview.com. Note: www.dmreview.com is now www.information-management.com.

Dorsey, Paul. Enterprise Data Modeling Using UML. McGraw-Hill Osborne Media, 2007. ISBN 0-072-26374-1.

Dreibelbis, Allen, Eberhard Hechler, Ivan Milman, Martin Oberhofer, Paul van Run, and Dan Wolfson. Enterprise Master Data Management: An SOA Approach to Managing Core Information. IBM Press, 2008. ISBN 978-0-13-236625-0. 617 Paginas.

Dunham, Jeff. Database Performance Tuning Handbook. McGraw-Hill, 1998. ISBN 0-07-018244-2.

Durell, William R. Data Administration: A Practical Guide to Successful Data Management. New York: McGraw-Hill, 1985. ISBN 0-070-18391-0. 202 Paginas.

Dyche, Jill and Evan Levy. Customer Data Integration: Reaching a Single Version of the Truth. John Wiley & Sons, 2006. ISBN 0-471-91697-8. 320 Paginas.

Dyche, Jill. E-Data: Turning Data Into Information With Data Warehousing. Addison-Wesley, 2000. ISBN 0-201-65780-5. 384 Paginas.

Eckerson, Wayne W. Performance Dashboards: MEassuring, Monitoring, and Managing Your Business. Wiley, 2005. ISBN-10: 0471724173. 320 Paginas.

EIM Insight, published by The Enterprise Information Management Institute– http://eiminstitute.org

Ellis, Judith, editor. Keeping Archives. Thorpe Bowker; 2 Sub edition. 2004. ISBN-10: 1875589155, ISBN-13: 978-1875589159.

English, Larry. Improving Data Warehouse And Business Information Quality: Methods For Reducing Costs And Increasing Profits. John Wiley & Sons, 1999. ISBN 0-471-25383-9. 518 Paginas.

Entsminger, Gary. The Tao Of Objects. M & T Books, 1990. ISBN 1-55851-155-5.

Erl, Thomas. Service-Oriented Architecture: A Field Guide to Integrating XML and Web Services. Prentice Hall, 2004. ISBN 0-131-42898-5.

Erl, Thomas. Service-Oriented Architecture: Concepts, Technology and Design. Prentice Hall, 2004. ISBN 0-131-85858-0.

Finkelstein, Clive and Peter Aiken. Building Corporate Portals with XML. McGraw-Hill, 1999. ISBN 10: 0079137059. 512 Paginas.

Finkelstein, Clive. An Introduction to Information Engineering: From Strategic Planning to Information Systems. Addison-Wesley, 1990. ISBN 0-201-41654-9.

Finkelstein, Clive. Enterprise Architecture for Integration: Rapid Delivery Methods and Techniques. Artech House Mobile Communications Library, 2006. ISBN 1-580-53713-8. 546 Paginas.

Finkelstein, Clive. Information Engineering: Strategic Systems Development. Addison-Wesley, 1993. ASIN B000XUA41C.

Firestone, Joseph M. Enterprise Information Portals and Knowledge Management. Butterworth-Heineman, 2002. ISBN 0-750-67474-1. 456 Paginas.

Fleming, Candace C. and Barbara Von Halle. The Handbook of Relational Database Design. Addison Wesley, 1989. ISBN 0-201-11434-8.

Gertz, Michael and Sushil Jajodia. Handbook of Database Security: Applications and Trends. Springer, 2007. ISBN 0-387-48532-5.

Gill, Harjinder S. and Prekash C. Rao. The Official Guide To Data Warehousing. Que, 1996. ISBN 0-789-70714-4. 382 Paginas.

Goldberg, Adele and Kenneth S, Rubin. Succeeding With Objects. Addison-Wesley, 1995. ISBN 0-201-62878-3.

Graham, Ian, Migrating To Object Technology. Addison-Wesley, 1995. ISBN 0-201-59389-0.

Hackathorn, Richard D. Enterprise Database Connectivity. Wiley Professional Computing, 1993. ISBN 0-4761-57802-9. 352 Paginas.

Hackney, Douglas. Understanding and Implementing Successful Data Marts. Addison Wesley, 1997. ISBN 0-201-18380-3. 464 Paginas.

Hagan, Paula J., ed. EABOK: Guide to the (Evolving) Enterprise Architecture Body of Knowledge. MITRE Corporation, 2004. 141 Paginas. A U.S. federally-funded guide to enterprise architecture in the context of legislative and strategic requirements. Available for free download at
http://www.mitre.org/work/tech_papers/tech_papers_04/04_0104/04_0104.pdf

Halpin, Terry, Ken Evans, Pat Hallock, and Bill McLean. Database Modeling with Microsoft Visio for Enterprise Architects. Morgan Kaufmann, 2003. ISBN 1-558-60919-9.

Halpin, Terry. Information Modeling and Relational Databases: From Conceptual Analysis to Logical Design. Morgan Kaufmann, 2001. ISBN 1-558-60672-6.

Harrington, Jan L. Relational Database Design Clearly Explained, 2nd Edition. Morgan Kaufmann, 2002. ISBN 1-558-60820-6.

Hay, David C. Data Model Patterns: A Metadata Map. Morgan Kaufmann, 2006. ISBN 0-120-88798-3. 432 Paginas.

Hay, David C. Data Model Patterns: Conventions of Thought. Dorset House Publishing, 1996. ISBN 0-932633-29-3.

Hay, David C. Requirements Analysis From Business Views to Architecture. Prentice Hall, 2003. ISBN 0-120-28228-6.

Henderson, Deborah, Tandum Lett, Anne Marie Smity, and Cora Zeeman. Fit For Use to a Fault. The MIT 2008 Information Quality Industry Symposium (MIT 2008), Boston, Mass. July 2008.

Hernandez, Michael J. Database Design for Mere Mortals: A Hands-On Guide to Relational Database Design, 2nd Edition. Addison-Wesley, 2003. ISBN 0-201-75284-0.

Higgs, Edward. History and Electronic Artifacts. Oxford University Press, USA. 1998. ISBN-10: 0198236344, ISBN-13: 978-0198236344.

Hillmann, Diane I. and Elaine L. Westbrooks, editors. Metadata in Practice. American Library Association, 2004. ISBN 0-838-90882-9. 285 Paginas.

Hoberman, Steve. Data Modeling Made Simple: A Practical Guide for Business & Information Technology Professionals. Technics Publications, LLC, 2005. ISBN 0-977-14000-8.

Hoberman, Steve. The Data Modeler's Workbench. Tools and Techniques for Analysis and Design. John Wiley & Sons, 2001. ISBN 0-471-11175-9.

Hoffer, Jeffrey A., Joey F.. George, and Joseph S. Valacich. Modern Systems Analysis and Design, 4th Edition. Prentice Hall, 2004. ISBN 0-131-45461-7.

Hoffer, Jeffrey, Mary Prescott, and Fred McFadden. Modern Database Management, 7th Edition. Prentice Hall, 2004. ISBN 0-131-45320-3. 736 Paginas.

Horrocks, Brian and Judy Moss. Practical Data Administration. Prentice-Hall International, 1993. ISBN 0-13-689696-0.

Howson, Cindi. "The Business Intelligence Market". http://www.biscorecard.com/. Requires annual subscription to this website.

http//:www.fjc.gov/public/home.nsf/Paginas/196

http//:www.uscourts.gov/ruless/Ediscovery_w_Notes.pdf

http://www.fgdc.gov/metadata/geospatial-metadata-standards.

http://www.olapcouncil.org/research/resrchly.htm

Huang, Kuan-Tsae yang W. Lee and Richard Y. Wang. Quality Information and Knowledge. Prentice Hall, 1999. ISBN 0-130-10141-9. 250 Paginas.

Humphrey, Watts S. Managing The Software Process. Addison Wesley, 1989. ISBN 0-201-18095-2.

Imhoff, Claudia, Lisa Loftis and Jonathan G. Geiger. Building the Customer-Centric Enterprise: Data Warehousing Techniques for Supporting Customer Relationship Management. John Wiley & Sons, 2001. ISBN 0-471-31981-3. 512 Paginas.

Imhoff, Claudia, Nicholas Galemmo and Jonathan G. Geiger. Mastering Data Warehouse Design: Relational and Dimensional Techniques. John Wiley & Sons, 2003. ISBN 0-471-32421-3. 456 Paginas.

Inmon, W. H. Advanced Topics in Information Engineering. John Wiley & Sons - QED, 1989. ISBN 0-894-35269-5.

Inmon, W. H. and Richard D. Hackathorn. Using the Data Warehouse. Wiley-QED, 1994. ISBN 0-471-05966-8. 305 Paginas.

Inmon, W. H. Building the Data Warehouse, 4th Edition. John Wiley & Sons, 2005. ISBN 0-764-59944-5. 543 Paginas.

Inmon, W. H. Building the Operational Data Store, 2nd edition. John Wiley & Sons, 1999. ISBN 0-471-32888-X. 336 Paginas.

Inmon, W. H. Information Engineering For The Practitioner. Prentice-Hall (Yourdon Press), 1988. ISBN 0-13-464579-0.

Inmon, W. H., Claudia Imhoff and Ryan Sousa. The Corporate Information Factory, 2nd edition. John Wiley & Sons, 2000. ISBN 0-471-39961-2. 400 Paginas.

Inmon, William H. and Anthony Nesavich,. Tapping into Unstructured Data: Integrating Unstructured Data and Textual Analytics into Business Intelligence. Prentice-Hall PTR, 2007. ISBN-10: 0132360292, ISBN-13: 978-0132360296.

Inmon, William H., Bonnie O'Neil and Lowell Fryman. Business Metadata: Capturing Enterprise Knowledge. 2008. Morgan Kaufmann ISBN 978-0-12-373726-7. 314 Paginas.

Inmon, William H., John A. Zachman and Jonathan G. Geiger. Data Stores, Data Warehousing and the Zachman Framework. McGraw-Hill, 1997. ISBN 0-070-31429-2. 358 Paginas.

IT Governance Institute. Control Objectives for Information and related Technology (CobiT©). www.isaca.org/cobit

Jacobson, Ivar, Maria Ericsson, and Agneta Jacobson. The Object Advantage. Addison-Wesley, 1995. ISBN 0-201-42289-1.

Jaquith, Andrew. Security Metrics: Replacing Fear, Uncertainty and Doubt. Addison-Wesley, 2007. ISBN 0-321-349998-9.

Jenkins, Tom, David Glazer, and Hartmut Schaper.. Enterprise Content Management Technology: What You Need to Know, 2004. Open Text Corporation, ISBN-10: 0973066253, ISBN-13: 978-0973066258.

Karpuk, Deborah. Metadata: From Resource Discovery to Knowledge Management. Libraries Unlimited, 2007. ISBN 1-591-58070-6. 275 Paginas.

Kent, William. Data and Reality: Basic Assumptions in Data Processing Reconsidered. Authorhouse, 2000. ISBN 1-585-00970-9. 276 Paginas.

Kepner, Charles H. and Benjamin B. Tregoe. The New Rational Manager. Princeton Research Press, 1981. 224 Paginas.

Kerr, James M. The IRM Imperative. John Wiley & Sons, 1991. ISBN 0-471-52434-4.

Kimball, Ralph and Margy Ross. The Data Warehouse Toolkit: The Complete Guide to Dimensional Modeling, 2nd edition. New York: John Wiley & Sons, 2002. ISBN 0-471-20024-7. 464 Paginas.

Kimball, Ralph and Richard Merz. The Data Webhouse Toolkit: Building the Web-Enabled Data Warehouse. John Wiley & Sons, 2000. ISBN 0-471-37680-9. 416 Paginas.

Kimball, Ralph, Laura Reeves, Margy Ross and Warren Thornwaite. The Data Warehouse Lifecycle Toolkit: Expert Methods for Designing, Developing and Deploying Data Warehouses. John Wiley & Sons, 1998. ISBN 0-471-25547-5. 800 Paginas.

Kline, Kevin, with Daniel Kline. SQL in a Nutshell. O'Reilly, 2001. ISBN 0-471-16518-2.

Kroenke, D. M. Database Processing: Fundamentals, Design, and Implementation, 10th Edition. Pearson Prentice Hall, 2005. ISBN 0-131-67626-3. 696 Paginas.

Krogstie, John, Terry Halpin, and Keng Siau, editors. Information Modeling Methods and Methodologies: Advanced Topics in Database Research. Idea Group Publishing, 2005. ISBN 1-591-40375-8.

Landoll, Douglas J. The Security Risk Assessment Handbook: A Complete Guide for Performing Security Risk Assessments. CRC, 2005. ISBN 0-849-32998-1.

Lankhorst, Marc. Enterprise Architecture at Work: Modeling, Communication and Analysis. Springer, 2005. ISBN 3-540-24371-2. 334 Paginas.

Litchfield, David, Chris Anley, John Heasman, and Bill Frindlay. The Database Hacker's Handbook: Defending Database Servers. Wiley, 2005. ISBN 0-764-57801-4.

Liu, Jia. Metadata and Its Applications in the Digital Library. Libraries Unlimited, 2007. ISBN 1-291-58306-6. 250 Paginas.

Loshin, David. Enterprise Knowledge Management: The Data Quality Approach. Morgan Kaufmann, 2001. ISBN 0-124-55840-2. 494 Paginas.

Loshin, David. Master Data Management. Morgan Kaufmann, 2008. ISBN 98-0-12-374225-4. 274 Paginas.

Loshin, David. Master Data Management. Morgan Kaufmann, 2009. ISBN 0123742250. 288 Paginas.

Lutchen, Mark. Managing IT as a Business: A Survival Guide for CEOs. John Wiley & Sons, 2003. ISBN 0-471-47104-6. 256 Paginas.

Maizlish, Bryan and Robert Handler. IT Portfolio Management Step-By-Step: Unlocking the Business Value of Technology. John Wiley & Sons, 2005. ISBN 0-471-64984-8. 400 Paginas.

Malik, Shadan. Enterprise Dashboards: Design and Best Practices for IT. Wiley, 2005. ISBN 0471738069. 240 Paginas.

Marco, David and Michael Jennings. Universal Meta Data Models. John Wiley & Sons, 2004. ISBN 0-471-08177-9. 478 Paginas.

Marco, David, Building and Managing the Meta Data Repository: A Full Life-Cycle Guide. John Wiley & Sons, 2000. ISBN 0-471-35523-2. 416 Paginas.

Martin, James and Joe Leben. Strategic Data Planning Methodologies, 2nd Edition. Prentice Hall, 1989. ISBN 0-13-850538-1. 328 Paginas.

Martin, James. Information Engineering Book 1: Introduction. Prentice-Hall, 1989. ISBN 0-13-464462-X. Also see Book 2: Analysis and Design and Book 3: Design and Construction.

Martin, James. Information Engineering Book II: Planning and Analysis. Prentice-Hall, Inc., 1990. Englewoood Cliffs, New Jersey.

Mattison, Rob, Web Warehousing & Knowledge Management. McGraw Hill, 1999. ISBN 0-070-41103-4. 576 Paginas.

Mattison, Rob. Understanding Database Management Systems, 2nd Edition. McGraw-Hill, 1998. ISBN 0-07-049999-3. 665 Paginas.

Maydanchik, Arkady. Data Quality Assessment. Technics Publications, LLC, 2007 ISBN 0977140024. 336 Paginas.

McComb, Dave. Semantics in Business Systems: The Savvy Manager's Guide. The Discipline Underlying Web Services, Business Rules and the Semantic Web. San Francisco, CA: Morgan Kaufmann Publishers, 2004. ISBN: 1-55860-917-2.

McGilvray, Danette. Executing Data Quality Projects: Ten Steps to Quality Data and Trusted Information. Morgan Kaufmann, 2008. ISBN 0123743699. 352 Paginas.

Melton, Jim and Stephen Buxton. Querying XML: XQuery, XPath and SQL/XML in Context. Morgan Kaufmann, 2006. ISBN 1-558-60711-0.

Mena, Jesus, Data Mining Your Website, Digital Press, Woburn, MA, 1999, ISBN 1-5555-8222- 2.

Morgan, Tony. Business Rules and Information Systems: Aligning IT with Business Goals. Addison-Wesley, 2002. ISBN 0-201-74391-4.

Morris, Henry. Analytic Applications and Business Performance Management. DM Review Magazine, March, 1999. www.dmreview.com. Note: www.dmreview.com is now www.information-management.com.

Moss, Larissa T. and Shaku Atre. Business Intelligence Roadmap: The Complete Project Lifecycle for Decision-Support Applications. Addison-Wesley, 2003. ISBN 0-201-78420-3. 576 Paginas.

Muller, Robert. J. Database Design for Smarties: Using UML for Data Modeling. San Francisco, CA, USA, Morgan Kaufmann, 1999. ISBN 1-558-60515-0.

Mullins, Craig S. Database Administration: The Complete Guide to Practices and Procedures. Addison-Wesley, 2002. ISBN 0-201-74129-6. 736 Paginas.

National Information Standards Association (NISO), ANSI/NISO Z39.19-2005: Guidelines for the Construction, Format, and Management of Monolingual Controlled Vocabularies. 2005. 172 Paginas. www.niso.org

Newton, Judith J. and Daniel Wahl, editors. Manual For Data Administration. Washington, DC: GPO, NIST Special Publications 500-208, Diane Publishing Co., 1993. ISBN 1-568-06362-8.

Olson, Jack E. Data Quality: The Accuracy Dimension. Morgan Kaufmann, 2003. ISBN 1-558-60891-5. 294 Paginas.

Parsaye, Kamran and Mark Chignell. Intelligent Database Tools and Applications: Hyperinformation Access, Data Quality, Visualization, Automatic Discovery. John Wiley & Sons, 1993. ISBN 0-471-57066-4. 560 Paginas.

Pascal, Fabian, Practical Issues In Database Management: A Reference For The Thinking Practitioner. Addison-Wesley, 2000. ISBN 0-201-48555-9. 288 Paginas.

Peltier, Thomas R. Information Security Policies and Procedures: A Practitioner's Reference, 2nd Edition. Auerbach, 2004. ISBN 0-849-31958-7.

Perks, Col and Tony Beveridge. Guide to Enterprise IT Architecture. Springer, 2002. ISBN 0-387-95132-6. 480 Paginas.

Piedad, Floyd, and Michael Hawkins. High Availability: Design, Techniques and Processes. Prentice Hall, 2001. ISBN 0-13-096288-0.

Poe, Vidette, Patricia Klauer and Stephen Brobst. Building A Data Warehouse for Decision Support, 2nd edition. Prentice-Hall, 1997. ISBN 0-137-69639-6. 285 Paginas.

Ponniah, Paulraj. Data Warehousing Fundamentals: A Comprehensive Guide for IT Professionals. John Wiley & Sons – Interscience, 2001. ISBN 0-471-41254-6. 528 Paginas.

Poole, John, Dan Change, Douglas Tolbert and David Mellor. Common Warehouse Metamodel: An Introduction to the Standard for Data Warehouse Integration. John Wiley & Sons, 2001. ISBN 0-471-20052-2. 208 Paginas.

Poole, John, Dan Change, Douglas Tolbert and David Mellor. Common Warehouse Metamodel Developer's Guide. John Wiley & Sons, 2003. ISBN 0-471-20243-6. 704 Paginas.

Purba, Sanjiv, editor. Data Management Handbook, 3rd Edition. Auerbach, 1999. ISBN 0-849-39832-0. 1048 Paginas.

Redman, Thomas. Data Quality: The Field Guide. Digital Press, 2001. ISBN 1-555-59251-6. 256 Paginas.

Reingruber, Michael. C. and William W. Gregory. The Data Modeling Handbook: A Best-Practice Approach to Building Quality Data Models. John Wiley & Sons, 1994. ISBN 0-471-05290-6.

Riordan, Rebecca M. Designing Effective Database Systems. Addison-Wesley, 2005. ISBN 0-321-20903-3.

Rob, Peter, and Carlos Coronel. Database Systems: Design, Implementation, and Management, 7th Edition. Course Technology, 2006. ISBN 1-418-83593-5. 688 Paginas.

Robek. Information and Records Management: Document-Based Information Systems. Career Education; 4 edition. 1995. ISBN-10: 0028017935.

Ross, Jeanne W., Peter Weill, and David Robertson. Enterprise Architecture As Strategy: Creating a Foundation For Business Execution. Harvard Business School Press, 2006. ISBN 1-591-39839-8. 288 Paginas.

Ross, Ronald G. Business Rules Concepts, 2nd Edition. Business Rule Solutions, 2005. ISBN 0-941-04906-X.

Ross, Ronald G. Principles of the Business Rule Approach. Addison-Wesley, 2003. ISBN 0-201-78893-4.

Ross, Ronald. Data Dictionaries And Data Administration: Concepts and Practices for Data Resource Management. New York: AMACOM Books, 1981. ISN 0-814-45596-4. 454 Paginas.

Rud, Olivia Parr. Data Mining Cookbook: Modeling Data for Marketing, Risk and Customer Relationship Management. John Wiley & Sons, 2000. ISBN 0-471-38564-6. 367 Paginas.

Schekkerman, Jaap. How to Survive in the Jungle of Enterprise Architecture Frameworks: Creating or Choosing an Enterprise Architecture Framework. Trafford, 2006. 224 Paginas. ISBN 1-412-01607-X.

Schmidt, Bob. Data Modeling for Information Professionals. Prentice Hall, 1999. ISBN 0-13-080450-9.

SearchDataManagement.com white paper library– http://go.techtarget.com/r/3762877/5626178

Shostack, Adam and Andrew Stewart. The New School of Information Security. Addison-Wesley, 2008. ISBN 0-321-50278-7.

Silverston, Len. The Data Model Resource Book, Volume 1: A Library of Universal Data Models for All Enterprises, 2nd Edition, John Wiley & Sons, 2001. ISBN 0-471-38023-7.

Silverston, Len. The Data Model Resource Book, Volume 2: A Library of Data Models for Specific Industries, 2nd Edition. John Wiley & Sons, 2001. ISBN 0-471-35348-5.

Simsion, Graeme C. and Graham C. Witt. Data Modeling Essentials, 3rd Edition. Morgan Kaufmann, 2005. ISBN 0-126-44551-6.

Spewak, Steven and Steven C. Hill, Enterprise Architecture Planning. John Wiley & Sons -QED, 1993. ISBN 0-471-59985-9. 367 Paginas.

Sutton, Michael J. D. Document Management for the Enterprise: Principles, Techniques, and Applications. Wiley, 1996, ISBN-10: 0471147192, ISBN-13: 978-0471147190.

Tannenbaum, Adrienne. Implementing a Corporate Repository, John Wiley & Sons, 1994. ISBN 0-471-58537-8. 441 Paginas.

Tannenbaum, Adrienne. Metadata Solutions: Using Metamodels, Repositories, XML, And Enterprise Portals to Generate Information on Demand. Addison Wesley, 2001. ISBN 0-201-71976-2. 528 Paginas.

Taylor, David. Business Engineering With Object Technology. New York: John Wiley, 1995. ISBN 0-471-04521-7

Taylor, David. Object Oriented Technology: A Manager's Guide. Reading, MA: Addison-Wesley, 1990. ISBN 0-201-56358-4

Teorey, Toby , Sam Lightstone, and Tom Nadeau. Database Modeling and Design, 4th Edition. Morgan Kaufmann, 2006. ISBN 1-558-60500-2.

Thalheim, Bernhard. Entity-Relationship Modeling: Foundations of Database Technology. Springer, 2000. ISBN 3-540-65470-4.

The Data Administration Newsletter (TDAN)–*http://www.TDAN.com*

The Open Group, TOGAF: The Open Group Architecture Framework, Version 8.1 Enterprise Edition. The Open Group. (www.opengroup.org). ISBN 1-93-16245-6. 491 Paginas.

Thomas, Gwen. Alpha Males and Data Disasters: The Case for Gobierno de datos. Brass Cannon Press, 2006. ISBN-10: 0-978-6579-0-X. 221 Paginas.

Thomsen, Erik. OLAP Solutions: Building Multidimensional Information Systems, 2nd edition. Wiley, 2002. ISBN-10: 0471400300. 688 Paginas.

Thuraisingham, Bhavani. Database and Applications Security: Integrating Information Security and Data Management. Auerbac Publications, 2005. ISN 0-849-32224-3.

Van der Lans, Rick F. Introduction to SQL: Mastering the Relational Database Language, 4th Edition. Addison-Wesley, 2006. ISBN 0-321-30596-5.

Van Grembergen, Wim and Steven Dehaes. Enterprise Governance of Information Technology: Achieving Strategic Alignment and Value. Springer, 2009. ISBN 0-387-84881-5, 360 Paginas.

Van Grembergen, Wim and Steven Dehaes. Implementing Information Technology Governance: Models, Practices and Cases. IGI Publishing, 2007. ISBN 1-599-04924-3, 255 Paginas.

Van Grembergen, Wim and Steven Dehaes. Strategies for Information Technology Governance. IGI Publishing, 2003. ISBN 1-591-40284-0. 406 Paginas.

Vitt, Elizabeth, Michael Luckevich and Stacia Misner. **Business Intelligence**. Microsoft Press, 2008. ISBN 073562660X. 220 Paginas.

Von Halle, Barbara. <u>Business Rules Applied: Building Better Systems Using the Business Rules Approach</u>. John Wiley & Sons, 2001. ISBN 0-471-41293-7.

Watson, Richard T. <u>Data Management: Databases And Organization, 5th Edition</u>. John Wiley & Sons, 2005. ISBN 0-471-71536-0.

Weill, Peter and Jeanne Ross. <u>IT Governance: How Top Performers Manage IT Decision Rights for Superior Results</u>. Harvard Business School Press, 2004. ISBN 1-291-39253-5. 288 Paginas.

Wellheiser, Johanna and John Barton. <u>An Ounce of Prevention: Integrated Disaster Planning for Archives, Libraries and Records Centers</u>. Canadian Library Assn. 1987. ISBN-10: 0969204108, ISBN-13: 978-0969204107.

Wertz, Charles J. <u>The Data Dictionary: Concepts and Uses, 2nd edition</u>. John Wiley & Sons, 1993. ISBN 0-471-60308-2. 390 Paginas.

Westerman, Paul. <u>Data Warehousing: Using the Wal-Mart Model</u>. Morgan Kaufman, 2000. ISBN 155860684X. 297 Paginas.

Whitman, Michael R. and Herbert H. Mattord. <u>Principles of Information Security, Third Edition.</u> Course Technology, 2007. ISBN 1-423-90177-0.

Wirfs-Brock, Rebecca, Brian Wilkerson, and Lauren Wiener. <u>Designing Object-Oriented Software</u>. NJ: Prentice Hall, 1990. ISBN 0-13-629825-7.

Wremble, Robert and Christian Koncilia. <u>Data Warehouses and Olap: Concepts, Architectures and Solutions</u>. IGI Global, 2006. ISBN: 1599043645. 332 Paginas.

Zachman, John A. "A Framework for Information Systems Architecture", IBM Systems Journal, Vol. 26 No. 3 1987, Paginas 276 to 292. IBM Publication G321-5298. Also available in a special issue of the IBM Systems Journal, "Turning Points in Computing: 1962-1999", IBM Publication G321-0135, Paginas 454 to 470 http://researchweb.watson.ibm.com/journal/sj/382/zachman.pdf.

Zachman, John A. and John F. Sowa,. "Extending and Formalizing the Framework for Information Systems Architecture", IBM Systems Journal. Vol. 31 No. 3 1992, Paginas 590 – 616. IBM Publication G321-5488.

Zachman, John A. <u>The Zachman Framework: A Primer for Enterprise Engineering and Manufacturing</u>. Metadata Systems Software Inc., Toronto, Canada. eBook available only in electronic form from www.ZachmanInternational.com.

Zachman, John. "A Concise Definition of the Enterprise Framework." Zachman International, 2008. Article in electronic form available for free download at http://www.zachmaninternational.com/index.php/home-article/13#thezf.

Indice